汪精衛

與中國的黑暗時代

Poetry, History, Memory

詩歌·歷史·記憶

Wang Jingwei and China in Dark Times

楊治宜
Zhiyi Yang
著

獻給我的祖父母、外祖父母
及所有殘酷戰爭的倖存者

目次

第三章 「國賊」

下篇 記憶詩學

前言

我第一次讀到《雙照樓詩詞藁》是在二〇一三年夏，香港天地圖書版的深藍色半精裝封面。十年過去，這本書的英文版付梓之際，世界已經面貌大改。大疫、蕭條、通脹、義憤、暗殺、戰火、逃亡——不滿的強權試圖透過暴力擴張來消弭內部的危機，而絕望的弱者用極端手段進行反抗，我們今天的世界彷彿又迴蕩著一九三〇年代初的不祥迴響。因此在我不曾預想、亦絕不情願的意義上，這本書的主題似乎具有了某種緊迫性，因為它所探討的恰是歷史人物在比我們今天更加黑暗的時代所做的個人選擇。書裡並沒有英雄，但也許恰因為此，對今天的我們而言，他們面對歷史困局的洞察、掙扎、堅持和失敗依然具有參照意義。畢竟，少有歷史從勝利走向勝利。我們每個個體都有可能成為歷史的失敗者抑或犧牲品。

十年間，我就汪精衛寫了一系列中英文文章。我感謝發表這些文章的期刊允許我重新使用其中的某些材料。此書英文版已經由密西根大學出版社出版，題為 *Poetry, History, Memory: Wang*

Jingwei and China in Dark Times。我感謝聯經出版公司的涂豐恩總編輯別具慧眼，讓本書得以與中文讀者見面。與英文版相比，中文版補充了許多史料細節和詩歌作品，行文上也按照中文的閱讀習慣略有調整，但全書結構與核心論點和英文稿是一致的。我要特別感謝王德威先生，不僅向聯經推薦了此書，而且是我們在意外寒冷的臺北冬月關於「黑暗時代」的討論激勵我修改書名，給研究框架注入了「抒情」的深度。

即便當汪精衛逐漸占據了我的研究興趣後，很長時間裡我都無法決定真要寫一本專著，這不僅是因為作為古典詩歌的研究者，我對踏入中國現代史這湖深水滿懷猶疑。另一條原因自然是這個選題的政治敏感性。大陸基礎教育在我身上留下的「國」之迷障是根深柢固的。我敬重的幾位大陸師長也曾試圖勸我三思，這既是出於對我個人的關愛，也是因為在他們看來當下中國更亟需提倡讀書人的道義操守。我深深地感謝他們。我最後的決定絕不意味著對道德倫常抑或正史褒貶的漠視，而是因為我相信只有當所有事實都得以曝陳於日光之下、被客觀檢討並在不斷變化擴展的脈絡下一再重新檢討，我們才能真正開始談論「記憶正義」。另外老實說，對文學學者而言，汪精衛案例的誘惑是巨大的，因為中國文學和政治史上恐怕再沒有哪個人物的詩歌形象和歷史審判之間的鴻溝是這樣不可彌合，以致我們必須對兩種真實——詩歌的和歷史的——都重新加以審視。

一路前行，無數同事們都支持鼓舞了我。我首先要感謝其他研究中國二戰合作運動的學者，包括卜正民（Timothy Brook）、戴杰銘（Jeremy Taylor）、高嘉謙、劉威志、邱怡瑄、袁一丹、汪夢川、閔智英、韓曉明（Jonathan Henshaw）、薩勒（Sven Saaler）、土屋光芳、馮大偉（David Serfass）、方德萬（Hans van de Ven）、蘇文瑜（Susan Daruvala）、劉傑、楊玉峰、李志毓等等，恕不能盡舉。多年來他們和我共享研究材料、一起發表文章、組織會議討論組或工作坊。須知我此前的博士研究是宋代詩歌和美學，所以面對現代文史這個深不可測的領域未免戰戰兢兢，但他們以開放的態度包容了我這個「外來客」，讓我感到一個知識共同體的溫暖。

感謝法蘭克福大學慷慨的學術休假政策，我得以在國立臺灣師範大學擔任兩個月的客座教授（二〇一八－二〇一九），並利用此機會收集研究材料。本書英文初稿是在柏林高等研究所的一年駐院訪問期間（二〇一九－二〇二〇）完成的。我的同事阿梅龍（Iwo Amelung）、韋荷雅（Dorothea Wippermann）教授無私地支持了我的研究，Carsten Storm 博士為我代課。臺師大的陳登武、許俊雅、劉滄龍等多位同事邀請我來臺北，並為我的研究和講學提供了諸多便利。柏林高研究院的多位同事，包括 Barbara Stollberg-Rilinger、Daniel Schönpflug、Thorsten Wilhelmy、Elena Esposito 和 Efraín Kristal，就書稿章節與我進行了深入討論：Luca Giuliani 啟發我思索「懲罰性遺忘」（*damnatio memoriae*）的概念；Friederike Oursin 審讀了英文全稿。其他為我提供了研究材料的同事、朋友和學生包括羅然（Olga Lomová）、葉文心、Martin Heijdra、畢謙文（Clemens Büttner）、孫江、章可、謝任、劉天元、杜斐然、張源、韓笑、王楠、劉顥晨、羅玲等等。我深深感謝所有法蘭克福、臺北、柏林和其他大學的同事們給我的啟發和意見，也感謝所有參加了我講座或研討班的學生們給我的積極思想反饋。所有謬誤當然都是我個人的。

我的研究得益於多家檔案館與圖書館的慷慨支持，包括國史館、國民黨黨史館、美國 College Park 國家檔案館、胡佛研究所、日本國家檔案館、法國國家檔案館、里昂中法大學檔案館、里昂隆河及大都會地區檔案館、德國外交部政治檔案館、海德堡大學檔案館、香港大學檔案館、德國黑森邦檔案館、巴特瑙海姆（Bad Nauheim）市檔案館及圖賓根市檔案館。中國大陸的檔案館多有政治禁忌，大量檔案不對研究者開放，但儘管如此，我還是從南京第二歷史檔案館和上海、廣州、重慶市檔案館獲得了珍貴的研究材料。我瀏覽了原始資料的圖書館，包括中國國家圖書館、上海市圖書館、南京大學圖書館、復旦大學圖書館、日本國會圖書館、東洋文庫、法政大學圖書館、哈佛燕京圖書館、普林斯頓大學圖書館、紐約公共圖書館等。X-Asia、奧地利國家圖書館和 archive.org 為我提供了檢索歷史報刊數據庫的便利。我感謝在這些機關工作的所有無名英雄，他們為歷史考證研究提供了不可或缺的支持。

我感謝臺北國父紀念館、夏威夷時報圖片檔案、布里斯托大學圖書館圖片特藏、海德堡大學檔案館、史丹佛東亞圖書館特藏以及藝術家薛雷提供此書所用插圖。何重嘉女士曾經為我此前發表的論文提供過家藏圖片資料，但可惜未能同意提供此書使用。讀者如果希望瀏覽汪精衛及其家庭的生活照，不妨查閱我此前發表的英文文章或何女士在臺北時報出版公司出版的六冊本《汪精衛與現代中國》叢書。二〇二一年初，汪文嬰家族後人向胡佛研究所慷慨捐贈了一批家藏手稿及藝術品。胡佛研究所的林孝庭、Rayan Ghazal 和 Chris Marino 為我在疫情期間查閱這批資料提供了方便。汪文嬰家族也為此書提供了部分手稿和家庭照片資料。我深深感謝他們的支持。英文稿完成後，我終於在二〇二三年夏在胡佛研究所見到了部分原稿，其觀摩印象成為中文版的增補。此外，若干與汪精衛家族有重大關聯的人物都公開或私下與我聯繫，包括魯曉鵬教授和曾仲魯先生，並貢獻了他們的意見和史料，進一步幫助完善了這個中文版本。

最後，我要感謝的是我的丈夫 Michal 的愛與陪伴。他分享了我的喜悅和夢魘。

我把此書獻給我的五位祖父母、外祖父母，以及所有殘酷戰爭的倖存者們。我的祖父母輩在江西鄉間度過了日據時代。我的爺爺曾經在國共戰爭期間短暫地當過國民黨少尉文書，但幾乎從來不談青年往事。他在二〇二一年元旦到來之前最後的幾個小時裡過世了，因為疫情造成的全球隔阻，我甚至不能回大陸參加他的葬禮，也錯過了為祖父母們的記憶發聲的最後機會。對我而言，祖父母輩的沉默象徵著戰爭倖存者們的集體失語。我希望此書的問世能為他們戰爭記憶的破碎拼圖恢復哪怕其中一小塊殘片。

凡例

一、本書採用了如下不同方式翻譯涉及的西文人名、地名：

（一）已有讀者熟知通行譯名者，如黑格爾、希特勒、巴黎一類，概不提供原文；

（二）有中文習慣譯名的人物或不常見的地名，第一次出現時提供中文及括號內拉丁字母讀音，如卜正民（Timothy Brook）、鄂蘭（Hannah Arendt）、巴特瑙海姆（Bad Nauheim）等。

二、絕大多數歷史人物標注生卒年，少數耳熟能詳的人物（如孫中山、蔣介石、毛澤東、希特勒）和當代學者則不標注。

三、歷史人物及大陸學者的名字在書目中按照拼音排序，港臺學者如果有已知的拉丁名字，按本人拉丁姓氏排序。日文史料同樣按照作者姓氏日文發音排序。

大事記

- 一八八三年五月四日　汪兆銘生於廣東三水
- 一八九四－一八九五年　第一次中日戰爭
- 一八九六年　汪兆銘母親吳氏去世
- 一八九七年　汪兆銘父親汪琡去世
- 一八九八年　戊戌變法
- 一九〇五－一九〇六年　汪兆銘就讀東京法政大學速成科
- 一九〇五年八月二十日　同盟會在東京成立
- 一九〇五年十一月二十六日　《民報》創刊。汪氏取「精衛」為筆名
- 一九一〇年三月三十一日　汪精衛與陳璧君祕密結縭
- 一九一〇年四月　汪精衛刺殺攝政王失敗，被捕繫獄

一九一一年十月十日　武昌起義
一九一一年十一月六日　汪精衛出獄
一九一二年一月一日　中華民國成立；汪精衛起草孫中山就任臨時大總統誓詞
一九一二年四月　汪精衛與陳璧君正式舉行婚禮
一九一二年十一月－一九一七年一月　汪精衛旅法
一九一三年五－十二月　汪精衛回國參加反袁二次革命
一九一五年六－十二月　汪精衛回國參加護國運動
一九一七－一九二五年　汪精衛擔任孫中山私人祕書及主要助手
一九一九年四－十一月　汪精衛赴法觀察巴黎和會
一九二一年七月　中國共產黨成立
一九二五年三月十二日　孫中山在北京去世；汪精衛起草孫中山遺囑
一九二五年七月一日　汪精衛當選為廣州國民政府主席
一九二六年三月二十日　中山艦事件；汪精衛二日後辭職
一九二六年五月－一九二七年三月　汪精衛旅法療養
一九二七年四－七月　汪精衛領導武漢國民政府，寧漢分裂
一九二七年八月一日　共產黨南昌起義，成立人民解放軍

一九二七年十二月－一九二九年九月	汪精衛退居法國，政治「小休」
一九二八年六月	蔣介石宣布北伐成功、民國統一
一九二八年十一月二十八日	改組派成立
一九二九年十月－一九三〇年七月	汪精衛旅居香港，建設宣傳基地
一九三〇年七－十月	汪精衛加入中原大戰倒蔣
一九三〇年十月二十七日	太原政府頒布汪精衛起草的臨時約法
一九三一年五月五日	南京政府頒布臨時約法
一九三一年九月十八日	九一八事變
一九三一年十二月－一九三八年十二月	蔣汪聯合政府
一九三二年一－三月	上海事變
一九三二年九月－一九三三年三月	汪精衛旅德療養
一九三三年一－五月	長城戰役
一九三五年十一月一日	汪精衛遇刺
一九三六年二－十二月	汪精衛旅德療養
一九三六年十二月十二－二十五日	西安事變
一九三七年七月七日	盧溝橋事變

一九三七年十二月十三日	南京淪陷
一九三八年十二月十八日	汪精衛脫離重慶，倡導「和平運動」
一九三九年三月二十一日	曾仲鳴河內遇刺身亡
一九三九年五－十二月	汪精衛派系與日本交涉合作條件
一九四〇年三月－一九四五年八月	南京改組國民政府
一九四一年十二月七日	日本偷襲珍珠港
一九四三年一月九日	改組政府參加大東亞戰爭
一九四三年十一月五日	大東亞會議在東京召開
一九四四年三月三日	汪精衛赴名古屋手術
一九四四年十一月十日	汪精衛病逝名古屋
一九四四年十一月二十三日	汪精衛下葬南京
一九四五年八月十五日	日本投降
一九四六年一月二十一日	汪精衛墓被炸毀

序章 記憶戰爭

一九四四年十一月十日，黃昏時分，一位消瘦頎長的中國男子躺在名古屋帝國大學附屬醫學院的病床上，等待呼出最後的氣息，解脫他長期病痛的折磨。由於盟軍飛機的猛烈轟炸，他已從郊區大幸中心分院四樓特護病房轉移到地下室。這些鋼鐵天使無情的敲門聲預示著「太陽帝國」的日落，以及他本人面對歷史審判也許是萬劫不復的命運。

汪兆銘（一八八三－一九四四），筆名「精衛」，是中國現代史上最有爭議性的人物。縱其四十年政治生涯，他始終身處中國現代史上風暴的核心，先以《民報》主筆聞名智識界，復以刺殺攝政王揚聲天下。孫中山逝世後，起草〈總理遺囑〉的他被視為孫氏政治接班人、國民黨左派領袖，當選一九二五年廣州國民政府首任主席，但其地位卻迅速為軍事強人蔣介石所取代。但儘管手無軍權、財權，他依然以清名傾動天下，作為蔣介石黨內的主要競爭對手，最終在九一八事變後共同組府，分掌政軍。他直接的死因是脊椎中一顆生鏽的子彈取出後引起的病情惡化。這顆子彈是一九三五年十一月一日一位愛國志士朝時任行政院長的他射出的。儘管他性命得存，但這顆殘留的子彈日夜提醒著他公眾對國民政府綏靖政策的不滿。然而罔顧死亡威脅和千秋罵名，汪氏於一九三八年十二月主動脫離戰時陪都重慶出走河內，開展「和平運動」，並且在經過漫長的對日談判最終回到屠城後的南京，成立日人羽翼下的政府——如本書所示，這一系列冒天下之大不韙的決定不能簡單歸結於汪氏性格，也不遵循目的論的曲線，而是令人困惑、值得深究的。

當我把這部著作從英文改寫為中文時，我發現無法找到一個既符合大眾表達習慣、又保持客觀中立的字來描寫汪政府。其通行英文名稱為「改組國民政府」（Reorganized National Government of the Republic of China，簡寫為RNG）。西方學者稱之為「合作性」的（collaborationist），但中文最常用的形容詞是「偽」。前者是對其行為的描述，即「與日本合作」；而後者則意味著對其倫理和法律性質的審判，即「不具正當性」（illegitimate）。由於本書希望能夠盡可能還原歷史人物與情境的現場，故不惜摒棄春秋筆法的冷峻典雅，而採用「合作政權」和「合作者」等詰屈生澀的描述性詞彙，希望給讀者帶來「陌生化」的閱讀體驗，讓我們做出歷史判斷的時候，允許自己片刻的猶豫和遲疑。近年中文學界還有一種希望兼顧雅馴與中立的提法，就是「主和派」。但是從主張到行動之間，還有一條巨大的鴻溝，而汪精衛的悲劇，恰在於以陽明哲學「知行合一」的信仰自勉，越過了那條鴻溝。除了汪政府以外，日據期間在中國大陸還存在著若干中文正史所謂「偽政權」，英文統稱為 collaborationist regime 或者 client regime，而此書中一般以

「合作政權」稱之，但為了兼顧中文固有表達習慣，在提到RNG這一特定合作政權的時候，一般用「汪政權」或「汪政府」指稱，在汪精衛並非主角的情境下有時也用「改組（國民）政府」的提法。中國大陸以外的學者的基本共識，是汪政府的行動處於「合作與抵抗之間」；[1]它既不是法西斯的，相比其他戰時政府而言也說不上特別殘暴。儘管如此，由於中國的二戰史敘事為「抵抗」所主導，汪政府破壞「統一戰線」的罪行相當於褻瀆民族國家的神聖。在中國大陸，汪精衛的名字不容置疑地成為「漢奸」的代名詞，也就是「漢民族的叛徒」[2]——此詞具有強烈的漢族沙文主義色彩，但迄今為止中文尚無他詞能夠指稱對「中華民族」的背叛，儘管弔詭的是，「中華民族」恰是透過抗日戰爭才得以最終形塑的。直至今日，對汪精衛的學術研究難以展開，其相關檔案的利用受到限制（且近年來有管控益發嚴厲的趨勢），他在中華民國建設中曾經扮演的積極角色幾乎已經被人遺忘。「懲罰性遺忘」（*damnatio memoriae*）的結果是汪精衛的第二次死亡：關於他的記憶的湮滅。用拉里（Diana Lary）的話說，今天，汪精衛是國民黨領袖中唯一「依然徘徊在歷史晦暗邊緣」者。[3]遺憾的是，把這位核心人物從民國史除名的結果，是我們民

---

1 本詞引自劉傑（Liu Jie），“Wang Jingwei and the ‘Nanjing Nationalist Government’”。其他英文學術著作參見 Boyle, *China and Japan at War*；Hwang, D., “Wang Jingwei, the Nanjing Government, and the Problem of Collaboration”；Barrett and Shyu, *Chinese Collaboration with Japan*；Brook, “Collaborationist Nationalism in Occupied Wartime China”。

2 Xia, “Traitors to the Chinese Race.”

3 Lary, “The Tomb of the King of Nanyue,” 18.

國史觀的扁平化和道德化。

也許是預見了身後的罵名，汪精衛在病榻上吩咐家人和從者不要整理發表他的言論文章，只希望自己的詩詞藁能夠得以出版、流傳後世。[4]次年五月，亦即日本投降的三個月前，在詞人龍榆生主持下，汪主席遺訓編纂委員會依囑出版了完整定本《雙照樓詩詞藁》，在此前發表過的《小休集》和《掃葉集》（補充本）基礎上編入了〈三十年以後作〉一輯。儘管汪氏晚年的言論和文章常常折射出日本的戰爭宣傳，但讀其詩，同情的讀者卻不免得出這樣的印象，即汪精衛是一位富有「烈士情結」（葉嘉瑩語）的浪漫人物，不惜身名俱裂，來拯救生靈塗炭、民族危亡。這一抒情人格早已暗含在他一九〇五年所取的筆名「精衛」裡。據《山海經・北山經》，炎帝之少女「女娃遊于東海，溺而不返，故為精衛，常銜西山之木石，以堙于東海」。女娃故事所蘊含的創傷、復讎、堅忍和救贖的強烈情感使它在清末反滿志士間流行。他們以女娃之死暗喻滿清入關時的血腥屠殺；藉助神話敘事，他們的反抗因此具有了民族復讎的意味，訴諸於某種也許比民主、共和理念更容易直擊心靈的本能情感。汪精衛憑藉詩歌塑造了一個富含感情力量的犧牲型英雄人格。他的遺願因此有了雙重含義：他所期望的不僅是記憶，也是遺忘，亦即以他的「詩歌真實」（他對平生志業的自我理解的方式）被後世讀者所銘記，其餘惟求付諸歷史的流水。他的詩歌因此構成了某種「反記憶」（countermemory），藉此，他的抒情聲音向未來訴說著他最私密的主體性。這一細絮的聲音不斷對抗著正史對他的審判。

但我們又能在多大程度上信賴作者的自我形象呢？詩歌畢竟不是實錄、不是日記，何況哪怕是後兩者也同樣帶有某種主觀性。詩歌這種堅持宣揚自己主觀性和闡釋多義性的文本，在歷史書寫中究竟應當占據怎樣的位置？詩歌真實與歷史真實之間是否能夠調和，或者至少共存？面對這些疑問，本書試圖達成一種如履薄冰的平衡。當詩人的自我形象與歷史的「蓋棺」判詞之間的鴻溝如此巨大之際，我們不免要重新審視兩種真實：詩歌的和歷史的。本書提出，我們要檢討的不僅是懲罰性史學，也是汪氏浪漫的文學形象。這個複雜的故事涉及詩歌、歷史和記憶三重維度，也服務於三重目的。首先，它把一位因為道德和意識形態偏見而被長期忽視的歷史人物重新置於舞臺的聚光燈下，從而補足民國政治和文學景觀的被遮蔽面。其次，透過方法論之間的對話，我想達成一種複雜精緻的闡釋學方法，既允許史學家們採用詩歌材料，又同時保持詩歌本身的模稜多義性和闡釋開放性。最後，本書結尾探討的是記憶實踐中的正義問題，勝利者對失敗者的義務，以及與過去和解、寬恕的可能性。概言之，汪精衛的抒情之詩向公眾展示了一個私密的聲音，在塑造他的政治身分和身後記憶的過程中都扮演了關鍵角色。論者因此必然需要兼顧詩歌的私密性和公共性、宣洩功能與表演功能。

在記憶學上，七、八十年的時間距離是關鍵的節點，因為這意味著對歷史事件有個人記憶的

4 關於汪精衛去世前後及我所根據的資料來源，見第三章。

親歷者絕大多數已經離世或喪失表達能力，這些事件因此只有透過文化、教育、媒體等建制機構（institutions）才能成為我們歷史認知的一部分。因此也許並非巧合的是，汪氏逝世七十年後，又重新進入了公眾和學術界的視野。二〇一二年香港天地圖書公司出版了汪夢川整理的《雙照樓詩詞藁》，二〇一九年臺北時報出版文化公司出版了汪氏及其家族的多種手稿，而二〇二一年史丹佛大學胡佛研究所獲得汪氏後人捐贈的「汪精衛文件」。這也許意味著新一輪「記憶之爭」的開場。沒有了歷史見證者足以與正史抗衡的鮮活個人記憶，我們對歷史本身完整、中立的了解就尤為重要，捨此便無從探討記憶的正義。汪精衛的中文傳記雖有多種，但是基本上都是秉承懲罰性史觀寫就的，加之汪氏平生行跡遍布日歐，研究者對多語種資料採納不足，對其平生的重要章節便頗有遺漏。本書因此以一部汪精衛的深度傳記開場，這是一部用同情的批評距離討論汪精衛政治、文學和生平的學術傳記。我所利用的材料包括東亞、歐洲和北美的檔案史料、回憶錄、報刊雜誌、學術著作和親歷者的訪談。由於傳記要求敘事流暢，我在上篇不能充分探討諸如抒情詩歌真實性等闡釋學問題，也不能完整讀解用典豐富、脈絡複雜的某些詩歌作品。本書下篇因此分主題討論了「記憶詩學」的若干問題。我的讀法不是把詩歌提交歷史法庭、作為汪氏叛國案的審判證據，而是提出一種開放的闡釋策略，恢復這些詩歌的文學性，視之為一位高度複雜的抒情主體多聲部的複調表述。歷史和記憶因此在詩歌中統一。如果說歷史從來由勝利者書寫，而對失敗者最殘酷的懲罰就是遺忘，那麼詩歌則具備了反抗遺忘的力量。汪氏的案例也參與到全球脈絡下對二戰記憶文化的再檢討，尤其關涉到記憶的審查、正義以及寬恕、遺忘、和解等關鍵問題。

本書拒斥正邪、黑白、忠奸的簡單二元對立，這種道德觀在任何歷史條件下都難以充分描述鮮活複雜的現實，更遑論概括個人在異國占領的刺刀之下，時時刻刻必須做出的兩難選擇。本書結尾參考了戰後法國對戰時合作歷史重新審視、力求和解的困難過程，並希望能夠以微薄之力推動中國和華語文化界與自己慘淡歷史的真誠對話。書裡沒有英雄，也不樹立新的偶像。當汪精衛試圖透過詩歌為後世所銘記時，他似乎相信詩歌所展示的不完美的人性將最終超越戰爭、殺戮和審判獲得勝利。是否如此，此書的每位讀者都有權力做出（或懸擱）自己的判斷。

國賊還是烈士

用越裔美國學者阮清越（Viet Thanh Nguyen）的話來說：「所有戰爭都要打兩遍，第一遍在戰場上，第二遍在記憶裡。」[5]汪精衛的案例就是烽煙未熄的一場記憶戰爭的典型。

判定汪精衛是「國賊」還是「烈士」絕非等閒，因為這關涉到中國如何記憶其在「世界反法西斯戰爭」這一場神聖敘事中的位置，而這一敘事所衍生的全球記憶文化已經深刻形塑了戰後的

5 Nguyen, *Nothing Ever Dies*, 4.

世界權力結構、民族身分和國際正義的概念。歷史二元論的代價之一就是理解悲劇的能力。用黑格爾的話來說，悲劇誕生於兩種偏頗真理的命定碰撞，每種都由一位英雄人物所代表，各自都毫不懷疑自己是美德和正義的化身；只有當英雄的僻見和罪孽大白於天下之後，才有可能達成和解。[6]這種觀點提倡的並不是道德相對主義，而是批評性的自省態度。

遺憾的是，今天的東亞各國所欠缺的恰是道德自省。日本無條件投降七十餘年後，「大東亞戰爭」在我們的教科書、紀念碑、博物館和大眾傳媒上依然戰火連綿。由於東亞地區在文化、經濟和政治上的崛起，各國（地區）都有能力製造自己包裝精美、預算宏大、好萊塢史詩式的記憶產品，而其敘事立場往往互相齟齬。冷戰的結束並沒有改變這種局面，反而因為戰略合作之緊迫感的移除，未決的敵意重新又浮出海面。今天，西歐各國已經就記憶二戰的方式達成了基本的共識（起碼是道德共識），但共同書寫一部東亞二戰史的努力卻一再受挫。中國大陸、臺灣、日本、韓國和朝鮮各自都不肯放棄自己的官方敘述，因為這些神話與它們的戰後身分塑造息息相關。即便是就基本的問題，如責任人與受害者，都沒有真正的共識，而賠償的問題直到近年依然屢屢引發爭端。譬如，承擔釁戰之責的應該是日本天皇、內閣、軍方還是民眾？韓國、臺灣參與「大東亞聖戰」的軍人是施害者還是受害者？日軍慰安婦是特殊的還是「軍妓」這種普遍現象之一種？為什麼「南京大屠殺」的個體受害者被重新發掘銘記，而其他屠殺的受害者和「焦土抗戰」犧牲品的姓名則被遺忘？參與「滿洲國」墾殖、戰後被虐殺遣返的日本民眾，是施害者還是受害者？諸如此類的痛苦問題，雖然學界有所討論，但在缺乏公眾共鳴的情況下，很難產生社會的深度共識。

毫無疑問，作為侵略國的日本需要為有意扭曲、毒害記憶文化承擔首要責任。二〇一六年夏，我探訪了東京靖國神社內的「遊就館」戰爭軍事博物館。陳列室在二樓。一上樓，參觀者首先看到的是一組銅像，中心人物是一位英雄氣概的青年日本男子，總髮袒胸，眼望遠方，一手持劍，另一隻手扶起一個跪著仰望他的消瘦的亞洲奴隸；男子左手邊站著同樣神情堅毅的男孩和獵犬，背後屏障著他溫婉的妻子。半人高的底座上，漢字篆刻著這組雕像的名字：「大東亞」。雖無紀念碑式的龐大，但其挑釁性意義卻是一目了然的：日本的侵略戰爭被美化為從西方殖民帝國統治下「解放」亞洲各民族的義戰。遊就館的展覽中也提及了汪精衛，但他是作為日本「同生共死」的盟友出現的。在這種驕傲的軍國主義敘事裡，汪氏自願扮演了日本帝國的同謀，用以證明其道之不孤。

但歷史的幽靈也同樣遊走在勝利者的心裡。在今日的中國大陸，對戰爭的某種話語建構方式透過行政暴力、媒體控制和文化市場的資本主義邏輯而得以不斷強化。既曖昧又愛國、有時候荒誕怪異的戰爭故事透過電影電視作品不斷被炮製，以供大眾消費。大眾傳媒不斷鞏固制度化的記

---

6 Moss, "The Unrecognized Influence of Hegel's Theory of Tragedy," 92.

圖 1 〈大東亞〉，東京靖國神社遊就館。作者攝，2016 年 9 月。

憶，使得它們在多數公眾心目中已經取代了真實的歷史。對戰時合作運動的研究則受到種種限制、審查。因為倘若中國要真正證明自己是偉大反法西斯戰爭的光輝勝利者，它必須強調自己能夠無需外力獨自抵禦日本侵略，而合作者們（至少在珍珠港事件以前）對中國面臨又一次外族征服的憂慮就不能不是毫無根據的投降主義了。此外，中國共產黨內戰勝利的正當性依據，很大程度上是建立在抗戰中國民黨「正面戰場不抵抗」、淪陷區「游擊戰」消耗日本有生力量的敘事基礎上。由於淪陷區的直接行政組織是合作政權，「游擊戰」的光榮敘事因此必然需要消解合作政權的任何正當性，把合作者們展現為日本侵略者的傀儡，或者徹底否認他們的存在：抗日劇中，「漢奸」一般都是作為能動性有限的翻譯官角色出現的，英勇的游擊隊員們面對的通常都是日本兵，儘管汪政府軍事實上在以反共為目的的清鄉運動中扮演了主動而積極的角色。

從比較史學的角度來看，中國譴責戰時合作運動的嚴酷和持久都是罕見的。相形之下，其他亞洲國家如緬甸、印度、泰國和菲律賓的日本合作者在戰後只受到輕微懲罰，或者毫未受懲。[7]由於這些國家是前西方殖民地的緣故，日本標榜其戰爭為「解放」的說法，雖然就主觀目的而言是自我美化，但在客觀效果上並不完全脫離當地所經驗的現實。中國則不然。但這並不足以解釋中國的特例。另一個參照系統是同樣被軸心國占領、又同樣在戰後成為五大勝利國之一的法

7　Chen, "American Studies of Wang Jingwei."

國。過去數十年間，歐洲學界在史實和理論上都深度探討並反思了法國的納粹合作運動。法國維琪（Vichy）政府原身是合法選舉產生的第三共和國政府，貝當（Philippe Pétain）總統更是一戰英雄。但法國的合作也有內部深刻的根源，因為在二十世紀初的法國，反猶運動在思想界、政界和民眾中都有廣泛的基礎。那麼作為反法西斯戰爭的勝利者，法國如何調和戰後光榮敘事與自身戰前、戰時不甚清白的歷史？與歷史記憶的難以和解造成了所謂「維琪症候群」（Vichy Syndrome），近幾十年來在法國一再引發廣泛的媒體討論和哲學自省。[8]然而在戰後的中國，對「漢奸」審判的司法程序、與日合作的政治性質、合作政權之正當性以及占領區人民「與敵共存」（accommodation）的道德模稜性等問題都缺乏深入的論爭。在法國，戰爭結束數十年後，對「法奸」作家布哈希臘（Robert Brasillach）的處決、藉助美國情報機關幫助逃匿南美的納粹軍官巴比（Klaus Barbie）的引渡與審判、猶太抵抗英雄歐布哈克（Raymond Aubrac）是否曾經出賣戰友的醜聞等公眾事件，都一再引發思想界與媒體的激烈爭論。[9]歐洲公共知識分子，如鄂蘭（Hannah Arendt）、桑塔格（Susan Sontag）、克莉斯蒂娃（Julia Kristeva）、里克爾（Paul Ricoeur），都曾就戰爭暴行、極權恐怖和戰時合作等令人不安的倫理問題提出勇敢的回答。[10]而在中國（一定程度上也包括距今不久的臺灣），記憶武器化的後果是集體的失憶和思想的失語。這似乎也可以說是一種「中國症候群」的病象，即無法直面、更無法接受歷史的真相。強迫性遺忘的後果，就是記憶碎片的幽靈不散。由於記憶與身分緊密相連，時至今日，歷史的幽靈依然縈繞著中國對自己民族身分的想像。

武器化的記憶所拒絕面對的一種現實，就是敵占區生存不免常常面臨道德妥協和無奈結盟。歷史學者靈斯（Werner Rings）對德占歐洲的研究提出有四種不同程度的「合作」：無條件合作、中立合作（以獲得基本生存需求保障為目的）、有條件合作，以及策略性合作（以對侵略者的敵性為特徵）。[11]但僅以勝利者的視角為主導的敘事，是容不下此類情境化差別和微妙倫理困境的。

但也許，如史學家勞依（Christopher Lloyd）提出的，恰因為思考、寫作二戰史過程中道德判斷的難以避免，歷史學家們有義務研究自傳和文學敘述，以求理解具體個人所面臨的「物質和心理現實」。[12]退伍軍人出身的史家福塞爾（Paul Fussell）同樣重視文學描寫的戰爭經驗，因為它們揭示了在戰爭中生存所面臨的不確定、恐懼、絕望和人性弱點所造成的錯誤。[13]二戰中沒有

---

8 Rousso, *The Vichy Syndrome.*

9 關於這三個案例，參見 Kaplan, *The Collaborator*；Rousso, *The Vichy Syndrome*, 199-216；Suleiman, *Crises of Memory and the Second World War*, 36-61。

10 參見 Arendt, *Eichmann in Jerusalem*；Arendt, *The Origins of Totalitarianism*; Sontag, "Fascinating Fascism"；Kristeva, *Powers of Horror*；Ricoeur, *The Symbolism of Evil*；Ricoeur, *Memory, History, Forgetting*。

11 Rings, *Life with the Enemy*, 73, 86, 106, 128.

12 Lloyd, *Collaboration and Resistance in Occupied France*, 5, 11.

13 Fussell, *The Great War and Modern Memory*; Fussell, *Wartime.*

哪個戰時政權領袖像汪精衛那樣是早已聞名當世的詩人，他的詩歌因此值得我們特別關注。這不僅對史學而言別具意義，也將更深刻地豐富我們對自傳性詩歌及其與歷史和記憶之建構關係的理解。

某種意義上，如果懲罰性遺忘的力量取得徹底勝利，那麼它將終極實現汪精衛的追隨者及同情者眼中他的「犧牲精神」，因為真正的烈士是無名的，只有遺忘能夠完成「身後名」的犧牲。希望自己的詩歌流傳後世、保存個人記憶以對抗歷史審判的遺願，顯露出汪精衛對身後救贖的一絲希望，從而無形中消解了犧牲的悲壯。但無人知曉的犧牲又如何能成為「犧牲」呢？汪精衛的詩歌因此見證了他生命和事業的倫理矛盾，也是這場記憶戰爭的中心角色。弔詭的是，恰因為汪精衛研究在中國大陸受阻，在不少讀者心目間他的詩歌獲得了更大的人格代言力量。二〇一二年香港天地圖書出版的《雙照樓詩詞藁》雖然不能在中國大陸公開銷售，但是透過偷運和盜版，它依然在大陸獲得廣泛的讀者，重新激起對汪精衛詩歌和生平的興趣，尤其在網路上，視汪氏為英雄、烈士的悲情史觀獲得了相當的表達空間。這本詩詞藁由汪夢川作注，余英時、葉嘉瑩兩位重量級文史學者作序。汪夢川後記以「雅正純粹」譽其詩、以「國士」譽其人。葉嘉瑩讚曰「憐他千古做冤禽」，汪氏詩歌是「用自己的生命來寫作自己之詩篇」，表現汪氏畢生所實踐的「精衛情結」，即自我犧牲的情結。歷史學家余英時序則措辭較為謹慎，視「烈士情結」為汪氏出走內外因素之一，但他也同樣把汪氏詩歌視為言志之詩，與周佛海日記對比，得出二者主和雖同，動機則有利他、利己之不同的結論。不少歷史愛好者都把余英時序視為為汪精衛「翻案」。記憶審查因此滋養了自己的對立面：一種與正史對抗的反記憶。

與制度化的歷史記憶不同，反記憶通常是透過私人經驗、即證言記憶得以表達的。一九二四年出生的葉嘉瑩、一九三〇年出生的余英時先生都在日占區度過了青少年時代。余序提到自己十二、三歲的時候最早在抗戰時期的鄉間接觸到汪精衛詩歌，並深深為其慷慨情意打動；日後想起來覺得奇怪的是，把詩抄給他看的人並沒有提到說汪精衛已經投靠了日本，彷彿在安徽鄉下無人在意汪政權的存在！[14]換言之，少年余英時對詩人「汪精衛」的單純認知與學者余英時對政治人物「汪精衛」的歷史知識之間頗有齟齬，後者又給他天真的、碎片化的記憶安置了脈絡框架，兩者的對話各自賦予對方以新的意義。比余先生略長幾歲的葉先生對她的「淪陷」經驗有更詳盡的敘述：她的父親隨國民政府遷往後方，把她及母親「遺棄」在北平；抗戰勝利後，還都的國府又對淪陷區人民採取了報復性掠奪政策。[15]半世紀之後，讀到汪詩，葉氏為其深深觸動，認為汪精衛是為一種「烈士情結」所驅使，回到淪陷區，救人民於水火之中。弗洛伊德式的「烈士情結」一詞其實也是借自胡適日記。與汪精衛素來交好的胡適（一八九一－一九六二），在聽到汪氏死

14 余英時，《雙照樓詩詞藁》（二〇一二）序，頁七。
15 葉嘉瑩，〈汪精衛《雙照樓詩詞藁》讀後〉；詳見本書終章。

訊時，在日記裡寫道：「汪精衛死在日本病院裡，可憐。精衛一生吃虧在他以『烈士』出名，終身不免有『烈士』情結，他總覺得『我性命尚不顧，你們還不能相信我嗎？』」[16]對汪精衛的重新判斷也許也幫助葉嘉瑩找到了一種方式，為她被抵抗的絕對正義話語所壓制的個人經驗、無言的憤怒發聲。占領的具體情境模糊了合作、共存和抵抗之間的界限，而汪精衛真誠利他主義的道德形象也成為他的政權正當性的重要基礎。葉氏、余氏二先生對汪精衛的辯護，恰恰折射出他們所親歷親證的這種道德模稜。

然而把歷史人物汪精衛等同於其詩歌人格，這是一種邏輯上頗為危險的閱讀策略，對此第四章將展開更加詳盡的討論。本書的闡釋原則因此採取德國文學批評家漢伯格（Käte Hamburger）的立場，認為抒情第一人稱主體與詩人之間的關係是不確定的。「聚訟紛紜的抒情之『我』（the lyric I）乃是一個陳述主語（statement-subject）」，其陳述是某個客體之經驗的真實命題；陳述主語不是個人化的「我」，而是一種語言功能。因此，「抒情詩歌理論中應當取消主體性的概念」。[17]庫勒（Jonathan Culler）進一步闡發曰：取消主體性並不意味著改變抒情主體和真實作者經驗之間的關係；抒情詩的現實陳述也不能和任何真正的現實經驗相比較。（舉例來說，「白髮三千丈」和歷史上詩人李白那一刻頭髮真實的顏色和長度之間的關係是不確定的，正如杜甫的髮簪也不必在寫「渾欲不勝簪」的那一刻搖搖欲墜一樣。）我們不能用詩來衡量作者是否「撒謊」。「抒情之『我』與詩人之間的關係不確定的原因，恰在於二者的不可類比，[18]詩歌中的主體聲音不妨理解為「一種形式上的統一原則」，其功用在於把同一作者不同時期的作品都置於某種前後，[19]儘管這一原則有時候也可能是幻象。本書基於汪精衛詩歌所做的分析都只涉及抒情之「我」，而不能為歷史上汪精衛那一刻內心之「真實」下斷語。詩人與詩歌人格之間的關係是開放的。[20]

然則抒情之「我」與歷史之間亦有重大關聯：它回應歷史、在歷史中汲取靈感，而且也參與到歷史的書寫。汪精衛的詩歌在他身前身後都是他與閱讀公眾之間交流的核心管道。它所承載的不僅是詩人生命的個人記憶，也是集體的、文化的記憶。透過與抒情之「我」的對話，我們也許能夠企望寫出一部不僅記載了數字和光榮的歷史，而且也是一部帶有個人體溫的歷史，承載著他們未曾說的和不可說的，他們矛盾的和模稜的，他們的願望與絕望，失敗的戰鬥和腐爛的理想。

16 胡適日記，一九四四年十一月十三日；《胡適日記全編》，冊七，頁五六三。
17 Hamburger, *The Logic of Literature*, 233-234.
18 Culler, *Theory of the Lyric*, 107.
19 Culler, *Theory of the Lyric*, 350.
20 在英文版裡，凡是分析汪精衛詩歌的部分用的都是現在式，而敘述汪精衛生平用的則是過去式。因為中文沒有時態，難以在行文中做出清晰區別，故只有懇請讀者記住這一點。

三架方法論的風車

作為一部試圖彌合歷史、文學和記憶研究之間方法論鴻溝的著作，此書要攻擊的是三架「風車」：史學的、詩學的，還有記憶學的——當然，風車不可以和真正的巨人等觀；這些領域裡的同道先哲都為我提供了重要的思想和資料來源。書中隨處都徵引了他們的著作和判斷，此處恕不一一列舉。

史學

第一架「風車」是史學界、尤其是西方的中國史學界對詩歌的忽視。即便是中文學界的歷史學者徵引詩歌時，他們也常常將詩歌文本視為一種史料的補充證據，試圖從中解讀作者在「賦詩」那一刻的內心情感。如果史家們能夠走出散文語言的舒適圈，直面詩歌的模稜性和多義性，那麼歷史與抒情之「我」的對話將大大擴展史學寫作的主體深度。

詩歌之動人在於其深入無名、無言、無形之情感淵藪的能力。借用詩人策蘭（Paul Celan）的隱喻來說，詩人就像潛水者，能夠潛入「靈魂的深海」，給我們帶來新鮮、純粹的語言，以更新為「意義燃盡的死灰」所遮蔽的俗言常語。[21]當然，這樣的詩不是分行散文，而是美學評價意義上的「真詩」：當我們質問一首發表作品「這也是詩嗎？」，或者稱讚某篇散文「具有詩意」

時，我們其實都是在美學意義上使用「詩」一詞，即富於創造力、想像力、打破日常表達方式邊界的藝術作品。詩所傳達的無數微妙複雜情感無法用一條簡單的「主題大意」來概括，所謂「一說便死」，因此對它的解讀也必然是無窮無盡的。不妨舉汪精衛一九四二年秋季所做的〈朝中措〉（SZL 314）[22]詞為例。小序曰：「重九日登北極閣，讀元遺山詞至『故國江山如畫，醉來忘卻興亡』，悲不絕於心，亦作一首。」詩曰：

城樓百尺倚空蒼，雁背正低翔。滿地蕭蕭落葉，黃花留住斜陽。
闌干拍徧，心頭塊壘，眼底風光。為問青山綠水，能禁幾度興亡。

元好問詞，題為〈朝中措．時情天意〉，[23]同樣作於重九登高之際。元氏在金朝亡後義不事元，隱居編訂金朝文史。然而在此詞中，即便是清高的遺民也被容許暫時「忘卻」主導了人類命運的歷史的非人力量，這種力量體現為循環性的「興亡」，恰如四季輪迴一般。但是人類此生所經歷

21 Celan, "Edgar Jené and the Dream about the Dream," 3, 6.
22 若無特別說明，本書所引汪詩以香港天地圖書二〇一二年版《雙照樓詩詞藁》為準，文中縮寫為SZL。
23 元好問，《遺山樂府編年小箋》，卷三，頁一二〇。

的生命時間並不是循環性的，而是從生到死的線性時間。當有情的道德主體面對非道德的歷史和無情感的自然時，不免在這種命定的鴻溝前產生「悲」感。透過召喚元好問的文化記憶，此詩暗示了汪精衛所不能言說的一種憂懼：如果中國當下面對的不是線性的征服，而是週期性的興亡呢？歸根結柢，建立金朝的也是漢化的征服民族女真人，而元氏一族亦氏出漢化的鮮卑民族。但這些都不妨礙元好問用漢人的精英文字和文學形式來保存金朝的文化遺產。由於儒家政治哲學將新王朝的興起視為「天命」的傳承，「中國」在地緣政治以外同樣也是文化概念，那麼「夷狄」進入中國後設若接受禮教，也不妨成為「中國」。列文森（Joseph Levenson）將之稱為「文化主義」（culturalism），與歐洲近代興起的「民族主義」（nationalism）政治觀相對立。[24]設若如此，日本征服一旦成功，是否終將成為中國歷史上屢見不鮮的又一場「興亡」呢？

下闋的「闌干拍徧」借用的是辛棄疾〈水龍吟．登建康賞心亭〉一詞的名句。[25]值得注意的是，辛棄疾也同樣出生在金朝治下，祖父還出仕金廷。然而辛棄疾本人卻選擇加入義軍，投奔南宋。可惜朝廷苟安，英雄抑鬱，卒為「愛國詞人」。他的這首〈水龍吟〉係面對分割南北的長江天塹所作。辛棄疾生於一一四〇年，元好問生於一一九〇年，五十年的時間，使得一位詩人選擇成為抗金義士，另一位則成為金朝遺老。他們的不同選擇似乎證明了一種難以言說的真理，即時間賦予征服正當性。汪精衛透過典故委婉表達了「心頭塊壘」。南京的青山綠水已經見證了無數次王朝的興亡。他因此疑問自然的永恆之美是否只是一種表面幻相，是否也會因為人類毀滅性的暴力慢慢消耗、磨損、破敗。

這首詩的藝術力量昭現了證據研究的不足。以上所暗示的意義是汪精衛的公開講演或文章裡永遠不會言及的，甚至也未必是他自己願意進一步思索的想法，當然也不是對此詞唯一的讀解可能。作為語言藝術的作品，一首詩具有自己超越時間的特質，可以與讀者展開跨越時間和空間的對話。一首詩所傳遞的，也無法歸納為某種散文俗語的訊息，這是詩歌拒絕轉化為「意義」的物質性所在。抒情主體無名的內心憂懼，只能為具體的個人讀者在靜默的閱讀時刻所意會。默然沉思間，讀者或許能容許自己片刻的誠實，面對真實的內心，承認自己也或許有過類似的閃念，反思個人生命體驗與民族國家、歷史時間之間的矛盾。因此作者聲音和讀者體驗之間便建立了關聯，使抒情真實具有了跨越時間的維度。透過他的詩歌，汪精衛試圖超越制約了他當下生命的歷史性。如果說政治的核心在於集體行動，而詩歌寫作必須面對個人內心，那麼既是政客又是詩人的汪精衛，便不可避免地要在行動與思考的夾縫間生存。

24 Levenson, *Liang Ch'i-ch'ao and the Mind of Modern China*, 110-122.
25 辛棄疾，《稼軒詞編年箋注》，卷一，頁三四。

詩學

第二架「風車」是現代中國文學研究對古典詩詞的忽視與排斥。尤其是在中國大陸，現代中國詩歌史的敘事為一種「解放史詩」所主導。這篇史詩裡，中國詩歌傳統在唐宋抵達巔峰之後，經歷了近千年的衰落或者停滯，終於透過「文學革命」打破了文言文的鐐銬、擁抱現代書面白話帶來的表達自由。一九一七年新文化運動以來，文學革命的呼聲被視為民主自由等進步事業密不可分的一部分。胡適、陳獨秀輩相信中國必須徹底廢除精英化的書面文言、相關文化實踐及其隱含的社會等級，這樣才能拯救中華民族於帝國主義的世界秩序。為了實現這個目的，白話文應該被視為不僅是實用的，而且是美的，不僅適用於教化大眾，而且也適用於美文、尤其是詩歌。[26]這種敘事邏輯視白話詩歌的興起為某種目的論歷史（teleological history）的終極實現，其曲線早已為語言的自然法則所前定。一九四九年無產階級革命的勝利進一步用政治權威判定了「平民白話」對「貴族文言」的勝利。雖然古典詩詞的寫作不絕如縷（甚至在毛時代因為毛澤東的政治權威，通俗化的革命古典主義詩詞具有了某種「宮廷歌詩」的地位，但這與多數知識分子創作者無關），但總體而言，中國現代文學選集、文學史教科書都很少收錄詩詞，大學中文系教職更是罕有現當代古典詩詞的研究者擔當。這一現象近年來因為越來越多中外學者對文學史權力的重新評價而有所改觀，但徹底的反思和重評將依然是一個漫長的過程。

現代文學史偏見的代價是忽視了一批數量龐大、水準極高的文學作品。因為詩詞寫作者來自智識階級各個層面，而不僅限於職業詩人群體，現代詩詞具有多元的文學、政治和社會學功能。作為文學作者的汪精衛積極參加了他當時的文白之爭。他是名傾天下的古典文學社團南社（一九〇九－一九二三）的重要成員。他為《南社叢選》（一九二三）所做序言提出，南社文學才是真正的「革命文學」。「革命黨人所以能勇於赴義，一往無前百折而不撓者，恃此革命文學以自涵育；所以能一變三百年來奄奄不振之士氣，使既於發揚蹈厲者，亦恃此革命文學以相感動也。」民國建立以來的士氣萎靡，絕非革命文學「徒事興奮」之過，而恰是「拙樸勇毅」的革命文學尚未普及之故。「南社諸子，以氣節文章相尚」，應當更加承擔起民國負重前行、發揚逝者之精神的職責。[27]汪氏的「革命文學」概念似恰與「文學革命」針鋒相對。汪氏認為，傳統詩歌承載了中華民族之精神氣節。如其所做陳去病《浩歌堂詩鈔》序（一九二四）所謂，雖然傳統詩詞常淪為送往迎來的工具，「富貴功名之念，放僻邪侈之為，阿諛逢迎之習，士君子平日所不以存之於心，不屑宣之於口者，而於詩則言之無恤」。換言之，詩歌傳統的惰性使之成為陳言腐語、也就是策蘭所謂「意義燃盡的死灰」之所聚的淵藪。但這並不是詩歌形式本身的問題。新詩提倡者所面臨的也恰是要「新其意境」、還是「新其格律聲色」的問題。如果只是改換形式而非改換

26　胡適，〈文學改良芻議〉；胡適，《白話文學史》。
27　汪精衛，〈《南社叢選》序〉。

內容，那麼所謂新詩也就成了陳腐的舊詩。故汪氏曰：「詩無所謂新舊，惟其善而已。」[28]數年後他用筆名曼昭在《南華日報》上發表的系列《南社詩話》也同樣秉承了這種觀點。[29]胡適秉承進化史觀將白話新詩呈現為舊詩進化的結果，而汪氏則以其矛攻其盾，提出「新舊兩體不妨並行」，因為「與其息爭，不如激之使爭，爭愈烈，則其進步亦愈速」，倘若新舊兩體不以意識形態價值提前判定其優劣而是任其競爭，憑文學價值取勝，那麼尚且「不知鹿死誰手」呢。[30]

抗日戰爭期間，古典詩詞寫作迎接一次復興。學者與新派作家都同樣轉身重新面對中國文學傳統；尤其是歷史上危急時刻的作品，給他們帶來絕望中的勇氣。[31]值得注意的是，合作政權領袖往往是古典詩詞能手。由於多數清遺民和北洋官僚都沒有隨國民政府遷往後方，他們成了日本招納地方合作精英時的最初選擇。首要的例子就是王揖唐（一八七七－一九四八）和梁鴻志（一八八三－一九四六），兩人都在清末以科舉功名入仕，也都曾在北洋政府擔任顯職。他們都在汪精衛之前便被日本占領軍招納、參加或組織了區域性合作政府，後來在日方壓力下加入了汪政府。汪政府本身也有強烈的文人氣質。精英合作文人之間以文學語碼進行的交談在本書第五、六章中有詳細的解析。

由於士大夫政治傳統對民國政治的影響，汪氏的詩歌才能對他的政治生涯是相當關鍵的。本書第二章討論了汪氏政治行為之合乎士大夫理想之處，這一點也有助於解釋他在民國政治中屢敗而不倒的地位；第四章則討論了汪氏詩歌對不同讀者的多重功用。文學網絡也是政治結盟的重要手段。汪精衛和很多文人、學者都長期保持通信，包括胡適、趙尊嶽（一八九八－一九六五）（及其父趙鳳昌）和龍榆生（一九〇二－一九六六）。趙、龍二氏最終成為「和平運動」的追隨者，而胡適也始終對汪氏保持同情的態度。然而可矚目的一點是，合作時期汪氏詩詞的讀者也包括日本軍政要員。有證據表明，汪氏把自己的詩作變成了「譎諫」的手段。

功能多樣的古典詩詞在現代中國文學史中理應有一席之地。學界對現代古典詩詞的研究已然極為不足，對合作文人作品的研究就更如鳳毛麟角。有學者提出，戰爭抵抗文學固然有政治上的必須性，但其文學性卻每每不足。傅葆石和福塞爾針對二戰期間的中、英文文學都得出類似的觀點，即抵抗文學傾向於把他者非人化，弘揚善惡對立的二元倫理觀，從而復興了傳統的絕對主義價值。[32]高調鼓吹的代價是批判性的思維能力。相比之下，淪陷區文學卻傾向於強調個體情境、內心經驗和道德兩難。當藝術的功利主義功能不再緊迫之際，這樣文學也許對後世讀者和文學研

28 汪精衛，〈《浩歌堂詩鈔》序〉。

29 這組詩話發表於一九三〇至一九三一年，其作者是否是汪精衛向來聚訟紛紜。近來《汪精衛與現代中國》系列叢書發表了汪精衛手稿影印本，其作者身分殆不再成疑問。詩話創作背景詳見本書第二章。

30 《汪精衛南社詩話》，頁六－七，一〇七；亦見《南社詩話兩種》，頁七三－七四。

31 吳海發，《二十世紀中國詩詞史稿》，頁七六－六五六。

32 Fu, *Passivity, Resistance, and Collaboration*, 82-93; Fussell, *Wartime*, 164-180.

究者而言會更加值得玩味。目前西方學者對日據文學的研究主要矚目上海、北平和滿洲的現代白話文學。[33]近年來，高嘉謙、劉威志和邱怡瑄等臺灣學者開始對南京的古典詩詞作者群體進行更加深入的探討。[34]陳煒舜近作討論清末一代詩人（生於一八九〇至一九一〇年之間），其中有章節關注陳公博（一八九二－一九四六）、胡蘭成（一九〇六－一九八一）的古典詩詞。[35]中國大陸學者除非做出相當的策略性妥協，否則難以發表對合作文人的研究，但汪夢川重編出版《雙照樓詩詞藁》堪稱大勇之舉，功不可沒。對中國淪陷區合作文人詩歌更加系統深入的研究目前尚付闕如，這是將來亟待填補的一項研究空白。

記憶學

第三架「風車」是當前記憶學研究領域對中國傳統文化特性的了解之不足。記憶學研究近年來在西方、尤其是歐洲學界漸漸成為顯學，也有中國文化史、社會學學者加入研究行列，討論現代中國紀念碑和當代紀念形式（如博物館、節日等等）的形成。我認為，中國古典詩歌傳統應當被視為一個豐富的文化記憶資源庫；詩歌在創造歷史記憶和反記憶都扮演了獨特的角色，值得深究。

文化記憶（cultural memory）是指某群體對其過去的長期、集體的記憶，這是其身分認同的來源。文化歸根結柢是一種社會記憶，而個體的記憶也需要社會的、集體的框架才能得以形成、表述並獲得當下性。從最基本的層面來說，一個沒有習得語言、不在社會中成長的「猿人泰山」

是不會有連貫記憶的，因為他缺乏在經歷事物之後重新表述自身經歷的需要，也沒有表述這種經歷的手段。人類語言是記憶的形成基礎。記憶形成之後也需要透過反覆的重新表述才能獲得當下性，並且隨著我們對當時社會和歷史脈絡擴寬的認知而不斷獲得新的意義。記憶是不斷變形的、可塑的。我們的童年記憶往往是透過他人的表述、老照片和重新補充的社會脈絡來重新建構的，同時也可能在重構中被植入的資訊所扭曲，成為「虛假記憶」。「在這種意義上，集體記憶存在，且記憶具有社會框架；我們的個體思維只有放置在這些框架內並參與集體記憶才能夠得以回憶。」[36]換言之，是社會框架這種基礎模型（schemata）使得個體記憶成為可能。這一洞見是現代跨領域記憶研究百花齊放的基礎。德國學者揚・阿斯曼（Jan Assmann）和阿莉達・阿斯曼（Aleida Assmann）的理論尤為重要，他們為描述「文化記憶、集體身分和政治正當性之間的相互依賴性」提供了觀念工具。[37]

33 參見：Gunn, *Unwelcome Muse*；*Fu, Passivity, Resistance, and Collaboration*；Huang, N., *Women, War, Domesticity*；Duara, *Sovereignty and Authenticity*；Smith, *Resisting Manchukuo*。

34 參見：高嘉謙，〈風雅・詩教・政治抒情：論汪政權、龍榆生與《同聲月刊》〉；劉威志，〈梁汪和平運動下的賦詩言志〉；邱怡瑄，《史識與詩心》。

35 陳煒舜，《古典詩的現代面孔》，頁二〇一－二五五。

36 Halbwachs, *On Collective Memory*, 38.

37 Erll, *Memory in Culture*, 27.

正如個體對自身身分的認知是根本建立在對自身過去的回憶上一樣，揚・阿斯曼對古埃及、猶太文化的研究提出，一個群體的身分感歸根結柢與其文化記憶（即「吾人勿忘」者）相連。記憶群體透過儀式化的共緬儀式重新表演神聖的過去，從而更新後者規範性、生成性的力量。[38]在這一意義上，文化記憶是正當性的重要資源。能夠分享對共同過去的記憶的人，也就獲得這個群體的成員資格。把規誡融化到故事裡，將規範性和敘事性結合，這就創造了身分認同的基礎，從而一個個體可以用「我們」這個代詞進行表述。共同的知識和特徵成為個人與集體間的「榫卯性結構」（connective structure）：他們首先共同遵守某種法規和價值，其次共享對共同過去的文化記憶。[39]譬如「我們中華民族」，用此詞者必然自視為中華民族一員、分享對其（神話化）過去的記憶，並願意遵從某種特定的價值對其歷史、行為、目的加以表述。如第五章所示，植根於中國傳統的文化記憶是汪政權建構正當性、建立政治「我們」敘事的重要思想資源。

中國文學領域內，柯馬丁（Martin Kern）曾借用揚・阿斯曼的理論，將先秦詩歌經典（尤其是《詩經》）描述為文化記憶資源庫。[40]我希望能拓寬他的用法，把中國古典詩詞整體視為儲藏文化記憶的資源庫。這種用法受到了阿莉達・阿斯曼的啟發，她拓寬了「文化記憶」概念，使其更加具有活力，允許功能性（流通中）和倉儲性（檔案化）記憶之間不斷的互相轉化。[41]汪精衛〈朝中措〉詞的形式、語言、風格和用典都指涉一個共享的文本文化。具有對這些文本的記憶、從而「一眼」就能辨認這些語碼（譬如「闌干拍徧」）的讀者，也不免（哪怕是不情不願地）

辨認出作者和自己同屬於某個文化共同體。換言之，互文性（intertextuality）形成交互主體性（intersubjectivity）的基礎。這種交互主體性未必需要得到記憶承載者的主觀認可。讀者可以拒絕承認汪精衛有權利使用元好問詩歌的典故來自比古人；但一旦他們認出所用典故，就參與了詩歌的讀解，也同時承認了詩人與自己共享某個精英文化傳統。

借用中國集體的文化記憶，並要求自己透過詩歌被人銘記，汪精衛將《雙照樓詩詞藁》化為一個記憶場域（*lieu de mémoire*）。用法國學者諾哈（Pierre Nora）的話來說，一個場域（*lieu*）蘊含了三重維度：物質的、象徵的和功能的。它「透過記憶和歷史之間的互動而建構」；建立這一場域的首要因素，就是銘記的意志。[42]這種意志是將記憶場域和歷史場域區分開來的關鍵因素。汪精衛的案例裡，其詩詞的物質維度和話語維度提供了一個交匯空間，這裡，中國的集體歷史和文化記憶、作者的個人記憶以及讀者對作者的記憶相互碰撞、交流。他的詩詞因此不是民族國家宣揚自己勝利的記憶工具，[43]而是承載了「歷史失敗者」記憶的漂流瓶，其中裝滿了碎片化

38 Assmann, J., *Cultural Memory and Early Civilization*, 16, 38, and passim.
39 Assmann, J., *Cultural Memory and Early Civilization*, 3.
40 例見：Kern, "The *Odes* in Excavated Manuscripts"。
41 見 Assmann, A., *Erinnerungsräume*, 137。
42 Nora, "General Introduction," 14.
43 Erll and Nünning, *Cultural Memory Studies*, 21.

的、創傷記憶的私密聲音，它們無法融入勝利者對民族歷史的光榮敘事之中，只有被投入時間之流，期待某天被讀者開啟。

章節概要

此書希望能夠透過對多種方法論的交錯使用，促進典範（paradigm）之間亟需而急缺的對話。上篇是一部汪精衛的思想、政治和文學傳記，下篇則側重討論史學、詩學與記憶研究之間相互糾纏的問題。由於目前沒有任何汪精衛傳記對這個複雜歷史人物有足夠深入和中立的探討，上篇的歷史研究是下篇詩學探討的基礎。以下是各章節梗概。

上篇　士大夫政治的終結

汪精衛的政治生涯，處於傳統士大夫政治向現代官僚政治的轉化期，其政治人格也因此具有了高度的過渡性。他的民主集中制理念中不乏儒家心學道德理想主義的影響，而後者在行動中尋找存在意義的理念或許也能部分解釋其合作的動機。本傳記利用了汪氏的學術、政治和文學著作，並參考多語種的學術研究和檔案資料。讓汪精衛重新回到中國現代史的舞臺中央，意味著重新講述一些「盡人皆知」的故事，填補其中被有意屏蔽的空白。

第一章　革命者

本章講述的是汪氏從廣東孤兒成長為革命偶像的歷程。他留學日本期間深受當時方熾的民族主義思潮影響；追隨孫中山在南洋宣傳革命的經歷，使他在這一地區積累了深厚的人脈。但汪氏思想中同樣有深刻的無政府主義因素，這是他決定刺殺攝政王的重要思想動機，也是他為何在民國成立之後，決定退出政治、從事學術的原因。然而面對緊迫的反袁運動需要，汪氏不得不在學術與政治、法國與中國之間來回奔走。他在旅歐勤工儉學和中國參加一戰過程中都扮演了關鍵角色。目睹中國在巴黎和會上的外交失敗，汪氏重新認識到政治對民族建構的重要性，從而最終決定回國從政，哪怕「出山」意味著擁抱道德的汙染。

第二章　政治家

本章描繪汪氏成為中國領袖的歷程。孫中山的突然棄世使汪精衛一夜之間成為孫氏晚年聯俄容共政治遺產的執行者，但他不掌握軍權與財權的潔身自好姿態，使得他在中山艦事件中被邊緣化，進而憤而辭職，為蔣介石的上升提供了空間。此後汪數度去國歸國，但其參與的武漢政府和中原大戰無不以失敗告終。九一八之後，蔣汪聯合政府成立。蔣主軍、汪主政的分工意味著汪氏負責執行對日妥協的外交政策，而西方列強的自保態度使他對英美調解中日衝突的可能性最終失望。

第三章　「國賊」

南京淪陷後，陶特曼調停失敗。出於對「焦土抗戰」的異議、近衛文麿不以蔣介石為談判對手的聲明等多種因素，汪精衛決定脫離重慶，尋求和平止戰。本章提出，汪精衛南京政府的成立及其性質並非有計畫的必然，而是多種複雜歷史偶然（包括近衛辭職、曾仲鳴遇刺以及平沼政府的猶疑等）共同導致的。事實上，汪政府的意識形態、民族想像、外交關係、軍事建制及經濟政策和戰前、戰時、戰後的中國政權都有密切關聯。鑑於汪精衛晚年私密史料的不足（也許有待日後檔案解封），詩歌為他的晚年心態提供了珍貴、儘管未必完整真實的一瞥。本章以汪精衛的逝世、葬禮、戰後「漢奸」審判及汪氏家族現狀作結。

下篇　記憶詩學

本書的下篇同樣由三章組成，各以一個案例，探討「詩歌記憶」的文本性、時間性和空間性。透過重新發明其脈絡及其文本內部的豐富複雜性，我提出對這些作品的讀解不能以其「是否反映歷史作者之真實」為目的。作為文人政治集團領袖的汪精衛，其詩歌人格具有長遠的政治迴響。

第四章　記憶地圖

本章詳細讀解了寫作於一九三九年春夏之交的七律〈舟夜〉詩，其蘊含的深刻愛國情懷引發了史學家間的一場爭議，雖然共同秉承「知人論世」、「詩言志」的闡釋立場，但他們的讀解結論卻始終符合各自對汪氏「忠奸」的道德判斷。弔詭的是，史家都不約而同忽略了汪氏面對此詩中日讀者給出不同寫作時間的事實。本章摒棄表現主義詩學觀，提出一種新的闡釋方法，即此詩是一篇具有歷史書寫功能的記憶文本，其中包含了多種不同的記憶類型，各自具有目的和功能。〈舟夜〉詩因此拒斥任何單一的閱讀方式。它是一張記憶的地圖，一個豐富、模棱的開放空間，其中迴蕩著充滿創造性的眾聲喧嘩。

第五章　刺客像誌

本章透過圍繞〈易水送別圖〉展開的汪政權要人唱酬詩，討論汪精衛的刺客形象對其政權正當性的意義。汪氏早年刺殺攝政王，本係無政府主義鼓舞下進行的革命浪漫主義行動。一種無政府主義行為何以能成為其晚年建構政府的精神核心呢？本章梳理歷史上的荊軻題詠，以及民國時期荊軻形像向共和英雄、民族英雄的轉化。抗戰期間的一系列荊軻主題戲劇詩歌，無不以暴秦擬日本，因此為汪政權要人的荊軻題詠限定了脈絡。然則秦雖暴虐，鞭笞六國、掃蕩宇內、一合中國，創立了開世界楷模的官僚制度。這一隱喻系統因此也包含了從汪諸人對戰爭的悲觀態度、官方的大亞洲主義話語向他們私人話語不情願的滲透，以及他們對個人歷史身分的浪漫主義想像。這反映了汪政權之制度正當性的不足，因此藉助歷史記憶和浪漫想像建構起一個記憶和情感的共同體，以為其凝聚力的基礎。而這些詩歌潛在的日本讀者又如何能容忍其隱喻的殺傷力呢？也許，文化記憶的可塑性，意味著詩歌能服務於各種不同詮釋策略的需要。汪精衛作為刺客的像誌（iconography）是一個漂浮的符號，在不同的脈絡下獲得不同的意義，同時肯定抵抗與合作的正當性。

第六章　金陵不懷古

本章探索南京作為「記憶場域」的特殊性。歷史記憶與生活在歷史中的個人的記憶相融合，形塑他們對一個地理空間的理解；而歷史話語又透過歷代詩人的重寫占據了壓倒性力量，使得詩人對此地的其他書寫方式成為不可能。概言之，地域的記憶成為籠罩在個人觀察、回憶、期待之上的後設文本（metatext）；過去成為詮釋當下的稜鏡，也成為想像將來的模本。本章梳理了民國期間「金陵懷古」母題的寫作與民國歷史事件之間的聯繫，尤其是一九四〇年之後回到經歷了大屠殺的南京的汪政權文人對南京歷史記憶的處理方式。對他們而言，南京的興衰歷史尤其具有一重特別意義。詩中使用金陵的歷史典故意味著對未來的某種想像，而這一未來的圖景又是他們不堪展望的。因此矛盾的是，金陵的歷史成為他們作詩時迴避或者重寫的主題。但不論採用哪種防禦策略，文本中缺席的金陵典故的力量在沉默中更加強大，成為無言的壓迫性陰影。另一方面，興亡的敘事方式也和歷史事件的獨特性、政權的正統性相關。因此對這一典故的處理，也暗喻著一種倫理選擇。

終章　反抗遺忘

本章以重慶磁器口的汪氏夫婦跪像開篇，探討透過紀念碑、博物館、歷史課本和大眾傳媒實現的記憶審查，以及意識形態與市場經濟如何合謀戮力於懲罰性的遺忘（punitive forgetting）。然而，審查也造成了去脈絡化的漂浮的記憶碎片，它們不時透過意想不到的途徑重新浮現，向生者私語。汪精衛的詩作正是這樣一些碎片，在集體記憶的大海上不斷漂向它們缺席的作者方向。最後，透過法國戰後處理維琪政府記憶遺產的經歷，我探索「記憶正義」和「歷史真相」這兩種義務之間和解的可能，以及我們是否能夠擁有一種更加鬆弛的記憶，它是一種道德力量：同情地面對過往，洞察一切，然後自信地選擇忘卻，抑或至少諒解。

我希望這本書的讀者和我一樣，不滿於紀念碑書寫的歷史。畢竟，我的祖父母輩都在淪陷區的江西度過了戰爭時代。正如當時多數的中國人一樣，他們是日本侵略和占領的倖存者，沒有什麼卓絕的義行值得載入史冊。但恰是透過他們無言的堅忍，民族的生存才得以延續，戰後的重建才成為可能。倖存者們承載著記憶的義務，但卻不享有被記憶的權利，因為勝利者的敘事只謳歌領袖與死亡。我的目的不在於為侵略者辯護，更不在於質疑抵抗者的英勇。但透過寫一本關於汪精衛的書，透過探討一位其「犧牲」資格備受質疑的歷史的失敗者，我希望傳達的是一種更加富於同情的歷史觀，讓我們面對比今天更加黑暗的時代、充滿遺憾的生與死時，能夠更加寬容一些。「黑暗時代」（*finstere Zeiten*）是鄂蘭從布萊希特（Bertolt Brecht）詩作〈致後人〉（*An die Nachgeborenen*）中摘出的詞。「黑暗」指的是某個權力系統導致的公共領域對真理光輝的遮蔽。在這樣的時代，某些男男女女所點燃的「微弱、不安、明暗不定的光芒」依然可能為後人照亮他們的世界。[44]汪精衛的事業失敗了，他最終未能榮光萬丈地從黑暗中升起，但這也許是他那個時代最人性的故事之一。他的詩歌因此成為了他模稜的紀念碑。

44 Arendt, *Men in Dark Times*, viii-x.

上篇

士大夫政治的終結

圖 2　李斌，〈國父〉，臺北國父紀念館，館藏號 F_2_066。

位於臺北的國父紀念館一樓西翼有一幅壁畫，孫中山身著藏青馬褂，站在正中央，四周環繞著大大小小上百位家人和同志，他們共同構成民國版圖的秋海棠圖案（外蒙古疆域用青天白日旗模稜處理），最上端是國父題字：天下為公。這幅壁畫借鑑了佛教造像的視覺處理手法，彷彿釋迦牟尼為大小菩薩、羅漢、比丘尼等所環繞，其規模遠近視其教內等級而定。此處的等級秩序的判斷主要基於人物與孫中山的親密關係，但也夾雜了眾多政治因素的考量。青年俊朗的蔣介石，位置雖然不如宋慶齡、孫科顯要，但卻位於孫氏右肩，其繼承人位置不言而喻。汪精衛則與孫氏若即若離，站在畫面中心的最外一環。幾乎所有人都直視前方，只有汪精衛低頭側目，彷彿逃避觀眾的審視。這幅壁畫是一九九八年完成的，它以最直觀的方式展現了民國史書寫對汪精衛嚴苛的道德譴責，哪怕在已經民主化的臺灣也依然如此。儘管壁畫構圖承認了汪精衛不可迴避的舞臺中心地位，但卻力圖把他放在盡可能的邊緣，似乎極力否認他與孫中山親密的關係，以免「玷染」國父崇拜這種民族主義世俗宗教的神聖，讓他的在場同時成為缺席。本書的上篇因此嘗試重新描畫汪精衛在民國史若干關鍵事件裡的位置和角色，同時揭示某些迄今為止被忽略的面相和關節。

從一八八三至一九四四年，汪精衛的一生恰恰見證並參與形塑了中國從官僚帝國向民族國家的轉型。這個古老龐大的國家抱著無可挽回的決心、挾裹形形色色的力量、拖著蹣跚的步履走向「現代」的門檻，但其現代性的方向卻並不明朗。汪氏也代表著他那個時代典型的思想雜糅。他常常為各種主義所吸引，從無政府主義、民族主義到社會主義，但他從不是法西斯或軍國主義的信徒，而是對民主理念有根本的信仰。孫中山去世後，作為國民黨領袖的他所占據的意識形態位置，大約可以描述為左翼民主集權制。他堅定地相信國民黨作為先鋒革命政黨應當以憲法為依據、領導民主聯盟、引導群眾運動，以促成社會變革。他思想中另一個穩定因素就是以陽明心學為代表的儒家理想主義傳統，相信個人透過修身能夠發揮治平天下的功用。他最終的失敗也彰顯了士大夫政治在現代中國的局限。

他失敗的部分原因，在於文人政治家在軍事強人時代的必然命運。汪精衛的政治才能也許最適宜於議會民主制。他身形高眺，儀表英俊，風範溫潤，對旁人有天然的吸引力。他在公眾面前總是身著西裝或長袍，即便和顏悅色，也令人敬重不苟。他講演的激烈和燕居的安詳形成鮮明對比，正如他文風的理性和詩風的感性之間一樣，這種矛盾性和層次感造就他在群眾面前和在小圈子裡不同的卡里斯瑪（charisma）。雖然他內心的驕傲不允許他接受任何次要的角色，但他的領導風格是尋求共識與和解的。他的理想主義常與實用主義相融，原則與調和共存。他生活的習慣是舒適而非奢華的，這在當時普遍目為腐敗的國民政府高層裡不啻一股清流。他的私生活不事二色，妻子陳璧君既是革命同志也是忠貞愛人，與他養育了六名子女（一名夭折）。他寫給璧君的詩篇迄今讀來情意動人。他是詩人也是書法家，酒量豪爽，尤其好飲法國紅酒，待人接物如沐春風，他和璧君的家一度成為南京文藝政治的沙龍。在所有這些方面，他似乎有意無意都成了蔣介石的對立面。他脫離重慶之後，舉國惡詈滔滔，這似乎也反射了眾人的失望與驚愕——面對一代中國革命偶像的淪落。

研究汪精衛本身就是一種倫理挑戰。有些中國的前輩史學家遵從儒家傳統，認為懲罰性史學有警戒未來賣國賊的的道德功用，所謂令「亂臣賊子懼」。但是歷史學家真的可以在歷史面前扮演法官的角色嗎？在里克爾看來，前者的目的在於真相，後者的目的在於正義，兩者迥然有別。[1]歷史判斷總是暫時的，必須隨著我們對歷史情境和後果不斷豐富的認知而不斷變化。而就司法正義而言，我們不能忘記，與刑事訴訟不同的是，現代叛國審判（treason trial）的正當性是建立在民族國家典範基礎上的。合作者的罪名在於違背了民族以統一求安全的集體意志。但民族不是永恆的。當一個民族的性質或構成發生變化時，司法判斷也可能發生變化。因此，這部傳記也回應了卜正民所呼籲的「面對歷史判斷的猶疑」。[2]它的目的不在於譴責或寬恕，而是尋求理解，以求達到最大程度的客觀性。

另一大問題是資料。此前已經提到了中國大陸的檔案審查以及中文區以外多語種資料的挑戰。此外，相對不少當時著名政治或文學人物而言，汪精衛身上有一種奇異的私密感：他沒有留下任何日記。[3]因此，儘管詩歌具有高度主觀性，但它們是重要的、某些時期甚至是唯一的材料，可供讀者揣摩汪精衛的情志。本書下篇將更加詳細地探討詩歌的闡釋學挑戰與歷史書寫功能。

但最大的挑戰還是克服歷史的後見之明。傳記和回憶錄作者往往因為意識形態偏見而做出不可靠的陳述或回憶。他們會用汪氏後來的行為來重新解讀他在某時某刻的舉止或言論背後的心理動機。譬如《大公報》記者徐鑄成在一九八〇年代談到自己曾經在太原和廣州兩次採訪汪精衛，

---

1 Ricoeur, *Memory, History, Forgetting*, 314.

2 Brook, "Hesitating before the Judgment of History."

3 一九八七年有一本《汪精衛日記》重現上海，但是內容主要是一九四〇年一月一日至一九四四年一月二十五日的起居錄，十分簡要。日記部分內容已經由上海市檔案館發表（見：汪精衛，〈汪精衛日記〉），但不知出於何故，後繼發表被叫停，目前也沒有研究者可以再目睹其真容。其真實性證據見：江邊、漸醒，〈《汪精衛日記》露面記及真偽辨〉。

這樣寫道：「老實說，汪給我的印象是不錯的，雖然覺得他過分客氣、有些虛偽，比如，送我出門時，不僅一直送出大門，而且給我開汽車門。對一個青年記者，似乎太過分了。」[4]汪精衛雖然少年成名，但待人客氣是出名的，至於他的「禮賢下士」是周公還是王莽，恐怕就要看是誰在什麼時候出於什麼目的下判斷了。但哪怕是力求中立的歷史學家有時也不能免於目的論傾向。英國史學家米德（Rana Mitter）傑出的二戰中國史《被遺忘的盟友》（*Forgotten Ally*）中耳目一新地將南京視為與重慶、延安鼎立的戰時中國政府，各自與某個帝國主義勢力結盟（日本、美國、蘇聯）。但儘管如此，它依然不免試圖尋找汪精衛生平前後之間直接的因果線。在青年汪精衛刺殺攝政王一節，作者寫道：「充滿動力和野心、虛榮、不顧後果，汪精衛孤注一擲的傾向塑造了他畢生政治生涯和戰時的選擇。」[5]這種個人性格決定論忽略了汪精衛做出刺殺與合作兩次重要人生抉擇時種種複雜的環境因素，三十年間發生的重大歷史變化，以及選擇行動時他身邊的一群政治角色，其集體意志找到了「汪精衛」這位公眾代言人。將選擇展示為命運的寫作手法給歷史敘事帶來連貫性和緊湊感，透過這種敘事，紛雜的歷史變得面目清楚、易於理解。但正如懷特（Hayden White）提出的，我們需要把歷史文本也視為文學藝術品。[6]當然，汪精衛本人也在透過文字不斷敘述他的生命。不論是散文、講演，還是詩歌，他始終在力圖向自己、向公眾展示自己畢生抉擇的連貫性。我的敘事自然也無法完全擺脫後見之明的陰影。但只要可能，我會盡量抵制清晰解釋的誘惑，而力圖還原影響汪精衛決定的種種複雜因素及具體歷史情境。

這部傳記建構在檔案、信件、日記、回憶、報導和學術研究的基礎上。戰後諸人對汪精衛的證言回憶難免受到扭曲，因此只能在某些情況下謹慎採納。行文中有些細節是針對流傳甚廣的謠諑的，但除非有必要，否則我不再複述謠言。知情讀者在讀到某些段落時也許會會心一笑。作為學術傳記，本書與蔡德金大著側重不同。希望進一步補充汪氏生平資訊的讀者不妨參照蔡氏著作（包括《汪精衛評傳》與《生平記事》），儘管後者不可避免受到大陸意識形態的限制，但與他種傳記相比較為詳盡客觀。我所試圖重新拼貼的是個人生命在危機時代的巨大不確定性，他必須在紛紜的傳統、意識形態和倫理兩難構造的無限變幻的黑暗迷宮裡摸索前行。到頭來，就像阿多諾（Theodore Adorno）所說的那樣，「歷史作為事件發生邏輯的意義，並不等於個人命運的意義」。[7]汪精衛追求道德純潔而終於汙染和譴責，這個故事有一種悲劇的美。但其結局並非由性格或者命運所決定，而只是一系列不完美選擇導致的一種可能。

---

4 徐鑄成，《報海舊聞》，頁一八二。
5 Mitter, *Forgotten Ally*, 39.
6 White, "The Historical Text as Literary Artifact," in *Topics of Discourse*, 83.
7 Adorno, *History and Freedom*, 28.

第一章　革命者

一九〇四年秋，一群意氣風發的年輕人登上了從廣州赴東京的輪船。他們剛剛被兩廣總督岑春煊（一八六一－一九三三）推薦到東京法政大學速成科，即將開始學習現代法律、政治。清廷設立這筆獎學金的目的本是為了盡快培養現代化治理人才，以推動衰朽王朝的改革自新。這群寄託了王朝希望的青年學子間就有廣東孤兒汪兆銘。但與清廷所希望的相反，汪兆銘將很快在東京找到來自中國各地志同道合的青年，成為中國民族主義革命的先驅和王朝的掘墓人。在帝國的灰燼裡，掙扎著誕生了一個新的「中華民族」。

粵孤

汪兆銘生於公曆一八八三年五月四日，按傳統紀年是光緒九年三月二十日。[1]他的出生地是

1　除非特別說明，本書採用公曆紀年。汪精衛寫文章書信一般是用公曆落款，但過的是陰曆生日。對汪氏早年的敘事參考了汪精衛〈自述〉、何孟恆《汪精衛生平與理念》、蔡德金《汪精衛評傳》、《汪精衛生平記事》等資料。其他參考資料見腳注。

廣東三水縣衙附近一個普通的小院裡。父親汪琡（一八二四—一八九七）是浙江紹興人，[2]世代讀書，以向地方行政長官提供行政、法律諮詢為業，即俗謂「師爺」。汪琡在一八四六年前後遷至廣東番禺，前妻盧氏去世後留下一子三女，續弦吳氏（一八五二—一八九六）生三子三女。兆銘排行最幼。如果我們把「兆」理解為預兆，「銘」理解為銘記，那麼兆銘的名字已經暗示了面向未來的記憶。他後來取字是「季新」，「季」即第四子的意思，所以璧君後來稱他為「四哥」。

鴉片戰爭以來，廣州成為外貿通商口岸，在輸入現代貨物和思想方面都開風氣之先。最早在廣州城傳播西式教育的是傳教士學校，隨即政府也開辦了諸如同文館（一八六四）、廣東水陸師學堂（一八八七）等西式學堂，培養專業人才。[3]但這些學堂的早期學生多來自窮苦家庭或基督教信徒，現代教育影響的深度和廣度都極為有限。三水雖然離廣州不遠，幼年汪兆銘的教育卻幾乎完全是傳統的。

兆銘早慧，四週歲入私塾。[4]每天放學後汪琡都讓他大聲誦讀陽明《傳習錄》和陶潛、陸游詩。陽明心學、陶淵明的隱逸思想和陸游的愛國精神，將在文學和思想上影響兆銘一生。兆銘最珍愛的童年記憶是秋天蕭爽的早晨，溫柔的母親臨視下，在中庭盛開的木芙蓉下習字。他後來請畫家溫幼菊、方君璧以〈秋庭晨課圖〉為題作畫，以紀念早逝的母親。[5]汪家清貧，吳氏持家勤謹，夫老子幼，劬勞而卒。兆銘喪母時方十三歲。一年後汪琡亦因霍亂去世。汪精衛遂成了孤兒，隨長兄兆鏞（一八六一—一九三九）生活。

同父異母的兆鏞性格嚴謹，亦有詩才，後來將成為清朝遺老，畢生不承認幼弟一手促成的民國。兄弟年齡相差二十餘歲，關係雖然不惡，但是似乎有些緊張。因為兆鏞同樣操持遊幕的家業，兆銘遂隨他繼續輾轉廣東各地。兆銘現存最早詩作是一八九八年十月所做〈重九遊西石巖〉（SZL 5），時隨兆鏞居樂昌。這是一首七律，對仗工整但是也有些拘謹。也許是因為其中表達的思親之情的緣故，後來作為汪氏入獄以前唯一留存的詩作收入了《小休集》。此詩也顯示了兆銘在傳統詩學方面的良好訓練。他所欠缺的是現代科學、數學、外語和體育等西式科目。少年時期教育的這些不足後來成為汪氏一生的遺憾，也似乎成為他對自己子女教育中尤其重視的部分。

轉機出現在十六歲時。因為要參加科舉考試，兆銘來到廣州隨二兄兆鋐（一八七八－一九〇四？）起居。他參加科舉的時間說法不一。最有可能的是，他一九〇一年通過番禺縣試、一九〇四年通過府試。府試考官是著名詞人朱祖謀（一八五七－一九三一），是年任廣東學政，兆銘是他錄取的「府案首」。按照傳統慣例，汪氏即算是朱氏「門生」，這層關係對他後來與傳統文人

2 汪氏家譜見：汪兆鏞，〈山陰汪氏譜〉。
3 閻廣芬，《經商與辦學》，頁七三。
4 汪精衛自述一般用傳統記歲方式，即嬰兒出生算一歲；本書一概用西式記歲。
5 今天的胡佛研究所汪精衛檔案藏有兩畫圖片，原作仍為汪氏後人所藏。關於此圖本事，見 SZL 209。

圖 3　方君璧，〈秋庭晨課圖〉（局部），汪文嬰家族收藏。

的交遊頗為便利。[6]廣東水師提督李準（一八七一－一九三六）就是此時聘請兆銘為教師的。憑著每月十元的束脩、書院應試優等成績的二十元獎學金，兆銘獲得經濟獨立。因為三兄兆鈞（一八七九－一九〇一）、二兄兆鋐先後病逝，他也承擔了寡嫂孤侄的贍養。在他的回憶裡，家庭生活是貧薄而悲苦的。

幸運的是，兆銘在廣州找到了新的家庭和密友。他已逝的叔父汪瑔（一八二八－一八九一）曾任洋務派大臣、兩廣總督劉坤一（一八三〇－一九〇二）幕僚，主持對外交涉。汪瑔的學識之博、藏書之富都曾給兆銘留下深刻印象。他很快和從姊之子朱執信（一八八五－一九二〇）成為密友。他們雖然行輩不同，卻年齡相仿，興趣相投，又都是孤兒，日後也將成為民族革命的同志。舅甥二人常與其他學生相聚研求實學。他們組織了一個「群智社」，訂閱宣揚西學的報刊雜誌，並共同研讀剛剛翻譯成中文不久的系列西方學術名著，如盧梭的《民約論》（*Du contrat social*, 1762）、亞當・斯密的《原富》（*The Wealth of Nations*, 1776）、赫胥黎的《天演論》（*Evolution and Ethics*, 1893）等。[7]這群年輕人日日激昂國事，甲午戰爭清廷戰敗、簽訂城下之盟、割讓臺灣等系列事件尤其令他們激昂不平。每位有識之士都看到王朝的衰落，但問題是要戮力拯救它還是親手埋葬它。他們的父輩相信中國可以透過洋務運動改革自強，但這些漸受民族主義思潮熏染的年輕人似乎開始懷疑一個異族統治的王朝是否還值得拯救。

甲午戰爭第一次讓中國發現，做了千年藩屬的日本已經透過明治維新成為了自己的老師。清廷開始向日本派遣留學生，以學習鄰居在保存帝制權威前提下實現經濟現代化的經驗。頭一批留學生是一八九六年抵達日本的。日本政府也積極地支持了這項計畫，視之為增加在華影響力

6 以朱祖謀在一九三〇年創立的漚社為例，其主要成員就有不少加入了汪精衛的「和平運動」或與汪政府保持密切往來，包括趙尊岳、龍榆生、夏敬觀、吳湖帆等。

7 林家有，《朱執信》，頁八。

的重要契機。[8] 一九〇四年九月，兆銘、朱執信、古應芬（一八七三－一九三一）、胡衍鴻（一八七九－一九三六）等都同期考取了留日官費。胡衍鴻也是番禺人，兩年前就曾經考取過官費赴日，因為參與反對清公使的活動而被勸退，返鄉後繼續宣傳革命，可以說是羽翼初豐的「亂黨」了。[9] 日後，他將以「漢民」這一富於民族主義意味的筆名聞名於世。是年秋，他們乘舟赴日。這一時機可謂恰好：次年，一千多年來主導了中國士人晉身道路的科舉制度就被廢除了。留日學生面臨著光明的仕途——如果他們選擇這條道路的話。

革命

一九〇五年五月，這批年輕的粵省學生進入了法政大學的「速成科」，學制只有兩到三個學期，由日本教授藉助通譯用中文授課。閱讀材料也大多是「文語體」，使用了大量的漢字和中文文言，中國學生練習了一兩個月之後便能消化。課程設立目的是為了讓中國學生盡快在短時間裡深入學習現代法律和政治，以期冀他們回到中國，襄助王朝的革新自強。「速成科」設立於一九〇四年，終於一九〇八年，共舉行五屆，畢業生人數兩百六十二人。一九〇五屆的課程包括了民法、行政、刑法、訴訟法、國際法、政治學等。法政大學是相當重視這個特殊班級的：入門的基礎課程由大學校長、著名法學家梅謙次郎（一八六〇－一九一〇）親自教授。兆銘的同班同

圖 4　青年汪精衛肖像。《環球》1918 年第 8 期，頁 17。公共領域。

學還包括了陳天華（一八七五－一九〇五）、宋教仁（一八八二－一九一三）等即將在中國歷史上留名的重要人物。總是模範學生的兆銘，以全班第二名成績畢業。[10]

摩登的百貨公司、熙熙攘攘的街道、高效率的交通系統——飛速現代化進程中的東京給老大帝國的學子留下了深刻印象。東京日常生活的方方面面都顯示著，一旦擁抱西式改革，一個相對傳統的東亞社會也能釋放巨大的能量。儘管汪兆銘生活有賴於清廷獎學金，但他抵日之際便剪辮明志。他所住的神田區神保町一帶文教薈萃，書店、學校林立。耳濡目染當時日本激盪的思潮，兆銘擁抱民主、自由的思想，尤其景仰推動了明治維新的思想家西鄉隆盛（一八二八－一八七七）和勝海舟（一八二三－一八九九）。他抵達日

8　王柯，《民族主義與近代中日關係》，頁五－九。
9　胡漢民，《胡漢民自述》，頁一一－一四。
10　法政大學大學史資料委員會編，《法政大學史資料集》冊一一，《速成科特集》。

本時恰逢日俄戰爭，日本民眾狂熱的愛國心，也打動了初來乍到的清廷學子。他多年後回憶，窗外如果搖鈴叫賣「號外」，就連教授也會停下授課來買份報紙，緊跟最新戰況。11

後來的事件證明，日俄戰爭是世界歷史的一大轉折。日本受到勝利鼓舞，加強了加入世界殖民帝國行列的信心，開始尋求在中國本土的擴張。俄國則受失敗刺激，是年第一次俄國革命發生，直接導致國家杜馬（議會）的設立，一九〇六年頒發首部俄國憲法，帝制一步步走向衰亡，終於在一九一七年十月吹響世界進入革命時代的號角。對中國民族主義者而言，日本的輝煌勝果是鼓舞人心的，因為它象徵了「黃種人」面對現代歐洲強國的第一次勝利，證明種族等級秩序並非天經地義。儘管日俄兩強是在中國土地上開戰，這一點頗令人苦澀——另一位留日學生周樹人恰是為這一點所刺激，決心棄醫從文，改造中國人的靈魂——汪兆銘依然為日本的勝利感到振奮，因為他看到了民族主義意識形態的強大力量，足以眾志成城、聚沙成塔，把全體國家和國民凝聚成一個鐵拳。他決心在國人間培養這種力量。與周樹人不同的是，他所訴諸的手段是集體的政治行動。

一九〇五年七月十九日，著名革命家孫文（一八六六—一九二五）抵達東京。他在檀香山長大，說一口流利英文，一八九四年設立興中會以來奔走革命十餘年，可謂是中國民族主義在西方的面孔。他這次來日本拜訪哲學家宮崎寅藏（一八七一—一九二二），下榻地是神田的錦輝館。汪兆銘、朱執信等立刻去拜見了孫氏。青年才俊的兆銘給孫氏留下了深刻印象。七月三十日，孫文宣布成立中國同盟會，以求聯合諸多分散的反滿組織。年僅二十二歲的汪兆銘不但成為中國同盟會總章的八人起草委員會成員，而且在八月二十日同盟會正式成立時被選為評議部部長──同盟會按照「三權分立」的原則分執行、評議、司法三部，評議部相當於最高立法機構。胡衍鴻由於歸國故，直到同盟會成立才返回東京，任孫中山祕書。由於孫中山所接受的中國傳統教育有限，兆銘、衍鴻從此便常常幫助孫氏起草文件，以其優美文筆來潤色孫氏的革命思想。不少汪、胡署名作者的早期文章也深受孫氏思想的影響。[12]不妨說，他們的合作代表了高瞻遠矚的思想和縱橫捭闔的筆桿之間難分彼我的相互依存。

同盟會成立後，由於留日學生間民族主義思潮日熾，日本應清廷之請，要取締中、韓學生的政治集會言論自由，宋教仁、陳天華、秋瑾（一八七五－一九〇七）等遂主張罷課歸國。孫中山認為此時回國無異於自投羅網，指示胡衍鴻、汪兆銘勸阻之。這次小小的勝利締結了汪、胡情逾骨肉的友誼。頗具諷刺意味的是，清廷並沒有意識到他們真正的目的，還嘉獎了「維持學界同志會」的功勞。[13]但很快，「汪精衛」就將成為清廷通緝的人物。

11 汪精衛，〈正月的回憶〉。
12 胡漢民，《胡漢民自述》，頁二五。
13 《大公報》（天津），一九〇六年一月十四日。

是年十一月二十六日，同盟會在東京刊發了機關報《民報》（一九一〇年二月終刊）。發刊詞中，孫中山第一次提出「三民主義」說，即民族、民權、民生。[14]汪、胡都成為《民報》主筆，各自取了一個具有強烈民族主義色彩的筆名，自此以「汪精衛」、「胡漢民」的名號傾動天下。如前所述，「精衛」神話在反滿民族主義志士間頗為流行，因為他們將自己的行動視為滿清入關時血腥屠戮的復讎與果報。可以說，「精衛」既是筆名（*nom de plume*）也是戰名（*nom de guerre*）。與章太炎、陳天華等人的文風不同，他的文章雖然也具備充沛的感情，但並不跳踉叫囂，而是邏輯清晰、結構完整、理據充分，很快得到知識分子讀者的認可。[15]但讓「汪精衛」一舉在全國讀者間知名的，還是與梁啟超就中國適宜君主立憲還是共和制展開的論戰。

在漢民族主義者看來，他們最大的對手並非頑固不化的保守主義分子，而是梁啟超這樣的君主立憲派。前者已然被時代所拋棄，而後者的思想則因為英國、日本等成功轉型的先例而頗有吸引力。梁啟超本人在百日維新失敗後也同樣流亡海外，但他遊歷日本、歐洲、美國後得出的結論是，自由民主制不能解決不平等和腐敗等深刻的社會問題；華人社群的狹隘保守，更讓他堅信中國人還沒有成為現代共和國民的資格。[16]一九〇五年旅日期間，梁啟超積極支持清廷的立憲運動。在他看來，立憲君主制是解決中國問題的最佳方案，因為它提供了方法上最可行、結構上最穩定的民主之路。[17]如他早年便已提出的，「中國」並非種族概念，而是文化概念。[18]中國之積弱不是因為滿族統治，而是因為千年以來形成的文化、習俗和集權制度。[19]歸根結柢，中國自強之道在於利用清帝國多民族制度的優勢，融合漢、滿、蒙、回、苗、藏，形成以漢族為中心的一個大民族，「提全球三分有一之人類，以高掌遠蹠於五大陸之上」。[20]對梁啟超而言，漢民族復讎主義是狹隘的短見。

公正地說，梁啟超並非迷信威權的君主主義者。他立論的基礎是改良優於革命，尊重既有權力結構的穩定作用，而擔心推翻現有體制的代價。這也是他為什麼後來反對袁世凱稱帝的原因。此外，他對透過民主普選選舉最高權力的機制也心存疑慮，因為他認為中央集權有助於制度保持穩定及可預見性。但在晚清中國，種族性質、君主制度、民主自由等問題錯綜在一起，加之帝國主義勢力威脅下，中國似乎時刻面臨「亡國滅種」的危險，年輕的民族主義者們並無耐心來探討梁啟超的改良道路。

---

14 據胡漢民，這篇發刊詞是孫中山口授、胡漢民筆錄的；見《胡漢民自述》，頁二五。
15 胡漢民，《胡漢民自述》，頁二五。
16 Zarrow, *China in War and Revolution*, 63.
17 梁啟超，〈開明專制論〉（一九〇五），載：《梁啟超全集》，卷五，頁一四七〇－一四八六。
18 梁啟超，〈論變法必自平滿漢之界始〉（一八九六），載：《梁啟超全集》，卷一，頁五一－五四；〈《春秋中國夷狄辨》序〉（一八九七），同上，頁一二四－一二五。
19 梁啟超，〈中國積弱溯源論〉（一九〇〇），載：《梁啟超全集》，卷二，頁四一二－四二七。
20 梁啟超，〈政治學大家伯倫知理之學說〉（一九〇三），載：《梁啟超全集》，卷四，頁一〇七〇。

與梁啟超的筆戰讓汪精衛的論辯才能嶄露頭角。在《民報》第一、二期發表的〈民族的國民〉長文裡，汪精衛首先把民族和國民定義為不同的概念：前者是歷史形成的，而後者是法律概念。國民是有法律人格、獨立自由與權利義務的。因此只有立憲國有國民，而專制國只有奴隸。像中國這樣多民族的國家，以漢多數民族為主導進行的民族融合、同化，是使民族與國民概念範疇重合的最佳方案。由於滿洲是少數征服民族，君主立憲制只會讓現有民族的不平等秩序法律化、永恆化。康、梁等漢族改革派沒有看到這一點，是因為他們混淆了民族革命與民主革命、種族思想與政治思想。至於梁啟超認為中國人民還沒有成為現代國民的準備，汪精衛的論述精義在於制度培養人民。他承認革命目的（民權）與革命手段（兵權）的矛盾，但認為革命軍政府可以與人民約法，在革命成功之後解兵權以歸民權，實現共和民主。[21]值得注意的是，汪精衛的這一觀點已經和孫中山次年正式提出的軍政、訓政、憲政說若合符節了。很有可能這一理論或至少其表述的方式，乃是透過他們的合作共同發展出來的，即汪精衛文章折射了孫氏的思想，而孫氏的理論表述也有汪氏的貢獻。

汪氏認為反滿革命是恢復中國民族自尊的重要條件，這也體現了章太炎的影響。[22]此外，汪氏的民族觀也顯示日製漢詞「民族」的國粹主義和國體論背景，因為此詞與西文 nation 概念相比，更加強調建立在血緣基礎上的文化共同體。[23]直到辛亥革命後，共和國成立在即，包括汪精衛在內的中國民族主義者們才真正擁抱了清帝國多民族的政治遺產，這也意味著他們事實上接受了君主立憲派的大民族主義說。[24]

汪氏的文章雄辯滔滔，情理兼備，在《民報》讀者中風靡一時。一位籍籍無名的青年學子和思想巨人梁啟超的交鋒自然令人矚目。他的讀者中有一位浙江人蔣瑞元，學名志清，當時正在東京振武學校學習，後來以字「介石」聞名。蔣志清當時已經認識了同盟會圈子裡的一些重要人物，如陳其美、戴季陶，但還沒有見過孫中山本人。[25]《民報》在中國大陸也透過地區行銷商發行甚廣。湖南鄉村青年毛澤東讀到汪精衛文章則最晚是在一九一二年了。多年後，在延安的窯洞裡，他告訴加拿大記者艾德加・斯諾（Edgar Snow）說，他那年入長沙師範學校，有老師給他看舊的《民報》，他如饑似渴地讀起來，才從中了解同盟會的主張。[26]汪精衛的文章想來也成了青年毛澤東的政治教育讀物。但以文章成名後不久，汪精衛就不得不走上新的道路。

---

21 汪精衛，〈民族的國民〉（一九〇五），載：《汪精衛集》，頁一－五二。

22 章炳麟，〈駁康有為論革命書〉（一九〇三），載：《章太炎全集》，冊四，頁一七三－一八四。

23 王柯，《民族主義與近代中日關係》，頁六八－六九。

24 Esherick, "How the Qing Became China"。孫中山在單民族主義和多民族主義之間的猶疑，見：王柯，《民族主義與近代中日關係》，頁四五－四六。

25 Taylor, Jay, *The Generalissimo*, 19.

26 Snow, *Red Star over China*, 144.

一九〇六年六月，汪精衛從速成科畢業。他想留在日本繼續攻讀正式大學學位，也開始把日語的法律書籍翻譯成中文，以此貼補清廷獎學金停發以後的生活費。但日本政府應清廷要求，於一九〇七年二月驅逐孫中山出境。孫氏要汪精衛追隨自己踏上流放之途，並在南洋設立同盟會分部。汪精衛因此先去了新加坡，在那裡聯繫當地同情革命的華僑領袖，是年八月創立了《中興日報》，同樣很快在南洋讀者間一紙風靡。[27]由於華僑間保皇勢力頗盛，此報大大推動了民族革命思想的傳播。此後汪精衛又想回到日本繼續學業，但孫中山復令他繼續籌募經費。突然，一顆明星誕生了。

民主制度與公共講演的自由密不可分，以致哈伯瑪斯（Jürgen Habermas）將民主的道德維度描述為「理想言談情境」。[28]在二十世紀初的日本和中國，演說學日益受到重視，被視為現代教育的重要組成部分。[29]汪精衛在南洋巡講之前似乎並沒有專門訓練過自己這方面的才能，但他顯然是有天賦的。辯才自負的胡漢民直到此時才意識到，溫和謙謹的精衛是不世出的演說天才，他在新加坡講演，「出詞氣動容貌，聽者任其擒縱」。多年之後，漢民依然感慨「余二十年未見有工演說過於精衛者」。[30]從汪精衛晚年的一些講演錄影可知，他聲音宏亮、激情澎湃，善於運用肢體語言，這在沒有麥克風和攝影機的時代是感動聽眾的重要技巧。汪精衛最早的兩場講演於一九〇八年一月十一日和三月十五日在新加坡新舞臺劇院舉行。民族革命的英俊布道者攫住了華僑的想像力。面對數千聽眾，他能即興講演數小時，出口成文，措辭兼具口語的清晰和文言的優雅，讓聽眾如痴如醉。據當地僑領張永福回憶，汪精衛登壇之前，講演廳已經座無虛席；他登上講臺，滿堂即鴉雀無聲；講至精彩處，則掌聲如雷。[31]汪精衛的文章和講演被認為是喚醒新、馬華僑民族意識和政治熱情的重要力量。[32]

值得注意的是，汪精衛的母語是粵語，而當地華僑的主要語言是福建話。不過在官話藉助現代教育和傳媒成為普及的「國語」或「普通話」之前，人們應當具備比較強的理解地區方言的能力，尤其是習慣了移民社區雜糅的海外華僑。多年後汪精衛在山東、南京發表講演，甚至他的廣播講話，都依然得到了聽眾的熱烈反應，儘管他畢生沒有擺脫強烈的粵語口音。

是年汪精衛奔走南洋，在吉隆坡、檳榔嶼等地都設立了同盟會分部。他的眾多追隨者之間，有一位就是他未來的妻子陳璧君。

汪精衛赴日以前，長兄兆鏞曾經給他安排過一樁婚事，未婚妻姓劉，來自當地的書香門第。當汪精衛參與亂黨的消息傳回家鄉，兆鏞頗受困擾，精衛因此自請斷絕家庭關係、解除婚約，以

---

27 Yen Ching Hwang, *Overseas Chinese and the 1911 Revolution*, 101.
28 Habermas, "Wahrheitstheorien."
29 陳平原，〈現代中國的演說及演說學〉。
30 胡漢民，《胡漢民自述》，頁四七。
31 蔡德金，《汪精衛評傳》，頁三三。
32 Yen Ching Hwang, *Overseas Chinese and the 1911 Revolution*, 122.

圖 5　汪精衛講演中的六幅肖像，拍攝時間大約是 1940 年左右。日布時事（Nippu Jiji）圖像檔案，「外人」（Gaijin）攝影集。

版權所有者：Hawaii Times Photo Archives Foundation; digitization: Densho; bilingual metadata: Hoover Institution Library & Archives and National Museum of Japanese History. URL: https://hojishinbun.hoover.org/en/newspapers/A-G388-015.1.1

免株連。但劉氏依然按照傳統的節烈觀發誓不嫁。與劉氏相比，璧君的性格就大為不同了。她的父親陳耕基是廣東新會人，受過傳統教育，先是在廣東為米商做學徒，後闖蕩南洋，最終在馬來西亞透過橡膠和錫生意成為巨富。他妻妾眾多，璧君是他和妻子衛月朗（一八六九－一九四五）的第二個孩子。他的子女都首先在家裡受到傳統中國教育，然後在天主教寄宿學校接受英文教育。璧君在這個富足而喧鬧的環境長大，自幼便個性強烈。她同父異母的弟弟陳昌祖（一九〇四－一九九四）在英文回憶錄裡把她稱為「寵兒（*enfant gâté*）」，父母親對她百依百順。[33]她自《中興日報》創刊以來就成為忠實讀者，頗為汪精衛的文采所動。當汪氏十月底來到檳榔嶼，她前往聽他講演，立刻深受吸引。據陳昌祖回憶，她會趁著黃昏翻過修道院的牆去偷偷參加集會。最終她是在當地同盟會領袖吳世榮（一八七五－一九四四）的花園裡被正式引介給汪精衛的。他們第一次見面就談了整整一個小時。因慕生愛，璧君毫不猶豫地解除了和表兄梁宇皋（一八八八－一九六三）的婚約，追隨汪精衛到新加坡面謁孫中山。她的父親是保皇黨，對女兒的參與革命毫不知情，因此她溺愛的母親暗中資助了她的行動。很快，璧君向精衛主動示愛。汪精衛一開始頗為震驚，因為他只把璧君視為同志和密友。此外，得知劉氏宣布終身不嫁，他認為自己出於公平也應當終身不娶才對。但璧君十分堅定。她復書精衛：「愛情發於自然，不知起自何時，然此第我之意向，不足為君慮，君可自適己事，我心如何，可勿問也。蓋我愛其人，此出於我心之自然，不能自制。然其人之愛我如何，我所不計也。」璧君情感的真摯和坦蕩深深打動了精衛。既然她追隨汪四處奔走，為了璧君名譽起見，他們在璧君母親面前宣誓，在精衛按計畫犧牲之後，她將以兩人婚約告慰家庭。[34]

這個奇異的約定是因為精衛在南洋傳播了革命火種之後，日益陷入一種執念：他想要把自己

33 Chen Changzu, *Memoirs of a Citizen*, 24.

34 汪精衛致曾醒、方君瑛函（一九一〇年二月十五日），見：何重嘉編，《汪精衛生平與理念》，頁三五五－三六〇。

投入革命的烘爐，以掀起一場燎原之火。言辭已然不足：革命需要流血犧牲。他不能只鼓動別人犧牲，而不付出自己的生命。

刺客

政治暗殺固然古已有之，但其蔚為風潮，則自十九世紀歐洲起，形成世界政治現代化進程中的一個特殊階段。幾乎每位歐洲君主、領袖和政要都曾成為暗殺對象，暗殺的流言更是雨紛雲起。暗殺可謂政治抗議的最極端手段，其意識形態依據是無政府主義的「炸彈哲學」（philosophy of the bomb）。[35]按照巴枯寧（Mikhail Bakunin，一八一四－一八七六）的說法，一個腐敗的社會只能用劍與火來清洗；革命者惟應有一個念頭，即無情的摧毀。儘管幾場暗殺本身未必有顯著的政治效果，但它作為「事蹟宣傳」（propaganda by deed）的意義更加巨大。這一革命的恐怖行為很快傳播遍了全世界，包括土耳其與印度，與民主制度和民族主義同步崛起。[36]

二十世紀初的中國同樣是一個「暗殺時代」：這個提法出自吳樾（一八七八－一九〇五）遺書，一九〇七年發表於《民報》增刊。[37]吳樾在清廷派遣五大臣出洋考察憲政、預備君主立憲時混入人群熙攘的車站，意圖進行自殺性炸彈襲擊，因為炸彈提前爆炸沒有完成刺殺的目的。其行動的目的在於阻撓清廷內部的改良運動。在那個政治情感激昂的年代，不滿老大帝國變革的緩慢、意圖以驚天行動加速改革步伐的男女志士，計畫實行暗殺者大有人在。清末十年的暗殺多達五十餘起。[38]就連蔡元培、陳獨秀這樣的知識界領袖也加入了暗殺小組，意欲實行恐怖行動。一九〇六年二月在留日學生風潮中歸國的秋瑾，次年在徐錫麟槍殺安徽巡撫恩銘後被作為同黨處以極刑，成就了女烈士的傳奇。刺客之英勇事蹟藉現代新聞傳媒廣為傳播，尤其是在進步報刊上被盛情稱頌，並被視為中國對諸如俄皇亞歷山大二世之刺殺（一八八一）、義大利國王翁貝托一世之刺殺（一九〇〇）、塞爾維亞國王亞歷山大一世之刺殺（一九〇三）等全球事件的回應。吳樾提出，反滿運動有兩條途徑，即暗殺與革命。前者可以透過個人實現，而後者必須集體行動。他認為暗殺是更加緊迫的任務，因為只有透過暗殺與復讎的惡性循環，「愈殺愈讎，愈讎愈殺，讎殺相尋」，才能捲起革命的漩渦。他希望自己的犧牲能夠激勵更多的志士前赴後繼，正如俄國「虛無黨人」（無政府主義者）的恐怖行動激勵了一波又一波對沙皇政權的衝擊。[39]

---

35 關於歐洲暗殺史，參見：Ford, *Political Murder*；Laqueur, *A History of Terrorism*；Hoffman, "The Age of Assassination"；Haupt, *Den Staat herausfordern*。

36 Laqueur, *A History of Terrorism*, 28-29, 49-54.

37 吳樾，〈吳樾遺書．暗殺時代〉，載《民報》增刊（一九〇七年四月二十五日），頁七－三一。

38 關於清末之暗殺風潮，見：黃濤，〈原殺〉；羅皓星，〈一九〇〇年代中國的政治暗殺及其社會效應〉。

39 吳樾，〈吳樾遺書〉。

這些年輕的刺客們都是理想主義者。和他們西方同輩類似，他們身上體現了駁雜（多為左翼）的意識形態，包括民族主義、共和主義、共產主義和無政府主義等。無政府主義尤其在革命黨人間盛行。如克雷伯斯（Edward Krebs）所論，「它對中國思想界頗具吸引力，因為它為一個以全社會福祉為重的倫理系統提供了科學基礎。此外，無政府主義攻擊一切權威，其進入中國的契機恰逢活動家們對權威的信仰日益幻滅」。[40]中國的特殊之處在於無政府主義與儒家道德哲學的共融，後者強調「修齊治平」，個人的道德修養和行動有改變世界的功效。[41]此外，中國固有的刺客傳統（詳見第五章）也有利於媒體和公眾的積極反應。[42]

汪精衛性格裡的浪漫特質使得無政府主義對他有天然的吸引力。他很有可能是在日本期間最先接觸到無政府理論的。但他踐履實行的決心也不無實際的考慮。同盟會領導的起義一次次失敗。從一九〇六年十二月到一九〇八年四月，七次武裝起義均被強大的清廷軍事力量擊潰。不少同志潛逃至南洋，深懷挫敗感。他們也不滿同盟會領袖對起義失敗結果的處置。章太炎等開始重新恢復光復會（一九〇四－一九一二），此組織之前曾經部分融入過同盟會，但兩者此時又重新形成競爭關係。汪精衛受孫中山囑咐要在印尼文島的客家僑民間籌款，但是發現自己忽然身處友軍火力的交叉點下，腹背受敵。同時，清廷開始宣傳同盟會領袖的怯懦自保，並於一九〇八年八月宣布預備立憲，十年內轉型為君主立憲國家。十一月中旬，光緒帝、慈禧太后先後薨殂，讓不少人都對王朝的內部改良忽然充滿希望。汪精衛擔心多數百姓乃至民族主義分子都會開始滿足於現狀。他決定把自己上升中的聲名用為孤注，投身「事蹟宣傳」：他要選擇自我犧牲，成為浪漫的烈士偶像，為全民族所哀慟，以激勵更多的人投身革命。

汪精衛把自己的想法告訴了孫中山、黃興、胡漢民和朱執信，卻遭到所有人勸阻。孫中山一向不喜歡戲劇性的行動，他更偏愛從權力邊緣發動漸進性的革命。但是汪精衛決心已定。在一封致胡漢民的血書裡，他宣稱兩年以來，「蓄此念於胸中，以至今日，千迴萬轉，而終不移其決心」。胡漢民所舉理由，包括此舉將促清廷軍隊警察之進步，並加意粉飾立憲舉動等。汪精衛認為二者遲早都會發生，而只有血的犧牲能夠曝露清廷的偽善與殘忍。沒有不流血犧牲的革命。若謂汪氏地位過於重要而「今非可死之時，弟非可遽死之人，則未知何時始為可死之時，而吾黨孰為可死之人也」。[43]他將革命比喻為炊飯，鑊與薪俱不可少，鑊之「恆德」任重持久，薪之「烈德」燃燒成燼，捨其一，則飯無由以成，而前者之難猶勝於後者。[44]換言之，汪精衛並沒有幻想自己的行動有任何超出宣傳功效以外的意義；但宣傳是革命不可或缺的一環，因為只有透過動

40 Krebs, *Shifu*, 24-25.

41 Zarrow, *Anarchism and Chinese Political Culture*, 21-30.

42 Krebs, *Shifu*, 40.

43 汪精衛，〈與胡漢民書〉（一九〇九年五月八日），載：《汪精衛全集》，冊二，頁一九六－一七三。

44 汪精衛，〈與胡漢民書〉（一九〇九年十二月二十七日），載：《汪精衛全集》，冊二，頁一七四－一七五。

員、組織群眾，革命才能成功。他請胡漢民在自己犧牲之後再發表此絕筆信。

汪精衛提出，「革命之勇氣，由仁心而生者也」，[45]這反映了王陽明道德哲學的影響。據王陽明〈大學問〉，大人能「以天地萬物為一體者」，「視天下猶一家，中國猶一人」；其原因在於「其心之仁本若是」，故任之自然流露而已。小人雖然也具備同樣的一體之仁，但由於「動於欲、蔽於私」而生分隔隘陋。人人皆可以為大人。其道路是透過內省與修身，去私欲之蔽、明其明德。正如《大學》所論，其順序是從修身以至家齊國治天下平。[46]「致良知」不外乎恢復認識萬物一體之仁心，這種道德知識是仁行仁政「工夫論」的根基。仁心也就是不動心，透過集義工夫養得充滿，「縱橫自在，活潑潑地」，便是孟子所謂的「浩然之氣」。[47]如《孟子・公孫丑》所論，浩然之氣至大至剛；有不動心乃有大勇，就像曾子一樣，「雖千萬人，吾往矣」。這樣的大勇也就是道德勇氣，它培養的管道是自省、修身和信念。一旦人相信自己的行動是徹底無私利他的，他就將有勇氣為非常之行、立非常之見。汪精衛畢生屢屢稱引王陽明的道德學說，以鼓舞自己繼續沿著所選道路一往無前，哪怕是獨行踽踽。

一九〇九年夏，汪精衛回到日本，組織了一個暗殺小組，隊員包括方君瑛（一八八四－一九二三）、曾醒（一八八二－一九五四）、黃復生（一八八三－一九四八）、黎仲實（一八八六－一九一九）、喻培倫（一八八七－一九一一）和陳璧君。璧君是那年夏天以留學為名來到日本的，並正式加入同盟會。[48]方君瑛來自一個進步家庭，是同盟會暗殺部部長，負責恐怖行動。曾醒是方氏的寡嫂。黃復生是四川同盟會負責人。黎仲實和喻培倫皆是經過訓練的炸藥專家。由於日本警察耳目甚嚴，他們前往香港試驗製作炸藥。但是暗殺對象卻遲遲未定。他們最先想到的是廣東水師提督李準，因為汪精衛做過他的家庭教師的關係，也許有接近的機會。但是因為同盟會正在計畫廣州起義，他們擔心刺殺會讓政府警覺，挫敗集體行動。他們因此考慮刺殺手上沾滿徐錫麟鮮血的端方。由於端方調任直隸總督，他們去漢口車站伏擊，但端方卻忽然決定改乘輪船，於是刺殺再度流產。兩度受挫，汪精衛決定直搗黃龍，遠上北京。他想，首都冠蓋如雲，總會有值得刺殺的權貴。但北京不但是警備重鎮，而且遠離南方革命根據地，這意味著他們犧牲的可能性大大提高了。

璧君的母親再次支付了行動的資金。他們從日本購得的爆炸物到了天津之後，又分裝進防水的小包裝，封在棉襖內襯裡。[49]考慮到當時炸藥性質極不穩定，這對攜帶者而言是非常危險的行動。陳璧君、黎仲實、黃復生先於十一月進京，汪精衛在十二月獨自帶了第二批炸藥與他們

45 同上，頁一七四。

46 王陽明，〈大學問〉，載：《王陽明全集》，卷二六，頁九六七－九七三。

47 王陽明，〈陽明傳習錄〉，載：《王陽明全集》，卷三，頁一〇七。

48 Chen Changzu, *Memoirs of a Citizen*, 25.

49 同上，頁二六。以下對汪精衛等刺殺行動的敘述參考了陳昌祖的 *Memoirs of a Citizen*、何孟恆的《汪精衛生平與理念》，細節與通行傳記略有不同。何著對暗殺情節記錄甚詳，可供進一步參考。

匯合。這樣，他們在北京重新組裝了炸藥。他們首先選擇的對象是權傾一時的內閣總理大臣慶親王奕劻（一八三八－一九一七）。但是奕劻身邊警備森嚴，無從下手。他們因此轉而試圖刺殺歐洲考察回來的兩位王公，但是火車站人潮紛雜，汪精衛難以辨認目標，怕誤傷他人，只能悻悻而返。最後，他們決定刺殺末代皇帝溥儀的父親攝政王載灃（一八八三－一九五一），這也可以說是一次象徵性的弒君行動。

為他們提供偽裝的是紫禁城附近琉璃廠的一家守真照相館。此外他們還租了東北院胡同的一間宅子以供居住。一九一〇年二月十日照相館開張的時候，來了不少剪辮青年，頗令附近居民驚駭側目。此外，他們一個月前還收到了三百銀元匯款。這些都吸引了警察的注意。他們訂製了一個大鐵罐，裡面可以裝五十磅炸藥。因為載灃每天早晨上朝的路線是固定的，他們計畫把炸彈埋在甘水橋南邊一座小橋之下。[50]這座橋只有一邊有寥寥幾戶居民。橋底的運河水冬天乾枯，曝露河床，可以埋藏炸彈。但是這幾個南方人都低估了北方冬天淤泥冰凍後的硬度。他們整整挖了三夜才弄出一個足夠埋炸彈的土坑來。但就是這天晚上，即四月二日，他們被發現了。有居民報告了警察。[51]

次日，京城各報都報導了這一驚天大案。好幾位滿族王公都被疑心是背後主使，意圖政變。成立不過數年的北京內城警察署，是中國最早的現代警察部門，他們迅速開始行動，空氣裡充滿了緊張氣氛。但是汪精衛並不想放棄。他請黎仲實、喻培倫和陳璧君去日本購買更多炸藥並籌措經費。他和黃復生二人留在了北京。警察根據鐵罐上的標記找到了鐵匠鋪，然後順藤摸瓜地找到了守真照相館和裡面帶著假辮子的年輕人。[52]四月十六日，暗殺失敗整整兩週後，汪、黃及他們的同謀羅世勛被捕。

汪精衛本有充分的機會逃脫，但他似乎有意遲滯，從而實現行動的真正目的，即他的犧牲。鄂蘭說：「只有在巔峰行動中喪生者，才無可置疑地控制了自己的身分以及未來的光榮。」[53]汪精衛想要控制的正是自己生命的敘事。他將自己最膾炙人口的文章縫在袍子裡。當警察問此舉目的時，他說如果自己被射殺，希望把血濺一些在文章上，讓它們真正成為血書。

京城巡警簡直不敢相信一個懸賞十萬兩白銀的著名亂黨頭目會來京城自投羅網。他們請任職於京城各部門的數十位法政大學畢業生來辨認，都確認是汪兆銘本人。[54]兩位刺客所受的待遇頗

50　絕大多數記載（包括蔡德金的《汪精衛評傳》）都將埋炸藥的地點誤作銀錠橋。袁一丹對此已有詳細考證，見：《此時懷抱向誰開》，頁一八三—一八八。汪精衛、黃復生在一九三〇年也曾重新回到甘水橋紀念當年往事，《大公報》（天津）一九三〇年八月十一日進行了報導。

51　具體經過有多重說法，見：張江裁，〈庚戌蒙難實錄〉，載：《汪精衛先生行實錄》，頁六。

52　何孟恆稱是黃復生前往車站送別陳、喻二人時揮帽道別，假髮辮飛舞被偵查人員注意，才跟蹤到守真照相館的。見：《汪精衛生平與理念》，頁二〇。

53　Arendt, *The Human Condition*, 193.

54　何孟恆，《汪精衛生平與理念》，頁二一。賞金金額據：胡漢民，《胡漢民自述》，頁三一。

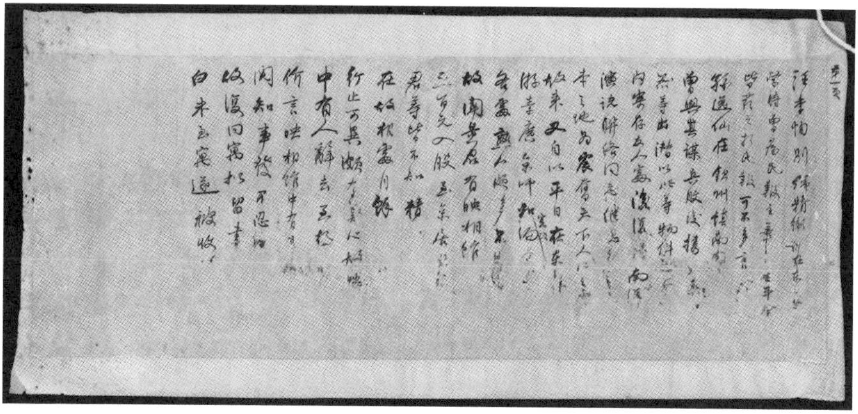

圖6　汪精衛獄中供詞，1910年手稿。胡佛研究所汪精衛檔案，汪文嬰家族收藏。

為恭敬。四月二十九日，汪、黃都被判處終身監禁，羅世勛十年監禁，次日轉移到法部監獄執行。

清廷確實在故示寬大。當時總管民政和警務的是傑出不群的肅親王善耆（一八六六－一九二二）。汪精衛入獄所書的洋洋四千字〈供詞〉對所為供認不諱，並力攬責任、稱黃復生與此事無關，指出革命的必要性，痛斥君主立憲的虛偽，其文采情感，都打動了肅親王。善耆因此提出寬大處置，以顯示皇恩浩蕩和朝廷立憲的決心。因此不妨說，反諷的是，恰是汪精衛犧牲的決心讓他無從實現犧牲的目的。當然還有一些其他的因素也發生了作用。善耆的幕僚程家檉（一八七四－一九一四）實為同盟會地下成員；民政部職員間也有不少同情革命者，以及認可同盟會目標、但主張不同手段的君主立憲派；他們的傾向都促動了善耆的意見。此外，孫、黃等同盟會領袖威脅說，一旦汪精衛等性命不虞，他們必將採取報復行動，這讓慶親王奕劻也頗為驚恐。[55]性格溫存的載灃遂順水推舟同意從輕處理。

汪精衛是在北京的監獄裡最終成為詩人的。他獄中所做二十三題三十首詩作在他出獄時發表，並立刻一紙風行。[56]他的公眾形象自此和四首迄今膾炙人口的題為〈被逮口占〉（SZL 6-7）的絕句聯繫在一起。詩曰：

銜石成癡絕，滄波萬里愁。孤飛終不倦，羞逐海鷗浮。

姹紫嫣紅色，從知渲染難。他時好花發，認取血痕斑。

慷慨歌燕市，從容作楚囚。引刀成一快，不負少年頭。

留得心魂在，殘軀付劫灰。青燐光不滅，夜夜照燕臺。

55 以上參見：張江裁，〈庚戌蒙難實錄〉，頁一九八－一九九；何孟恆，《汪精衛生平與理念》，頁二一一；汪精衛，《汪精衛南社詩話》，頁四三－四四。

56 見：汪精衛、蕭天任，《邱樊倡和集》；其中也包括汪氏獄友蕭天任（小隱）的作品和獄中家書。

標題暗示它們是汪精衛被逮捕之後在情感衝動下脫口而出、直抒胸臆的作品。詩中，汪精衛將自己比擬為填海而死的精衛鳥、望帝啼鵑血染的杜鵑花、刺秦的烈士荊軻、晉國監獄裡演奏楚地音樂以不忘舊音的鍾儀。燕臺亦即燕昭王在公元前三一一年所建的黃金臺，此處代指北京。透過運用與死亡、記憶、復讎相關的典故，汪精衛願自己死後精神不滅，像青燐鬼火一樣懸浮在敵人的巢穴上，為同志指引方向。倘若一九〇五年的汪兆銘第一次將自己想像為精衛鳥，這裡他透過文字最終成為了精衛，復讎的象徵。這一富於浪漫精神的烈士形象也將在日後成為汪氏的圖像誌。

當汪精衛意識到自己倖免於死時，不得不面對終身監禁的漫長時間。他得到了一些書和紙筆。肅親王善耆常常來與他談論詩詞或政治，但他勸說精衛放棄革命的努力卻徒勞無功。[57] 他常在夢中魂遊，飄然名山海上，「又隨明月墮東海，吹噓綠水生波瀾。海山蒼蒼自千古，我於其間歌且舞」（〈中夜不寐偶成〉，SZL 14）。儘管「心與孤帆遠，身如一棹輕」（〈夢中作〉，SZL 17），醒來卻不能不面對監獄的狹窄和日日蔬食的飢餓。但除了表達他對自由的渴望外，汪精衛的獄中詩詞還每每展露對「天下」所懷的責任。如他在〈感懷〉（SZL 34）詩中所論：

> 士為天下生，亦為天下死。方其未死時，怦怦終不已。

這是一種先憂後樂的士大夫情懷，儘管此處的「天下」也應當理解為雜糅了現代政治的「民族」

或「人民」概念。但他的人文主義情懷以及善耆的政治家風範，也讓他逐漸認識到滿族同樣是人類、同樣可以和漢人共處一國。在一首題為〈有感〉（SZL 11）的詩裡，頸聯作：

瓜蔓已都無可摘，豆萁何苦更相煎？

「瓜蔓」典出傳為唐章懷太子李賢所作〈黃臺瓜辭〉，告誡種瓜人不可一摘再摘，以致「摘絕抱蔓歸」，傳統以為旨在諫其生母武則天皇后顧念骨肉之情。此外，摘瓜抱蔓也用於描寫案件株連、有罪無罪者皆被一掃而空。「豆萁」典出童孺皆知的（傳）曹植所作〈七步詩〉，諫兄弟鬩牆、骨肉相煎。這句詩一方面告誡滿清政府不應尋捕革命分子、株連無辜，另一方面又暗示了滿漢互為骨肉、兄弟。這似乎暗示汪精衛不再透過民族讎恨的狹隘視角看待滿漢關係。這首詩也許可以被視為汪精衛從主張暴力革命轉為傾向和平手段的關鍵。清廷也確實沒有把汪黃案擴大化，其寬大處置甚至被西方外交官視為中國法律系統現代化的一大訊號。[58]

汪精衛的勇敢行動令人震驚鼓舞。同盟會同志踴躍為「薪」，踵而進行了多次暗殺。[59]孫中

57　汪精衛，〈正月的回憶〉，頁四一。
58　《大公報》（天津），一九一〇年五月三日，版二；五月五日，版二。
59　詳見：李志毓，《驚弦》，頁一二—一三。

山四下設法營救；胡漢民在南洋籌款並加緊了軍事行動。但最為孤勇者還是璧君。聽說他被捕之後，璧君從日本匆匆歸國，剪髮扮男裝前往澳門，試圖透過賭博籌措營救款，以所攜白金孤注一擊，結果不中；[60]旋即入京，賄賂獄吏，得以和精衛略通消息。在為一首獄中所作〈金縷曲〉所加的小序裡，汪精衛敘述了收到璧君消息時的剎那（SZL 158-159）：

> 余居北京獄中，嚴冬風雪，夜未成寐。忽獄卒推余，示以片紙，摺皺不辨行墨，就鐙審視，赫然冰如手書也。獄卒附耳告余，此紙乃傳遞展轉而來，促作報章。余欲作書，懼漏洩，倉猝未知所可。忽憶平日喜誦顧梁汾寄吳季子詞，為冰如所習聞，欲書以付之，然「馬角烏頭」句，易為人所駴，且非余意所欲出，乃匆匆塗改以成此詞。以冰如書中有「忍死須臾」云云，慮其留京賈禍，故詞中峻促其離去。冰如手書，留之不可，棄之不忍，乃咽而下之。冰如出京後，以此詞示同志，遂漸有傳寫者。在未知始末者見之，必以余為剿襲顧詞矣！此詞無可存之理，所以存之者，亦當日咽書之微意云爾。

吳季子即吳兆騫，因科場案被流放寧古塔。密友顧貞觀遂作〈金縷曲〉詞，打動貴族詩人納蘭性德，營救季子歸來。汪精衛欲引此詞作答，但恐「盼烏頭馬角終相救」一句暗示自己除非烏頭白、馬生角不能得救，徒增璧君焦慮，所以化用顧詞，把這句也改寫成了「願孤魂繚護車前後」，表達自己綿長的情意。據近年發表的一封方君璧信，汪、陳早在暗殺行動前一兩日便已經正式訂婚，並同時舉辦名義上的婚禮。[61]根據汪精衛手書結婚二十五週年紀念日詩的時間，二人的結縭之期當是一九一〇年三月三十一日。[62]汪氏獄中還為璧君寫了一首〈秋夜〉詩（SZL 15-16），輾轉送到璧君手中，與胡漢民等同志共讀之。詩曰：

落葉空庭夜籟微，故人夢裡兩依依。
風蕭易水今如昨，魂度楓林是也非。
入地相逢雖不愧，擘山無路欲何歸。
記從共灑新亭淚，忍使嗁痕又滿衣。

汪、陳以同志情誼為基礎，遂締結為相敬相愛、相濡以沫的伴侶，共享艱苦繁華，也共同對抗著疾病、死亡和滔滔詈名。

60 胡漢民，《胡漢民自述》，頁五四－五九。
61 方君璧致何孟恆、汪文惺函（一九六二年二月二十五日），載：《汪精衛生平與理念》，頁四四六。
62 汪精衛，〈二十五年結婚紀念日賦示冰如〉，SZL 240。影印稿見：《汪精衛生平與理念》，頁三四。由於此詩在《雙照樓詩詞藁》中編在一九三五年所作詩詞中，汪夢川以一九一二年四月正式婚禮日為汪陳紀念日，認為此詩係一九三七年所作，蓋不知汪陳終身前定之誤。

當汪精衛被迫脫離行動的世界，外部的局勢依然大步向前。為〈秋夜〉動容的同志裡，有一位趙聲（一八八一－一九一一）在黃花崗起義後病逝；暗殺孚琦的溫生才（一八七〇－一九一一）也在得手後被捕犧牲；黃花崗起義的失敗更是導致近百名同盟會精英一役而盡。這些消息都衝擊著汪精衛階下的囚籠。他為一種倖存者的內疚感（survivor's guilt）所折磨，恨不能追隨同志行動、犧牲。譬如〈辛亥三月二十九日廣州之役余在北京獄中聞展堂死事〔……〕〉（SZL 32-33）詩寫道：

馬革平生志，君今幸已酬。
卻憐二人血，不作一時流。
忽忽餘生恨，茫茫後死憂。
難禁十年事，潮上寸心頭。

幸虧胡漢民的死訊被證明只是流言，但這種決心先死、卻到底「後死」的憂鬱和罪感將畢生縈繞著汪精衛。

一九一一年十月十日，一場起義在武昌爆發。這一次，它拒絕再度失敗，並且如野火燎原一樣，在短短七週內便有十五省先後宣布獨立。為了與革命者和解，清廷宣布大赦。十一月六日，汪精衛終於走出獄牆，重獲自由。

不無戲劇性巧合的是，雖然汪精衛沒有參加武昌起義，他在字面意義上確實成了辛亥革命的「導火索」。暗殺小組此前在漢口謀刺端方準備的炸藥留給了孫武（一八七九－一九三九）。一九一一年十月九日，孫武在漢口的俄租界用這些材料製作炸彈，準備起義，但不慎爆炸，孫武本人受傷，俄租界警察也前來搜查。為了在清廷警覺之前動手，孫武的同志們便於次日提前起義了。[63]

折衝

抗日戰爭勝利後浮現的種種對汪氏的指控中，有一項是他擁袁「竊國」、「背叛」革命。[64]這項指控是沒有意義的，因為它拒絕直面一樁事實，即袁世凱上臺是當時歷史力量的大勢所趨，是各方共識，也是同盟會領袖的集體決策。

63　馮自由，《中華民國開國前革命史》，卷二，頁二三一。

64　甚至有種說法是汪精衛和袁世凱的長子袁克定（一八七八－一九五八）結拜了兄弟，說法出自：胡鄂公，《辛亥革命北方實錄》，頁一〇三－一〇四。根據胡鄂公細節詳盡生動的描述，他們是一九一一年十二月二十六日在北京結拜的。但事實上，那天汪精衛身在上海，歡迎孫中山歸國，斷無分身去北京結拜之理。

武昌起義爆發後四天，清廷起用袁世凱為湖廣總督以鎮壓革命。袁氏此前曾在朝鮮抗擊日本，又在天津小站訓練了當時中國規模最大的現代軍隊，雖然為朝廷所忌賦閒了兩年，但依然實際統攝著中國最強大的軍事力量。民族主義者們既沒有足夠的軍事、也沒有足夠的財政實力來支持大規模軍事戰役。十月末，已經有人提出要透過推舉袁世凱為總統來實現革命目的。十一月九日，黃興也從武漢前線給袁世凱去信，敦促他要做中國的拿破崙、華盛頓。十一月十六日，孫中山也從倫敦來電報，支持這一選項。其他資深領袖如宋教仁、胡漢民、章太炎等都表達過類似態度。[65]可見，汪精衛接下來的行動是同盟會領導層集體意志的體現。

汪精衛出獄後，已經是革命偶像的他，成為同盟會在北京的當然代表。手握軍隊的王牌、受詔成為清朝首位漢族內閣總理大臣的袁世凱於十一月十三日返京，立刻以研究共和理論為名，邀請汪精衛來自己的宅邸談話。汪精衛推薦擅長交涉的同盟會會員魏宸組（一八八五－一九四二）來共同參加這些深夜長談。袁世凱似乎認可了中國更宜於實行共和、而非保留君主制的觀點。十一月十五日，汪精衛與君主立憲派領袖楊度（一八七五－一九三一）共同組織國事共濟會。他們聯名發表的宣言試圖調和南北衝突，提出民主立憲和君主立憲兩派事實上都同樣主張確定憲政、發揮民權、多民族共存。雙方衝突將造成不必要的流血犧牲，甚至有瓜分瓦解的亡國之虞。他們主張組織臨時國民會議來尋求和平解決方案。[66]但他們的主張並沒有得到武昌軍政府及清廷的立刻回應，戰事依然延續，故此會成立二十天後解散。

對某些同盟會領袖、尤其是黃興和汪精衛而言，他們支持袁世凱擔任大總統也有理想主義的考慮。譬如黃興便曾對汪精衛說：「難可自我發，功不必自我成，可謂得革命之精神。」[67]他們的道德潔癖反映出士大夫傳統利他主義的影響，但也許在現代脈絡下根本是過於天真的，因為現代政黨政治的基礎恰在於每個人、每個群體追逐自我利益，透過妥協達成公共利益的平衡。道德潔癖的另一面就是道德傲慢，認為自己或自己所代表的群體能以真正的大公無私精神實現天下大同。汪精衛接下來的行動一方面體現類似的高蹈遠舉情懷，另一方面又展示他能夠為了某一現實目標做出妥協。

十二月十八日，南北談判在上海英租界舉行。汪精衛同時擔任南方代表伍廷芳（一八四二—一九二二）和北方代表唐紹儀（一八六二—一九三八）的參贊。他的特殊地位不僅反映出雙方對他的高度信任，而且也最終成為和談成功的重要一環，因為他說服了雙方各自做出重要讓步。[68]這段經歷對汪而言必然是一大鼓舞，因為這顯示了他保持中立的獨特道德優勢，以及他透過談判、調停避免無謂流血的技巧。可以說，「無私中立」是汪氏享受扮演的角色，日後也多次嘗試

65 參見：夏斯雲，〈辛亥革命時期革命黨人擁袁反清策略新論〉。
66 楊度、汪精衛等，〈國事共濟會宣言書〉，《大公報》（天津），一九一一年十一月十九日。
67 無妄，〈二閒評〉，《大公報》（天津），一九一一年十二月十六日。
68 劉煥峰、張波、劉鳳穩，〈辛亥革命時期的汪精衛和袁世凱的關係〉。

複製這種成功經驗，儘管並非所有衝突情境都有如此大的共識基礎。

孫中山被選舉為臨時大總統。他於次年元旦在南京宣誓就職。汪精衛草擬了孫中山的就職宣言，孫氏發表時未易一字，這讓年輕的汪精衛「感到一種意外的喜悅」。宣言在宣布民國締造、國家統一後，有「臨時政府成立以後，當盡文明國應盡之義務，以期享文明國應享之權利」一語。據汪精衛後來回憶，這其實是借用了他在法政大學肄業時山田三良教授講國際私法時所講的一句話：「諸位常常在喊撤廢治外法權、廢止領事裁判，但在向列強要求之前，先得盡作為國家社會的一員的義務。」[69]這句話想來對汪精衛刺激頗深。權利與義務的互相依存關係將成為汪精衛思想的一種核心觀點，屢次在重要時刻發揮力量。二月十二日，溥儀退位，孫中山代理職責結束，袁世凱四天後接任臨時大總統。

這一時期汪氏職能頗受後人詬病的還有定都北京之事。一九一二年二月，臨時參議院投票決定定都南京，其目的主要在於迫使袁世凱放棄北方的軍事堡壘（詳見第六章）。教育總長蔡元培作為歡迎專使、汪精衛作為歡迎員隨同前往北京「迎袁」南下述職，二十七日抵京。二十九日夜，北京兵變，並迅速擴散到其他北方城市。袁世凱遂以安定北方為理由留在北京，而蔡、汪亦同意了這種做法，電告南京。許多人懷疑袁世凱本人是兵變的幕後主使，指控蔡、汪不夠強硬。但事實上，移都南京之策本來就不是多數意見。南京議會在二月十四日舉行的第一次投票其實否定了孫中山的提案，決定依然以北京為首都。孫氏對結果不滿，命令林森強制進行第二次投票才修改了結果，其威權主義的做法也導致了廣泛的敵對情緒。[70]迎袁專使團抵達北京後，章太炎主筆的《民立報》甚至指責孫中山是為了迎合日本才有意千方百計削弱總統職權的。[71]此外，專使團的決策人物是蔡元培，據《大公報》報導，「蔡君此次來京，雖名為歡迎專使，其實尚有國都地點否准之全權」，而他早在抵達之日謁見袁世凱，便「即研究國都地點問題，辯論良久，終不能決訂」。[72]可見移都之議本來就不代表共識，而最終決定實由蔡元培做出。北洋政府的首都最終留在了北京。以袁氏日後舉止指控汪精衛擁袁竊國，未免太高估了歷史中人透視未來的能力。

汪精衛正處在人生最好的時光。他證明了自己能夠折衝樽俎，遊走於看似各具無法調和的利益和理念的派系之間。他塑造出自己客觀仲裁者的形象，也負責同盟會北方分局的活動。四月十八日，他加入了當時天下第一詩社「南社」，並深得風騷領袖的推重。同月，他與璧君正式在上海結婚，在廣州舉行婚禮，胡漢民主持，何香凝任女儐相。[73]但汪氏決定踐履他的無政府主義理念。二月中旬，他與「巴黎安那其主義者」吳稚暉（一八六五－一九五三）、蔡元培和李石曾

69 汪精衛，〈正月的回憶〉，頁四一。
70 Young, "Yuan Shih-K'ai's Rise to the Presidency," 437-438.
71 〈民心之趨向與民國之統一〉，載：《民立報》，一九一二年二月二十六日。
72 〈專使與總統之相見式〉，載：《大公報》（天津），一九一二年三月一日。
73 何孟恆，《汪精衛生平與理念》，頁三五。

（一八八一－一九七三）共同創建了進德會。[74]對他們思想上影響最深的是俄國思想家克魯泡特金（Peter Kropotkin，一八四二－一九二一），其社會理念的基石是自治公社之間自由、自願的合作。[75]儘管無政府主義理念與民族主義之間不無矛盾，但他們此前不惜為種族、共和革命的目標而壓制自己信仰的表述。此時，他們認為是時候放棄武力和軍事無政府主義、轉而採用社會教育作為革命手段了。[76]他們的理想主義和反戰主義深深吸引了汪精衛。博學而乖僻的吳稚暉尤其將在接下來數年間成為汪精衛的思想導師。吳氏舉止疏狂、藐視偶像、褻瀆權威，而汪精衛儒雅的表面下深藏著熱情澎湃的叛逆之心。保存在國民黨黨史館的汪、吳通信，為汪精衛一九一〇年代的生活和思想提供了寶貴的一瞥。進德會成員必須宣誓遵循若干等級的道德行為。汪精衛選擇遵從最嚴格的等級，不但禁止普通的狹邪行為，如抽菸、賭博、置妾，而且還要不做官吏、不做議員。[77]其目的是為了增進中國的社會品德、教育現代國民。汪精衛對建制化政治權力的過敏，恰是道德潔癖的體現。

同時，受無政府主義推崇勞工之高尚的理念影響，汪精衛也與蔡、李、吳等共同發起了勤工儉學運動。透過這場運動，至少一千五百名中國學子將在此後十年間來到法國學習。基於他們與法國勞工運動的接觸，不少都將成為共產主義者。[78]

汪精衛並不缺乏高官厚祿的誘惑。袁世凱曾先後延聘他為副總統或總統府祕書官；孫中山則希望汪出任廣東總督，甚至陳炯明也聲稱只肯在汪就任之前「代理」粵督。[79]但是汪精衛離開政治、專心學術的決心是決絕的，其目的地是現代革命的聖地：法國。如他在告南洋同志啟事中所論：「弟自民國統一以來，所深思極慮者，以今日中國專制雖去，而大多數人民思想猶未進步，為吾同胞前途計，必受其思想始可謂為根本之解決，且破壞之用，在蕩滌瑕穢，而蕩滌之後，不可無以莊嚴而璀璨之乘此舊汙初去、新習未成之時，致力於人民思想之改進，庶吾同胞之幸福始可期也。弟懷此志，而自以頻年奔走拘囚，學殖久荒故，決遊歐，盼一面自力于學，一面稍稍致力于人民心理之感化。佛典有言，『未能自度而先度人』，其是之謂歟？」[80]做出這一決定的，

---

74 參見：蔡德金、王升，《汪精衛生平記事》，頁一七；李志毓，《驚弦》，頁二五－三〇；Dirlik, *Anarchism in the Chinese Revolution*, 120。

75 李石曾還翻譯過克魯泡特金 *Mutual Aid: A Factor of Evolution*（一九〇二）的三章為中文；見：李石曾譯，〈互助論〉，連載於：《新世紀》（法文標題 *Les Temps Nouveaux*；後改為 *Nouveau Siècle*），三十一－五十一期（一九〇八）。

76 土屋光芳，《汪精衛と民主化の企て》，頁三二一－三三三。這群安那其分子早在一九〇七年便已經與孫中山決裂了；同上，頁四〇－四一。

77 蔡德金、王升，《汪精衛生平記事》，頁一七。

78 參見：Bailey, "The Chinese Work-Study Movement in France"。

79 參見：《申報》，一九一二年二月十日、二月二十八日；《大公報》（天津），一九一二年六月八日。亦見：陳炯明，〈就任粵省代理總督布告〉（一九一一年十二月二十四日），載：《陳炯明集》，頁四四。

80 汪精衛，〈汪兆銘啟事〉（告南洋人士），國民黨黨史館，稚 09679。

不光是汪精衛，就連教育總長蔡元培也辭職前往柏林求學。那年夏季，汪精衛從上海乘船去檳榔嶼，拜見璧君家長，然後一行人便前往馬賽。

此後直至一戰結束的數年成了汪精衛的學習時代和漫遊時代。由於資料限制，中文傳記作者往往忽略汪精衛在這十年中的經歷。[81]以下的這部分敘述採用了多種回憶錄、信件及歐洲所藏史料，以重新建構汪精衛向人文主義者的思想轉變，這對理解他後來的思想發展至為重要，包括他與共產主義的短暫聯姻和他晚年的大東亞主義表述。他在這一時期所寫的詩歌也絕非如某些傳記作者認為的那樣是「風花水月」，[82]而是顯示出複雜的情感深度：多重意識形態的交戰，內心的陰影與痛苦，以及對生命虛度的恐懼。

旅法

汪精衛做出旅法的決定並不簡單。據蔡元培回憶，他在檳榔嶼與汪會面時，「精衛行期已定，而尚以祖國有無危險為行止之標準」。是蔡元培武斷地告訴他「必無危險，且言此時不能不讓穩健派當局之理由」，這才促使汪氏最終成行的。旅途中，汪精衛終於有了充分的時間來思考他短暫而多事的一生。兩首題為〈印度洋舟中〉（SZL 44）的五言律詩曰：

低首空濛裡，心隨流水喧。
此生原不樂，未死敢云煩。
淒斷關河影，蕭條羈旅魂。
孤蓬秋雨戰，詩思倩誰溫？

鐙影殘宵靜，濤聲挾雨來。
風塵隨處是，懷抱幾時開？
肱已慚三折，腸徒劇九迴。
勞薪如可爇，未敢惜寒灰。

這兩首詩裡，尤其是第二首詩的尾聯，汪精衛依然流露出倖存者的內疚。終於能夠實現自己多年來繼續求學的宿願，但他又擔心自己是否是在拋棄同志、遠遁高蹈。事實上，他也絕非一葉「孤

81 李志毓《驚弦》（頁三三－五四）探討了汪精衛此時期的思想和行動，堪稱例外。但是她的敘述並沒有參考歐洲所藏或者西方語言史料。本書為了行文簡潔，刪減了一些細節。更詳盡的敘事請參見：Yang Zhiyi, "A Humanist in Wartime France"。

82 蔡德金，《汪精衛評傳》，頁六一。亦見：陳大為，《汪精衛大傳》，頁三三－三五。

蓬」。與他同赴法國留學的還有璧君、方君瑛和曾醒，身邊還帶了四個未成年人：方君瑛的妹妹方君璧（一八九八－一九八六）、曾醒的弟弟曾仲鳴（一八九六－一九三九）和兒子方賢俶（一九〇〇－），以及璧君的弟弟陳昌祖。這一個小群體由血緣、友情和理念相聯結，他們日後將成為汪精衛最忠誠的支持者和追隨者，也是他同生共死的大家庭。在他們的陪伴下，廣東孤兒兆銘將成長為一個大家族的父兄。但儘管有他們親密、喧鬧的陪伴，汪精衛的抒情形象依然是一個被禁錮在永恆的生命苦旅中的孤獨行者，一葉與敵性的宇宙交戰的孤舟，或者渴求燃燒成寒灰的勞薪。

停靠錫蘭島（斯里蘭卡）時，汪精衛登岸參觀了德加爾多魯瓦（Degaldoruwa）石窟佛寺著名的臥佛。為佛坐說法的兩千年古樹下安詳的氛圍所動，他做了一首長詩〈舟泊錫蘭島〔……〕〉（SZL 45），其中四句曰：

> 回頭問臥佛，爾乃能安眠？問佛佛不應，自問亦茫然。

汪精衛彷彿在問：佛曾發誓滅眾生苦，但眾生迄今尚未脫離苦海，那麼佛何以安眠如斯呢？但詩的結尾並沒有給出答案，只有「輕陰蕩清圓」的潭影，暗示著尋得內心安寧的暫時解脫之道，即效仿停駐現在的佛之禪定。這首詩也是汪精衛詩歌中第一次出現絕對超越性的世界——非人的永恆之宇宙，面對這些過於人類的問題，拒絕給出答案。透過質問超越之境與個人命運的關係，汪精衛的詩歌逐漸獲得了某種哲學氣質。

他們是在清寒的十一月凌晨抵達馬賽的。在碼頭迎接他們的是李石曾。他在法國學習了農業和生物學，早在一九〇九年便在巴黎開設了第一家豆腐工廠，提倡素食，此時也成了勤工儉學運動間中國學生工讀的一大根據地。[83]他們當晚便乘火車去了巴黎，抵達里昂車站（Gare de Lyon）後乘馬車去旅館。世界之都給中國訪客留下了深刻的印象：不僅是它堂皇的建築，還有那些不經意的日常瞬間，譬如石子路上馬蹄的清音，旅館柔軟的床墊和無數層的床單，兩尺長的早餐法棍麵包，地鐵……女士們第二天就去購物，換上了維多利亞式的女裝。他們的嚮導是褚民誼（一八八四－一九四六），當時還是個藥理學學生，後來將以一篇論母兔的陰道節律與其卵巢週期之關係的法語博士論文在中國得到「兔陰博士」的雅謔。[84]此外讓他在中國大眾間知名的還有赤袒上身提倡公共衛生的照片。他後來會成為汪精衛的連襟、不懂日文的汪政權外交部長。抵達巴黎後數日，汪精衛一行便前往小城蒙塔日（Montargis），在干貝塔街三十一號（31 Rue Gambetta）的李

83 鮮于浩，《留法勤工儉學運動史》，頁二一－三。

84 見史特拉斯堡大學所藏其以 Tsu Zong-Yung (Min-Yee) 為名所寫博士論文 “Le rythme vaginal chez la lapine et ses relations avec le cycle oestrien de l’ovaire” (1924)。

石曾宅附近租了間房子。他們的生活來源是中國政府的獎學金，據陳昌祖的回憶是四位大人每人每月四百金法郎。[85]須知當時法國葡萄園女工的年收入是四百四十五法郎。[86]這筆優渥的獎學金顯然是為了獎勵共和締造者們的。不過，因為南北衝突興起，很快中央政府就停發了獎金，導致他們一度生活拮据。這筆獎金很可能是由廣東省政府接下來繼續支付的。[87]

著名中國知識分子和大批學生的到來，讓安靜的法國小鎮蒙塔日成了中國旅歐勤工儉學運動的中心。不少中國學生都註冊就讀農學、技術和預備學校。根據巴黎華法教育會（La Société franco-chinoise d'éducation）一九二一年二月二十一日提交給法國外交部的文件，在蒙塔日公學（Collège de Montargis）就讀的有一百零一名中國學生，使之成為註冊中國學生最多的法國學校。[88]今天，這座小城也依然為這段歷史驕傲。李石曾故居門前有一個黃銅名牌，紀念這位中國名人。但相形之下，汪精衛宅的具體資訊已經蕩然無存。中國主流史學的懲罰性遺忘對法國旅遊業也同樣有效。

抵法半年後，一九一三年四月，陳璧君誕下一子，命名曰「嬰」（後易名「文嬰」，一九一三—二〇一一），與方君瑛之名同音。但「生不逢時」，是年三月二十日，剛剛在中國第一屆國會選舉中帶領國民黨取勝的宋教仁在上海車站遇刺。袁世凱立即被指控為幕後主使。[89]中國重新籠罩在內戰的陰雲下。孫中山召汪精衛歸國，參與反袁。五月，汪氏夫婦啟程歸國，將新生兒留給曾醒、方君瑛照料。

這一次，汪精衛再次試圖調停南北。由於輿論將黃興視為「南方黨人肇釁」的魁首，孫中山、汪精衛乃聯合致電袁世凱，為黃興辯護，且稱「此次南北惡感，多由於種種誤會所成」，希望能避免內戰。[90]六月二日，汪精衛與蔡元培再次聯名通電，號召調停，但是一切皆是徒勞。七月十二日，反袁「二次革命」爆發，裝備惡劣的國民黨軍很快被擊潰。孫中山逃亡日本，而汪精衛潛下南洋，暫避在檳榔嶼的陳家。[91]

宋教仁的遇刺成為汪精衛與袁世凱關係的轉折點。如他所述，民國建立後，他和民黨同志們曾真心希望袁世凱成功。宋案及其餘波破壞了他們的信任。[92]他想過暗殺袁世凱，不過警覺的袁

85 Chen Changzu, *Memoirs of a Citizen*, 28, 31-32.
86 Frader, *Peasants and Protest*, 84.
87 見李石曾致吳稚暉函（一九一三?年六月四日），國民黨黨史館，稚 06679；陳璧君（七月十八日，年分不詳）致吳稚暉函，國民黨黨史館，稚 07653。
88 鮮于浩，《留法勤工儉學運動史》，頁三一九–三二一。
89 宋案疑問重重，也有其他的理論。詳見：尚小明，《宋案重審》。尚小明的觀點是袁世凱與此案不脫干涉，但是並沒有下令刺殺。
90 〈孫汪為黃興辯白之要電〉，載：《大公報》（天津），一九一三年七月二十五日。
91 蔡元培九月十八日來檳榔嶼與他會面；見：蔡元培日記，《蔡元培全集》，冊一六，頁一九。
92 汪兆銘致趙鳳昌函，載：《趙鳳昌藏札》，卷一，頁一九。

氏再也不肯見他了。他甚至想過去巴黎學習易容術，但是發現此術僅能用於戲劇，並不如偵探小說所寫的神妙。[93]北洋軍隊對南京的劫掠屠殺進一步讓汪深信，要拯救民國，則必除袁世凱。

汪精衛是年底返回歐洲。他十一月抵達巴黎，十二月去倫敦拜訪了吳稚暉，兩人一起在一九一四年元旦後來法，春天回到蒙塔日。歐洲遊歷對他們而言是大開眼界的機會。慳吝的吳稚暉詳盡記載了他的法國之行，從打折票、排隊、乘車、整飭的田野、渡輪到逆旅的清潔。但現代歐洲種種日常的舒適，只讓他時刻想起中國的落後。儘管他對歐洲民族國家充滿景慕，但讀報看到他們在中國尋求殖民利益的消息只讓他倍覺恥辱。汪、吳一起參觀了楓丹白露，發現裡面有一個新的中國展，展出的是一八六〇年從圓明園掠奪來的珍寶。[94]雖然他們認為歐洲國家的現代文明是中國的榜樣，但卻不能不感到作為劣等國家公民的羞愧。現代歐洲展現了它的兩面性：對內是民主、自由、文明的民族國家，對外卻是代表掠奪、殺戮、強權的殖民帝國。汪精衛因此不能不開始深省民族主義的局限。

由於璧君母親來法幫助帶孩子，干貝塔街上的宅子太過擁擠，於是他們又租了運河畔的一處宅子居住，每月租金三十法郎，周邊景色優美。汪精衛尤其愛對面公園裡的參天大樹。[95]余英時〈雙照樓詩詞藁序〉（SZL 29-30）提到汪精衛後來書贈胡適的兩首〈曉煙〉（SZL 46）七絕，寫的應當就是這些老樹：

槲葉深黃楓葉紅，老松奇翠欲拏空。
朝來別有空濛意，只在蒼煙萬頃中。

初陽如月逗輕寒，咫尺林原成遠看。
記得江南煙雨裡，小姑鬟影落春瀾。

給胡適的這封信，作於一九二三年十月七日，汪精衛在其中陳述了他認為新詩與舊詩並非進化論上的嬗替關係，而是應當並存的觀點。[96]余先生因此認為此信展現了「純粹詩世界中的汪精衛」。但汪精衛之所以寄給胡適這兩首詩，也許不光是因為它們和胡適前兩日寫的一首新詩一樣都有霧氣的緣故。也許，見到年紀輕輕便名滿天下的學者胡適，讓汪精衛想起自己生命中難得的這一段平靜書齋時光，以及他成為學者、改造靈魂的青年夢想。

93 汪兆銘致吳稚暉函（一九一六年三月二十一日），國民黨黨史館，稚 09381。
94 吳稚暉，〈甲寅遊法記〉，載：《吳稚暉學術論叢‧續編》，頁一四五－一五三。
95 根據吳稚暉的描寫，我推斷這處宅子大約在 Rue de Loing 和 Canal de Briare 的交界處。參見：吳稚暉，〈甲寅遊法記〉，頁一四八。
96 胡適日記抄錄了這封信；見：《胡適日記全編》，冊四，頁六七。

這段日子裡，汪精衛開始教家中小輩中國古典詩歌，以免他們過於法國化。結果是中文向來就不太好的陳昌祖終身對文言文有了恐懼感，他後來將去德國學習航空科學。稍長幾歲的曾仲鳴則成了汪氏的楷模學生。儘管仲鳴大學、碩士學的都是化學，他最終於一九二二年以一篇論中國詩歌史的論文獲得里昂大學文學博士學位。[97]

一九一四年七月，汪、方、曾三家人一起去瑞士琉森（Lucerne）度假。他們住在皮拉圖斯（Pilatus）山上一座俯瞰湖泊山谷的旅館裡。就是在這個美麗的地方，有一天晚上傳來了令人震驚的消息：戰爭爆發了。[98]汪精衛和陳璧君一夜未眠，計畫如何帶著小輩逃難。他們得以在邊境關閉之前穿過日內瓦回到法國，用了兩天的時間回到蒙塔日。由於大量兵車要開往北方戰場，鐵道交通堵塞，難以成行。汪精衛決定離開蒙塔日，因為它離巴黎太近，可能成為戰區。他們先去了南特（Nante），然後去了閬鄉（Laon），搬進一座相當簡陋的農舍。在閬鄉寫的幾首滿懷憂愁的詩作表明，汪精衛為戰爭的爆發深深震撼了。鄉間的偏僻、孤寂更令他不安。儘管「地僻應無烽火傳」（SZL 48），他美麗文明的花園歐洲已經淪喪，取而代之的是廢圃、夕暉和荒塞。他期間所寫五首紅葉絕句反覆使用了《楚辭》的意象，彷彿暗示著就像秦滅六國之際一樣，法國也將面臨普魯士鐵騎的蹂躪。

事實上，閬鄉於一九一四年九月二日淪陷，蒙塔日反而平安無事。不過西線背後的幾個中國人並不怎麼吸引交戰雙方的注意力，所以通行無阻。汪精衛一行年底十一月來到土盧斯

（Toulouse），與蔡元培、李石曾重聚。[99]十二月，璧君早產，誕下只有六個半月大的女嬰。醫生宣布嬰兒存活無望，但汪、陳並不想放棄。全家的生活都圍繞著照料她展開了。汪精衛的工作是買柴、運柴、燒柴。在大家的努力下，嬰兒居然奇蹟般地活了下來，她就是汪、陳的長女汪惺（後易名「文惺」，一九一四－二〇一五），與曾醒的名字同音。

二次革命失敗以後，國民黨派系林立。孫中山堅持用暴力手段推翻袁世凱，而多數其他領袖則認為應當繼續宋教仁採取的建制性合法道路。一九一四年七月八日，孫中山在日本組建了中華革命黨，要求所有黨員按指印向他個人宣誓效忠。這一行動表明他對議會民主制的失望，相信只有透過專制的個人崇拜，革命才能真正成功。他還宣布革命成功後公民將分為三等，最高等級的「元勛公民」將主要由高級黨員組成。不少黨員都對此頗為反感。歐洲無政府主義者們強烈拒斥孫氏的手段，嘲諷「元勛公民」名號的荒誕。[100]汪精衛在幾封情緒激烈的信裡痛詆孫中山，並懷疑這是孫氏的權力欲所致。[101]這大約是汪精衛與孫中山最近乎決裂的時刻。

---

97 Zeng, Zhongming, *Essai historique sur la poésie chinoise*。曾仲鳴（用名 Tsen Tsonming）學習期間的資料，見里昂大學學生檔案，Archives Departementales du Rhône (2400 W 802)。

98 Chen Changzu, *Memoirs of a Citizen*, 35。這座旅館大約是一八九〇年創建的 Hotel Pilatus-Kulm。

99 蔡元培致吳稚暉函，載：《蔡元培全集》，冊一〇，頁二二九。

100 王奇生，〈中華革命黨時期黨人歧見與孫中山黨國方略的轉折〉。

101 汪精衛致吳稚暉函（一九一四年九月十七日），國民黨黨史館，稚 09562；亦見：李志毓，《驚弦》，頁四〇－四二。

隨著日本向中國提出《二十一條》、袁世凱計畫稱帝，汪精衛再次回應了同志的號召，於次年春歸國。吳稚暉、蔡元培和李石曾是激烈反對的。在他們看來，精衛總不免為了自己短期的政治功能而放棄他長期的學習計畫。吳稚暉甚至說精衛「此行有犧牲其中國主人翁資格之危險」；蔡元培則猜疑是陳璧君影響了汪的決心。[102]這當然不會是最後一次汪精衛身邊的人認為是璧君幫他下定行動的決心。公正地說，汪精衛兼有沉思和行動的兩面，而璧君則更為決絕。但璧君對精衛是崇拜而忠誠的，因此她扮演的角色只能是強化汪精衛本來固有的行動傾向。

汪、陳夫婦不顧諍友反對，在一九一五年三月二十日離開法國，六月抵達上海。這次反袁行動將逐漸激化為護國戰爭，但汪精衛在其中扮演的角色不詳。他抵達孫中山身邊時，孫氏正身陷醜聞之中。是年二月，據媒體透露，孫中山為了獲得日本援助，祕密簽訂了《中日盟約》，向日本出讓了一系列中國主權權益。孫氏被指控賣國，為不少追隨者所拋棄，處於政治生涯的最低點。[103]然而深深了解孫中山的汪精衛，反而相信孫氏此舉只是策略性的，並無意願日後滿足對日本的承諾。但他反對孫氏採取軍事行動，因為他擔心歐洲列強深陷戰火、無暇東顧，日本會利用權力真空而對中國內戰進行軍事干涉。[104]他也原諒了孫氏威權主義的手段，相信這是一時的權宜和必要。[105]他再次試圖調停中央政府和民黨同志各派系之間的衝突，也再次沒有成功。對於他這段時間的行止有多種謠言，時見報端，譬如有說在香港、日本、山東或者雲南見到了他的，據此猜測他是否是在尋覓盟友或者密謀起事。[106]不論謠言是否屬實，他的奔波總歸徒勞無功。可以確定的是他那年夏天回廣州探望了自己的家庭。拜見如父的長兄讓精衛心存愧疚，因為兆鏞作為清朝遺老，義不出仕民國，而民族革命推翻清廷之後，卻遲遲無法建立新的穩定權力結構、更遑論實現民主政治的諾言。[107]對兆鏞等人而言，他們的舊世界白白破碎了。

一事無成的汪精衛最終決定回到法國。他們從檳榔嶼啟程，在一月十二日回到了馬賽。他們沒有再回土盧斯，而是前往西南部的海濱城市魯瓦揚（Royan），因為家中的小輩在那裡隨從蔡元培生活。他們的行程由於璧君母親的堅留推遲了兩週，這可謂僥倖，因為他們原定要乘的船在地中海被德國潛艇擊沉了。[108]但汪精衛並無興奮之感。在歸法四天後寫給吳稚暉的信裡，他痛恨自己再次浪費了近乎一年的時光，「了無所就，贏得滿腔愁苦而歸」。本來去年調和未成，他便

102 蔡元培致吳稚暉函，國民黨黨史館，稚 07810。
103 Taylor, Jay, *The Generalissimo*, 29。關於孫中山向來不惜「暫時犧牲部分國家權益」以求日本援助其革命事業、建立他心目中應有的民國的做法，見：楊奎松，〈孫中山出讓滿蒙權益問題的再探討〉。
104 汪兆銘致吳稚暉等函（一九一五年五月二十一日），國民黨黨史館，稚 09395。
105 汪兆銘致吳稚暉等函（一九一五年六月二十日），國民黨黨史館，稚 09392。
106 參見：《大公報》（天津），一九一五年六月二十九日、十一月二十四日、十二月十五日、十二月三十一日報導。
107 汪兆銘致趙鳳昌函（約一九二〇年前後），載：《趙鳳昌藏札》，卷一〇，頁二〇一－二〇二。
108 對汪精衛回到法國的時間有不同說法，此處參照：Chen Changzu, *Memoirs of a Citizen*, 40.

想歸法，但當時卻不肯完全放棄希望，在南洋籌款，希望能用於軍餉和組織編譯社，以致調和無效後，躑躅南洋，令同志生疑，「逗留愈久，嫌隙愈深，南洋既不可久留，東歸又無所著手，舍西行而外竟無所適。當下船之時，幾於對海立誓，此後但努力于修學，亡國之時，亦惟東向自剄，決不東歸」。幸而在馬賽登陸之際，傳來雲南獨立的消息。他希望此役成功，自己方可安心留在法國學習；設若以慘劇收場，便不知如何自處矣。[109]汪精衛寧可「東向自剄，絕不東歸」的決心到底沒有堅持，但他的這種困擾是頗具性格典型的。他天性傾向調解衝突；如果暴力不可避免，則他更願意選擇個人行動，譬如暗殺，而非軍事戰役和集體犧牲。這在下面這封兩個月後寫給吳稚暉的長信中有集中的反思。

長信寫到，歐戰以來不再能繼續堅持無政府主義的立場。但設若宣稱回國參與倒袁，之後仍抽身不從事政治，則不能預防其他袁世凱的出現。設若宣稱無政府主義及進德會為謬誤，從此以政治黨人、政治家自命，則未免不人格掃地、有朝一日淪為走狗抑或傀儡。以無政府主義立場出發，暗殺是第一義，但是由於袁世凱深為防範，自己自宋案以來已經無法接近其身邊。至於自己想要成為教育家的決心，則又因為自己法文的局限，加之屢屢歸國參與行動，無法實現求學的目的。「銘前固言之，熔錘為鋸，當其未成之時，不但失錘之用，抑且未得鋸之用。今銘明明未成為鋸也，而欲得鋸之用，天下之不通，孰有過於此者。」此前他在日本，還可以參考日文書籍寫作；倘若今天要辦《民報》，「將以法文典、法文教科書為參考乎？凡諸論，祇須畧一思及，即已可羞可笑可哭可氣可恨可鄙」。加之「西方雜誌正如一大戲臺，各種腳色正都齊備，銘於此間不過扮一小兵，遇大將勝時則搖旗吶喊，敗時便低頭受戮而已，有何價值可以討論，今更承石曾兄及先生教以不出真姓名，更覺無可討論也」。種種痛苦折磨下，最近眠食不安，「且前次腦充血之結果，至今用腦較甚時即心跳眩暈，故往往口不擇言，殆精神不能自攝之故也」。[110]

由於小輩們逐漸成年，需要上大學，全家搬到了大學城波爾多（Bordeaux）。方君瑛學習數學，曾仲鳴化學，方君璧美術。是年六月六日，袁世凱病逝，國內的危機化解了，汪精衛遂將精力轉移到舉辦教育事業上。同月二十二日，巴黎華法教育會成立，蔡元培、汪精衛分任中方會長、副會長。同日，該會創建的巴黎華工學校成立，且獲得法國政府資助，次年四月開學。此外華法教育會還編輯出版了半月刊《旅歐雜誌》，由汪精衛、李石曾、蔡元培擔任編輯主任，「以交換旅歐同人之智識，及傳播西方文化於國內為宗旨」。華工學校也以工人為對象出版了比較文字淺顯的《華工雜誌》。[111] 值得一提的是，為了開辦中文雜誌，汪精衛在法國圖爾（Tours）設立了中華印字局，為此還訂製了一套中文鉛字運至法國。所用款項大約就是他此前在南洋為反袁

109 汪兆銘致吳稚暉函（一九一六年一月十六日），國民黨黨史館，稚 09385。

110 汪兆銘致吳稚暉函（一九一六年三月二十一日），國民黨黨史館，稚 09381。

111 見：鮮于浩，《留法勤工儉學運動史》，頁九－一一。關於華法教育會的檔案資料，參見："Associations de patronage des étudiants-ouvriers chinois en France," Archives nationales (Dossier 47 AS)。

所籌的華僑捐款。[112]一九二一年汪、蔡、吳、李等創辦的里昂中法大學成立後，這個印字局也搬到了里昂。里昂中法大學為中國學生旅法學習做出了巨大貢獻。曾仲鳴將成為其首任（也是最長任期的）祕書。他將迎娶青梅竹馬的方君璧，並於一九二五年歸國，任汪精衛的私人祕書。需要說明的是，很多汪精衛傳記都說他在里昂大學學習，可謂以訛傳訛。汪精衛的法文程度不可能通過法國大學入學考試，他也從未曾在里昂定居。

由於一戰，法國勞工短缺，汪精衛、蔡元培、李石曾便以此為契機，向中國各省政府發起公開呼籲，請求組織運輸中國勞工到法國，這也將幫助中國勞工獲得現代工業技能和知識。[113]這個提議最早是袁世凱顧問梁士詒（一八六九－一九三三）於一九一五年提出的，法國軍部也於是年十一月十一日接受了提案。提供勞工也意味著在中國還不曾公開對德宣戰的情況下加入一戰，以求躋身勝利戰線。[114]一戰結束前，總共多達十四萬中國勞工來到法國和英國，為戰爭的勝利做出了巨大貢獻，不少也長眠在了歐洲的土地上，但他們的功績幾乎沒有為英、法承認。協約國頒發給所有參與了戰鬥或為部隊服務的平民的勝利勛章，並無中國勞工之份。[115]

戰後的世界與中國

一九一六年九月，蔡元培受聘為北京大學校長。十二月，他向汪精衛發出邀請，「深願先生惠然肯來，主持國文類教科，以真正之國粹，喚起青年之精神」。[116]汪精衛接受了邀請，次年一月中旬啟程歸國。[117]為了觀察革命風暴中的俄國，也為了避免德國潛艇伏擊，他取道聖彼得堡和西伯利亞回到北京。不過他並沒有留下紀錄描述對共產主義運動的印象。

一回到北京，他立刻被重新捲入內政的漩渦之中。二月八日，總統黎元洪和總理段祺瑞共同諮詢了他對歐洲大戰和中國對策的意見。汪精衛建議他們加入協約國、對德宣戰。[118]根據他日後的表述，理由有三：首先是對德國軍國主義的抵抗，這是全人類應當致力的目標；第二，論者認為如果中國對德宣戰而德國取勝、中國不免滅亡，他提出軍國主義的侵略野心向來貪得無厭，何況德國在華已有殖民地，如果德國戰勝，則中國中立亦亡；第三，參戰是中國唯一抵制日本在山東野心的手段。[119]段祺瑞深以為然，而黎元洪依然猶豫，兩派衝突因是加劇。六月十三日，黎元

112 華法教育會編，《旅歐教育運動》，頁四五－四七。
113 見：汪精衛、蔡元培、李石曾致各省行政機關函，載：華法教育會編，《旅歐教育運動》，頁八二。
114 Xu, G., *Strangers on the Western Front*, 14-17.
115 同上，頁一。
116 蔡元培，〈致汪精衛函〉，《蔡元培全集》，冊一〇，頁二九五。此信編年為一九一七年三月十五日，誤，據《旅歐雜誌》（見註117）改。
117 《旅歐雜誌》一九一七年二月一日第十二期，頁七。
118 何孟恆，《汪精衛生平與理念》，頁三七－三八。
119 汪精衛，〈巴黎和會與中日問題〉，載：《汪精衛集》，卷二，頁三四－三五。

洪解散國會。[120]保皇軍閥張勳以調停為名入京，扶持遜帝溥儀復辟，十二日後復被段祺瑞驅逐。有了光復民國之功，段祺瑞宣布廢除約法。七月十七日，孫中山掀起護法運動。九月一日，國會非常會議選舉孫中山為陸海軍大元帥，成立護法軍政府，準備北伐。儘管在中國參戰問題上孫、汪意見不一，汪精衛依然被任命為大元帥府代理祕書長。根據汪氏次年的聲明，他擁護軍政府的護法鬥爭，但是並沒有應邀就職。[121]隨著民國政治亂象叢生，共識分崩離析，各派系各自堅信自己法律和道德的權威，汪精衛最終沒能找到遁入書齋的閒暇。我們不妨遐想：倘若他真的應蔡元培之邀就任北大教授，將會如何應對是年掀起的新文化運動呢？

一九一八年十一月十一日，第一次世界大戰隨著協約國的勝利而宣告結束。那些天汪精衛正致力於南北妥協，提出首先軍政府應當承認徐世昌為事實北方領袖，北方亦當承認軍政府為正當機關。[122]廣州軍政府提出要向巴黎和會派遣自己的代表團，並選舉汪精衛為和談代表，但汪精衛沒有接受任命。很可能是因為他依然希望保持中立的政治面目斡旋南北，因此不願意接受廣東的正式外交職責，削弱中央政府參與和會的權威。儘管如此，他還是以接受教育部聘請考察戰後歐洲教育為名，前往巴黎，觀察和會。[123]中華民國代表團成員、駐美公使顧維鈞（一八八八—一九八五）回憶說，當時代表團內部由於派系爭執頗為緊張，汪精衛每每扮演了調停的角色。[124]

汪精衛一九一九年三月離開中國，繞道日本、檀香山、舊金山前往巴黎。這是他平生唯一一次拜訪美國。巧合的是，還有一位日本和會代表團成員同樣藉機繞道美國前往巴黎，以求獲得對美國的第一手印象，他就是未來命運將與汪精衛糾纏的近衛文麿（一八九一－一九四五）。近衛出身幕府將軍藤原北家嫡流，是一顆崛起的政治新星。日本代表團團長西園寺公望（一八四九－一九四〇）因此帶他去巴黎，鍛煉國際政治外交經驗。但就在啟程之前，年輕的近衛公爵卻在國粹主義雜誌《日本及日本人》上發表論文〈排斥英美本位的和平主義〉（英米本位の平和主義を排す）。在這篇混雜了理想主義（反對白種人至上的種族主義）和軍國主義的文章裡，近衛宣稱國聯的使命僅僅是將以英美為中心的世界秩序合理化、永恆化；現有衝突的真正性質是既有強權和上升力量之間的鬥爭；在這一意義上，和平主義並不等於正義和人權，而軍國主義也並不必然踐踏正義和人權。設若西方帝國主義政策透過巴黎和會取得勝利，那麼資源稀缺的日本就不能不效法德國，破壞現有平衡，以求自保。[125]西園寺訓斥了近衛的不審慎。在和會上，日本代表團提出在《國際聯盟規約》中加入種族平等原則的條款，但遭到了拒絕。日本媒體的反應是憤怒的。

---

120 關於民初國會，參見：嚴泉，《民國初年的國會政治》。

121 《民國日報》（上海），一九一八年三月二十五日汪精衛通電，七月三十日汪精衛聲明。

122 《大公報》（天津）一九一八年十一月十九日轉七日廣東電。

123 《大公報》（天津），一九一九年三月十日。

124 顧維鈞，《顧維鈞回憶錄》，冊一，頁一七七－一七九，一九三－一九四。關於南北代表團的問題，參見：Wood and Arnander, *Betrayed Ally*, 127-131。

125 Oka, *Konoe Fumimaro*, 10-15.

德皇威廉二世流亡荷蘭的消息進一步讓他們擔憂日本君主制的前途，這些都加深了日本在全球時代曙光下「保存國粹」的危機感。[126]

巴黎和會最終成了第二次世界大戰的序曲。美國總統威爾遜富於理想主義色彩的《十四點和平計畫》（Fourteen Points）剛剛成為世界的一抹亮色，便很快遭到各方冷遇。為了給失望的日本一些安慰，再加上俄、英、法、義早在一九一七年初便與日本達成了祕密協議，歐洲強權決定漠視中國代表團的要求，將膠東權益割讓日本。[127]《凡爾賽條約》（Treaty of Versailles）合法化了勝利者的巧取豪奪。條約在凡爾賽宮的鏡廳簽訂，無數面鏡子將這一時刻折射入戰後世界大大小小民族國家的歷史。在歐洲，強加於德國的苛刻懲罰條款深播了法西斯主義抬頭的種子。在亞洲，英法殖民地的獨立要求被無視，導致東南亞民族主義者在二戰中歡迎日本的「解放」。在中國，巴黎傳來的消息導致了五四運動的爆發，成為民國史上的一條分水嶺。知識階層日益政治化、激進化，逐漸導致了一九二一年中國共產黨的成立。西方列強的綏靖政策鼓勵了日本蠶食中國大陸的胃口，最終在近衛文麿出任日本首相後爆發為全面戰爭。

汪精衛是這場外交災難的目擊證人，也同樣為之憤怒痛惜。他得到的教訓是中國的危機不僅僅是國內事務，而且需要透過國際協作來解決。他後悔沒有在此前的十年更深入地參與中國政治。他這次在法國做了十餘場中文講演，一九一九年七月由圖爾中華印字局整理出版。其中重要的一條訊息就是，他無法再捍衛自己無政府主義的信仰或是專心教育不問政治的立場。政治有關國家安危、民生休戚，從事教育、實業者也同樣要問政治。[128]

但汪精衛數年來在法國的書齋生涯亦非一無所獲。他深深為法國一戰期間超越階級或意識形態分裂的民族團結所動。民族主義（汪所謂「國家主義」）能夠動員全社會所有成員犧牲自己的逸樂、財產、事業甚至生命，即便勝利渺茫、結果難測。[129]但他也見證了民族主義蛻變成軍國主義的毀滅性力量。在一九一六年所寫的一系列文章裡，他延續了社會進化論的觀點，認為民族、國家依照社會進化程度有一個排列次序；但是達爾文主義的競爭設若施於國家，則會導致無窮無盡的侵略鯨吞，以致就連法國這樣的帝國主義強國也幾乎無法自保。他不禁要問：像中國這樣期冀民族復興的弱國又應當如何自處呢？[130]

愛國者們無時無刻不深感中國積弱之痛。對參與反滿民族主義革命的青年汪精衛而言，「弱」是中華民族近三百年臣服滿清統治的結果，可以透過革命扭轉。旅法尤其是一戰期間，他開始更加深刻地反思「弱」之倫理維度。大約是一九一五年春天他在土盧斯學習法文期間，他

---

126 Bix, *Hirohito and the Making of Modern Japan*, 83-84.

127 Wood and Arnander, *Betrayed Ally*, 131-132, 156.

128 汪精衛，《汪精衛先生最近演說》，頁一六－一七。

129 汪精衛，《汪精衛先生最近演說》，頁七。

130 見：汪精衛，〈吾人對於國家之觀念〉，載：《旅歐雜誌》第四、第五期（一九一六）；〈吾人對於中國之責任〉，載：《旅歐雜誌》第八、第九期（一九一六）。

將法國作家佛老里昂（Jean-Pierre Claris de Florian，一七五五－一七九四）的一篇寓言詩〈羊與犬〉（La Brebis et le chien）意譯成一首五言古風〈譯佛老里昂寓言詩〉（SZL 53）。佛老里昂作品原文是：

> La brebis et le chien, de tous les temps amis, / Se racontaient un jour leur vie infortunée. / “Ah! Disait la brebis, je pleure et je frémis / Quand je songe aux malheurs de notre destinée. / Toi, l’esclave de l’homme, adorant des ingrats, / Toujours soumis, tendre et fidèle, / Tu reçois, pour prix de ton zèle, / Des coups et souvent le trépas. / Moi, qui tous les ans les habille, / Qui leur donne du lait, et qui fume leurs champs, / Je vois chaque matin quelqu’un de ma famille / Assassiné par ces méchants. / Leurs confrères les loups dévorent ce qui reste. / Victimes de ces inhumains, / Travailler pour eux seuls, et mourir par leurs mains, / Voilà notre destin funeste ! / -- Il est vrai, dit le chien : mais crois-tu plus heureux / Les auteurs de notre misère ? / Va, ma sœur, il vaut encor mieux / Souffrir le mal que de le faire.”[131]

（譯文：羊羔與牧犬，親密不分離，／一日互相吐露牠們不幸生活的衷曲。／「啊，」羊說，「我痛苦，我顫慄，／當我想到我們命運的不幸！／君為人僕役，所事良薄倖！／委順、溫存，又忠心，／君之耿耿，所得惟有／鞭笞與死刑！／吾則終年為人衣，／終年贈人乳、糞人田，／朝朝見我族人／為惡人所殺戮！／殘骨復為狼饕餮。／非人之忍的犧牲者！／為其勞作、死於其手，／這就是我們可慟的命運！」／「誠如君言！」犬曰，「然則妳可相信他們真的更加幸福／他們，我們悲慘命運的作俑者？／走吧，我的姊妹：寧可／承受邪惡，也不自甘作惡！」）

汪詩則曰：

東風和且平，眾木繁其枝。夜來有微雨，初日還遲遲。在此春光中，不樂將何為？東顧有牧場，碧草生離離。一羊蹶而趨，一犬還相隨。宛然兄若妹，情好相依依。阿妹今不歡，流淚如綆縻。嗚咽語阿兄，吾生其何之。我聞造物者，用意無偏私。跂行與喙息，所適惟其宜。如何兄與我，長日為人羈？阿兄啖餘糧，辛勤守房帷。晝防暴客至，夕畏穿窬窺。小變起不虞，生死還相持。何以報忠貞？惟有鞭與笞。主人有嬌子，蹴踏供娛嬉。慴伏敢枝梧，中慚語阿誰。至今撫瘡痏，毛血猶參差。阿兄既不辰，阿妹尤童癡。捋我膚中毛，織彼篝中衣。奪我懷中乳，哺彼襁中兒。可憐曳行田，撾策來無時。雨淋與日炙，狼藉成枯胔。曉行庖廚下，碧血驚淋灕。群饕口流沫，談笑酬號嘶。伯叔與諸姑，赫然在盤彝。死睫不敢看，驚跌不能移。投地有餘骨，封狼朵其頤。孤墳在何許，溝水流殘脂。生也為人奴，死也為人

131 De Florian, *Fables de Florian*, 37.

犧。皇皇此一息，命矣其何辭！阿兄聞妹言，憮然止其哭。弱者未云禍，強者未云福。與其作刀俎，毋寧為魚肉。

很明顯，這不是忠實的翻譯，而更應該稱之為受原詩啟發的再創作。與原詩相比，汪詩不但增加了情境描寫，對話內容也有大量鋪陳，而且借用了一些中國哲學，尤其是道家的典故。「造物者」是莊子的概念，它並非神祇，而是一種宇宙力量，賦形萬物而無偏私。羊在此詩中引用《莊子》，哀歎牠們作為純粹犧牲品的不幸命運。儘管牠們有用、忠誠，依然時刻面臨無意義的暴力，更可能淪為「物」，成為手段而非目的。但犬則化用了老子禍福相倚的格言來尋求答案。汪精衛似乎暗示說強弱是辯證的。《老子》中，水作為道的象徵是弱的，但「上善若水，水善利萬物而不爭，處眾人之所惡，故幾於道」（第八章），且「天下莫柔弱於水，而攻堅強者莫之能勝」（第七十八章）。最後一句則又化用了魚肉、刀俎之喻。汪詩結語雖然回應了佛老里昂原詩，但是他完全不提「幸福」。重要的不是誰更加幸福，而是犧牲者的能動性和權力的倫理性。他化用嚴復譯《天演論》中的名言「弱肉強食」來呈現一幅字面意義上的弱者成為強者食物的畫面，從而不但回應羊的哀鳴，也順接到他給此詩撰寫的一篇後序：

佛氏此詩，天下之自命為強者皆當愧死。顧吾以為弱肉強食，強者固有罪矣，即弱者亦不為無罪。罪惡之所以存於天地，以有施者即有受者也。苟無受者，將於何施？是又願天下之自承為弱者一思之也。

汪氏的評語進一步讓強弱關係複雜化。他似乎暗示，儘管強者是施暴者，但弱者不是完全無辜的，因為強弱相形相生，沒有弱者就沒有強者。換言之，犧牲者不能完全擺脫他們之所以成為犧牲者的責任。成為犧牲者並不意味著道德制高點，儘管如果汪氏一定要選邊站的話，他依然會站在受暴而非施暴的一方。這也進一步深化了他一九一二年在孫中山臨時總統就職詞中就責任和義務問題的思考。要打破暴力的循環，唯一的出路是實行所謂「人類共存主義」。

〈人類之共存〉是汪精衛一九一九年所作的一篇文章，十年後收入《汪精衛集》時標題改成了〈人類共存主義〉。[132]在克魯泡特金「互助論」的影響下，他提出適者生存的原則如果應用於人類社會，則只會鼓勵惡性競爭、削弱社會的多樣性。如他在一九一六年發表的一篇文章〈犧牲之意義〉中提出的，強弱隨時而變，國家的發展速度在不同時期也有所不同；現在的弱國未必不會是將來的強國，反之亦然。[133]社會達爾文主義視進化為線性，無視進步速度緩急之不同、弱國

132 《汪精衛集》，卷二，頁一－一八。
133 汪精衛，〈犧牲之意義〉，載：《旅歐雜誌》，第一期（一九一六）。

未必不能在未來迎頭趕上。其次，設若全球社會根據社會達爾文主義預想發展，則必將削弱文化多樣性，導致某文化、某種族甚至個人的霸權統治。因此適者生存的競爭原則不免自相矛盾，因為它最終將消弭競爭。人類共存主義則鼓勵積極的競爭與合作。中國作為弱國必須首先提倡人類共存主義，以保全自身生存的合理性；其次，由於平等原則不僅適用於權利、也適用於義務，中國如要享有平等之權利，必須首先透過自強完成自救，履行文明國家對國際社會、對本國公民的義務。[134]

人類共存主義的最大敵人是軍國主義和殖民主義。第一次世界大戰表明，能擊敗軍國主義德國的並非是軍國主義俄國，而是熱愛和平正義的民主國家，因為只有民主國家的國民有值得做出犧牲來捍衛的東西。個人主義和集體主義因此應該、也能夠統一起來。汪精衛的結論是人類之所以自立在於正義、而不在強力，而抵抗外侮的武器是學問知識。中國必須成為民主文明的社會。巴黎和會雖然有種種不足，但依然是從軍國主義向人類共存主義時代過渡的重要時期。在此意義上，軍國主義日本對中國領土的蠶食不僅威脅中國生存，更是嚴重挑戰了這一新的國際秩序。[135]然而不可否認的是，刺激日本侵略野心的同樣也有中國積弱的自身因素，這是每一位誠實的愛國者都應該承認且感到恥辱的。

汪精衛對弱者之「不為無罪」的評語，令人想起鄂蘭冷峻的評語：「所謂替罪羊必然不再是無辜的犧牲者，承載這個世界所有原罪、為後者開脫懲罰；它成為一切整體中的一員，共同牽絆於人間世事。哪怕它成為這個世界的不義和殘忍的犧牲品，也不能因此停止承擔共同的責任。」[136]甚至在某種意義上，把犧牲者打扮成無辜、無助的做法恰恰剝奪了它自身的能動性，成為另一種精神凌辱。汪精衛對自身共同責任的回答就是投身行動的生活，儘管這條道路或許意味著道德汙染。一九一九年夏天，當他站在庇里牛斯山著名的西班牙橋（Pont d'Espagne）橋上觀看瀑布時，他寫道：

由來泉水在山清，莽莽人間盡不平。
風雷萬古無停歇，和我中宵悲嘯聲。[137]

「不平」代指人類世界制度化的不義，泉水不能克制「處眾人之所惡」、從高處奔流低地的天性，便不能不放棄山間的清澈。山林在中國詩歌裡是遠離政治的隱逸之地。鄂蘭提出，在黑暗時代，只有徹底退居哲學性的孤獨，才能保護人免受公共生活之「昏暉」的遮蔽。[138]但此處，汪精

134 汪精衛，〈人類共存主義〉，頁一一一二。
135 汪精衛，〈巴黎和會與中日問題〉，頁二一一二五。
136 Arendt, *The Origins of Totalitarianism*, 6.
137 汪精衛，〈西班牙橋上觀瀑〉，SZL 75。
138 Arendt, *Men in Dark Times*, ix.

衛感到自己別無選擇，只能放棄法國的清淨書桌，回答祖國風雷的召喚。他預感到擁抱公共生活必然意味著策略性妥協、道德的汙染。他準備好了，要走進那黑暗。

第二章　政治家

汪精衛自巴黎和會歸國十六年後，《小巴黎人報》（*Le Petit Parisien*）一九三五年十一月二日號上刊登了一篇描述中國的「行政院長，實際政府領袖」（chef du gouvernement chinois）的文章。這份通俗報紙在全法國有超過兩百萬訂閱量，其政治立場號稱有噓枯吹生之效。文章作者是一位住在上海的自由撰稿人加斯克（Gasc）女士。她寫到自己有機會去南京拜訪汪院長。走進客廳，首先見到的是鐵道部副部長曾仲鳴，說著一口無懈可擊的法語。幾分鐘後，「一道門打開了，一位相當年輕、長衫翩翩的男子向我走來，面龐英俊、溫柔而嚴肅。他炯炯的目光有穿透人心的力量，釋放出罕見的磁力」。[1]她顯然為一種卡里斯瑪所籠罩。這位男子就是汪精衛，五十二歲，時任行政院長、外交部長、蔣汪聯合政府的少數派領袖。透過曾仲鳴傳譯，他向法國客

1 M.-L. Gasc, "Souvenirs d'Entretiens avec Ouang Tching Ouei," *Le Petit Parisien*, November 2, 1935.

人解釋說，惟有維持和平，才能爭取時間推進中國的國家建設、經濟發展和民主化進程；為此目的，即便他的對日綏靖政策被千夫所指，他也將不辭懦夫的罵名，奮勇前行。

同期報紙的首頁上刊登了汪精衛遇刺的消息。事件發生於十一月一日的南京，被廣泛視為反對當局綏靖政策的愛國行動。當年的刺客如今成為刺殺對象，這不無反諷，但加斯克女士描繪的汪精衛畫像又為這種矛盾提供了某種紓解。代表著同樣面對飢餓強鄰之虎視的大眾心聲，《小巴黎人報》對汪精衛的困境似頗能同情。[2]十一月二十八日，南京《中央日報》轉載了採訪的中文版，借法國友人的「愛慕傾聽之誠」，來試圖說服國人汪主席的愛國誠意。[3]但不論是在中國還是法國，沒有人能夠想到數年後汪精衛將因為堅持同樣的政策，被目為「叛徒」、「國賊」和「民族敗類」，更沒有人想到他將獲得「中國之貝當」的惡謚，而正是同樣英雄一度的法國總統貝當，給「合作」（collaboration）一詞賦予了負面的內涵。

蔣汪聯手是回應九一八事變之後民族危機的策略，但也是孫中山逝世後派系林立的國民黨自我拯救的必然。普遍被視為國民黨左派領袖的汪精衛，致力於實現民主集權制原則。但既無財權亦無兵權的他，只能尋求共識和妥協。他不得人心的對日綏靖策略導致聲名的重大損失，這對他的打擊遠較於對蔣介石為沉重，因為名譽是汪氏最重要的政治資本。然而按他的說法，雖然他的行動似乎前後矛盾，但實則一以貫之，出自真誠的道德利他主義信念。要理解汪精衛在中國政界的沉浮生涯，因此便不能不首先檢點民國的士大夫政治遺產。

民國的士大夫政治

如學者所論，晚清民初思想家對民主政治的認識根本都過於樂觀，而且民主在他們看來首先是一種手段，而非目的。[4]這一特質反映為他們政治信仰的雜糅性，其中既包括了現代自由主義政治哲學的成分，又容納了傳統的儒家理想主義。

張灝提出，西方自由民主傳統不僅受到啟蒙思想家的進步主義和對人性的樂觀觀點所影響，也反映了一種對人之罪惡性和墮落性的「幽暗意識」；因此自由主義對人類未來的希望並非盲目樂觀，而是充滿「戒慎恐懼」的。而儒家（尤其是受到孟子人性論影響的儒家）更傾向於強調透過修身達到內聖外王的理想人格。對人性本善的信念是陽明哲學的倫理學根基。儘管他們看到「學絕道喪、人心陷溺」而需要對人心進行指導與修正，亦即含有幽暗意識的一些層面，但其哲學的樂觀精神依然是基本的。因此，張灝認為，儒學思想家傾向於認為政治權力可以交給已經體

2 一九三八年十月一日，《小巴黎人報》熱烈讚揚了對納粹綏靖的《慕尼黑協議》。關於此報的歷史和政治態度，參見：Amaury, *Histoire du plus grand quotidien de la IIIe République*。

3 題為〈小巴黎報記者與汪晤談之回憶〉，載第三版。由於《中央日報》的翻譯不盡忠實，上面的引文譯自法語原文。

4 以嚴復為例，見：Schwartz, *In Search of Wealth and Power*, 67-68。

現至善的聖賢手裡，讓德性和智慧來指導和駕馭政治權力。這種精英主義的傾向是與民主憲政不相容的。[5]墨子刻（Thomas Metzger）稱之為「樂觀現世主義的問題」（the problem of optimistic this-worldliness）：體現了這一問題的思想家們堅持「政治生活的崇高理念，包括全社會的高度道德及思想共識，以及政府行使職能時毫不受利己權力影響的程序」。[6]張灝與墨子刻具有高度概括性的描述也許將中國政治傳統過於簡化了。畢竟，這一傳統機構及其功能設置吸收了各種哲學影響，包括荀子和法家哲學對人性本惡的「幽暗」視野。但無論如何，在他們看來，所有主要現代中國意識形態（包括三民主義）都在某種程度上體現了認識論的樂觀主義，假設「客觀、大公、普世的道德標準存在，並可以在此基礎上設計社會」。[7]這為汪精衛的民主集權制理念提供了認識論基礎，使其設想國民黨能夠、也應當作為先鋒，帶領各黨派組成民主聯盟。

黃克武提出，對晚清民初思想家而言，民主與中國傳統的「民本」理念原則上根本相同，只是在中國一直缺乏有效的制度來實現這個理想，而西方民主制度的到來終於提供了實現這一古老理想的制度方法。他們想要建立的政府必須具備利他主義的道德理想、進行徹底的社會改革；民主可以解決所有問題，實現完美理想。這些目標都體現了儒家的烏托邦精神。為了實現民主，知識分子們扮演的角色是先知性的，即「覺民」、「新民」。儘管其目的在於建設平等社會、廢除特權階級，但是他們的願景卻帶有強烈的精英主義色彩。[8]在孫中山看來，「世界人類其得之天賦者約分三種：有先知先覺者，有後知後覺者，有不知不覺者」。但儘管人天生有聰明才力的不平等，平等依然是最高道德目的，因此必須調和三種人，「人人當以服務為目的，而不以奪取為目的」，透過服務道德心的發達而得以實現的平等才是「平等之精義」。[9]

汪精衛、蔣介石的思想中也有強烈的陽明學影響，但他們的側重則有所不同。蔣介石應該是在日本接受軍事學校訓練時接觸到陽明學的，其理解以武士道理論為中介。由於陽明學被視為明治維新的思想資源之一，蔣介石視之為革新中華民族、創造「中國魂」（如「大和魂」）的根基。[10]與此相形，汪精衛強調的是個人的道德修養和自我犧牲。他幼承庭訓，十二、三歲時每日自塾歸家，便取父親藏書在屋頂夕陽中閱讀，其中最愛的便是王陽明《傳習錄》。在日本留學期間，在神田的書坊間購得王陽明雜誌百餘冊及其他研究王學著作。一九〇九年和璧君同在東京時，甚至共同研習陽明學。用他自己的說法：「余輩非能知陽明者，然惡程朱之瑣碎，且流於矯揉，故樂陽明之正直光明，表裡如一，而於知而不行只是不知之說，尤所服膺。」[11]他和璧君共

5 張灝，《幽暗意識與民主傳統》，頁二二一—四二。
6 Metzger, "Confucian Thought and the Modern Chinese Quest for Moral Autonomy," 336.
7 Metzger, "Confucian Thought and the Modern Chinese Quest for Moral Autonomy," 336.
8 黃克武，《近代中國的思潮與人物》，頁六七—六九。
9 孫中山，〈三民主義．民權主義〉，載：《孫中山全集》，冊九，頁二九八—二九九。
10 黃克武，《近代中國的思潮與人物》，頁三八二—三八七。
11 汪精衛，《陽明與禪》跋。

同研讀的著作裡就有里見常次郎一九〇四年出版的日文著作《陽明與禪》（陽明と禅），因為壁君不懂日文，他「且讀且譯，以授冰如」。[12]一九三七年底日軍攻打南京之際，他在郊區陵園新村的宅第被燒毀，然則此譯稿幸以隨身得以保存，他在武漢期間遂繼續翻譯，最終在一九四二年「國府還都」之後才完成。將這份苦心孤詣的工作堅持到底，自然不僅是為了名山事業，而是也與中日全面戰爭的背景息息相關。

　　里見常次郎提出，陽明之儒學與佛教、尤其與禪有密切之關係，只是更加側重實行。其學說之基本與中樞皆在於心，其研究之目的物亦不外此心而已矣。正是因為相信心即理，故陽明可以無視俗是俗非，只秉承其內心的信念和直覺而行動。一身之中並無二心：人心與道心乃是合一。前者為私欲所遮蔽，但透過自省和修身能夠除蔽、恢復光明的道心。由於良知及天理，宇宙萬物透過良知合於一身。里見氏認為，正是透過知行合一、識心見性的工夫，陽明學者能夠以正社會國家之秩序、救生民於塗炭之中為一己之任務，甚至在生死關頭依然保持不動之心，「以死生任於天地之運行，然吾人之精靈、精神或神靈與天地之大精神、大神靈合為一體」。[13]這種面對死亡的篤定，是汪精衛畢生實行的信念。當他一九四二年在南京最終發表自己的譯文時，他在序言中引用《中庸》「好學近乎知、力行近乎仁、知恥近乎勇」一語，提出力行雖然並不等於仁，「然足以忘憂」；孟子謂今人乍見孺子將入井皆有怵惕惻隱之心，但設若只有此心而不行動，則殘忍之至矣；孔子曰仁者不憂，力行恰是盡一己之微薄聊以忘憂的手段，故曰「近乎仁」。[14]這篇作於一九四二年九月的序言似乎意味著他與日本的合作是為了力行忘憂、解救淪陷水火的中國人民。但將國人譬喻為行將入井的無助孺子，反襯出來的是汪精衛作為倫理與歷史之行動者的力量。《論語》有君子之德如風、小人之德如草之說，即君子具有行動的自覺力量，而小人只能消極地做出反應。汪精衛崇高的自我期許，同樣體現出這種精英主義的士大夫情懷。[15]

陽明的不為俗見所左右、只憑一己良知做出行動的倫理哲學，是汪精衛道德自信的思想基礎。在挫敗絕望之際，他每每從陽明學說中汲取勇氣。這種不辭自我犧牲的情懷，大約就是葉嘉瑩先生所謂的「烈士情結」。但如果我們把「烈士」定義為為了全民族福祉而自我犧牲的話，那麼汪詩裡明顯流露這種情懷的詩歌其實並不多。我能夠定性的只有十幾首，多數都為具體的主題所觸發，譬如精衛鳥、古代英雄、將被析為柴薪的舊車輪、瑞雪、行將就戮的綿羊等等。而且有意思的是，多數都是作於刑部大獄期間或一九三九年之後——換言之，是他已經下定自我犧牲

12 同上。

13 里見常次郎，《陽明與禪》，引文見頁七七。

14 汪精衛，《陽明與禪》序。

15 王汎森注意到汪精衛、胡適、蔡元培、吳稚暉、李石曾等對知識精英富於期許的士大夫情懷與當時左派盛行的貶抑知識分子論之間的齟齬。見：〈近代知識分子自我形象的轉變〉，載：《中國近代思想與學術的譜系》，頁三二四。

的決心之後。這樣的創作脈絡或許昭示了他為自己的行動辯護的心理動機。此類意象中最頻繁出現的不是精衛，而是燃薪，即透過自我毀滅為蒼生炊食的普通木材。這一意象已經出現在此前引用過的一九〇九年致胡漢民書。一九一〇年繫獄期間，他在一首〈見人析車輪為薪為此作歌〉（SZL 22）中寫道：

年年顛蹶關山路，不向崎嶇歎勞苦。
只今困頓塵埃間，倔強依然耐刀斧。
輪兮輪兮，生非徂徠新甫之良材，莫辭一旦為寒灰。
君看擲向紅鑪中，火光如血搖熊熊。
待得蒸騰蔫新稻，要使蒼生同一飽。

這隻燃燒的舊木輪象徵著倔強、忍耐和自我犧牲的品格。儘管它材質有限，不能成為棟梁，但依然物盡其用、最終拼卻自己身體的物質性服務於蒼生日用。一九一二年赴法留學的途中，他在印度洋上又寫了兩首詩，感歎人生的奔波，然則「勞薪如可爇，未敢惜寒灰」（SZL 44）。大約三十年後，在南京，陳璧君復手書汪氏的〈被逮口占〉和王陽明致聶文蔚書，其中提出憑藉「致良知」而致天下太平。[16]原稿今見史丹佛大學胡佛研究所的「汪精衛文件」，手軸十餘米長，字跡清晰娟秀，裝幀精美，可見用心良苦。璧君用意，大約是鼓勵汪精衛不要消沉、不要忘記自己與日本合作的初衷。汪氏因此受到激發，感慨「心似勞薪漸作灰，身如破釜仍教爨」（SZL 285），重新陳述了自己青年時代的志願——只是此時他自詡同時既是薪又是釜，雖然心薪已成灰，身釜依然不能不勉強支持。陽明哲學是他堅持道德自信、抵抗世人毀譽的精神支柱。他在另一首〈題吳道鄰繪〈木蘭夜策圖〉〉（SZL 366）詩中寫道：

> 拼將熱血葆山河、欲憑赤手迴天地。
> 戈可揮、劍可倚、一干一城從此始。
> 雖千萬人吾往矣。

最後一句借自孟子。孟子以為，各種培養勇氣的手段裡，以曾子「自反而縮」的「守約」方法為上，可以達到面對千萬人依然堅持己見、毫不退縮的境界。陽明學說恰是孟子此言之流亞。借用這種儒家理想主義的倫理觀，汪精衛的詩歌將自己的合作展示為透過和平談判赤手拯救民族危亡的努力，為此，即便天下滔滔，也不惜粉身碎骨、奮勇前行。

16 王陽明此信見：〈陽明傳習錄〉，載：《王陽明全集》，卷二，頁七九。

薪釜之喻象徵著「士」的理想人格。在汪兆銘看來，「士」所代表的道德操守使他不僅是文人、更是戰士。獄中所做〈感懷〉詩（SZL 34）曰：

> 士為天下生，亦為天下死。方其未死時，怦怦終不已。

據《禮記．禮運篇》，大道之行，天下為公，理想政治是非世襲的德治，服務於天下的福祉。這一理想在民國時期重新盛行，體現出當時的政治思想家借用中國本土思想資源來支持舶來民主觀念的努力。王陽明基於利他主義和道德真誠的政治哲學，是理解汪精衛在民國政治中穩定地位的關鍵。如本章所述，汪精衛屢屢從權力的巔峰激流勇退，有時是為了從政治危機中脫身，有時則是迫於公眾的壓力。但每一次，儘管或者說恰恰因為他的缺席，他的名聲都會重新恢復，最終在各方懇請下重新出山。汪精衛和公眾之間的微妙互動關係，顯示出士大夫政治在民國時期的遺產。簡言之，汪精衛毫不戀棧的姿態，是他視權力為糞土、道德純潔的最佳證明；江湖之遠的隱者和廟堂之上的大夫因此合為一體。最終打破這一模式的是日本侵略帶來的民族危機。一夜之間，遠離權力的姿態顯得不合時宜，而高尚其跡的隱者也無異於不問國事的袖手看客。民族統一戰線意味著無分貴賤男女老少，人人皆有守土之職責，每一位個體的中國人都必須竭盡自己的實用功能，為民族危亡獻盡綿薄。薪釜之喻，事實上已經不再恰當，因為真正的民族主義意味著組成民族的每個個體都直接關聯著「民族」整體，政治領導人和民眾的關係已經不再是作為行動主體的君子和等待拯救的消極客體之間的關係。在這一意義上，第二次中日戰爭最終透過結束士大夫政治的精英傳統，創造了中華民族。

孫中山的陰影下

汪精衛回到的是一個動蕩不安、派系林立的中國。袁世凱固然有獨裁者的秉性，但他的強人政治實為當時唯一能箝制區域軍閥割據的威權力量。他身後的中國進入了各種政治軍事勢力群雄逐鹿的時代。巴黎和會也成了中國與歐洲列強關係的轉折點。世界局勢將進入以英美為軸心的時代，然而「華盛頓體系」（Washington system）是不承認俄國、中國利益的，只在東亞給日本的帝國主義勢力留下一點擴張空間。[17] 這也是孫中山得到的教訓。十九世紀中期以來，中國海關關稅便被陸續用於對外債務、賠款的擔保，在扣除這些款項後再交給中國政府的餘款稱為「關餘」。一九二三年秋，孫中山懇請倫敦將兩廣關餘交給廣東政府，但是遭到拒絕；當他威脅使用武力強行徵用時，耀武揚威的英國軍艦駛入了廣州港，以展示不列顛帝國壓倒性的海軍力量。深

17 Zarrow, *China in War and Revolution*, 195.

深失望的孫中山從此開始使用反帝國主義的語言。「華盛頓體系」為偽善的帝國主義列強所控制，這一結論令中國城市知識分子日益左傾。五四馬克思主義者成了共產主義者。但共產國際認為新成立的中國共產黨還是過於弱小，不能在城市工業勞動階層間發起無產階級革命。列寧認為，由於中國落後的經濟，它的條件更加適合一種大眾化、多階級聯合的革命。共產國際在北方軍閥間尋找支持的努力落空後，便將注意力轉向了南方的孫中山。[18]

孫中山這一時期的主要目標是推翻北洋政府，因此急切需要軍事武裝。護法運動期間受邀進入廣東的廣西軍很快轉而反對孫中山。一九二〇年十月，孫中山指控廣西軍閥與北洋串通，因此轉而支持地方強人陳炯明（一八七八－一九三三）來驅逐客軍。十一月二十九日，廣東軍政府成立。一九二一年四月十日，孫中山被選舉為非常大總統，隨即準備北伐。

這一時期，汪精衛的公開面目尚未完全放棄無政府主義的理念。他多次辭謝政府職位，媒體也稱讚此舉為「不願破戒」，即不打破進德會時期不任公職的承諾。[19]事實上，他在孫中山的陰影下進行幕後工作。他的非正式身分有利於他公開或祕密代表孫中山尋求締結政治或軍事的盟友關係，尤其是與廣西、雲南的西南軍閥。孫中山和陳炯明因為理念不合發生衝突時，他也扮演了調停作用：孫中山日益傾向於建立以國民黨為主導的中央集權政府，而陳炯明則更傾向於聯邦系統，各省享有民主和廣泛自治權。一九二二年六月中旬，調停失敗，十六日陳炯明從廣州驅逐孫中山。登永豐艦避難的孫中山召來一位國民黨的軍事新星來護駕，這就是蔣介石。經歷此事件，孫中山益發堅信直接軍事領導權的重要。蔣介石陪伴在孫中山身邊的四十天，也是這位年輕軍人進入國民黨領導層的關鍵。次年，他將以孫中山全權代表名義考察蘇聯，一九二四年他將成為新成立的黃埔軍校校長，奠定自己在國民黨軍隊間的絕對威望。

列寧需要一個強大、統一的中國來對抗不列顛和日本的勢力。此前，化名Maring（馬林）的共產國際代表荷蘭人Henk Sneevliet（一八八三－一九四二）已經祕密聯繫了孫中山，討論與新生的中共建立統一陣線、以換取蘇聯援助的可能性。[20]這場聯姻當然是以利益為基礎的。一九二三年一月二十六日，孫中山與蘇聯外交官越飛（Adolph Joffe，一八八三－一九二七）聯合發布的宣言，公開廢除了中國與沙皇俄國簽署的不平等條約。儘管列寧早在一九二〇年三月就已經廢除了這些條約，關於領土的新協議還需要交涉，而且宣言並沒有觸動蘇聯在滿洲及外蒙的實際利益，但面對中國國民的聯合宣言依然給了孫中山以外交勝利的光環。[21]最重要的是，蘇聯承諾提供金錢、武器和專業知識來訓練國民黨軍。二月二十一日，陳炯明被雲南、廣西軍隊驅逐出廣東。孫中山隨即在廣州建立了陸海軍大元帥大本營，擔任「大元帥」職。國民黨的總統制從而被軍事獨裁制取代。

---

18 Zarrow, *China in War and Revolution*, 195-196.

19 〈汪精衛不願破戒〉，《大公報》（天津），一九二〇年十二月十日。

20 關於馬林的角色，請參見：Saich, *The Origins of the First United Front in China*。

21 見：郭廷以，《中華民國史事日誌》，冊一，頁七〇〇。

永豐艦事件發生時，汪精衛正在上海。他直到七月三日才重新與孫會合，比火線馳援的蔣介石晚了整整四天。這一事件給汪的教訓是，中國當前局勢下，政治比教育更為緊要。一九二二年末，他開始提出政治改良是教育改革的前提。[22]無政府主義理念認為社會改革應當以教室為戰場，而汪氏的最新認知無疑暗示，至少面對中國現狀，這一高尚理念是不切實際的。在蘇聯壓力下，一九二三年四月孫中山派遣汪精衛前往滿洲，官方理由是促成張作霖（一八七五－一九二八）和蘇聯的鐵路協議。但是孫、張都對談判不甚投入，汪精衛斡旋月餘，毫無成果。[23]

儘管汪精衛對與蘇聯及中共合作的政策持保留態度，他依然被委以改組國民黨的重任。第一次國共合作因此得以制度化。一九二四年一月二十日，改組後的國民黨在廣州召開第一次全國代表大會。汪精衛、胡漢民、李大釗等擔任主席團成員，汪且被推舉為審查委員會主席。透過改組，此前組織鬆散的國民黨採用了布爾什維克模型，成為意識形態統一、具有自上而下的凝聚力和控制權的列寧主義政黨。民主集權制成為其組織原則。未來數十年內，一九二四年改組的精神將成為汪精衛身邊國民黨派系的信條，也是派系鬥爭中他自信代表「國民黨正統」之基礎。意識形態上，改組強調三民主義的核心性。[24]如沙培德（Peter Zarrow）所論，在共產國際的幫助下，孫氏彷彿只付出了極小的代價，便「平生第一次掌控了一部高效的政治機器」。[25]

儘管孫中山在這次會議上宣布「民生主義」就是社會主義，正式發布的宣言卻並沒有遵從蘇聯沒收地主土地的提議。[26]相反，孫氏宣稱實現民生主義是漸進、非暴力的過程。地主可以保留土地的原有價值，但在社會整體福祉進步之後，土地的增加價值將屬於國家，並將在社會各階級間平均分配。[27]這表明孫中山策略性地採用了某些共產主義話語，但並不願意犧牲他自己中國道路的願景。

改組之後，汪精衛最終同意主持上海黨務。廣州黃埔軍校於六月成立後，汪精衛擔任黨代表，負責國民黨黨綱和黨史的教學。以黃埔畢業生為骨幹組建的新國民黨軍，將是一隻完全政治化、貫徹了黨的紀律的軍隊，這使其有別於當時其他軍閥武裝，也是其戰鬥效率的基礎。六月三十日，汪精衛出任中央實業部長；八月十四日，改任宣傳部長。值得注意的是，這是他一九一〇年之後第一次擔任行政體制內職責。

同時，北方政治局勢也是風雲變幻。一九二三年六月，北洋軍閥曹錕驅逐了大總統黎元洪，十月透過賄選成為總統。舉國譁然的輿情為孫中山製造了機會。汪精衛與張作霖的接觸讓廣東和東北逐步接近，擴大了孫中山的支持基礎。十月底，馮玉祥透過甲子兵變軟禁曹錕，控制了北

22 見：汪精衛在福州的講話，《申報》，一九二二年十一月十日。
23 Saich, *The Origins of the First United Front in China*, 145-146.
24 So, *The Kuomintang Left*, 12.
25 Zarrow, *China in War and Revolution*, 199.
26 郭廷以，《中華民國史事日誌》，冊一，頁七七七。
27 孫中山，〈三民主義．民生主義〉，載：《孫中山全集》，冊九，頁三八九－三九〇。

京。這位左翼新儒家基督教將軍很快破壞了民國政府與清朝皇室的協議，把遜帝溥儀驅逐出紫禁城，旋即盛邀孫中山進京，商量民族統一條件。孫中山欣然應邀。十一月十四日，他乘日本郵船春陽丸赴上海，汪精衛以中文祕書身分隨行。但途中北方政局又重新動蕩。無法控制局面的馮玉祥邀請張作霖入京，但後者卻支持段祺瑞重新上臺。抵達上海之後，孫中山繞道日本以尋求更多的國際援助，而汪精衛先行前往天津為孫氏來臨做準備。下一章將詳細分析孫中山此行在日本神戶做的一場關於大亞洲主義的講演。[28]

此行也標誌著孫中山生命的終點。他於十二月四日抵達天津時，碼頭迎接他的民眾有五千人之多，但孫氏病情卻急轉直下。段祺瑞與帝國主義勢力達成協議、以尊重不平等條約換取列強支持的消息讓孫氏十分悲憤。三十一日，他抵達北京，立刻住進北京協和醫院治療。診斷結果是肝癌晚期。[29]一九二五年三月十二日上午九點半，孫中山在北京病逝。

在孫中山的病房裡，汪精衛的星光冉冉升起。他代表孫中山舉行新聞記者會、發表講演、解釋孫中山的立場。[30]譬如一月五日下午北京國民會議促成會在北京大學成立時，面對近四千聽眾，汪精衛首先登臺講演，「群眾歡呼，聲震屋瓦，歷半時始止」。[31]他在講演中重申了國民黨對實現議會民主制的承諾和廢除不平等條約、削減軍隊及實現勞動保障、社會教育和婦女權利等各項社會改革的決心。二月十九日孫中山暫時出院居家療養時，又是汪精衛電告廣州的胡漢民以出院情形。[32]汪精衛在孫中山手術期間全程陪伴，且隨侍病榻之側，即時把孫氏消息傳達給焦慮的國民黨和全體民眾。汪精衛草擬的〈國事遺囑〉，孫氏未刪改一字，在去世前一天簽名。[33]這篇遺囑將成為國民黨內具有近乎宗教意義的文本，在集會上宣讀、在紀念碑上鐫刻。它將孫中山的著作和召開國民會議、廢除不平等條約的決心律典化。汪精衛作為遺囑起草人的身分是廣為人知的，但他在其中到底扮演了多麼積極的角色，是借孫氏聲音發言還是僅僅記錄了孫氏遺言，這一點卻並不清楚。

國民黨改組期間，孫中山的三員幹將地位上升：廖仲愷、胡漢民和汪精衛。[34]左傾的廖仲愷最忠實地執行了孫中山的中共政策，但是他在同盟會早期的角色不如汪、胡顯要。恃才傲物、政治右傾的胡漢民不是一位廣得人心的領袖。汪精衛性格溫和，政治立場中間偏左，又得到了許崇智、蔣介石兩位軍事領袖的支持。七月一日，廣州國民政府成立。廖、許、蔣聯名推選汪為國民

28 孫中山，〈對神戶商業會議所等團體的演說〉，載：《孫中山全集》，冊一一，頁四〇一－四〇九。

29 對孫中山病情的最新研究見：Barth and Chen, "What Did Sun Yat-sen Really Die Of?"。

30 參見《大公報》（天津）的系列報導：〈孫中山抵津盛況誌詳〉（一九二四年十二月五日），〈天津市民代表與汪精衛博士之談話〉（一九二四年十二月七日），〈汪精衛邵元冲孫哲生代表中山負責之宣言〉（一九二四年十二月十五日），〈汪精衛在青年會講演紀〉（一九二四年十二月二十七日），等等。

31 〈北京國民會議促成會成立大會之盛況〉，《大公報》（天津），一九二五年一月六日。

32 〈孫中山已遷出醫院矣〉，《大公報》（天津），一九二五年二月十九日。

33 孫中山，〈國事遺囑〉，載：《孫中山全集》，冊一一，頁六三九－六四〇。

34 關於孫中山逝世前後的勢力消長，參見：So, *The Kuomintang Left*, 14-17。

圖 7　國民黨政治委員會，廣州，1925 年 7 月。前排從左至右：朱培德（著軍裝）、汪精衛、胡漢民、伍朝樞、廖仲愷、陳友仁（著軍裝）。第二排中有鮑羅廷（Mikhail Borodin）和「加倫」（Vasily Blyukher，化名 Galen）。傅秉常攝。

政府主席，以九票（滿票十一票）當選，[35] 此後又被推舉為軍事委員會主席。胡漢民除了當選常務委員會成員外，只出任外交部長，但由於列強都不承認廣東政府，這不過虛銜而已。由於六月十九日大元帥一職已被廢除，廣州國民政府實行集體領導制，汪精衛居首，這使他成為廣州國民政府事實上的第一任主席。汪胡之間從此播下了不合的種子。

汪精衛和毛澤東的道路也是在這裡第一次交錯。由於汪精衛繼續擔任宣傳部長，但是沒有時間履行職責，便提名一位年輕的共產黨員來代理宣傳部。這位宣傳天才就是毛澤東，以動員湖南鄉下農民參加革命而受人矚目。但由於雙方此後都對這段經歷諱莫如深，加之史料限制，我們無從知曉他們在這段時間有多少實際的公務或私人接觸。

一九二五年夏，汪精衛的權力和聲望都抵達了頂峰。他此前對政治權力的疏離姿態塑造了清高的名望。他不蓄私產、沒有兵權，也不信仰任何極端意識形態。他的私生活無可非議。的確，由於他身處中國政治的中心舞臺已經有二十年之久，似乎並沒有人意識到，他領導實際政務的能力還未曾經過考驗。

汪精衛與國民黨左派

孫中山去世後，國民黨內部派系的明爭暗鬥變得激烈。孫氏的中共政策原本在黨內就有頗多反對和抵制的聲音，只是因為他的權威才被壓制下來。作為孫氏接班人的汪精衛則並不享有這種無法挑戰的權威。儘管他盡可能以中立面目出現，他依然被日益視為國民黨左派領袖。

35 見《大公報》（天津）一九二五年七月十三日的報導。有故事說汪擔心不能當選，遂在選票上填下自己的名字，得知是滿票後尷尬不已，可謂無聊的虛構。汪精衛身敗名裂之後，坊間流傳的此類「性格中傷」（character assassination）野史頗多，學者當謹慎採信。

圖 8　前排從左至右：「加倫」、鮑羅廷、張太雷（傳譯）、汪精衛。皆身著白衣。傅秉常攝。

如李志毓所論，汪精衛的左派思想深植於他的社會主義理念；他堅持國民黨必須駕馭軍隊、領導民眾運動、掌控「革命」一詞的話語權。[36]蘇維初提出，國民黨左派的發展經過了兩個階段。如果說「舊國民黨左派」是一個組織鬆散的群體，除堅持與中共聯手以外特徵並不突出的話，那麼隨著汪精衛一九二七年與中共的決裂，一個在思想和組織上都更加統一的「新國民黨左派」才得以形成。後者的活動可以再進一步分期。第一期是一九二七至一九二九年，期間左派理論主要是陳公博（一八九二－一九四六）提出的，而陳也是中共創始黨員之一。儘管陳公博在中共成立不久後便脫黨，也不再主張列寧主義，他的思想（尤其是政治經濟學思想）依然有強烈的馬克思主義色彩。第二期的標誌是汪精衛恢復主導地位，這一時期的國民黨左派主要致力於實現民主。[37]一九二九至一九三一年期間，他們多次發起政治、軍事倒蔣運動。在易勞逸（Lloyd E. Eastman）看來，他們的主張，如民眾組織自治、土地改革、國民黨黨內民主、以黨主導政府、以黨馭軍等，都為建立一個得到大眾支持並且高效率的政府提供了可能的理論基礎。[38]最低程度上，他們的理念也代表了國民黨有可能採取的一條道路，使其透過領導社會運動來與中共競爭、獲得民眾支持。但國民黨左右派系在思想和武裝戰線上的多年角力，也導致了中國政治和社會的分裂，從而為他們的國內外對手製造了機會。

汪精衛試圖透過闡釋孫中山的學說來將他的民主政治理念正統化，這也是強調他作為孫中山政治接班人之正當性的手段。但他的重點和方法都隨時而易。孫中山去世後，他首先將民族革命定義為反軍閥、反帝國主義的鬥爭，其目標是廢除不平等條約、爭取與世界各國的平等權益。[39]

36 李志毓，《驚弦》，頁七八－九四。
37 So, *The Kuomintang Left*, 8.
38 Eastman, *Seeds of Destruction*, 218.
39 汪精衛，〈國民革命之意義〉，頁三五－三六。

他承認憲政民主的重要性，但並沒有提出具體的實現民主的步驟，而是強調民生主義，尤其是滿足人民物質生活的需要；其手段是政府透過孫中山提出的漸進步驟平均地產、節制資本。[40]換言之，只有透過社會經濟的發展才能實現民主。

一九二六年之後，汪精衛開始提出民主賦予生命以意義、是民生主義的前提。[41]民族、民權、民生三者密不可分，不可魯莽滅裂、曲解修正；作為革命政黨的國民黨，應當按照〈建國大綱〉所規劃的步驟加以實行。[42]孫中山在一九二四年起草的這一大綱規定，國家建設程序分為三階段，即軍政、訓政、憲政。軍政時期，政府一面用兵力掃除國內障礙，一面宣傳主義以開化全國人心；凡一省完全底定之日，即為軍政停止、訓政開始之時；凡一省全數之縣皆達到完全自治者，則為憲政開始時期。國民代表會可以選舉省長來監督本省自治，而省長受中央指揮來完成省內國家行政，中央與省之間採取均權制度。中央透過五院（行政、立法、司法、考試、監察）實行五權分立。憲法草案當本於〈建國大綱〉及訓政、憲政時期成績由立法院議訂，最終透過國民大會決定頒布。憲法頒布之日，即為憲政告成之時，舉行全國大選，國民政府解散，授政於民選政府，是為建國之大功告成。[43]透過擁抱這種漸進程序，汪精衛試圖在黨內的自由派和保守派之間尋找一條中間道路，前者要求立刻徹底實現民主，後者則認為國民黨對權力的壟斷是革命成功的必要條件。他提出，在訓政時期，國民政府應當扮演教育的職能，這並不等於獨裁。相反，如果不能樹立民主勢力，任何軍隊都有可能蛻變成軍閥。人民的言論集會結社自由及生命財產權利應當受到保障。要培養民主勢力，黨必須認識到自己是人民的一部分，而非特權階級；其鬥爭的目標是反帝國主義、反封建主義。[44]

汪精衛並非馬克思主義者。他認為階級鬥爭的理論是國民革命最危險的敵人，因為它挑撥民眾之間的分裂分歧。但他也用了民粹式的修辭，試圖把「生產階級」與腐化勢力區分開，後者包括了軍閥、舊官僚、土豪劣紳和流氓無產者。民主的實現根本在於生產階級對自身利益的追求。[45]和孫中山一樣，他將實現多黨派民主的問題留給憲政階段解決。從一黨執政到多黨民主的過渡之所以可能，其保障僅僅在於國民黨作為先鋒政黨無私的革命性。

汪精衛的民主理念是調和與精英式的，處於西方自由民主主義和蘇維埃社會主義之間。自一九二〇年代中期直到與日本合作時期，他的信念都相當一貫。一九二七年，他將自己未來的經濟

40 汪精衛，〈教育界對於民國之責任演說詞〉（一九二五），載：《最近新編汪精衛演說集》，頁一一－一二；〈中國實業之救濟方法演說詞〉，同上，頁六二－六六，頁七一。
41 汪精衛，〈民主政治的途徑演講詞〉（一九二六），載：《汪精衛演講錄》，頁四。
42 汪精衛，〈怎樣的紀念總理演講詞〉（一九二六年三月十二日），載：《汪精衛演講錄》，頁一一八－一二〇。
43 孫中山，〈國民政府建國大綱〉，載：《孫中山全集》，冊九，頁一二六－一二九。
44 汪精衛，〈怎樣樹立民主勢力〉（一九二九年十一月三日），載：《汪精衛最近倒蔣言論集》，頁三－九；亦見：《汪精衛先生最近言論集》，頁一－八。
45 汪精衛，〈怎樣實現民主政治〉（一九二九年十一月二十日），載：《汪精衛最近倒蔣言論集》，頁九－一五；亦見：《汪精衛先生最近言論集》，頁九－一七。

政策定義為「國家資本主義」。[46]一九四〇年，他稱之為「國家社會主義」，類似於蘇聯的新經濟政策。[47]但正如土屋光芳指出的，由於向民主的過渡只能由革命領袖和革命政黨的大公無私來保障，獨裁的危險始終存在。[48]汪精衛相信文人政府有能力控制軍隊，這一信念似乎也過於樂觀。[49]他很快就會得到不掌控軍權的慘痛教訓。

初次敗退

一九二五年夏的中國為一波波學生罷課、工人罷工的熱潮所席捲，舉國激動不安。統一戰線領導的五卅運動使得國共兩黨共同上升為「中國未來的新晉全國合法代表」。[50]但一場悲劇曝露了國民黨內部的路線之爭。八月二十日，廖仲愷在中央黨部門前被暗殺。汪精衛、許崇智、蔣介石共同領導的調查委員會很快得出結論，認為這是場右派分子導演的政變，而胡漢民的堂弟胡毅生成為主要嫌疑人。由於胡毅生潛逃，無法對質，胡漢民為輿論千夫所指。胡氏遂出訪蘇聯，考察制度，從而事實上退出了黨內的權力角逐舞臺。[51]由於汪胡情同手足，而此次精衛作為主要調查組成員，擺出大公無私的姿態，胡漢民不能不心懷怨恨。他在一首詩中寫道：

摘瓜有句唐臣泣，煎豆無詞漢室憂。[52]

值得注意的是，此句同樣用了前引汪精衛獄中〈有感〉詩「瓜蔓已都無可摘，豆萁何苦更相煎」的兩個典故。透過這種互文性，胡漢民委婉而明確表達了他所認為的「摘瓜」、「煎豆」者正是汪精衛。

可以說，剛剛成為政治舞臺主角的汪精衛過於天真，犯了兩個策略性的錯誤。儘管胡漢民不滿中共政策，他和汪畢竟有真正以血寫就的二十年交誼。汪精衛的「大公無私」對胡而言無異於傲慢無情，讓他一夜之間化友為敵。其次，胡漢民的離去也削弱了國民黨內的文治力量。蔣介石成為廖案的最大受益者：他不僅是調查委員會「三巨頭」成員，而且調查結果還顯示黨內有一群保守分子試圖清除左派勢力。許崇智將軍手下的高級軍官也牽連廖案，蔣是以藉機將許崇智驅逐去了上海。一夜之間，蔣介石成了國民黨內僅次於汪精衛的二號人物，且獨掌軍權。他的職業軍人形象也頗得民眾歡迎。一九二六年一月，在國民黨二大上，蔣介石正式被選舉進入中央執行委

46 汪精衛，〈黨與民眾運動〉，載：《汪精衛先生最近演說集》，頁一二—一三。

47 汪精衛，〈新時代的使命〉（一九四〇年十二月十五日），載：《汪主席和平建國言論集續集》，頁四二。

48 土屋光芳，《汪精衛と民主化の企て》，頁一八八。

49 汪精衛，〈怎樣以黨治軍〉（一九三〇年五月十七日），載：《汪精衛先生最近言論集》，頁一八一—一八九。

50 *Zarrow, China in War and Revolution*, 209.

51 亦有人認為汪胡交惡是共產黨挑撥的結果；見：任援道，《鷓鴣憶舊詞》，頁二六。

52 胡漢民，〈讀史〉，載：《不匱室詩鈔》，卷一，頁一二。

員會。

由於廣東政府被視為日益左傾，黨內的不滿分子決定分裂。一九二五年十一月，他們在北京西山碧雲寺自行召集了「中國國民黨第一屆四中全會」，並從此以「西山派」聞名。由於廖案後，汪精衛成為聯蘇政策的主要執行者，他被西山派攻擊為與共產黨沆瀣一氣，暗中勾結。黨內的意識形態之爭變得公開化了。

國民黨二大暫時鞏固了汪精衛的黨內領袖地位。其正式宣言首次提出中國民族革命是世界革命密不可分的一部分。左派黨員如陳公博、顧孟餘（一八八八－一九七二）入選中央執行委員會。他們很快將被視為「汪派」大將，而汪派也近乎與國民黨左派同義。[53]二大通過了汪精衛繼續總理遺志、北伐統一中國的提案。蔣介石被提名為國民革命軍軍事總監。這支軍隊將把所有軍閥武裝都置於國民黨領導之下，按照蘇聯紅軍模式，兼重軍事訓練和政治教育，實行政治委員制，而擔任此職的多是具有意識形態訓練專長的共產黨員。[54]

不到兩個月，汪精衛就發現自己在一場武裝鬥爭中被邊緣化了。由於西山會議派散播謠言說中共、汪派和蘇俄共同合謀倒蔣，蔣介石起了疑心。[55]此外，他也不滿汪精衛對蘇聯顧問的倚重。他相信中山艦（前永豐艦）艦長共產黨員李之龍將密謀逮捕自己，便先下手為強，於三月二十日發動軍事政變，在廣東宣布實行軍事戒嚴，逮捕共產黨員。[56]出於不信任，他在政變後的第二天才通知了汪精衛。也許蔣介石的所作所為並非藉口：多年之後，得知汪精衛脫離重慶的消息，他依然在日記裡寫到當年有謠言說汪精衛要逮捕自己、送往蘇聯。[57]陰謀也好、誤會也罷，由於汪精衛的過激反應，蔣介石的行動獲得了出乎意料的效果。

汪精衛當時正因為肝病閉門養痾。當陳公博次日凌晨告訴他這個消息，他大為震驚，也不免困惑、憤怒。[58]但他下一步的行動卻頗為奇妙：作為黨政領導人，他不是譴責懲罰蔣介石，而是宣布解除自己的一切職務。也許這是出於被背叛的憤怒：畢竟此前在蔣介石堅持下，二人甚至歃血結拜了兄弟。[59]如汪文嬰日後回憶的，汪蔣如此親厚，以致兩家孩子互相稱對方父親為「爸爸」。[60]此外，汪精衛的私人生活這幾年也連連遭遇不幸：朱執信早於一九二〇年九月二十一日在虎門調停衝突時死於亂槍；陳璧君在美籌款創建執信學校期間，於一九二三年五月在芝加哥誕

53 關於顧孟餘與國民黨左派，參見：黃克武，《顧孟餘的清高》。
54 Taylor, Jay, *The Generalissimo*, 50-51.
55 Taylor, Jay, *The Generalissimo*, 55.
56 對這一迷離事件的詳細分析，見：楊天石，〈中山艦事件之謎〉，載：《找尋真實的蔣介石》，冊一，頁一三一－一五四。楊天石認為這一事件確係不信任和誤解的結果。
57 見蔣介石一九三八年十二月二十五日日記，胡佛研究所檔案。
58 汪派對此事件的記敘，參見：陳公博，《苦笑錄》，頁三〇－三九。
59 陳公博，《苦笑錄》，頁四三。
60 上坂冬子，《我は苦難の道を行く》，冊二，頁一四〇。

下一子，由於旅途奔波，她將新生兒寄養在當地，不幸兩週後夭折；不久之後，六月十二日，方君瑛吞食嗎啡自殺，兩天後去世，原因是對中國政治的失望和個人生活挫折導致的抑鬱。[61]這一連串的悲劇，加之孫中山逝世、廖仲愷遇刺、胡漢民的交惡、蔣介石的背叛，不免讓汪精衛中年悲慨，心力交瘁。但他的自願放逐或許歸根結柢還是因為出於他所堅信的君子政治原則，他需要證明自己的清白。他在此期間所做的〈雜詩〉（SZL 134）曰：

處事期以勇，持身期以廉。
責己既已周，責人斯無嫌。
水清無大魚，此言誠詹詹。
污瀦蚊蚋聚，暗陬蛇蠍潛。
哀哉市寬大，徒以便羣僉。
燭之以至明，律之以至嚴。[62]
為善有必達，為惡有必殲。
由來狂與狷，二德常相兼。

這首詩裡，汪精衛自勵不要同流合汙、做出妥協。他後悔自己寬大溫厚的姿態，只增長了奸邪小人的氣焰。最後一句用了《論語・子路》「子曰：不得中行而與之，必也狂狷乎！狂者進取，狷者有所不為也」的典故。如果在他人看來汪精衛的離職只是出於天真的「負氣」，[63]那麼在他自己看來，這只是忠實於自己的道德原則。

譚延闓、蔣介石分別繼任了汪精衛空出的中央政治委員會主席、軍事委員會主席的職位。五月初，汪精衛攜家前往巴黎。那個夏季，蔣介石不斷鞏固手中的黨權、政權、軍權。他六月被任命為中央組織部部長、國民政府委員，七月被任命為中央黨部軍人部部長，宣誓就職國民革命軍總司令，並誓師北伐。西方媒體開始稱呼他為 Generalissimo。從蘇聯歸國的胡漢民成為國民黨右派的領袖。儘管蔣介石有意保持自己和右派的距離，他依然被認為是他們最好的同盟。儘管汪、蔣各自都不願意將自己展示為某一派系的領袖，信仰也都傾向於中間，但國民黨左右兩派之爭從此被視為汪蔣之爭。[64]

---

61 據方君璧信（一九六二年二月二十五日），方君瑛歸國後為國事日非、社會腐敗深深感到失望，又因被汽車碰傷頭部，時覺腦力不勝，前未婚夫不斷糾纏，加上財務問題，種種煩惱，導致「神經衰弱」（當屬今人所謂憂鬱症）而厭世自殺。見：《汪精衛生平與理念》，頁四五六－四六二。

62 天地圖書本此句「律之」誤作「律至」；據一九四五年本校改。

63 蔡德金的《汪精衛評傳》稱汪此舉是「負氣出國」（頁一〇五）；汪夢川亦持此論，見 SZL 134。

64 So, *The Kuomintang Left*, 22.

再次敗退

從某種角度看，汪精衛表面的天真也可以視為一種政治敏感。作為政治家的汪精衛觸摸到了時代的理想主義脈搏。他的決絕去國大大提升了他在黨員和民眾間的聲望。他被視為中國政治的希望，因為終於有一位領袖人物不願意為了權力而犧牲原則。儘管蔣介石的軍事行動進展順利，但他的地位並非不可撼動。國民黨左派、中共和蔣介石的對手都紛紛促請汪精衛「銷假」，海內外黨部發出的「敦請汪主席復職」的上百封電報雪片一般飛到汪精衛的病房。十月中旬，中央執行委員會通過迎汪復職的決議。但由於他的切除闌尾手術，汪精衛不得不延長在歐洲的病假。

圖 9　汪氏一家度假照。汪精衛、陳璧君、汪文嬰、汪文惺在瑞士洛桑（Lausanne）湖畔，1926 年 9 月。汪文嬰家族收藏。

這段拖延的時機十分不巧，對汪的政治生涯而言甚至可能是致命的關鍵。國內的政治局勢變化迅猛叵測。十一月二十六日，隨著北伐進展，國民政府決議遷往武漢。不久之後，蔣介石在南昌扣押了北上途中的譚延闓及中央政府，強制移駐南昌。先行抵達武漢的共產國際代表鮑羅廷（Mikhail Borodin，一八八四－一九五一）決定反蔣。[65]請汪回國的電報更加頻繁了。甚至蔣介石也不得不加入這場合唱，宣布只要汪精衛願意回國，他便自動引退。三月初，汪精衛、陳璧君終於啟程，匿名乘火車穿過蘇聯。當時在柏林工業大學學習航空工程的陳昌祖幫助他們聯繫了柏林的蘇聯領事館。[66]他們在莫斯科與蘇聯領導人祕密會面後乘西伯利亞鐵路於四月一日回到上海。他在莫斯科的具體會面對象和會談內容尚不可考。

由於多數國民黨領導人逐漸抵達武漢，三中全會召開，決議控制蔣介石的權力。儘管汪精衛缺席，他依然被選入黨政軍的決議機構。三中全會上中共的影響是顯著的。

汪精衛是同情共產主義和民眾運動的。他認為民眾運動是反軍閥、反帝國主義勢力的鬥爭中不可或缺的一部分，也是建國過程所必需的。但他並不信仰共產主義，尤其反對階級鬥爭理論。因此，他將國民黨的政策描繪為「容共」而非「聯共」：[67]前者意味著以國民黨為主體、接納共產黨，後者則暗示兩黨平等合作的關係，故為中共所取。他將孫中山的標語「以俄為師」闡釋為師馬克思之意而非其法，因為儘管他們都想消除階級鬥爭，但孫中山所主張的不是暴力手段，而是透過法治和國家資本主義。因此，孫中山的方法允許中國得資本主義之利、而不受其無節制之

65　張國燾，《我的回憶》，冊二，頁一六七－一七〇。
66　Chen C. *Memoirs of a Citizen*, 78.
67　例見：汪精衛，〈主義與政策〉（一九二七年七月十二日），載：《汪精衛先生最近演說集》，頁三一。

害。[68]汪精衛強調，國民黨聯俄政策是因為後者是唯一主動廢除了不平等條約的國家，而非因為它的意識形態。[69]由於〈總理遺囑〉只提到中國應當「聯合世界上以平等待我之民族」，但並沒有提到具體哪個民族，汪精衛因此得以自由地根據具體脈絡定義中國的盟友。更何況作為〈總理遺囑〉的起草者，他也具有其權威的詮釋權。

歸根結柢，汪精衛和蔣介石的政治立場雖然有中左、中右之別，但並非不可調和。汪抵達上海後，他們便舉行了祕密會面，同意逐步清除國民黨內的中共勢力，儘管他們對具體時間和手段都還有不同理解。汪同樣不認為當前局勢可以持續，但是希望透過召集一次全體會議來找到民主的解決方法。很有可能的是，因為汪精衛堅持程序合法的高姿態，錯過了重新加強自己對黨控制的重要機會。[70]同時，中共領導人陳獨秀忽然出現在上海。汪精衛質問他中共要反抗國民黨的謠言是否屬實，陳獨秀否認之，因此他們共同發表了一份宣言，安撫兩黨黨員。但汪精衛顯然低估了發布這份宣言的象徵性意義。他歸國的目的是為了調和國民黨左右兩派，而現在他被指控偏袒左派。此時，當年的「巴黎安那其主義者」們都已經成了右派，支持蔣介石為首的強人政府。吳稚暉公開指責汪精衛向中共投降。汪因此離開上海，前往武漢，以避免進一步衝突。此行的另一個目的是要在武漢召集全體會議，因為多數中央委員會成員都已經在武漢。

對汪精衛的到來，武漢精心組織了一場盛大的歡迎會。蔣介石決定不再等待汪精衛前來南京召開四中全會。相反，他於四月十二日血洗上海，屠殺中共黨員，也株連了不少無辜。出於報復，中共也在武漢和長沙進行了屠殺。一場內戰不宣而至，並將在未來二十餘年間在明暗戰場奪去無數生命。四月二十日，蔣介石在南京建立國民政府，提名胡漢民為主席。寧漢對立，各自宣布對方為非法。五月三日，汪精衛署名電報譴責蔣介石、驅逐其出黨。上海也於六月十六日通緝汪精衛並開除黨籍。國民黨左右兩派自此決裂。

然而汪精衛抵達武漢後不久，便為國民黨控制區域內共產黨的實際影響力而震驚，更為湖南、湖北的武裝暴力起義而不安。工會奪取工廠而不知如何進行生產，外國資本逃離，銀行閉門，貨幣系統紊亂。北伐軍人在鄉下老家的財產土地被農運褫奪、重新分配，導致軍隊暴動，攻擊農民組成的民兵團。對汪精衛（甚至某些中共領導人）而言，民眾運動已經脫離控制了。五月九日，汪精衛提議禁止民眾團體及民眾私自執行死刑，聯合農工商進行國民革命；五月二十三日，武漢政府發布命令，糾正農工運動的偏頗，要求各派系和平解決勞資衝突，禁止工會威脅或逮捕工廠主、商店主，尤其嚴禁損害軍人家庭及財產。同時，史達林的一紙電報抵達武漢，要求

68 汪精衛，〈黨與民眾運動〉（一九二七年七月五日），載：《汪精衛先生最近演說集》，頁一二一－一二三。

69 例見：汪精衛，〈十月二日在陸軍軍官學校就職黨代表演說辭〉（一九二五年十月二日），載：《汪精衛先生演講集》，頁七八；〈國民政府慶祝雙十節演說辭〉（一九二五年十月十日），載：《最近新編汪精衛演說集》，頁一三一－一三二。

70 蔡德金、王升，《汪精衛生平記事》，頁九一；Taylor, Jay, *The Generalissimo*, 65。

中共在鄉村攫取私產，消滅不可靠的國民黨將領，武裝兩萬中共黨員，建設五萬人的革命工農軍隊，滲透國民黨中央黨部，組織革命法庭審判反動官僚。這些任務顯然是不可能完成的，中共領導人在會議上宣讀此電時，簡直啼笑皆非。史達林的命令也許是出於蘇聯內部鬥爭的策略。由於蔣介石的清黨給了托洛斯基派攻擊其聯合國民黨的中國政策以口實，他必須藉此挽回面子。中共決定抵制命令。但是，也許是出於對汪的信任，新任共產國際代表羅易（M. N. Roy，一八八七－一九五四）決定把電報給汪精衛看。汪精衛大為震驚。他雖然同情民眾運動，但絕不支持工農暴動。他指控中共背叛了〈孫文越飛宣言〉的精神，因為國共統一戰線的目的並不是把中國變成蘇維埃國家，而是要實現其自身的國民革命目標。[71]他認為允許共產黨員加入國民黨的政策不再可持續，於是離開武漢，七月十四日宣布驅逐共產黨員。儘管如此，七月十五日的中央常務委員會擴大會議依然決議保護共產黨人身體自由。[72]直到八月一日中共「南昌起義」之後，武漢政府才終於決定暴力清黨。汪精衛和國民黨從此與中共分道揚鑣。第一次國共統一戰線失敗。同時破滅的也許還有在中國實現多黨派民主、組成聯合政府的希望。

土屋光芳提出，儘管汪精衛在決議清黨後依然堅持「民族革命」口號，他的革命定義已經有所不同。此前，他將民族革命的目的定義為中華民族以及世界各受壓迫民族的自由與平等；手段是喚醒民眾（尤其是農工）參與反對帝國主義和軍閥的鬥爭。此後，革命目的將逐漸被重新定義為依靠一切生產階級（不僅包括農工，也包括商人、工業家、自由職業者和知識分子）建設民主勢力。其鬥爭對象是所有「腐」、「惡」勢力，前者包括國民黨內的專制力量（即蔣派），後者則如今也包括了共產黨。這一轉換有助於將國民黨左派在制度性格上重新定義為民主同盟。[73]

在多方壓力下，蔣介石於八月十三日辭職，以清除黨內統一的障礙。他用閒居時間迎娶了宋美齡，從此與孫中山成為連襟，這場美滿婚姻也讓他加入了現代中國最富有、人脈最廣的家族之一。但宋、孔家族所組成的財富特權階層也將使他的政權深陷腐敗醜聞。

蔣介石的蜜月期間，汪精衛正忙於控制武漢時期聲名的損害。高調回國之後不到半年，由於對去國期間時局複雜性認識的不足，他已經兩次改變了自己對中共的態度，受到黨內右翼通緝，而自由派媒體也開始指斥他（以及國民黨）行動錯誤幼稚、言論幾近兒戲，質疑他是否足夠成熟、可以領袖中國。[74] 汪精衛嘗試將自己的信念理論化，以求為自己的行動提供內在的統一理

---

71 以上敘述基於：張國燾，《我的回憶》，冊二，頁二一四－二五一；Zarrow, *China in War and Revolution*, 240；李志毓，《驚弦》，頁九四－一〇六。黃克武認為汪精衛的態度變更也受到了顧孟餘的影響；見：黃克武，《顧孟餘的清高》，頁一一四－一一九。

72 汪精衛，〈武漢分共之經過〉（一九二七年十一月五日），載：《汪精衛集》，頁一一四－一一九。中國大陸歷史教科書，向來有汪精衛宣稱對中共黨員「寧可錯殺一千不可放過一個」之說，但其實並無根據。詳見終章。

73 土屋光芳，《汪精衛と民主化の企て》，頁一四－一五，一五五－一八六。

74 〈上海竟亦通緝汪精衛〉，《大公報》（天津），一九二七年六月十七日；〈黨權與黨信〉，《大公報》（天津），一九二七年七月二十八日。該報八月七日社評〈離奇變化之南方時局〉且指出國民黨領袖內前後貫徹的，只有始終反對聯共的胡漢民及西山會議派。

據。如德里克（Arif Dirlik）注意到的，武漢清黨之後汪精衛做的第一場公開講演提出，民眾運動是左派革命行動正直性與正確性的保證。[75]其目的在於將國民黨左派與中共、與國民黨右派同時進行切割。九月五日，汪精衛抵達南京，計畫召集黨內統一會議。這也許又是一個過於書生意氣的錯誤。當九月十一至十三日以統一黨務為目的的特別委員會會議在上海召開時，汪精衛發現自己的派系在人數、輿論上皆不占優勢，決意退出。特委會否認了武漢三中全會的正當性，要求重新召集三中全會。特委會成員如今被西山派和寧方主導，而後者因為蔣介石派的退出主要由廣西（桂系）軍閥控制。[76]時任《時報》採訪主任的金雄白氏，偶然得知李濟深將拘捕汪精衛、一網打盡粵方委員、以絕後患的消息，告知了曾仲鳴，汪派因此連夜離滬，前往廣州集結。[77]

儘管蔣汪依然在思想上不一致，但他們都共同反對特委會。十一月初，二人同時現身上海，他們的聯手似乎已成定局。但就在此時，張發奎軍隊在廣州暴動。張氏是應國民黨左派之邀進入廣州以制約桂系軍閥李濟深的，但卻抓住李濟深前往上海的機會譁變。由於張氏軍隊內部的共產黨員是暴動的主力，加之右派尚未能原諒汪精衛在武漢的舉措，李濟深指控汪與國民黨左派串通中共。一波未平，一波又起。十二月十一日，張發奎軍隊內部的共產黨員在葉劍英領導下發動了中共「廣州起義」。[78]這讓左派在黨內徹底喪失了信用。三天後張發奎得以重新控制廣州，汪精衛被指控為中共暴動創造了條件。五天後，身心俱疲的汪精衛再次決定赴法。蔣介石重新被任命為國民革命軍總司令，四中全會在南京召開。

這是汪精衛的挫敗之年，也深深令他的同情者和支持者失望。在錯綜複雜的局勢面前，他曝露了自己的天真和前後矛盾。倘若時局不那麼詭譎，他調和左右、傾聽異議的個性也許會幫助他扮演統一各方的角色。但一九二七年不是他的好時代。隨著北方軍閥勢力的削弱，革命聯合陣線內部的矛盾卻加深激化。國共衝突箭在弦上。國民黨內部也日益分化。海外休養使得汪精衛錯過了國內時局的變動，沒有意識到他歸國時面對的是完全陌生的地圖，因此在歸國的數日之內迅速犯了幾個錯誤，而此後他試圖挽救的一切舉措都不可避免地顯得機會主義。最終，他不得不再次退卻，等待時機。

三次敗退

汪精衛再次回到法國期間，中國的內外時局發生了戲劇化的變動。一九二八年六月，張作霖軍隊退守東北，蔣介石宣告北伐勝利，十月十日正式就任國民政府主席。十二月，張作霖被暗殺，少帥張學良宣布東北易幟，中國實現了名義上的統一。蔣介石開始逐步消滅地區軍閥割據勢

75 Dirlik, "Mass Movements and the Left Kuomintang," 48.
76 So, *The Kuomintang Left*, 35-38.
77 朱子家，《汪政權的開場與收場》，冊二，頁一七一－一七二。
78 So, *The Kuomintang Left*, 45-46.

力，以全國領袖的姿態改變中國。

一九二八年一月至一九二九年九月間漫長的二十個月裡，汪精衛的行止留下的紀錄極少。有謠言說他現身香港或上海，但都不甚可靠。他在一九二九年五月十六日寫給陳昌祖的一封家信表明他此時在維也納治療糖尿病，[79]但除此以外汪夫婦似乎都主要住在巴黎。然而與此前不同的是，他這次旅法並沒有完全退出中國政治。他給各種中文報刊撰稿、致信、發電報，發表他主張黨內民主的觀點，這當然也許是為自己重新恢復名譽的方法。他在前往法國的郵輪上寫了一篇自傳，[80]這成為湯良禮英文《汪精衛政治傳記》（*Wang Ching-wei: A Political Biography*）的基礎，後來收入一九三一年在倫敦出版、署名汪精衛的英文著作《中國的問題及解決之道》（*China's Problems and Their Solution*），試圖在國際上增加汪精衛的名望。這些訊號都表明汪精衛這次在積極尋求重新入世。他的口號就是民主。

汪精衛旅法期間，他的派系繼續攻擊國民黨領導層的腐敗，指斥蔣介石為新軍閥、獨裁者。他們提出，如果要抗衡中共的影響力，國民黨必須在工農間重新建立號召力。此外，民眾運動也是繼續反帝鬥爭的必要手段。圍繞著陳公博和顧孟餘，一九二八年十一月二十八日在上海成立了國民黨改組同志會，自此以「改組派」聞名。[81]由於對蔣之專斷的廣泛不滿，這個組織在海內外迅速發展，推崇汪精衛為足以與蔣介石抗衡的民主選項。汪本人從來沒有明確以改組派自居，而是繼續將自己展示為統一國民黨派系的中堅領袖。[82]

一九二九年三月，蔣介石提名了國民黨三大半數以上的代表，從而坐實了黨內外對他獨裁的指責。改組派將之作為反蔣的核心要點。由於李宗仁、馮玉祥、閻錫山等軍閥勢力同樣反蔣，他們有了聯盟的基礎。

一九二九年夏，汪氏攜家在日內瓦湖畔度假期間，「收到國內同志潮水般的電報，敦請他立刻歸國」。[83]他可能就是在這一期間完成雨果長詩〈致盲從〉（À l'obéissance passive）的部分意譯的，即〈譯囂俄共和二年之戰士詩一首〉（SZL 149-150）。汪詩採用歌行體，是一首鏗鏘流麗的傑作，開篇曰：

> 吁嗟共和二年之戰士，吁嗟白骨與青史。
> 萬人之劍齊出匣，誓與暴君決生死。
> 暴君流毒遍四方，曰普曰奧遙相望。
> 狄而斯與蘇多穆，就中北帝尤披猖。

79 何重嘉編，《汪精衛生平與理念》，頁二八一－二八二。
80 其中文稿終於發表為：汪精衛，〈自傳草稿〉，收入：何重嘉編，《汪精衛生平與理念》。
81 黃克武，《顧孟餘的清高》，頁一二八。
82 土屋光芳，《汪精衛と民主化の企て》，頁一九五。
83 Chen, Changzu, *Memoirs of a Citizen*, 81.

此輩封狼與瘈狗，生平獵人如獵獸。
萬人一怒不可回，會看太白懸其首。

汪詩的詩題取自雨果詩第一句「共和二年之戰士」，從而建立起一七九三年新法蘭西共和國保衛戰和辛亥革命之後保衛中華民國的軍事行動之間的關係。「暴君流毒」當指袁世凱恢復帝制及其他復辟的嘗試，或許也包括了此後各類軍閥以及蔣介石獨裁的傾向。「北帝」顯然指蘇俄。這首譯詩表明汪精衛決意不但要用政治行動、而且不惜採取軍事行動來保衛共和國。

他與璧君再次用假護照匿名旅行，最終在十月抵達香港。[84]他在跑馬地山光道租了一座房子接待客人，自己則住在筲箕灣的一座別墅，後來又搬到了赤柱灘。除了和軍閥力量接觸外，汪精衛還重操辦報宣傳的舊業。他先是支持了一家諷刺小報《胡椒》，並以各種筆名撰稿，嘲弄中國軍政要人。[85]一九三〇年初，他指令林柏生創辦《南華日報》。基於香港的法治和新聞自由，它將此後成為汪派的主要輿論宣傳陣地。也就是這段時間，他撰寫了《南社詩話》，回憶自己同時代的以南社為主的詩人和文事，用筆名「曼昭」發表。[86]採用筆名的緣故，大概是可以寫得暢快，無所顧慮，故其中對汪氏的新派朋友如胡適、徐志摩的文學主張都多有攻擊，而且借第三人稱盛讚了汪精衛本人的詩詞，尤其是早期的獄中詩詞，表達了他對「革命文學」的主張（詳見本書下篇小序）。可以說，撰寫詩話的目的有兩重，一重是文人汪精衛以淋漓筆墨進行的宣洩，第二重就是他藉以提醒讀者自己的革命資歷，重新樹立自己革命領袖的浪漫形象。

汪精衛私下對與軍閥聯手並非沒有顧慮，因為軍事戰役耗費巨大，勞民傷財，而且使他有賴於軍閥。[87]但他在公開場合的發言則更為樂觀，屢屢表達實現中國國內民主、黨內民主集權制的希望。[88]一九三〇年春在香港，他開始尋求與馮玉祥、閻錫山結盟。四月分，他在天津《大公報》發表了大量社論和信件，提出以黨治軍、言論自由、訓政期間頒布約法等系列主張，以測試公眾反應。[89]這是他近兩年來第一次重新在國內公眾面前亮相。媒體和知識分子對汪的主張迴響

84 Chen, Changzu, *Memoirs of a Citizen*, 82-83.

85 陳克文，《陳克文日記》，附錄，冊二，頁一三五二—一三五四。

86 由於作者自詭其辭，用第三人稱寫到汪精衛的詩作和言論，雖然當時就有很多人懷疑汪精衛本人是作者，但直到二〇一九年鋼筆手寫原稿影印發表之前，作者身分始終聚訟紛紜。詳細經過見：楊玉峰序，《汪精衛南社詩話》，vi-xxiv。汪文嬰所藏原稿今保存於史丹佛大學胡佛研究所。作者有幸見過原稿，確係汪精衛的鋼筆手寫字跡（可以與臺北國民黨黨史館藏汪精衛致吳稚暉鋼筆書信參照），絕無疑問。手稿寫在未裝訂的橫格稿紙上。稿紙普遍黃脆，品質普通，大小不同，多數有英文水印，是不同文具公司印製的，鋼筆墨水以藍、黑兩色為主，顯然寫作時作者並沒有計畫長期完善保存。

87 汪精衛致李浩駒函（一九二九年十月一日），載：何重嘉編，《汪精衛生平與理念》，頁三八四。

88 汪精衛，〈回國告各黨部革命同志〉（一九二九年十一月七日），載：《汪精衛最近倒蔣言論集》，頁一—一二。

89 見該報發表的：汪精衛，〈以黨馭軍論〉（一九三〇年四月八日），〈論約法〉（一九三〇年四月十七日），〈知與行〉（一九三〇年四月十八日），〈二十年來民權運動之回顧〉（一九三〇年四月二十二日、二十三日），〈怎樣以黨治軍〉（一九三〇年五月二十八日），等等。

熱烈，尤其就頒布約法問題在報端進行了深入討論，這大概也幫助汪精衛下定決心，認為重新出山的時機已經成熟。

一九三〇年五月一日，中原大戰爆發。儘管（或曰恰因）他已經缺席國內政治兩年有餘，汪精衛大受輿論歡迎，尤其是在青年學生間富有影響力。[90]馮、閻等因此堅持邀請汪精衛北上，主持黨務。七月十三日，反蔣勢力在北平召集了國民黨中央執行委員會擴大會議，目的是為了聯合改組派和西山派。十天後，汪精衛抵達北平。這是孫中山去世後他第一次回到北平。面對殷勤期望，汪精衛為鬆散的反蔣聯合陣營提供了意識形態基礎以及國民黨「正統」的正當性。然而，由於目前行動的重點在於軍事，他的角色必然是輔助性的。他支持閻錫山成為北平新國民政府主席。然而，隨著張學良宣布支持蔣介石，北平擴大會議不得不西遷太原，以避奉軍之鋒。十月二十七日，會議通過約法草案，共八章、二一一條。[91]這部約法於十一月一日以〈汪精衛等約法草案〉為題發表在《大公報》。標題突出了汪精衛作為國民黨內民主派第一人的影響力。社論指出這部草案雖有諸多疏漏，但總體而言是內容周到、可以作為憲法參考的，尤其重要者，該草案規定了民主選舉的議會在中央政府與地方政府的核心地位，以及縣自治完成條件的具體化，可以約束中央政府過度集中權力，消滅地方私人武裝，保護基本的民權。學者認為，這部草案堪稱權衡原則性和必要性的典型。[92]西方媒體也對汪精衛的努力多報讚許，譬如《紐約時報》就誇揚汪精衛試圖讓國民黨「回歸人民的懷抱」，「結束階級衝突，提供真正自治的條件」。[93]

但不論汪等的理念多麼崇高，當這場戰爭在十月十五日以蔣介石派的勝利結束時，已經造成了三十萬人傷亡。中國百姓為國民黨的內部爭鬥付出了慘重的代價。事實上，儘管汪蔣都不願意承認，但他們之間可能有不少共同的目標。蔣介石取得勝利之際，忽然宣布願意召集國民大會、頒布臨時約法，尋求政治解決。汪精衛視之為自己在意識形態陣線上的勝利，證明「吾人主張非武力所能遏抑」。[94]但蔣介石為了實現目標而採取的手段究竟不脫暴力。由於胡漢民反對在當前局勢下頒布約法，次年二月二十八日，蔣介石以請客為名軟禁了胡漢民，這樣便掃平了五月十二日頒布《中華民國訓政時期約法》的障礙。儘管這部約法重申了國民黨一黨專政、對民權的保障也頗為有限，但至少為國民黨內的意識形態共識提供了基礎。

蔣介石軟禁胡漢民的行動受到廣泛譴責，被視為他獨裁傾向的證據。[95]廣東派起而反對，已經回到香港的汪精衛也藉此機會重新組織了反蔣聯盟。五月二十七日，廣州國民政府成立，選舉

---

90 汪玉笙，〈真能不統一思想嗎〉，《大公報》（天津），一九三〇年五月十五日。
91 詳見：陳進金，〈另一個中央〉。
92 陳進金，〈另一個中央〉，頁一二八。
93 "Wants Kuomintang to Return to People," *New York Times*, September 21, 1930.
94 〈汪精衛談話〉，《大公報》（天津），一九三〇年十月十二日。亦見《大公報》社評，〈蔣請開國民會議之江電〉（一九三〇年十月八日）。
95 詳見：楊天石，〈約法之爭與蔣介石軟禁胡漢民事件〉，載：《找尋真實的蔣介石》，冊一，頁一八四—一九五。

汪精衛為主席。七月二十一日，廣州政府宣布討伐蔣介石。九月十三日，廣東、廣西軍隊進軍湖南。一場新的內戰又在醞釀之中。

但就在數日之後，一顆炸彈轟開了奉天夜幕的一個小小缺口。

蔣汪合作

九一八事件將成為中日全面戰爭的序曲，也是中國自一六四四年以來面臨最深刻的的危機。國民黨紛爭不休的派系終於找到理由懸擱分歧、拋開意氣，共同戮力民族危機。對蔣而言，這也是最實用主義的決定，因為統一的國民政府更加有利於爭取國際調停。[96]九月二十日，南京致電廣州，邀請共紓國難。廣州立刻同意。汪精衛前往上海，與胡漢民及蔣介石的代表見面。蔣派接受了汪所提出的將國民政府主席改為虛職、廢除總司令職等要求。這些提議再次體現了汪精衛民主集權制的理念，即尋求在先鋒革命政黨領導下，以黨治軍、發展民權。經過多輪談判，十二月二十二日，統一的四大終於在南京召開。蔣、汪、胡均被選舉入中央執行委員會。但是孫科組建的新內閣未能獲得廣泛支持，而胡漢民也拒絕再次與蔣合作。[97]次年一月，蔣、汪、孫在杭州會晤，討論組成聯合政府的條件。調和結果，汪精衛出任行政院院長，蔣介石軍事委員會主席，孫科立法院院長。此前，蔣介石集中了黨政軍大權。現在，至少在名義上行政、立法、軍事權力分開了。但事實上，由於軍事戰役的優先性，大量財政、行政、外交決定最終都是蔣介石做出的。國民政府主席由西山派元老林森出任。

這是國民黨多年來第一次實現統一。蔣汪聯合政府裡，汪精衛扮演的角色可以說是「少數派領袖」。他組建的內閣是年輕而具有高度專業性的。改組派成員主要由歐美留學生組成，集中在實業、鐵路、內政及（後來）外交等部。[98]鑑於汪精衛在知識分子之間的廣泛號召力，他的重新上臺大大幫助南京政府改善與知識界的關係。新的聯合政府面對艱巨的挑戰：疲軟的全國經濟、巨大的地區落差、軍閥及中共武裝的割據，以及最重要的日本軍國主義的擴張野心。但儘管如此，在接下來的數年間，它依然取得了多方面的建設成就，如關稅自治、貨幣改革、道路建設以及逐步削弱地方武裝等。然而這些成就都因為日本的威脅而危如累卵，時刻可能毀於一旦。

大陸官方史學傾向於將日本侵華展示為蓄謀已久、不可避免的全面戰爭。南京政府自一九三一至一九三七年間執行的綏靖政策因此被批判為「賣國」行徑。對蔣汪政府對日政策的重新評估因此不可避免地需要簡單回溯一下日本內部導向戰爭的複雜因素。

沒有一個悲劇人物是徹底的英雄或惡魔。就此意義而言，日本發動「大東亞戰爭」的確是

96　許育銘，《汪兆銘與國民政府》，頁三三。
97　關於孫科內閣的垮臺，詳見：段智峰，《蔣汪合作研究》，頁七五－一〇一。
98　黃克武，《顧孟餘的清高》，頁一三六－一四七。

圖 10　汪派要人日常。版面右上角：曾仲鳴；左上角：褚民誼將汪精衛的兒子們舉在肩上。汪精衛在游泳（右中）和打網球（左下）。《良友畫報》1932 年第 30 期，頁 10。公共領域。

一場悲劇。其最初對種族平等的訴求雖有理想主義成分，但卻因為軍國主義對個人及民族「光榮」的渴望而被腐化。透過學習西方而迅速上升的這個島國，也同時深中帝國主義夢想之流毒。先後戰勝中國（一八九五）和沙俄（一九〇五）兩大強鄰、吞併臺灣（一八九五）和朝鮮（一九一〇）、蠶食膠東半島的前德國殖民地，它透過挑撥中國內部勢力的紛爭而把觸角靈敏地深入內陸。不暇內顧的中國中央政府在滿洲、蒙古留下的權力真空給它更多增長影響力的機會，儘管這也給它帶來與蘇聯發生衝突的危險。它對中國內陸的滲透，使它也逐漸觸犯到西方列強利益。傑出的政治領袖也許會試圖控制年輕帝國的野心，但是日本缺乏的恰是這樣的人物。在日本民眾看來，政府已經被財閥操縱，因此尤其在一九二七年的昭和金融恐慌之後，日益貧困的農工階層對政府產生深深的不滿。同時，媒體描述的圖景是西方列強敵視日本的上昇，不願意讓它獲得同等的公平競爭機會。海外擴張被視為唯一解決日益深刻的本土危機之途，因為只有增加的領土能給多餘人口以空間和機會，也給其飢餓貪婪的工業提供資源和市場。來自貧困階層的軍隊自視為底層民眾的代表，與貴族文人政府不斷發生碰撞；透過威嚇與操縱，其勢力不斷增長。陸軍本身由各區域遠征軍所組成，各自渴求屬於自己的戰場榮光。所有這些因素合力，造成一種危局：一部無首而高效的戰爭機器被投放在一片空虛疲憊的大陸上，躍躍欲試自己年輕可怖的威力。[99]

99 參見：Toland, *The Rising Sun*；Jansen, *The Making of Modern Japan*。

九一八事變是關東軍冒動的結果。事件發生後，日本內閣提出的限制敵對行動的要求遭到軍隊漠視。犬養毅首相是孫中山的舊友。他試圖和平解決危機，拒絕承認滿洲國，並且與南京政府祕密達成了協議，承認中國對東北的主權，但允許滿洲高度自治。[100]就在協議達成之際，一九三二年五月十五日，犬養毅被軍國主義分子暗殺。公眾的同情顯然在「愛國刺客」那邊：法官們收到超過十一萬封信件，常常用血簽名或寫就，要求寬大處置。九位年輕人自願代替暗殺者就死，而且為了證明他們的真誠，把自己的小指頭割下來泡在酒精裡寄給了法庭。最終，所有受到處置的四十名暗殺團成員都在數年之內被釋放。[101]九一八事變是典型的「下剋上」現象，這是二十世紀初日本政治的頑疾。自從明治維新以來，愛國義務常常被定義為每位國民對天皇的直接效忠。愛國情懷的神聖性，以及日本文化中固有的對勇氣和純潔的推崇，使得公眾廣泛同情並支持不服從的罪行，只要是這種不服從是在最高意義上效忠天皇或「國體」，而二者是二元一體的。文人政客面臨的選擇是或者屈從公眾壓力，或者粉身碎骨。汪精衛未來的「和平運動」也面對同樣的兩難：汪精衛試圖訴諸日本政客的理性自我利益，讓他們看到和平不僅是為了中國、也是為了日本的自我保全，但面對狂熱好戰的軍隊和公眾，他們是無力完成承諾抑或履行決心的。

九一八事變的消息極大地激發了中國公眾的愛國熱情。自覺抵制日貨的運動在全國轟轟烈烈開展起來。受到蔣介石軍事打壓的中國共產黨有效地利用了公眾情緒，展開停止內戰一致對外的宣傳戰。但汪精衛提出的口號「一面抵抗一面交涉」成了政府的主導對日政策。為了保持談判窗口，中日並沒有斷交。[102]綏靖主張嚴重削弱了南京政府在民眾間的號召力和可信度。如果說汪精衛最大的政治資源是他的道德信用，那麼在此後的數年內，他的信用額度將被一系列的事件、談判和退讓而消耗殆盡。

上海事變

一九三二年一月二十八日，亦即新南京政府正式成立的那天，日本發動了第一次上海事變。這回開釁的是海軍，他們嫉妒關東軍在滿洲的輝煌功勛，急於建立自己的榮光。蔣介石認為中國還沒有能力與日本全面開戰。儘管十九路軍抵抗英勇、蔣介石後來也逐漸增援，日本空中和火力的優勢最終讓守軍被迫撤退。面對輿論不惜一切代價抵抗到底的壓力，汪精衛要求不任其事者停止唱「高調」，因為在他看來，沒有火力的抵抗不過是第二次義和拳。[103]英國駐華代表藍普森（Miles Lampson）爵士為首的調停開始。五月五日，《淞滬停戰協定》簽署。南京政府同意上海及周邊地區非軍事化，但卻允許日本保留若干駐軍。代表中國政府在協定上簽字的汪精衛，頓時

100 犬養健，《揚子江は今も流れている》，頁一八二－一八五。

101 Toland, *The Rising Sun*, 10-11.

102 許育銘，《汪兆銘與國民政府》，頁三六－五三，六八－九一，一〇七－一一八，三九八－三九九。

103 《中央日報》，一九三二年三月三十日。

成了千夫所指。報紙指控他賣國，監察院則動議彈劾，指責汪精衛未經立法程序擅自簽署協定。中央監察委員會最終否決此案，因為停火協議乃是中央政治會議的集體決定。[104]即便如此，上海民眾團體還是電請彈劾，嚴厲指責汪精衛「飾非文過」、「覆雨翻雲」、「誓死媚日」、「誠屬黨國不祥之尤」。[105]

汪精衛政壇沉浮多年，一次次敗退、一次次回歸，所賴惟有聲譽。如今他第一次成了舉國發洩憤怒和沮喪的對象。儘管他深信必須有人扮演這個角色，但他還是想要自證清白。八月六日，他給張學良連發五封電報，「邀請」他共同下野。導火索是張學良向中央政府索要更多武器和經費，但卻拖延時日，遲遲不肯參與熱河抗戰。汪精衛戲劇化的姿態也許是種手段，提醒民眾到底誰應該為抗日不力負責。這也以另一種方式表明，做出愛國的表態是容易的，汪精衛也很擅長，但光靠高調是不能抗戰成功的。汪精衛致中央執行委員會的電報說：「兆銘於一月二十八日，忝被選任為行政院長，原期竭盡心力、以救國難，乃荏苒數月，事與願違。」[106]灰心失望的他推薦副院長宋子文繼任。

蔣介石深知汪精衛對國府穩定不可或缺，是以試圖調解衝突，要求張學良暫時下臺。汪精衛最終接受了條件，沒有下野。或以為這是因為蔣介石不願意讓「自己人」宋子文來接這顆燙手山芋。[107]也有人懷疑這是一場雙簧，或者至少蔣汪之間有某種默契。[108]汪精衛抗議的結果，是蔣介石藉機增強了自己對關東軍的控制。儘管如此，九月下旬，汪精衛還是因為糖尿病、肝硬化和膽結石病赴歐療養。

去國之前，汪精衛發表一份聲明，強烈批評了〈李頓報告〉（Lytton Report）。三月分，國聯派遣李頓（Victor Bulwer-Lytton）帶領的代表團調查日本占領滿洲。汪精衛在南京接待了他們。他提出解決滿洲事變的十項原則，包括解散滿洲國、限制日本軍隊接近鐵路築路區域等。[109]但十月二日發表的〈李頓報告〉又讓中國頗感失望。儘管報告總結的事實是客觀的，卻沒有提出懲罰日本侵略的手段，而是繼續綏靖坐觀。汪精衛請求對日制裁的要求被無視。[110]然而具有諷刺意義的是，日本還是出於驕傲退出了國聯。這個在第一次世界大戰廢墟上建立起來維繫國際和平的組織淪為現代歷史的恥辱。

104 蔡德金、王升，《汪精衛生平記事》。

105 〈各民眾團體聯合會電請一致劾汪〉，《申報》，一九三二年五月二十五日。關於汪精衛在此事件及其解決中的作用，詳見：許育銘，《汪兆銘與國民政府》，頁一一九－一四五。

106 〈汪精衛昨晨來滬突然呈請中央辭職〉，《申報》，一九三二年八月七日。關於張、汪關係，見許育銘，《汪兆銘與國民政府》，頁一六三－一七五。

107 陳公博，《苦笑錄》，頁一八八－一九〇。

108 松本重治，《上海時代》，頁一七五。

109 顧維鈞，《顧維鈞回憶錄》，冊二，頁八九－九〇。

110 顧維鈞，《顧維鈞回憶錄》，冊二，頁六九－七〇。

由於汪精衛的家庭醫生諾爾（中文亦譯「腦爾」；Kurt Noll，一九〇〇－一九五五）是德國人，比較熟悉德國的醫療設備，他在家人和祕書陪同下前往圖賓根，在熱帶疾病療養院（Tropengenesungsheim）住了六個星期。他十月二十二日乘法國蒸汽郵輪昂德烈・勒本號（André Lebon）離開上海，十二月初抵達圖賓根。由於他是匿名前來的，療養院將建築的一翼騰出來接待這位貴客。儘管如此，當地媒體還是聽到了風聲，對他的到來進行了報導。[111]

諾爾醫生來自小鎮吉森（Giessen），在上海有一家相當成功的診所，據他家人稱，蔣介石、張學良等都曾經找他看過病。[112]直到汪精衛去世，他不僅始終是汪最信任的醫生，而且也是汪晚年與德國發生聯繫的主要原因。此前，儘管他的妻弟陳昌祖、長子汪文嬰都是在德國上的大學，但汪精衛數次赴歐，都還是居留在法國和法語區。一九三二年以後，他赴歐主要是去德語區，不過原因僅僅是因為其礦泉和療養設備。如後文會更加詳細寫到的，沒有證據表明他受到當時德國狂熱的法西斯思想感染。

長城戰役

一九三三年一月二日，日軍突襲山海關，消滅了駐防的守軍。長城戰役開始。正在圖賓根的汪精衛接受當地報紙採訪，陳述中國自衛的決心，也表示對中德友誼的期望。[113]的確，由於英美調停的不利，德國漸漸浮現為中日調停的希望。他一月分離開圖賓根，前往捷克的卡爾斯巴德

（Carlsbad，今天的卡羅維瓦利〔Karlovy Vary〕），在此休養至二月初。[114]這表明他在捷克期間聽到了希特勒當選德國總理的消息。三月十七日，汪精衛回到上海。他一開始力辭復職，被媒體批評為不願意共紓國難。[115]在輿論壓力下，他終於在月底同意復職。按照他的說法，不是因為他有任何成功的把握，只是出於和整個國家民族一齊「跳火坑」的沉痛決心。[116]有評論者是以將他譬喻為地獄不空誓不成佛的地藏王菩薩，所謂「我不入地獄誰入地獄者」。[117]這一次，汪精衛似乎再次以退為進，成功為自己部分恢復了令名。

據顧維鈞回憶，汪精衛在歐洲期間逐漸傾向全面抗日。他復職之後的第一件事就是懇請國聯制裁日本、加強對中國的經濟技術支持。[118]四月底，他派遣陳公博視察前線，但陳公博的報告令

---

111 圖賓根市檔案，編號 E 104/85。
112 關於諾爾醫生的資訊來自他的女兒 Ingrid Noll。她一九三五年生於上海，現在是德國最著名的通俗小說家之一。可惜的是，諾爾去世後家人沒有能夠保存他留下來的檔案文件。
113 “Unterredung mit Premierminister Wang Ching Wei,” *Tübinger Chronik,* January 9, 1933.
114 行程見 *Salzburger Chronik,* January 12, 1933；*Český Deník*, February 8, 1933。我感謝羅然（Olga Lomová）幫我找到了 *Český Deník* 的報導。
115 “Ex-Premier Wang Returns,” *New York Times*, March 19, 1933.
116 〈跳火坑〉，《大公報》（天津），一九三三年四月十五日。
117 〈跳火坑〉，《申報》，一九三三年五月二十五日。
118 顧維鈞，《顧維鈞回憶錄》，冊二，頁二一四－二一六。

人心沉。儘管中國軍人英勇抵抗，他們在日本空中和地面炮火的優勢面前不過是炮灰。因為日本炮彈彈程較遠，他們往往看不見敵人就已經捐軀沙場。[119]國際干涉的希望也漸漸成空，因為西方列強並不願意為了中國利益得罪強國日本。五月十六日，汪精衛終於指令中國代表團停止索求國際援助。[120]這是汪精衛最後一次試圖透過國聯來調停中日衝突。他對西方民主國家的信念遭到了沉重的打擊。

長城戰役在五月初結束。不論是忙於在江西剿共的蔣介石，還是南方軍閥，都沒有派出一兵一卒參與抵抗。汪精衛再次承擔了正式退讓的責任。他五月二十二日電告黃郛（一八八〇－一九三六），授權他開始和平談判，唯一的條件是不能割地、不能承認滿洲國。但事實上，祕密主導談判過程的還是蔣介石。五月三十一日草草簽訂的《塘沽協議》在長城以南劃出大片非軍事區。汪精衛雖然只有在事後才得知協議內容，但依然做出公開講話，聲稱這一協議只做出區域性讓步，並不危害中國領土主權。[121]由於這一協議事實上默認了滿洲國的自治，汪氏聲明再次讓輿論譁然。回國不過數月，汪精衛已然深陷同樣的困境。

依照陳公博的敘述，長城戰役的慘重代價是汪精衛決心綏靖的重要心理因素。鑑於中日軍事能力和技術之間的巨大鴻溝，他認為要求士兵無謂地犧牲是非人道的。但是公眾輿論認定主和的只是汪精衛，是他的軟弱導致中國對日交涉一再讓步。陳公博回憶錄有一段動人的描述。他提到，有不少人勸汪精衛分辯，「汪先生說：『絕不分辯，誰叫我當行政院長？行政院長是要負一切責任的。』汪先生這一句話可以表明他當日的心境。同時他還對我說：『武官是有責任的，他們絕不說不能戰，文官是沒有打仗責任的，他們當然可以唱高調要戰，今日除我說老實話，還有誰人。』我告訴他，外間的批評很是惡劣，我希望汪先生事事慎重。汪先生很憤懣的答覆我：『我死且不懼，何畏乎罵。』我只得默然了」。八月分外交部長辭職後，汪精衛不顧家人朋友反對，主動兼任了外交部長。「有一晚汪先生夜膳，喝酒微醉，家人又反對他兼外交部，汪先生大哭，說：『現在聰明人誰肯當外交部部長。』」陳氏遂提議自己來「幹外交部」，以為汪「分謗」。汪同樣謝絕了。[122]

儘管有犧牲的覺悟，汪精衛受到政治和道德妥協雙重的折磨，心情是十分苦悶沉重的。一九三四年他所做的一首〈百字令・春暮郊行〉（SZL 305）詞曰：

> 茫茫原野，正春深夏淺，芳菲滿目。蓄得新亭千斛淚，不向風前桭觸。渲碧波恬，浮青峯軟，煙雨皆清淑。漁樵如畫，天真只在茅屋。

119 陳公博，《苦笑錄》，頁一九三。
120 顧維鈞，《顧維鈞回憶錄》，冊二，頁二三四—二四五。
121 關於事件詳細經過，見：許育銘，《汪兆銘與國民政府》，頁一九三—二二三。
122 陳公博，〈八年來的回憶〉，頁三。

> 堪嘆古往今來，無窮人事，幻此滄桑局。得似大江流日夜，波浪重重相逐。劫後殘灰，戰餘棄骨，一例青青覆。鵑嚌血盡，花開還照空谷。

在汪精衛筆下，繁花似錦、煦風和恬的春郊露出了它的真面目：一片血染的古戰場。也許在見證過無數場繁華與征服的古都金陵看來，國民政府也不過是它滄桑變化棋局中的短暫一盤。據《世說新語・言語》，過江諸人，每至美日，輒相邀新亭飲宴。忽然有人中坐而歎：「風景不殊，正自有山河之異！」諸人相視流淚，唯有丞相王導愀然變色曰：「當共戮力王室，克服神州，何至作楚囚相對泣邪？」此詞中，汪精衛將自己展示為又一位不能落淚的王導。自然無情，花開花謝，而普通的人民（所謂「漁樵」）也是「天真」的，他們不參與歷史。相形之下，作為歷史行動主體的詩歌人格必然要將自己投入時間之流（大江），即便結果是化身「殘灰」、「棄骨」。杜鵑啼血是汪精衛當年獄中詩作〈被逮口占〉就已經出現過的意象，象徵著烈士的自我犧牲。但這裡，血染花開之後卻只照亮「空谷」，它的犧牲無人見證。汪精衛不少詩作中展示出這種歷史主體的有情與大自然（和普通民眾）的無情之間對比的張力。透過承認自身情感的相對性，其憂愁憂患益深，而讀者產生的同情共鳴也益厚。但這樣一種儒家士大夫的情懷，似乎根本是精英主義的。如前所論，民族主義的一條基本原則是所有民族共同體的成員有平等參與民族事務的權利，因此也分擔共同的義務與責任。作為民族主義者的汪精衛則似乎更加注重權利的平等，而非義務的平等。

汪精衛的對日策略也反映出他的一種執政理念，即民族經濟是軍事抵抗的基礎。蔣汪政府的政策，一言以蔽之，即廣為世人詬病的「攘外必先安內」。他們的分工是蔣主軍，而汪主要（至少在名義上）負責財政、外交和宣傳。[123]出於對西方列強的失望，汪精衛的下一步舉措是直接與日本政府內部主張非軍事擴張的派系合作。他試圖與新任日本駐華公使、鴿派人物有吉明（一八七六－一九三七）建立相互信任的合作關係。[124]作為他們合作的結果，一九三四年十二月，南京宣布與滿洲國通車通郵。儘管這對滿洲國民眾與內地的聯繫而言是好事，但卻被視為進一步默認滿洲國事實獨立的讓步之舉。年輕的外交官高宗武（一九〇五－一九九四）在交涉中嶄露頭角，顯示出超越職權、勇於決斷的擔當。[125]他的這份擔當將在未來汪精衛的「和平運動」中扮演重要角色。十二月十日，國民黨四中全會第五次會議在南京舉行。一百六十七名代表中，一百三十名都屬於蔣汪聯合派系。蔣介石成功把中共紅軍驅逐出江西，這也大大增加了他的威望。汪主持會議，並無波瀾。他們的聯手下，南京政權日益牢固。

123　參見：許育銘，《汪兆銘與國民政府》，頁一九三－二一三。
124　松本重治，《上海時代》，頁一七六－一九六。
125　松本重治，《上海時代》，頁一九三。

圖 11　汪精衛登上美國《時代》雜誌封面，1935 年 3 月 18 日。公共領域。

的確，一九三五年春的中日關係也有了一些正常化的希望。呼應日本外相廣田弘毅（一八七八－一九四八）的對華外交新方案，南京政府提出可以取締反日活動。由於西方外援的缺乏，南京政府嘗試透過與日經濟合作來發展國民經濟。但汪精衛也沒有完全放棄西方。事實上，當駐英公使、改組派的郭泰祺（一八八八－一九五二）在一九三四年五月提出聯俄制日策略時，汪精衛反對的主要理由就是想加強中美關係。[126]大概部分由於他爭取美國支持的努力，汪精衛於一九三五年三月十八日登上了美國《時代》雜誌封面。他被譽為「中國足智多能的總理」，被迫承擔「與日祕密交涉的重負」。這篇報導也向美國讀者保證說，中國有一批優秀的政治家，包括這位柔韌而富有彈性的「鯨骨汪」（Whalebone Wang），是不會落下風的。[127]是年五月，中美外交關係由公使（minister）上升為大使（ambassador）級。汪精衛立刻試圖委派明星外交官顧維鈞出任第一屆駐美大使，以求祕密開展更加積極、具有建設性的美國戰略，加強兩國經濟政治紐帶。然而財政部長孔祥熙否決了顧維鈞的提名，因為他需要現任駐美公使來完成出售中國白銀的交易。[128]其他列強也迅速追隨美國升級了對華外交關係。六月，有吉明成為日本第一任駐華大使，這對汪精衛的外交戰略也是大好消息。

126 李志毓，《驚弦》，頁一三九－一四二。
127 "China," *Time*, March 18, 1935, 21-22.
128 顧維鈞，《顧維鈞回憶錄》，冊二，頁三二〇－三二四。

然而，儘管南京和東京都釋放了某些善意，中國的讓步卻令日本軍國主義者以為有機可圖。他們尋求個人軍功和榮耀，在華北製造了一系列挑釁。六月二十七日，土肥原賢二（一八八三－一九四八）與秦德純（一八九三－一九六三）達成協議，除解除排日機關、聘用日本顧問外，還私自同意將駐紮在北平南部昌平和延慶一線的宋哲元部隊，再度南退調至其西南地區。七月六日，何應欽與日本中國駐屯軍司令官梅津美治郎簽署《何梅協議》，同意中國軍隊撤出北平、河北等系列屈辱條款。十一月二十四日，親日派前北洋官僚、冀東「非武裝區」專員殷汝耕（一八八三－一九四七）宣布成立冀東「自治」政府。這是滿洲國以南日本在中國領土上設立的第一個地方性傀儡政府。

面對黨內外的譴責，心力交瘁的汪精衛又請了病假。他飛赴青島療養，並於八月八日再度請辭一切職務。蔣介石急忙從江西趕回，制止手下對汪的攻擊，並堅持汪精衛留職。日本軍部觀察的結論是，蔣介石若要統一中國，就必須由汪來執行對日綏靖政策並承擔罵名。[129]

汪氏感到自己彷彿身陷噩夢的循環。同樣飽受輿論攻擊的黃郛於一九三五年春引退，留下汪氏獨自承擔綏靖外交的責任。但他事實上對政府內紛爭的派系毫無控制權，更遑論組織軍事抵抗。他的意見因此日益悲觀。六月在接受日本同盟通信社記者松本重治（一八九九－一九八九）訪談時他表示，中國目前並無擊敗日本的能力，但還至少能讓日本付出慘重代價。他希望日本哪怕出於自身利益考慮，也要約束自己的野望，與中國合作，以求雙方共贏。[130]他明白日本分裂的內閣並無能力約束軍部，但這是他能為和平做出的最大努力。是年秋，他寫了一首題方君璧畫羊圖詩，哀歎曰：

> 羊之有毛兮亦如蠶之有絲，
> 翦之伐之，其何所辭！
> 恐皮骨之所餘，曾不足以療一朝之饑也！[131]

《莊子》寓言裡，物之用每每帶來戕害，而唯有「無用」之木得以枝繁葉茂、終其天年。與《莊子》的「養生」哲學相反，汪精衛筆下的羊擁抱自己的用途，不惜犧牲。數月之內，這一死亡隱喻幾乎得以成為預言。

一九三五年十一月一日，國民黨第四屆中央委員會舉行了第六次全體會議。汪精衛致歡迎詞。大約上午十點左右，全體中委在中央黨部門前合影留念之際，一位晨光通訊社記者忽然拔

129 防衛研修所戰史室，《支那事変陸軍作戰》，冊一，頁四八。事件經過詳見：許育銘，《汪兆銘與國民政府》，頁三二五－三五〇。
130 松本重治，《上海時代》，頁二四九－二五〇。
131 汪精衛，〈方君璧妹以畫羊直幅見貽題句其上〉，SZL 248。

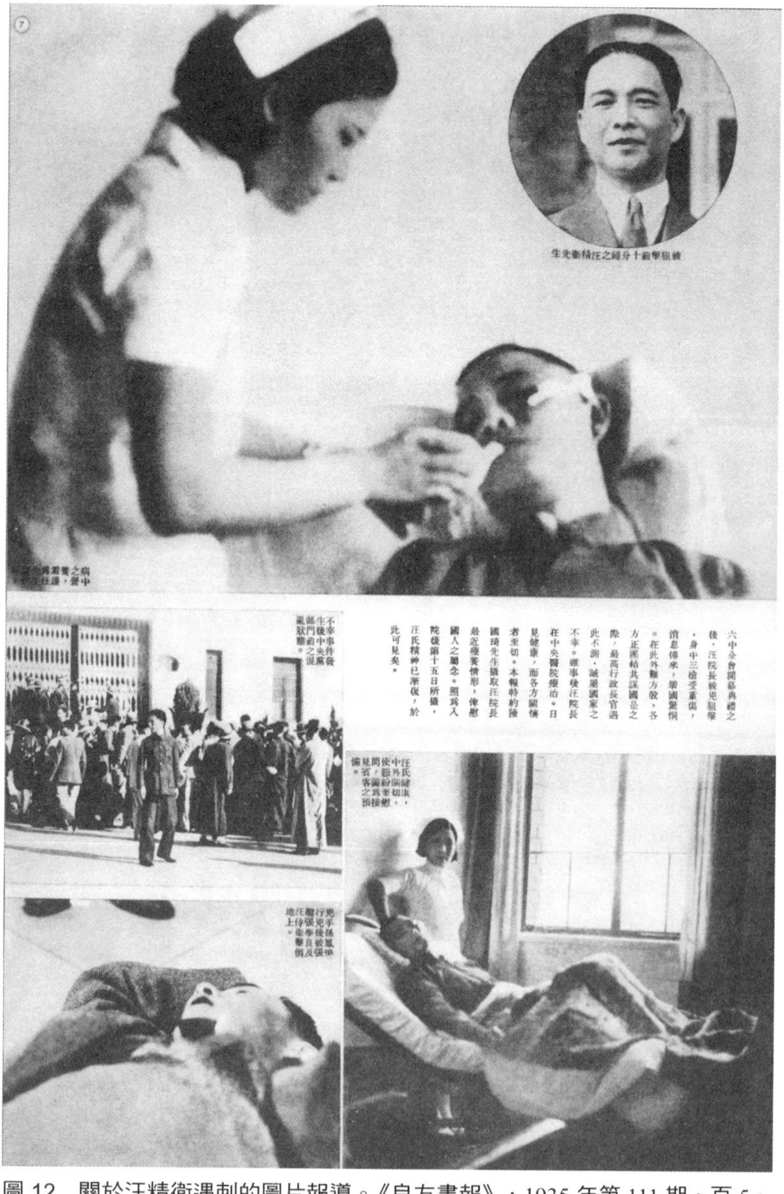

圖 12　關於汪精衛遇刺的圖片報導。《良友畫報》，1935 年第 111 期，頁 5。公共領域。

出隱藏在照相器材內的手槍，射向汪精衛。汪身中三發子彈倒地。刺客為衛兵重創，送往醫院後次日不治身亡。其身分確認為十九路軍老兵孫鳳鳴（一九〇五－一九三五），淞滬抗戰時曾任排長。蔣介石沒有參加合影，只在暗殺事件發生後才來到現場。情緒激動的陳璧君衝向蔣，指責他是暗殺的幕後主使。尷尬的蔣介石命令戴笠（一八九七－一九四六）徹查真相。上百人受到牽連，或許也傷及不少無辜。[132]調查的結果是，孫鳳鳴原本刺殺的對象是蔣介石，但蔣的直覺救了他：看到照相時的紛亂，蔣擔心安全問題，就留在了樓上休息室裡，且勸告汪也不要出去。但是汪覺得兩位主席都缺席，未免不合適，就沒有聽從勸告。這回，汪可謂真正為蔣代受了子彈。[133]

汪被緊急送往醫院。三顆子彈裡，一顆擊中左眼角，幸而錯過了太陽穴；一顆擊中左臂；第三顆則恰恰擊中第四、第五節脊椎骨之間，幸虧被吊褲帶交叉處較厚的織物所阻，轉而向上，減少衝擊力，因此沒有擊碎脊椎。當時正在西安狩獵的諾爾醫生緊急回到上海，取出了頭部的子彈。另一位中國醫生試圖取出脊椎內的子彈，但沒有成功，反而給汪帶來重創，導致心率紊亂，糖尿病和肝硬化也更加惡化。諾爾醫生因此建議暫時不取出第三顆子彈，保守治療，去德國礦泉療養。[134]次年二月，汪再度赴歐。

132 Wakeman, *Spymaster*, 182-186.
133 參見：許育銘，《汪兆銘與國民政府》，頁三五一－三六〇。
134 何孟恆，《雲煙散憶》，頁一一四。

一度視恐怖行動為救國必要手段的汪精衛，如今自己成為愛國刺客的暗殺對象，這其中不無反諷。汪精衛並非沒有意識到這點。當一九三七年孫鳳鳴的共謀者受審時，汪精衛意外地呈請法庭寬大處置，理由是鼓勵愛國精神。此舉頗受媒體讚譽，但卻被法庭駁回，因為這個暗殺小組涉案多樁，包括也圖謀暗殺宋子文，而宋氏就沒有汪的雅量了。六名同謀被判有期徒刑，三名領頭人物被判死刑。[135]

刺汪案帶來一些意想不到的結果。其餘波造成上海金融市場的動蕩，財政部長孔祥熙因此藉機不顧日本抗議，推動了計畫已久的貨幣改革。[136]十一月三日下午，孔祥熙宣布市場上流通的所有貨幣自次日起一概由法幣取代。這是第一種取消銀本位的現代中國貨幣。它給了南京政府控制中國國內經濟的重要財政手段，直到國共內戰期間巨額軍事支出和貨幣濫發導致惡性通貨膨脹、為金圓券所取代為止。法幣的通行給華北日本駐軍造成了財政壓力，因為迄今為止他們都可以發行自己的軍用手票。日本軍隊因此禁止當地中國守軍向南京輸銀。這也成為土肥原賢二加緊祕密操縱華北自治的一重動機。[137]

由於汪精衛不能視事，蔣介石重新大權獨攬。一九三五年十二月六日，國民黨第六屆中央委員會第五次會議召開，蔣介石正式當選行政院長。儘管汪精衛還是中央政治委員會主席，但蔣介石也行使了代理之職。此刻蔣介石名實兼備，重新完全掌控了黨權、軍權和行政權。他的注意力轉向消滅西北的中共根據地。

西安事變

一九三六年三月三十一日，汪精衛抵達德國黑森邦的礦泉小鎮巴特瑙海姆（Bad Nauheim）。此行頗為祕密，沒有向媒體曝露任何照片或訊息。他和隨行人員下榻卡爾登（Kurhaus Carlton）療養酒店，這座堂皇的建築今天可惜已經蕩然無存。原本四週的療養計畫被延長為數月。五月初，汪開始接見客人。德國警察局檔案表明他接見的有中國駐歐各國使節，包括郭泰祺和湯良禮。這份檔案也提到元首（希特勒）計畫在汪精衛康復後親自舉行一次接待會，款待中國國賓。[138]

汪精衛選擇來德國療養的原因之一也是試探中德日三方反共聯盟的可能性，並藉此請德國斡旋中日和平。但在他啟程之前，蔣介石因為正在與蘇聯進行祕密談判而取消了這一計畫。[139]五月二十八日，中國駐法大使顧維鈞和駐義大使劉文島（一八九三－一九六七）來拜訪了汪精衛。顧

135 見：〈汪主席請赦行刺案犯〉，《大公報》（天津），一九三七年二月一日；〈刺汪宋案昨宣判〉，《大公報》（天津），一九三七年四月四日。

136 松本重治，《上海時代》，頁二九二－二九七。

137 防衛研修所戰史室，《支那事変陸軍作戦》，冊一，頁五二。

138 Badedirektion Bad Nauheim, Hessisches Staatsarchiv Darmstadt, G 37 Nr. 4788。我感謝黑森邦檔案館的 Barbara Tuczek 女士幫我找到這份資料。

139 許育銘，《汪兆銘與國民政府》，頁三八四－三八五。

維鈞日記提到汪精衛看起來氣色不錯，頗為健康。他們此行的目的是討論義大利提出的放棄在中國的治外法權，以換取中國在國聯的支持，結束自義大利入侵衣索比亞以來對義大利實施的制裁。汪精衛同意顧維鈞的看法，即首先英、美必須知情，其次中國不能認可義大利的非法占領。[140]取消列強治外法權是國民黨多年來的奮鬥目標，如果義大利能這麼做，對南京政府而言是重要的象徵性勝利，而且也可以此為道德榜樣，給西方列強施加壓力。但汪精衛和顧維鈞也明白不與英美為敵的重要性。六月分，英國率先結束了制裁。

汪精衛前往歐洲途中曾經在香港與胡漢民會面，並請胡加入南京政府，以制衡蔣介石的獨裁大權。但胡卻以有疾為由謝絕了。五月九日，胡漢民忽發腦溢血，三日後病逝。汪精衛在巴特瑙海姆獲得消息。二十五年前他曾經在北京監獄中寫下三首哀悼胡漢民的詩，但幸虧當時胡的死訊只是誤傳。現在，胡漢民竟真的先他棄世，他們再也沒有機會修補多年來因為競爭、誤解、意氣和信仰而破碎不堪的友誼。汪精衛悼念胡漢民的這首七律〈感事〉（SZL 255）也顯示出複雜的情感：

劍掛墳頭草不青，又將拂拭試新硎。
紅旗綠柳隨眸見，鳥語笳聲徹耳聽。
松鼠忘機緣散策，天鵝貪餌逐揚舲。

春來萬物熙熙甚，那識人間戰血腥。

第一句用戰國吳公子季札掛劍的典故。據《史記．吳太伯世家》：「季札之初使，北過徐君。徐君好季札劍，口弗敢言。季札心知之，為使上國，未獻。還至徐，徐君已死，於是乃解其寶劍，繫之徐君冢樹而去。從者曰：『徐君已死，尚誰予乎？』季子曰：『不然。始吾心已許之，豈以死倍吾心哉！』」汪精衛借用此典故，委婉表達自己雖未曾明言、內心實為哀悼且願意將象徵權力和責任的「劍」掛在胡氏墳頭的意思。「草不青」是因為劍上的殺氣，正如秋季的肅殺讓百草失去顏色。但他還不能這樣做，因為世界尚未獲得太平。雖然面對春日的熙和，「戰血」的腥氣卻瀰漫全詩：「紅旗」很可能指納粹德國的紅色黨旗；松鼠出於天真、天鵝由於貪婪，過於靠近人類，喪失安全距離。值得一提的是，此詩也在某種程度上回應了一九一〇年汪精衛刺殺攝政王之際胡漢民所寫的〈在南洋贈精衛〉詩二首其一，原詩曰：

芳草連天一色青，依依離緒滿長亭。
英雄談笑原枯骨，大地干戈盡血腥。

140　顧維鈞，《顧維鈞回憶錄》，冊二，頁三一四，三四五。

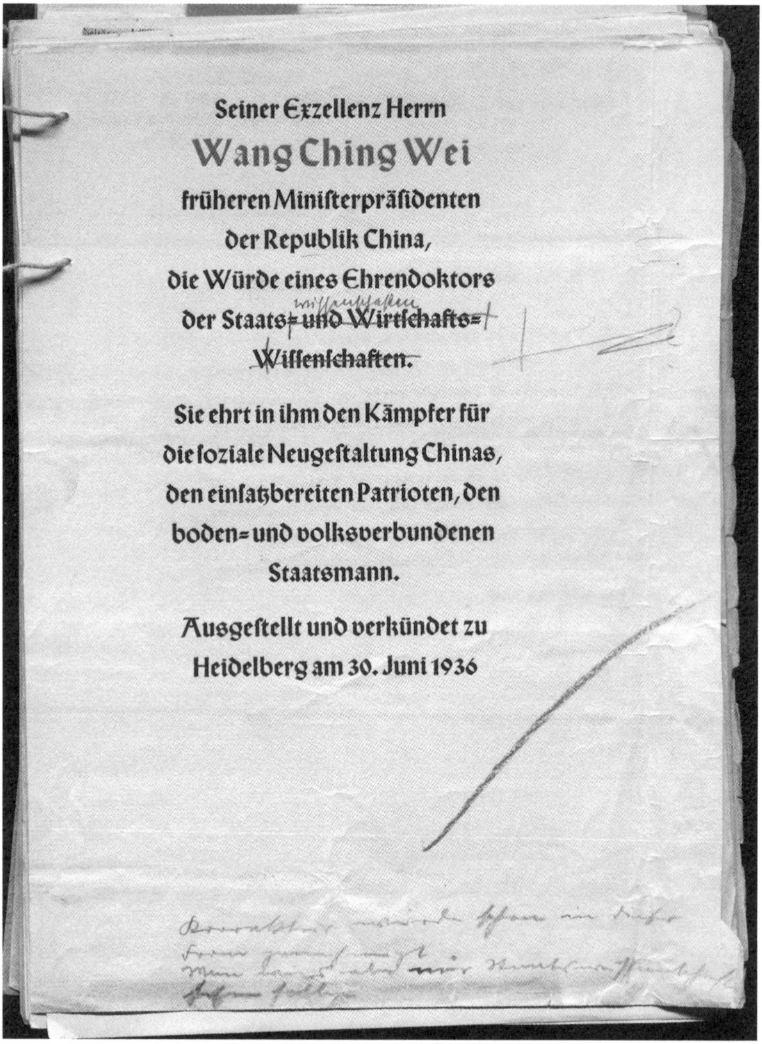
Seiner Exzellenz Herrn
Wang Ching Wei
früheren Miniſterpräſidenten
der Republik China,
die Würde eines Ehrendoktors
der Staats= und Wirtſchafts=
Wiſſenſchaften.

Sie ehrt in ihm den Kämpfer für
die ſoziale Neugeſtaltung Chinas,
den einſatzbereiten Patrioten, den
boden= und volksverbundenen
Staatsmann.

Ausgeſtellt und verkündet zu
Heidelberg am 30. Juni 1936

圖 13　海德堡大學向汪精衛頒發的名譽博士學位證書存檔。海德堡大學檔案館收藏。德文內容：「茲向中華民國前總理汪精衛閣下頒發政治經濟學榮譽博士證書，以表彰他為重新組織中國社會的鬥士，時刻準備行動的愛國者，親近土壤與人民的政治家。海德堡，1936 年 6 月 20 日。」

陳亮狂來如我哭，屈原沉後獨君醒。
此行高唱涼州曲，怕有蛟龍海底聽。[141]

汪詩不但用了胡詩五個韻字裡的三個，而且首句同樣用春草意象，可謂用韻唱和。胡詩蒼涼沉鬱，送汪精衛踏上一條不歸之路，而汪精衛此時此詩欲說還休，只有投向冥冥。

德國應該有拉攏汪精衛的意圖。此前提到希特勒有設宴接待汪精衛的打算，但是汪精衛似乎始終沒有接受邀請。他和希特勒也始終未曾謀面。蘇聯《真理報》（*Pravda*）曾散布謠言說，汪精衛在柏林與希特勒祕密會晤，討論中國加入同盟國、換取德國更廣泛的對華援助的可能性。但事實上，德國駐華大使陶特曼（Oskar P. Trautmann，一八七七－一九五〇）曾在一九三七年一月十二日致電柏林詢問謠言真實與否，得到的明確回答是「否」。[142]另外，海德堡大學也藉五百五十週年校慶之際，在六月三十日給汪精衛授予了政治經濟學（*Staatswissenschaften*）名譽博士學位，但汪精衛卻托疾沒有參與典禮。顯然身體不適只是藉口，因為他六月底便離開巴特瑙海姆前往卡爾斯巴德（今捷克），七月初他出現在布拉格阿爾孔（Alcron）飯店的旅客名單

141 胡漢民，〈在南洋贈精衛〉，載：《胡漢民先生文集》，冊一，頁五九二－五九三。

142 German Foreign Office Archives (pol. VIII 24/137442; pol. VIII 24/137443)。奇怪的是，Jay Taylor 的蔣介石傳也引用了這條德文檔案，但卻確認為覆電肯定了謠言真實性，這與電文內容是相左的；見：*The Generalissimo*, 130-131。

上。[143]海德堡大學因此只有不無尷尬地請陶特曼大使把這份名譽博士學位證書帶到南京交給汪精衛。[144]汪精衛也從來沒有用過博士稱號。[145]這些跡象都表明，汪精衛並非納粹德國或希特勒的仰慕者。他歸國後也很快在公開場合表明了自己對德、義法西斯主義的反感，因為這與他的民主政治信念相悖。[146]另外還有一重可能的因素是他對法國的熱愛。一九三六年三月，德國重新開始武裝萊茵河區，這被視為對法國安全的極大威脅。儘管如此，鑑於當時中國對德國調停中日衝突的希望，這些個人因素都不應該是汪精衛不與希特勒見面的原因。箇中內情依然不明朗，有待史料的進一步發掘。

這一次汪精衛回國的直接原因是西安事變。一九三六年十二月十二日，蔣介石在西安內戰前線視察、準備對延安的中共基地發動最後總攻之際，張學良、楊虎城發動兵變，扣押蔣介石，要求結束內戰、一致抗日。這一事件震驚全球。國民黨高層的意見分歧。吳稚暉、何應欽堅持繼續反共戰役，而宋美齡、宋子文和孔祥熙則擔心這會危及蔣介石安全。不少外國報紙都報導了蔣介石已經遇害的謠言。[147]與某些傳記揣測汪精衛回國是為了奪權不同，是國民黨中央執行委員會立刻通知了汪精衛相關消息，請求他立刻歸國坐鎮危局。汪氏在事變次日便離開了德國，中午抵達法國港口城市坎城。但他隨即的動作卻慢了下來，在坎城延滯數日。他得到的（錯誤）消息稱綁架目的只是要挾，並非政治性的。中國駐歐各國大使請求汪精衛——他畢竟是蔣介石之下世界最熟悉的中國領袖——發布聲明，讓全世界知道中國政局依然在掌控之下，不會陷入無政府主義亂局。他因此草擬了一份聲明，其內容也經過南京同意，準備次日用英文、法文同時發表。其核心內容是堅持反共戰役的重要性，並強調中國無需外援就能安定內政。聲明也反駁了俄羅斯《真理報》指控汪精衛、張學良聯手串通日本發動此次事變的謠言。[148]中國駐俄大使蔣廷黻（一八九五－一九六五）猜測蘇聯是想利用事變防止汪精衛再次掌權，因為如果中日衝突升級為全面戰爭，日本從此無暇北顧，蘇聯將坐收漁翁之利。[149]這一意見也意味著蘇聯對汪精衛的讎視，或許也是因為擔心綏靖外交是防止中日全面戰爭的一條可能途徑。

但汪精衛畢竟沒有發表這份聲明，因為十二月十八日他收到消息說蔣介石特使已經抵達南京，要求停止軍事行動。[150]二十一日，宋美齡親自飛赴西安，營救蔣介石。次日，汪精衛從義

143 《光華報》，一九三六年七月四日；*Neues Wiener Journal*, July 7, 1936。
144 Heidelberg University Archives, "550-Jahr-Feier: Ehrenpromotionen," B-1523/4, B-1523/6, B-1523/76, H II 585/1, H II 859.
145 他唯一一次提及此事是在一九四一年一月二十一日發表的〈對德國國民聲明〉裡；見《汪主席和平建國言論集續集》，頁三五一。海德堡大學檔案則自此稱其為「汪博士」。
146 汪精衛，〈汪主席講民主政治〉。
147 譬如 "Chiang Murder Stuns Chinese," *Boston Globe*, December 16, 1936。
148 顧維鈞，《顧維鈞回憶錄》，冊二，頁三六九－三七五。其中提到的《真理報》報導見：*Pravda*, December 14, 1936。
149 蔣廷黻，《蔣廷黻回憶錄》，頁二一五－二一七。
150 顧維鈞，《顧維鈞回憶錄》，冊二，頁三六九－三七五。

大利熱那亞啟程歸國，發表簡短聲明說他的首要目標就是蔣介石的人身自由。[151]雖然他堅持反共的的必要性，但也意識到目前蔣介石的領導權是必要的。他在歸國船上寫的一首〈舟夜〉絕句（SZL 268）曰：

> 到枕濤聲疾復徐，關河寸寸正愁予。
> 霜毛搔罷無長策，起剔殘燈讀舊書。

意味深長的是，汪精衛面對危局的習慣是透過讀書讀史思考對策。但面對瞬息萬變、牽一髮則動全身的現代世界政治，古人的舊書真的還能提供答案嗎？

二十五日，西安事變解決，蔣承諾建立統一戰線，此時汪精衛正在準備穿過蘇伊士運河。經由新加坡和香港，他最終在一月十四日抵達上海、三日後返回南京。前來香港迎接汪精衛的國民黨歡迎專使中，有一名就是黨內冉冉升起的三民主義理論新星周佛海（一八九七－一九四八）。

和陳公博一樣，周佛海也是中國共產黨創始黨員之一。他在日本學習經濟學，日語十分流暢。一九二四年自日本歸國後，他便脫離了共產黨，加入國民黨，所著的《三民主義的基本問題》一書深受蔣介石賞識，也被視為陳果夫（一八九二－一九五一）、陳立夫（一九〇〇－二〇〇一）為首的CC派成員。這位個頭中等、相貌平平的技術官僚，戴著黑邊圓框眼鏡，頭髮背梳，露出光亮的前額，看上去更像是位中學教師，但其乏味的外表遮掩的卻是躁動和野心：周氏不僅是京劇和好萊塢電影的狂熱票友，沉溺婦人醇酒，而且也絕不滿足於只做一位理論家，而是期冀有朝一日能進入蔣的親信圈，在政治上施展手腳。這次在香港赴上海的輪船上，他第一次有機會和汪精衛長談。周佛海一定告訴了汪精衛當時黨內中高層就中共問題的爭論。周佛海日後也在日記中寫道，當時最好的情況是各方同仇敵愾，蘇聯誠意援助，日本不敢貿然入侵中國；最壞的情況則是日本先下手為強，占領中國最重要的口岸，而蘇聯擔心東線戰事，不願軍事干預。[152]周佛海對時局的意見，是他後來主動尋求和解中日衝突的重要因素，也或許是影響了汪精衛判斷的重要因素。

抵達上海之後，汪精衛面對媒體重申了他在熱那亞、新加坡都發表過的意見，即中國最緊要的使命是救亡，而其途徑則在於精神、物質上都加強民權。在熱那亞，他曾說西安事變有可能損害民族建設迄今為止的成就。在新加坡，他堅持政府的立場不應該因為一次軍事政變而動搖。[153]簡言之，汪精衛危險地站在了公眾高漲的愛國情緒的對立面。他在歸國後發表的一系列講演中都重申了自己的立場，警告說中共將是國民黨內部的一匹特洛伊木馬，其所謂「統一戰線」的口號

---

151 "Wang Sails for China," *New York Times*, December 23, 1936.
152 周佛海，《周佛海日記》（一九三八年一月二日），頁二－三。
153 〈汪精衛昨午抵滬〉，載：《申報》，一九三七年一月十五日。

無非為自己的分裂主義張目，國民黨與其合作無異於飲鴆止渴。[154]對某些迷惑的國民黨員而言，汪精衛堅定一貫的立場是令他們振奮的。如當時的中層幹部陳克文（一八九八－一九八六）在一月二十二日日記裡寫道的，「數日來，汪先生長篇演說已不下數次。西安事變後，紛擾沉悶之局，因先生之歸來，頓呈活潑氣象矣」。[155]

二月十五日，國民黨中央委員會五屆三中全會上，第二次國共合作的統一戰線政策得以通過。紅軍改編易名，名義上接受南京領導。汪精衛繼續反對統一戰線，贏得不少黨內元老的支持，重新被推舉為會議主席，並起草了會議宣言，本質上肯定了他在上海和南京的系列講話已經談到的幾點。對外政策，宣言重申五全大會提出的：「在和平未至完全絕望之時、決不放棄和平、當國家已至非犧牲不可之時、自必決然犧牲、抱定最後犧牲之決心、對和平為最大之努力。」換言之，國民黨的方針並沒有因為西安事變而發生根本改變，「蓋吾人始終如一之目的，厥為對內求自立、對外求共存，即使蒙受損害超過忍耐之限度而決然出於抗戰，然亦祇有自衛之心，絕無排外之意。故犧牲之決心與和平之期望，初無矛盾。假使和平之期望猶未完全斷絕，吾人固仍願確守平等互惠與互尊領士主權之原則下，求其初步之解決」。對內政策，宣言強調中央集權重要性，所謂國共合作是指透過和平手段取消地方割據，但反對共產主義及其階級鬥爭理論的根本宗旨不變，「無論用任何方式、必以自力使赤禍根絕於中國、免貽將來無窮之戚、而永奠民族復興之基」。宣言強調南京政府近年的政策是走向國際共存主義、國內和平統一的唯一道路。[156]全會決議要求中共接受三民主義。這是一條可能導致統一戰線破裂的條件。最終的決定是毛澤東做出的。中共五月二日會議上，毛澤東運用歷史辯證法原則，提出三民主義也並非是一成不變的，在目前抗日鬥爭時期也是必要的。[157]第二次國共合作就此達成。

反諷的是，五年前，汪精衛要求「不抵抗」的張學良引退，以謝國人；但今天，汪精衛反而成了綏靖政策的面孔，而張學良則因為愛國的不服從行為被軟禁。命運的情節跌宕是奇異的。但這也許反映了根本上解決日本問題的困難性。國民政府的軍事政治領袖們即便有真誠的抗日情懷，但面對現實不得不一再綏靖妥協，自相矛盾。

西安事件之後，民眾間愛國熱情高漲。媒體日日敦促政府採取行動。如今汪精衛被委以執行統一戰線決策的重任，但他對此任務既缺乏信念，也不知如何著手。他六月初在杭州寫下的兩首絕

154 汪精衛，〈怎樣救亡圖存〉（一九三七年一月十八日），載：《汪精衛先生最近之言論》，頁七－一三；〈對外要保衛國土對內要團結民眾〉（一九三七年一月二十二日），同上，頁一五－一九；〈安內與攘外〉（一九三七年二月一日），同上，頁二七－三三；〈三中全會宣言的意義〉（一九三七年三月二十二日），同上，頁三九－四二。

155 陳克文，《陳克文日記》，冊一，頁二九。

156 〈全會昨有重大決議〉，載：《大公報》（天津），一九三七年二月二十日；〈三中全會宣言原文〉，載：《申報》，一九三七年二月二十三日。

157 毛澤東，〈中國共產黨在抗日時期的任務〉，載：《毛澤東選集》，冊一，頁二五二－二七〇。

句表露了他的情緒。二詩題為〈釣臺〉（SZL 271），題詠拒絕漢光武帝征召的東漢隱士嚴光：

> 盛時出處自從容，留得高臺有釣蹤。
> 卻憶山川重秀日，鴟夷一棹五湖東。
> 苔蘚侵尋蝕舊碑，江山風雨助淒其。
> 新亭收淚猶能及，莫待西臺慟哭時。

所謂「盛時出處」，暗含汪精衛對自身所處時世的哀歎。子曰：「天下有道則見，無道則隱。」（《論語・泰伯》）但汪似乎認為，恰恰因為是亂世，更要求士人以天下為己任，拯溺救焚。惟有在天下太平的盛時，嚴光那樣的從容退隱才成為道德可能。「鴟夷」句用范蠡典。幫助越王勾踐滅吳之後，范蠡功成身退，化名「鴟夷子皮」經商。此名紀念的是吳國大臣伍子胥。據《史記》伍子胥傳，他建議吳王夫差不要為勾踐表面的恭順所迷惑，但夫差卻殺了伍子胥，把他的屍體盛以鴟夷革（牛皮酒囊），浮之江中。汪精衛用這兩條典故，一方面感歎今日繼續戮力救亡的重要性，另一方面暗示自己希望在光復河山之後效法范蠡，揚帆五湖。

如果第一首詩裡汪精衛沉思的是自己的選擇，那麼第二首思索的則是中國的命運。「新亭」

典見前引〈百字令〉（一九三四）題解。西臺是南宋亡後，宋遺民謝翺及其友人慟哭祭祀文天祥之處。作為中國的第一文人政治領袖，汪精衛自擬王導、文天祥，發誓將盡力避免南宋悲劇的重現。

用典給詩歌增加了意義深度，但典故自身複雜的背景又令詩意的理解變得更加多元。在今天看來，汪精衛徵引的范蠡先例也有另一重含義。越之所以能山川重秀，是因為范蠡建議越王忍辱事敵，悄悄增強勢力，以備決戰。一年之後，法國大使科斯梅（Henri Cosme，一八八五－一九五二）也向汪精衛提出了同樣的建議。一九三八年武漢陷落之前，科斯梅建議國民政府與日本談判媾和。他所援引的歷史先例是一八七〇年的普法戰爭，法國失敗後，鑑於自身實力的不足，並沒有急於復讎，而是用了四十年時間臥薪嘗膽，終於在一九一八年擊敗了宿敵。[158]其含義是中國也應當隱忍一時，哪怕這一時意味著數十年的屈辱。在這一意義上，汪精衛的綏靖政策、甚至後來的「和平運動」，都可能被理解為受范蠡策略的啟發。這兩首詩寫作的一個月之後，盧溝橋事變就爆發了。

盧溝橋事變

盧溝橋事變發生於近衛文麿公爵臨危受命出任日本首相甫一月之際。這位曾在一九一九年的

158 Mitter, *Forgotten Ally*, 207.

巴黎與汪精衛短暫道路相交的政治家，年僅四十五歲，辯才無礙、容止可觀，他在很多方面都堪稱比汪精衛更加貴族、也更加犬儒的版本。兩人都有意寬容異議，傾向沉思，也因此常常猶疑不決。兩人都享有時人極高（或許是過高）的期許，因此常常被推到領導位置。也許他們都明白自己生不逢時，因為他們的時代所真正需要的是一種更加殘忍果敢、勇於殺伐決斷的才能。儘管近衛文麿曾提出理想主義的種族平等口號，他也相信為了日本的社會和工業發展需要，中國應當奉獻地廣人稀的滿洲。這種信念加之他家族和個人的聲譽，使他成為鷹派軍部要盡力爭取的同盟。他性格的軟弱很快證明對中日雙方都是致命的缺陷。[159]

七月七日夜，北平郊外中國守軍和日本駐軍之間爆發了一場小小的衝突。日本是根據一九〇一年鎮壓義和拳之後與清廷的協議在燕郊駐軍的。儘管雙方指揮官都努力平息衝突，挑釁行為依然不絕。也許是基於他的德國軍事顧問法肯豪森上將（Alexander von Falkenhausen，一八七八－一九六六）對中國軍事實力的樂觀估計，蔣介石命令他經過德國訓練的精銳部隊越過黃河、深入《塘沽協議》以來去軍事化的地帶。進一步的誤會導致東京於七月十七日要求中國停止輸送軍隊、承認土肥原設立的傀儡政府。面對軍部揚言能夠「三個月解決中國問題」的自信，近衛覺得自己別無選擇、只能奉陪，否則自己的內閣將有瓦解之虞。七月二十七日，他在國會宣布日本政府必須在東亞建立「新秩序」。[160]但這番講話的意思大概不是說要發動與中國的全面戰爭，而是在假設日本能夠迅速獲得壓倒性優勢，並以此為基礎與中國進行談判，解決衝突。月底，平津淪陷。雙方都沒有正式宣戰，也少有人意識到中日長達八年的全面戰爭已經打響。[161]

六月中旬，南京各級行政機關進入夏休期。蔣汪以降，所有國民黨高級幹部都聚集在江西廬山。坐落長江之南、奇峰飛瀑的廬山雖然自古以來就是山水勝地，但避暑廬山卻是二十世紀初上海的外國人首先掀起的風潮，可以說是十九世紀中期以來歐洲「阿爾卑斯山熱」（Alpinism）在中國的延續。儘管蔣介石每年夏天都會去廬山，但這是第一次幾乎全體中央政府都來避暑。分析家以為這也許是一次演習，為在全面戰爭態勢下政府遷往內地做準備。[162]胡適等數十名高級知識分子也被邀請前往廬山，共商國是，討論對日策略。這次談話會計畫於七月十五日召開，持續二十七天，分三期進行。然而盧溝橋事變措手不及地發生了，打亂了他們的計畫。北平是元代以來的古都，也是中原門戶，其被占領的意義自然遠遠超過東北淪陷的震撼。這給談話會蒙上一重風暴的陰影。當十六日汪精衛主持下談話會終於召開時，大家紛紛討論的是這到底將是另一場區域衝突，還是全面戰爭的預兆。為了結束這種驚疑混亂的態勢，也或者是給他自己的舉棋不定畫上句號，[163]蔣介石於十七日在廬山圖書館發表聲明，重申五全大會和二中全會的「最後關頭」論，

159 關於近衛文麿的生平及性格，參見：Oka, *Konoe Fumimaro*。

160 關於事變更詳細的闡述，例見：Toland, *The Rising Sun*, 43-46。

161 二〇一七年，中國大陸政府將第二次中日戰爭開始時間修改為一九三一年的九一八事變。

162 松本重治，《上海時代》，頁五六六。

163 有關蔣介石的猶疑，見：楊天石，《找尋真實的蔣介石》，冊一，頁二二四—二二五。

強調「如果臨到最後關頭，便只有拚全民族的生命，以求國家生存」；至於盧溝橋事變是否能夠和平解決，全繫日本政府態度。「我們希望和平，而不求苟安；準備應戰，而決不求戰。我們知道全國應戰以後之局勢，就祇有犧牲到底，無絲毫僥倖求免之理。如果戰端一開，那就是地無分南北，年無分老幼，無論何人，皆有守土抗戰之責任，皆應抱定犧牲一切之決心。」[164]

蔣介石鏗鏘有力的〈廬山聲明〉如今常被視為中國表明抗戰決心的宣言。但聲明本身用的卻是兩個假設句，即「如果」和平解決絕望、「如果」戰端一開，便只有抗戰到底。當時的觀察者大多沒有把蔣介石的公眾講話太過當真。北大法學教授陶希聖（一八九九－一九八八）也是廬山談話會的受邀者。他記得蔣介石發表聲明後，大家都聚集在胡適房間裡，討論和平是否還有可能。蔣介石二十日離開廬山，把談話會交給汪精衛主持。因為平津淪陷，北方的教授們都只好滯留南方，隨著政府回到南京，而他們之間的討論也持續到回南京之後。[165]這是陶希聖第一次認識汪精衛。一個主要由中高層公務員和知識分子組成的「主和派」開始圍繞汪精衛形成，他們的主張是傾向透過外交手段解決衝突，避免昂貴、殘酷而也許無效的軍事行動。

這一時期，蔣汪的公開講演都呼籲抵抗，但私下卻都懷抱著和平解決的希望，只是他們講話的重點有所不同。七月二十九日，汪精衛也發表了題為〈最後關頭〉的廣播講話。他同樣宣布在屢次退讓之後，中國終於到了奮起反抗日本的最後關頭；抵抗將是嚴酷的，因為弱國除了犧牲每位國民性命、寸寸焦土之外別無抵抗之途。儘管這篇講話總體調性是堅定的，但汪氏最後卻說：

「所謂抵抗，便是能使整個國家、整個民族為抵抗侵略而犧牲。天下既無弱者，天下即無強者，那麼我們犧牲完了，我們抵抗之目的也達到了。我們高呼一句『最後關頭』！我們更高呼一句『犧牲』！」[166]這聽上去近乎譏諷了。他似乎懷疑全體犧牲的意義，而且不能不廣而告之自己的疑慮。也許是意識到這話暗含的消極意味，他八月三日的講話又以〈大家要說老實話大家要負責任〉為題，強調「消極苟安不是辦法」，弱國抵抗強國，除了「極度的犧牲」別無他途，但捨此以外也別無生路。[167]

限制戰局的希望很快由於日軍不斷的推進而破滅了。八月十三日，淞滬會戰爆發。號稱是「中國通」和亞洲主義者的松井石根（一八七八－一九四六）大將採取了進攻性戰略，因為他相信日本應當速取上海、南京，以令中國屈服。在他的堅持下，八月底內閣同意了增兵方案。[168]這標誌著日本的態度從地區衝突轉為全面戰爭，也是自一九三一年以來兩國關係的一個重大轉折，

164 全文見《中央日報》，一九三七年七月二十日。關於廬山談話會的經過，基於南京《中央日報》一九三七年七月的系列報導。

165 陶希聖，《潮流與點滴》，頁一四二－一四七。

166 汪精衛，〈最後關頭〉，載：《汪精衛先生抗戰言論集》，頁八－一二。

167 汪精衛，〈大家要說老實話大家要負責任〉，載：《汪精衛先生抗戰言論集》，頁一二－一六。

168 Harmsen, *Shanghai 1937*, 66, 118.

儘管未必是經過深思熟慮的。長江下游包括南京、杭州和南昌之內的主要城市都面臨日本戰機的威脅。一週後，中蘇簽署互不侵犯條約。但由於中日雙方都沒有正式宣戰，這就給外交斡旋和樂觀的希望留下了一點狹窄的空間。

淞滬會戰是第二次世界大戰的首次主要城市戰役。由於國民政府對華北的控制比較薄弱，日本的進犯沒有獲得太堅定的抵抗，而上海則不然，抵抗是堅決、深孚民意的。在華北平原馳騁的日本坦克也在上海迷宮般的狹窄街道上毫無用武之地。日本兵不得不陷入爭奪每條弄堂、每座民宅的肉搏戰。蔣介石的精銳部隊也投入戰鬥，損失慘重，但他堅決抵抗的姿態也是給雲集在上海的外國媒體看的：列強租界並沒有被戰火吞噬，以致外國記者們可以在露臺上拿著望遠鏡觀賞眼前的激戰。但西方媒體對中國抵抗的同情報導，並不足以改變西方政府避免與日本開釁的綏靖態度。接下來的四年，中國將獨立抵抗，打一場以人肉對抗鋼鐵的不對稱戰爭。

十一月十二日，上海淪陷。蔣介石的豪賭造成了大約十八萬七千兩百名中國將士的傷亡，其中包括三萬名採用昂貴德國裝備、訓練的軍官。日本的傷亡雖然大概只有中國的三分之一至一半，但也足以使之成為日本在華迄今損失最慘重的戰役了。[169]長期自信不可戰敗的日本皇家陸軍和海軍如受傷的猛獸一般，被復讎的嗜血欲望攫住。陸軍迅速從上海向南京推進，在水墨江南的冬季留下一道殺戮、姦淫、縱火和劫掠的血腥傷痕。南京危如累卵之際，國民政府在十一月二十日決定遷都長江上游的重慶。選擇有險灘峭壁之天險的重慶為戰時陪都的計畫，是一九三五年就開始準備的。漢口成為遷都的中間站。為了將來保存實力、同時也保全臉面，留下來保衛南京的是唐生智（一八八九－一九七〇）將軍和他十萬未經訓練的部隊。十二月十三日，南京陷落。日本的勝利並沒有換來中國的投降，他們三個月結束中國事變的計畫破滅了。挫敗感發洩為恐怖的戰爭罪行。[170]與奧許維茲（Auschwitz）一樣，南京大屠殺將成為人類良心上永遠的道德問號。

一場罕見的戰時大遷徙開始了。使用輪船、火車、巴士、三輪車、手推車，大學、工廠和無數普通家庭都零星蜿蜒地越過半個中國，從富庶的東南沿海遷往內陸省分。這場不分階級、不分地域的抵抗，象徵著中華民族的真正形成，哪怕他們抵抗的戰場是遙遠的山川沙漠。僅四川一省，戰爭期間就有九百二十萬名在政府救濟部門正式登記的難民。[171]蔣介石向中山陵告別後，與宋美齡一起乘飛機飛往廬山。「第二夫婦」的撤退路線就更加平民了：和多數難民一樣，汪氏夫婦闔家乘船溯長江而上。他們是十一月二十一日撤離的，留下一座剛剛修葺完不久的陵園新村別墅和三十年間收藏的大部分圖書文物。

169 雙方傷亡數字有不同統計，此處採用：Harmsen, *Shanghai 1937*, 247, 251, 292 n. 18。

170 許多學術著作都充分記錄並探討了這場屠殺，儘管其具體殺戮的數字依然有爭論；詳見：Chang, *The Rape of Nanking*；Brook, *Documents on the Rape of Nanking*；Fogel, *The Nanjing Massacre in History and Historiography*；Yoshida, *The Making of the "Rape of Nanking"*。

171 Mitter, *Forgotten Ally*, 120.

巧合的是，汪精衛從南京至武漢乘坐的輪船就是永綏艦，亦即此前的中山艦。[172] 這艘軍艦見證了孫中山的脫險和汪精衛的失勢。不無反諷的是，「綏」即「安」之意，而且古稱退軍為綏。乘坐「永綏」艦離開南京的汪精衛，也將因為一場「和平運動」重新回到這座經歷了無數悠悠興廢、戰爭與和平的城池。

172 何孟恆，《雲煙散憶》，頁一二五；亦見陳克文一九三七年十一月二十一至二十二日日記；《陳克文日記》，冊一，頁一三八－一三九。

第三章 「國賊」

汪精衛一九三八年十二月脫離重慶、經過十五個月終於在日本羽翼之下建立政權，這一過程可以說是中國現代史上最具有戲劇性的事件之一。各種回憶錄、正史野史、學術著作中，踵事增華、無中生有的筆法以及後見之明的道德審判自不在少數。但故事的真實版本卻少有能夠給人物「蓋棺定論」的英雄或邪惡瞬間。與其毀者譽者各自心目中的形象不同的是，汪精衛既非賣國無恥的國賊，亦非奮勇無前的烈士。許多在與日合作問題上各懷利益和考量的行動者都影響了他的決定，而他做出這個決定的過程也是漫長而痛苦的。甚至在他的脫離重慶成為既定事實之後，也同樣經過一個個十字路口前的無數徘徊和具體抉擇，他最終的行動路線才逐漸變得清晰。最終，這些或智或不智的決定、可見或不可見的後果帶來的苦痛逐漸從內部蠶食了汪精衛，把他變成曾經自己的行走的影子。靈魂與疾病的雙重折磨很可能促成了汪精衛的早逝，而他的去世、以及他不情願的繼承人陳公博做出（或拒絕做出）的抉擇，決定了二戰謝幕時刻，汪政權及其登場角色們的命運。

如卜正民所論，英文脈絡下「合作」（collaboration）一詞獲得負面含義的根本在於「個人可以與民族國家合作」這一相當現代的概念。[1]戰爭情境下的合作罪是存在意義上的，因為它首先褻瀆了對民族國家絕對忠誠的義務，其次也破壞了統一抵抗的神話。哪怕合作者本人並不曾犯下任何刑法意義上的罪行，其「罪」在於透過「合作」行為（譬如在占領區擔任公職，沒有拒絕向占領軍出售物資，或者與占領軍發生性關係）而獲得的身分本身。反諷的是，汪精衛及其追隨者在合作期間的公開話語依然是民族主義的。他們根本上認同一個人的存在價值在於對民族忠誠的觀點。但他們也提倡「合作即抵抗」的論點，即透過與日本的合作而達到和平救國的目的，同時也拯救日本免於自我毀滅。但在戰後的漢奸審判中，許多合作者卻轉而聲稱自己的合作是策略性的，是「透過合作進行抵抗」。他們聲辯說自己的工作是從敵人內部瓦解其戰爭機器。當年審判庭上、今天手執史筆的法官們大都把他們的辯護詞視為文過飾非的狡辯。但也許，是否我們可以容許這樣一種情況，即人的心理動機是複雜的，以致在某種程度上，控詞和辯詞都包含了不完整的真實？

通往南方之奧的細道

廬山會議之後，胡適、陶希聖等北平知識分子跟隨中央政府前往南京。自八月中旬起，日本開始對南京的空襲戰。這種從空中播撒死亡的機器巨鳥，讓不少中國百姓陷入恐慌。當時南京還不是直接戰略目標。把昂貴的空軍投入到南京空襲，日本的目的是向中國首都的官員和百姓炫耀其世界級的軍事能力，可以說是有的放矢的心理戰。由於周佛海的西流灣宅第有加固的地下室，可以用於防空，一群意見相仿的知識分子和政府官員便常去前往避難。他們更傾向於和平解決衝突，繼續以空間換時間的政策，亦即加強中國的工業和軍事實力，以求有朝一日足以與日本軍事抗衡。陶希聖和梅思平（一八九六－一九四六）是周佛海的舊友，也借住在他家。另外的常客還有胡適和前中共黨員羅君強（一九〇二－一九七〇）；剛剛出獄的前中共領導人陳獨秀也來參加過幾次聚會。[2]高宗武宅是另外一個聚會點。胡適因此開玩笑地把他們稱為「低調俱樂部」，與媒體和民眾排山倒海般的抵抗高調相對。這個近乎調侃的名字擺出不隨波逐流的態度，暗示他們的理性實用主義。[3]這個群體的不少成員將在一場即將祕密開展的「和平運動」中扮演重要角色，而汪精衛將成為這場運動的政治領袖和公眾面孔。[4]

---

1 Brook, "Hesitating before the Judgment of History," 104.

2 羅君強，〈對汪偽的回憶〉，頁三。

3 關於此群體的若干略有不同的表述，見：陶恆生，《「高陶事件」始末》，頁七〇－七二。

4 關於周佛海在此運動中的角色，見：Martin, "The Dilemmas of a Civilian Politician in Time of War"；Ward, "Zhou Fohai"。關於高宗武的早期活動，見：Bunker, *The Peace Conspiracy*, 27-34。

如歷史學家邦克（Gerald Bunker）歸納的，這場和平運動的謀畫「最早並非來自汪精衛，而是來自蔣介石派系的某些分子、日本軍部情報部門部分人員，以及日本政界和近衛有關的某些『自由派』圈子」。[5]周佛海是蔣介石親信陳氏兄弟為首的CC派成員。然而周氏相信在目前情況下，抵抗無異於自殺。他想要透過蔣身邊的人、包括汪精衛來影響蔣的決策，但是發現蔣個性頑固，而汪則比較容易採納他人意見。他因此成了汪家沙龍的常客。[6]外交部亞洲司司長高宗武尤其覺得被蔣介石的不談判政策邊緣化了。他們共同的印象是蔣介石內心是願意談判的，但是擔心日本要價過高，特別是可能要求蔣下臺。他們覺得當局除了犧牲的決心外並無長遠戰略規劃，不免令人失望。[7]他們的共同意見是談判的時間越長，條件就會越壞，因為中國在戰場上依然不斷潰退；這場抵抗戰爭最大的受益者不是中國而是蘇俄，不是國民黨而是共產黨。[8]上海、南京的相繼淪陷讓他們的悲觀信念更加堅定。他們擔心中國歷史上的外族征服又要重演，只是這一次恐怕將要萬劫不復。[9]

國民黨高層領袖裡，汪精衛成為吸引這些異議者的中心，這主要是因為他的和平主義傾向、理性思辨的秉性和尋求共識的領導風格。國民政府遷往漢口之後，他指示成立宣傳機構「藝文研究會」，由周佛海、陶希聖領導，其目的是就抵抗、反共等問題引導公眾輿論，尤其是倡導政府必須保留戰、和兩種選擇的能力。許多人都以為這是汪的私人機關，但事實上提供活動經費的是蔣介石。[10]一九三八年，至少在大半年內，蔣介石的主戰與汪精衛的調和姿態共同構成國民黨策略的兩面。藝文研究會的多個地區組織裡，香港分部在梅思平、林柏生領導下頗為興旺。除了編輯《南華日報》外，林柏生還創立了蔚藍書店和國際編譯社，作為他們主要的宣傳機構。[11]不無反諷的是，梅思平本人也曾經是激進派：一九一九年五四運動期間，他是指控曹汝霖等賣國、火燒趙家樓的主要愛國學生之一。

汪精衛也積極參與力促中日媾和的國際斡旋之中，其中最著名的就是德國駐華大使陶特曼進行的調停。自戰事爆發以來，多股西方力量都有意斡旋，但最終都沒有成功。其中，納粹德國看上去是最好的希望，因為它和日本結成了反蘇聯盟（至少直到一九三九年八月蘇德簽署互不侵犯條約之前），而出於自身利益考慮，德國並不想讓日本軍事力量陷入中國的泥沼中，更不希望中國被迫向蘇聯尋求國際援助。就日本方面來看，中國異乎往常的抵抗決心和力量導致戰事遷延不決，這也增強了透過外交迅速解決衝突的吸引力。陶特曼大使因此在一九三七年十月三十一日至

5 Bunker, *The Peace Conspiracy*, 2.
6 周佛海，《周佛海日記》（一九三七年七月三十日及八月分），頁五五－六五。
7 周佛海，《周佛海日記》（一九三七年九月十一日、十五日），頁七〇－七一。
8 周佛海，《周佛海日記》（一九三七年十月四日、六日），頁七八－七九。
9 周佛海，《周佛海日記》（一九三七年十一月中旬），頁九二－九四。
10 陶恆生，《「高陶事件」始末》，頁七五－七八。
11 關於《南華日報》對汪派的重要性，見：Chiu, L., "The '*South China Daily News*' and Wang Jingwei's Peace Movement, 1939-41"。

十一月初數度與汪精衛祕密會晤，確認中國有意媾和，然後再去與日本商談。陶特曼在十一月五日提交給蔣介石的和平方案包括以下若干條件：內蒙自治、華北非武裝區擴大、上海及周邊的停火區擴大、停止反日運動、建設反共同盟、降低日本進口關稅、尊重在華外國人的治外法權。儘管日本並沒有提出明顯的領土要求，但這些條件和蔣介石的要求——即恢復盧溝橋事變前的局面——之間有巨大的鴻溝。上海淪陷之後，蔣介石變得不那麼強硬了。十二月五日，漢口召開的國防最高會議終於同意在陶特曼調停的條件基礎上展開和平談判。汪精衛是會議主席，蔣介石也批准了其決議。[12]但為時已晚：十二月十三日南京的淪陷又抬高了日本的胃口。次日，北平臨時政府成立，由前北洋官僚王克敏（一八七六－一九四五）出任行政委員會委員長。這標誌著日本增加了對中國境內分裂政權的支持度。十二月二十四日，日本政府下了最後通牒，要求在一月十日前迅速通過更加嚴厲的新條件。蔣介石在元旦辭去行政院長職務，以謝國人，讓他的連襟孔祥熙接任，並宣布寧死不屈，拒絕接受城下之盟。近衛內閣因此在一月十六日宣布絕不以蔣介石為談判對手。陶特曼調停失敗了。[13]

〈近衛聲明〉是一個嚴重的錯誤，這讓處於你死我活鬥爭中的兩國之間難以透過談判實現調停。但儘管如此，兩國政府之間透過祕密管道進行的媾和努力始終沒有停止，往往有政府高層的直接授意，有時則是由具有官方或半官方資格的各類角色發起的。蔣介石本人數度幕後主使祕密接觸與談判。[14]一九三七年下半年，汪精衛也派遣陳公博出使羅馬，探測義大利調和中日的可能性。在與墨索里尼及外相齊亞諾（Galeazzo Ciano）會面之後，陳公博的結論是義大利對華並無真正善意，反而與日本沆瀣一氣。他與美、英、法、比利時等其他西方民主國家高層的會晤也同樣徒勞無功。[15]周佛海和陳克文日記裡都寫到漢口、重慶國民政府各級官員間的消極情緒。儘管少有人膽敢公開倡導與日媾和，不少人私下的意見都是中國這次免不了滅亡，並祕密希望有人會盡快開始和談。高宗武的使命就是在這一緊張壓抑的氣氛下誕生的。

由於近衛文麿宣布不以蔣介石為談判對手，許多人都認為汪精衛是外交解決衝突的不二人選。儘管如此，汪精衛在公開場合給人的印象，是他堅決忠於蔣介石及其抵抗政策。義大利大使來武漢表示願意居間替汪接觸日本政府的時候，汪精衛拒絕了。唐紹儀之女也來到武漢，表達日本政府願意與汪談判的意向，同樣遭到拒絕。甚至陳璧君在香港也請汪前來與她一起開始和平談判，汪同樣不肯。陶希聖回憶，在某日晚餐後，汪精衛對他說：「我這次與蔣先生合作，要合作到底。無論一時的戰況如何，定要合作到最後的結局。」[16]當高宗武帶來消息，說日本陸軍參謀

12 會議決議影印本見：國民黨黨史委員會編，《傀儡組織》，冊三，頁七－一五。
13 陶恆生，《「高陶事件」始末》，頁五三－六五；今井武夫，《支那事変の回想》，頁六三－六四。
14 詳見：楊天石，〈蔣介石親自掌控的對日祕密談判〉，載：《找尋真實的蔣介石》，冊一，頁二五三－二八七。
15 〈陳公博訪義大利記錄〉，國史館外交部檔案，306.2/0001。
16 陶希聖，《潮流與點滴》，頁一五六－一五八。

本部願意讓汪出面主導和談時，汪精衛依然堅持他的立場。

高宗武的條件是外交部亞洲司日本科科長董道寧（一九〇二－？）居間獲得的。〈近衛聲明〉兩日之後，董道寧前往上海，見到了滿鐵公司代表西義顯（一八七八－一九四一）和同盟通信社記者松本重治，他們又把董引薦給參謀本部謀略課課長影佐禎昭（一八九三－一九四八），後者復將董介紹給了參謀本部次長多田駿（一八八二－一九四八）和他的同僚石原莞爾（一八八九－一九四九）、今井武夫（一八九八－一九八二）。他們共同以為，「支那事件」的和平解決符合日本的自身利益。

這幾位日本軍人並非和平主義者。譬如石原莞爾就是滿洲國的始作俑者，但他認為貪得無厭地蠶食中國有可能危及日本冒險所獲的既得利益。他們建議蔣介石暫時引退，以便近衛內閣不至於食言，而由汪精衛來主導談判。簡言之，這個複雜計畫要言不煩，就是給近衛一個臺階下。董道寧回到香港後，把密信交給高宗武，後者自二月分開始按照蔣介石指示駐香港，負責與日本的情報與通訊事宜。羅君強回憶說高的經費是他經手交付的，每月兩千美金，來自蔣介石的祕密軍事撥款。[17]高宗武於四月二日、五月三十日兩次返回漢口。第二次來漢口時，他親自把日本的條件轉交給了蔣介石。[18]高宗武後來承認，蔣介石從來沒有給過他具體的指示，但卻給他以默許的印象。高從來沒有認為自己傳達的條件是對蔣的背叛。[19]不言而喻的是，只要蔣介石對軍隊的控制權沒有受到挑戰，汪精衛的領導地位就只是暫時、名義上的。汪精衛似乎並不知道高宗武親身來到漢口，也不知道高與蔣的關係。他收到的報告是周佛海轉交的。大為震驚的汪精衛立刻報告了蔣介石。他對陶希聖說：「我單獨對日言和，是不可能的事。我決不瞞過蔣先生。」[20]鑑於陶希聖後來將離開汪陣營、重新回到重慶且成為蔣介石的文膽，他對汪有利的回憶應當是可信的。

然而僅僅過了兩個月，汪精衛就將自食其言、脫離重慶、單獨謀和。其種種動因，一條可能是周佛海、高宗武、梅思平、陶希聖、尤其是陳璧君等人不斷的進言。據羅君強回憶，由於孔祥熙抗議不曾知曉高宗武的活動，蔣介石命令高氏暫停祕密活動，而高氏並未遵命。[21]相反，他和梅思平繼續暗中尋求和平條件。七月分，高在日本祕密訪問了三個月，與影佐、今井多次會面，第一次達成了嚴肅的方案，希望透過汪精衛開展和平運動，作為中日共同解決所謂「支那事件」之道路。[22]十一月二十六日，梅思平從香港飛往重慶。他帶來日本的條件和近衛計畫宣言的草案。這一計畫聲明日本軍隊將在和平實現後兩年內退出中國，但其條件包括中國正式承認滿洲

17 羅君強，〈對汪偽的回憶〉，頁四－五。
18 Bunker, *The Peace Conspiracy*, 51-79；陶恆生，《「高陶事件」始末》，頁八〇－八四。
19 Bunker, *The Peace Conspiracy*, 80.
20 陶希聖，《潮流與點滴》，頁一五八。
21 羅君強，〈對汪偽的回憶〉，頁五。
22 Bunker, *The Peace Conspiracy*, 81-86.

國；汪精衛應當在十二月五日前離開重慶，假道昆明前往河內；一旦日本政府接到他抵達河內的電報，就將立刻發表「和平條件」。[23]面對這樣重大的抉擇，汪精衛顯然陷入了無比苦痛之中。周佛海每日前往汪宅遊說，汪精衛卻遲遲不肯同意，讓周頗為惱怒失望。[24]最終，似乎是璧君替汪精衛下定了決心。[25]這一關頭，正如過去多次發生的那樣，汪精衛成為他理想化自我形象的犧牲品。在他的家人、追隨者和崇拜者眼裡，他絕非常人，故能畢常人所不能之功業。他們過度高估了他的性格和能力，強迫他完成不可能的使命、承擔不允許失敗的歷史責任。

但汪的決定也並非完全被迫。如今井武夫指出的，歸根結柢，汪精衛不贊同蔣介石的抵抗策略。[26]「焦土抗戰」給中國百姓帶來沉重的犧牲和苦難。舉三個尤著的例子。一九三八年六月，在蔣介石指令下，守軍祕密破壞花園口黃河堤壩，以求借洪水阻擋日軍進犯步伐。此舉戰略效果有限，因為日軍轉而沿長江進攻，十月就占領了武漢，[27]但其災難後果卻是巨大的。洪水令近兩百萬畝良田在十年之內都收成銳減，水災、流疫和饑荒造成近九十萬人死亡、四百萬難民流亡。[28]是年十月，日本進攻廣州，在未遭有力抵抗的情況下輕易占領了城市，但是守軍撤退時縱火，造成大量損失和傷亡。作為廣州人的汪精衛深受震撼。[29]第三個事件就是十一月十三日凌晨同樣是守軍倉皇誤縱的長沙大火。大約三萬人喪生，古城焚毀十之有九，使其成為二戰受損最嚴重的城市之一。[30]汪精衛開始公開異議蔣介石的抵抗策略，因為這一策略容易導致草率低效的執行，造成無謂的傷亡、損失和殘酷後果。十一月下旬，他發表系列講話和社論，表達自己對戰事的觀點。

在一篇題為〈全面戰爭〉的社論裡，他雖然不反對全面戰爭的提法，但是反對游擊戰術，且擬為明末流寇。「明末流寇的作法，用之於國內戰爭，或者可以顛覆政府，用之於對外作戰，必不足以撐持強敵。因為游來游去的作法，在游來的時候，是取之惟恐不盡，在游去的時候，又是不使有所孑遺。這是大量消耗民力的。政府的基礎，在於民力，民力消耗完了，政府沒有不倒，所以明朝便亡於流寇。至於對外作戰，是以民力為資源，民力消耗完了，只有自己滅亡」，斷無敵人滅亡之理。[31]在另一篇針對長沙大火發表的題為〈為什麼誤解焦土抗戰〉的文章裡，他反對「不但戰要焦土，即不戰也要焦土」以防止戰略要地為敵所用的抵抗策略。在汪精衛看來，抗戰所

23 陶恆生，《「高陶事件」始末》，頁一〇一—一〇六。
24 周佛海，《周佛海日記》（一九三八年十一月二十六日至二十九日），頁二〇一—二〇二。
25 鑑於中國歷史書寫的「厭女症」傳統，我對這一說法是保留了懷疑態度的，但至少汪身邊與他關係各異的若干人物回憶都提出了這種意見。見：陶希聖，《潮流與點滴》，頁一五九；陳公博，〈八年來的回憶〉，頁八、頁一〇；羅君強，〈對汪偽的回憶〉，頁一一；蔣廷黻，《蔣廷黻回憶錄》，頁二三二。
26 今井武夫，《支那事変の回想》，頁八五。
27 Lary, "Drowned Earth," 201-202.
28 Edgerton-Tarpley, "From 'Nourish the People' to 'Sacrifice for the Nation,'" 448.
29 李志毓，《驚弦》，頁一八六—一八七。
30 Taylor, Jay, *The Generalissimo*, 159-160.
31 汪精衛，〈全面戰爭〉。

恃，根本在於人心。如果不喚醒人心，使得人人知道為民族的生存獨立而戰，為國家的自由平等而戰，從而情願犧牲一己保衛民族國家，而徒知焚毀物資，讓留在淪陷區的人民失去生計，那麼終將喪失人心對抗戰的支持。此外，一座繁榮的城市哪怕在敵人占領下也可以為中國戰後的重建做出貢獻。他懇請軍人戰士臨機要多做理性反思、做出個人判斷，「一切標語口號，都應該細析其內容，而確定其價值，指導是必要的，煽動是不必要的，不僅焦土抗戰的口號為然」。[32]出於謹慎或者委婉，汪精衛把游擊戰術的危害主要歸咎於中共，但事實上，由於蔣介石的德國顧問法肯豪森將軍建議他把常規戰轉為小規模機動作戰，[33]游擊戰恰是此階段國軍的戰略。汪精衛因此似乎在公開批評蔣介石的軍事決策——這是蔣汪合作以來他從來不曾輕易踏上的險途。顯然，如果抵抗意味著民族的全面犧牲，汪精衛並無殘忍的決心來提倡此策略，亦無堅決的信念來讚同其意義。如曾瑪莉（Margaret Zanasi）提出的，汪精衛、陳公博向來共享的願景是建設反帝國主義的民族經濟。他們相信中國尚未完成民族經濟基礎的建設，因此還沒有掌握最高的力量形式，即現代民族國家的力量。出於這種信念，他們最終選擇與敵合作，以求拯救民族經濟。[34]

歷史學者艾格頓－塔普利（Kathryn Edgerton-Tarpley）認為：「蔣介石不惜觸發滔滔洪水來減緩日軍進攻，這部分原因也許是因為他將民生與國防混而為一。」[35]根據民族國家的邏輯，民族身分歸屬是不由個人選擇的；個體生命被納入了大寫的民族國家框架，也能被後者以集體正義之名犧牲。這一種全面戰爭的觀念，只有在現代民族主義時代才可能想像。蔣介石的堅忍（或曰殘忍）也許是歷史的必需，捨此中國恐怕難以在多數時間缺少國際支援的情況下撐過漫長的八年抵抗戰爭。但在汪精衛看來，過度、輕率的犧牲是不可接受的，因為設若沒有單獨的個體的國民，何來集體的民族國家？他的這種觀點也反映了他旅法以來形成的人文主義思想傾向。他的溫情固然有儒者民胞物與的風範，但在全面戰爭的情境下卻成了國民黨領導層的累贅。倫理上固然有兩難，政治中卻只能有正誤。

汪精衛和周佛海也擔心抵抗會加強中共實力，而真正有效的國際援助不會及時到來。當納粹德國占領捷克斯洛伐克時，汪精衛曾短暫看見希望的閃光，以為反法西斯民主同盟從此將實現，但《慕尼黑協議》（Munich Agreement）的簽署讓他又一次深深失望了。[36]鑑於西方民主國家同時也是帝國主義勢力的雙重性格，他認為它們不太可能會為了中國而與另一個帝國主義國家（日本）開釁。周佛海和最近才加入汪精衛心腹圈的日本通們堅定了他的這一看法。他們提出，設無國際局勢的重大變動，中國必亡。[37]公正地說，直到珍珠港事件爆發之前，他們的這種悲觀意見

32 汪精衛，〈為什麼誤解焦土抗戰〉。
33 Taylor, Jay, *The Generalissimo*, 155.
34 Zanasi, *Saving the Nation*, 4-7.
35 Edgerton-Tarpley, "From 'Nourish the People' to 'Sacrifice for the Nation,'" 457-458.
36 李志毓，《驚弦》，頁一八〇－一八五。
37 周佛海，《周佛海日記》（一九三八年十一月六日），頁一九二。

都還不能說是錯誤的。

但歸根結柢，也許汪精衛內心也渴望著投入行動。自從遷都武漢之後，他的地位和作用就被邊緣化了。一九三八年三月二十九日到四月一日在漢口召開的國民黨臨時全國代表大會上，決議重新實施威權主義的總裁制度，將所有權力集中在蔣介石手裡。儘管此次會議也決議成立國民參政會，以象徵性地表達國民黨對民主原則的承諾，但這只是顧問性的。汪精衛被選舉為副總裁、國民參政會主席，但行政院長職位給了孔祥熙，他明顯是不悅的。[38]按照蔣廷黻的說法，汪精衛在漢口「有些怨恨」，知道他的職位只是虛銜而已。[39]同情的觀察者則認為汪精衛的悲愴，是因為國民黨自此回歸了領袖獨裁制度。[40]無論如何，他一定深深痛感自己的缺乏用處。自從九一八事件以來，汪精衛已經承認了黨內統一、軍事行動的首要性，對位居蔣介石之下並無異議。但碌碌無為並不符合他對自己歷史地位的自我想像，而在蔣的戰略中作為文人的他，作用是極其有限的，最多做做宣傳黨建而已。此時，周佛海乃向汪進言說：「打破難關，須有非常舉動。不求諒於天下，自必見諒於後世。如國可救，個人一時毀譽，不宜計較。」[41]雖然周佛海提出犧牲的只是一時而非千秋聲名，但這條說詞對具有理想主義傾向的汪精衛而言顯然是最直擊肺腑的。對生命之行動意義的渴望，也許是最終讓汪精衛做出決定的關鍵因素。如陳璧君在昆明對滇軍軍閥龍雲（一八八四－一九六二）直率說的，汪精衛在重慶徒擁虛名，對國家無可貢獻，想要換個環境。[42]

汪精衛成為歷史行動主體的渴望，也表現在一九三八年四月祭掃長沙黃興墓的這首詩裡。[43]詩曰：

黃花嶽麓兩聯綿，此日相望倍惕然。
百戰山河仍破碎，千章林木已風煙。
國殤為鬼無新舊，世運因人有轉旋。
少壯相從今白髮，可堪攬涕墓門前。

祭掃當天以陰曆算，恰是黃花崗起義的紀念日，黃花崗和嶽麓山因此透過時空冥冥契合，而中國在一九一一年與一九三八年所面臨的困境也產生了某種呼應。「百戰」句暗示國民黨近三十年來

38 陳布雷，《陳布雷回憶錄》，頁一二九。
39 蔣廷黻，《蔣廷黻回憶錄》，頁二二七－二二八。
40 陳克文，《陳克文日記》（一九三八年四月二日），冊一，頁二〇九。
41 周佛海，《周佛海日記》（一九三八年十一月八日），頁一九三。
42 羅君強，〈對汪偽的回憶〉，頁一一。
43 汪精衛，〈二十七年四月二十九日始至長沙詣嶽麓山謁黃克強先生墓以舊曆計之適為三月二十九日也〉，SZL 275。

的奮鬥始終有其一貫性，而拯救危局所需要的也始終是自我犧牲的革命精神，即成為「國殤」的決心。「世運轉旋」的關鍵在於人的努力。捨此以外，別無希望。

如邦克所論，最初的計畫是勸蔣暫時引退、透過汪來開啟和平談判；汪精衛離開重慶的目的是以個人身分自由發言，然後近衛發表和平條件。[44]此計畫不意味著汪將取代蔣成為國民政府領袖，更不意味著在淪陷區建立政府。與某些傳記作者宣稱的不同，沒有證據表明汪精衛在聽到梅思平帶來的計畫時欣喜若狂。[45]恰恰相反，周佛海日記裡記述的汪精衛是猶豫不決的，梅思平從香港來，報告與高宗武接洽經過並帶來簽字條件的那天，他們談到中午才散，但下午周佛海再來到汪公館，汪精衛忽然有反悔意，「對過去決定一概推翻，云須商量」。在周佛海、梅思平看來，容易反覆變更主張，這是汪的性格弱點，也是他屢屢失敗的原因。[46]但公平地說，和他身邊這群渴望青史留名的中層幹部相比，汪精衛的行動設若失敗，代價是巨大的，不僅有個人身家性命，還有一世獻身革命的英名。但當陳公博在十一月二十九日飛往重慶，力陳「黨不可分，國必統一」的原則，試圖勸說汪放棄這一計畫時，汪精衛已經下定了決心。他說：「中國的國力已不能再戰了，非設法和平不可了。我在重慶主和，人家必誤會以為是政府的主張，這是於政府不利的，我若離開重慶，則是我個人的主張，如交涉有好的條件，然後政府才接受。」陳公博復從共同犧牲立論，汪則憤然曰：「我們革命黨死何足懼，難道眼前看幾千萬的老百姓也跟著我們同死嗎？」陳遂默然。[47]當然，這份回憶是陳公博獄中的辯護詞，不免為汪、更為陳自己迴護，其中展現的汪精衛形象也比周佛海日記的記述更加積極勇猛。但這也可能是因為汪面對積極求和者與極力反對者呈現出不同面相的緣故。二十九日下午，汪派的計畫終於成型。汪精衛當於十二月八日飛往成都，然後前往昆明，龍雲當率滇軍起事，成為汪和談的武裝後盾。[48]周佛海按計畫於十二月五日前往昆明。然而，八日那天，蔣介石突然現身重慶，讓密謀者大為驚惶，以為密謀洩漏。但蔣不過在前線偶染小恙，回來養痾而已。但由於汪精衛的延遲動身，近衛懷疑他改變了主意，取消了計畫在大阪發表的講話。十二月十八日，正當周佛海開始焦慮時，昆明的街道上忽然警衛森嚴。汪精衛來了。[49]次日，一行人飛往河內。

時至今日，揣測蔣介石是否知情的各種說法依然不絕。[50]汪精衛對抗戰策略的不滿是眾所周知的，這群「低調俱樂部」成員又常常光顧他的官邸，要是說蔣介石手下臭名昭著的兩大特務機關居然一無所知，未免讓人難以置信。陳克文日記甚至記述說，汪出發的兩週前，汪家以即

44 Bunker, *The Peace Conspiracy*, 103-108.
45 例見：林闊，《汪精衛全傳》，頁三三三。
46 周佛海，《周佛海日記》（一九三八年十一月二十六日），頁二〇一。
47 陳公博，〈八年來的回憶〉，頁一〇。
48 周佛海，《周佛海日記》（一九三八年十一月二十九日），頁二〇二。羅君強，〈對汪偽的回憶〉，頁一一。
49 周佛海，《周佛海日記》，頁二〇五－二一二。
50 詳見：羅久蓉，〈中日戰爭時期蔣汪雙簧論述〉。

將出國為名遣散佣人。這條小道消息透過家僕使女迅速傳遍了重慶，抵達主婦主夫們的耳朵。[51]再者，多數和平運動參與者都來自蔣介石的派系，而改組派大將如陳公博、顧孟餘都是反對此計畫的。但並沒有證據表明真的存在所謂「蔣汪雙簧」。至少從蔣介石日記的記述來看，他雖然十二月五日日記即提到「川滇對潘（？）、龍與汪之謠諑」，但直到十二月二十一日才在桂林聽說汪精衛祕密脫逃，大為震驚，是日記：「聞汪先生潛飛到滇，殊所不料。當此國難空前未有之危局，不顧一切，藉口不願與共黨合作，一語拂袖私行，置黨國於不顧，豈是余革命黨員之行動乎？痛惜之至，惟望其能自覺回頭耳。」此後幾日的日記就不再克制，開始大罵汪精衛的「無廉恥」、「糊塗卑劣」。[52]無論蔣事先知情多少，亦無論今後他們的政策是否有戰略默契，從周佛海、陳公博和蔣介石的日記與回憶來看，汪精衛在脫逃之前並未與蔣互通聲氣。

十二月二十二日，近衛終於發表第三次聲明，提出以「中日親善」、「共同防共」、「經濟合作」三原則為基礎調整中日關係。但這份聲明卻沒有提及汪精衛和平條件中關鍵的一點，即日本從中國徹底撤軍。[53]這是因為在汪精衛不知情的情況下，十一月三十日御前會議通過了《日支新關係調整方針》，即確定防共軍事及政治上的特殊地區（蒙疆）、中日加強合作地帶（華北、蒙疆）、中日經濟加強結合地帶（長江下游）、特殊區域（華南沿海島嶼），此外日本除了「防共要地」外繼續駐屯華北和東南地區。會議決定日本對華政策以「分治合作主義」為原則。讀到〈近衛聲明〉後，汪精衛有一種被背叛的寒意。但他依然決定主動出擊，呼籲重慶政府重啟和談，並自行添加了「日本軍隊全部由中國撤去，必須普遍而迅速」的條件。這條以「豔」為代日韻目的電報二十九日發到香港汪派成員手中。林柏生不顧陳公博、顧孟餘反對，於十二月三十日將其發表在《南華日報》。如顧孟餘警告的那樣，汪精衛的政治生命將從此走向毀滅。[54]

汪精衛依然希望尋求重慶同志的理解。在十二月二十八日致蔣介石的信中，他提及了他們二人是月九日的一次談話，汪精衛當時提出：「現在中國之困難，在如何支持戰事，日本之困難，在如何結束戰事，兩者皆有困難，兩者皆自知及互知之，故調停之舉，非不可能。」由於列強不可靠，唯一的管道就是喚醒日本軍國主義傲慢的迷夢。「日本果能覺悟中國之不可屈服，東亞之不可獨霸，則和平終當到來。」在他看來，〈近衛聲明〉體現了這種意識，也提供了終結戰爭的機會，可以為折衝的基礎。他敦促蔣痛下決心。[55]

蔣介石對汪精衛出逃的公開反應最初是低調的。他指示政府報紙不要人身攻擊汪精衛。在一

---

51 陳克文十二月二十一日日記回憶起他兩週前聽到的小道消息；見《陳克文日記》，上冊，頁三三六。

52 史丹佛胡佛研究所藏《蔣介石日記》，文件編號 40.2。

53 按照犬養健的看法，這是因為參謀本部新總長的強烈反對；《揚子江は今も流れている》，頁一〇三。

54 關於電文內容及各方反應，見：Bunker, *The Peace Conspiracy*, 119-120；李志毓，《驚弦》，頁二〇七－二二八；陶恆生，《「高陶事件」始末》，頁一一〇－一一五。

55 全文見：國民黨黨史委員會編，《傀儡組織》，冊三，頁五一－五二。

九三九年元旦的中央常務委員會臨時會議上，他請求寬大對待。但憤慨的國民黨元老們決議永久開除汪精衛國民黨黨籍、撤銷一切職務。國內外的意見也是一片反汪之聲。海外華僑群體、各地官員、將領紛紛致電，表明自己的立場，要求嚴懲究辦、明正典刑。[56]汪精衛的舊友、「低調俱樂部」成員胡適，如今已經做了「過河卒子」，出任駐美大使。十二月二十九日也從紐約致電汪精衛，深勸曰：「此時國際形勢果好轉，我方更宜苦撐，萬不可放棄十八個月之犧牲。適六年中不主戰，公所深知，今日反對和議，實是為國家百年設想，務乞公垂聽。」[57]胡適所謂的國際形勢好轉是指十一月初郭泰祺從倫敦致電，報告說英美即將提供對華援助；而就在汪精衛出走之際，國民政府向美國的兩千五百萬金元借款又獲得了成功，這讓重慶更加樂觀起來。[58]更讓汪精衛震驚的，是近衛文麿的突然辭職。事實上，近衛早已疲憊不堪，無心戀棧。無力控制好戰的軍部、從中國的泥沼抽身，他受到左右雙方的不斷攻擊。如今終於透過成功誘使汪精衛出逃為自己挽回一些顏面，他立刻把相位交給了平沼騏一郎（一八九七－一九五二），自己出任清貴的貴族樞密院主席一職。更加鷹派的平沼騏一郎對汪兆銘工作並無特別興趣，因此沒有再繼續與汪交換電報。[59]飽受攻訐、復遭冷落的汪精衛在河內安靜的山上旅館裡度過了一個至為冷清的一月。他蟄居讀書、反思，思索下一步的選擇。[60]

在河內前途未卜的寂靜中，汪精衛填了一首詞，題為〈憶舊遊・落葉〉：

嘆護林心事、付與東流、一往淒清。無限留連意、奈驚飆不管、催化青萍。已分去潮俱渺，回汐又重經。有出水根寒、拏空枝老、同訴飄零。

天心正搖落、算菊芳蘭秀、不是春榮。摵摵蕭蕭裡、要滄桑換了、秋始無聲。伴得落紅歸去，流水有餘馨。只極目煙蕪，寒螿夜月愁秣陵。[61]

落紅、落葉在傳統詩詞裡是忠誠的象徵。其零落成泥滋養新的生命循環。將自己比擬為落葉，汪精衛暗示自己的脫離重慶也同樣是出於對民族國家集體（「林」）的忠誠。「青萍」句用宋玉〈風賦〉「夫風生於地，起於青萍之末」典，[62]暗示宏大的歷史往往肇端於細微事件。恰是

56 哀輯的電文見：國民黨黨史委員會編，《傀儡組織》，冊三，頁五五－七六。

57 胡適一九三八年十二月二十九日電，國史館檔案（118-010100-0056-044）。

58 李志毓，《驚弦》，頁二二四。

59 陶恆生，《「高陶事件」始末》，頁一一八－一二七；犬養健，《揚子江は今も流れている》，頁一〇七－一〇八。

60 汪精衛，〈正月的回憶〉，頁四三－四四。

61 此處我用的是此詞第一次發表的版本，見《汪精衛詩詞新編》，頁二〇一－二〇五；原稿見胡佛研究所藏汪精衛檔案（021c_011：021a_061）。最後兩句與今本有所不同，詳見下文說明。今本見 SZL 306。

62 蕭統，《昭明文選》，卷一三，頁五八二。

這股歷史的「驚飆」將無限流連徘徊的「葉」吹落林端，付諸流水。寒根、老枝為耐寒、堅守的意象，落葉因此與它們絮語，互訴情意。下闋中，汪暗示儘管有一些小小的勝利（「菊芳蘭秀」），這還不足以代表局勢已經逆轉，因為從秋天到春天之間還需要經過一場寒冬。秋的「摵摵蕭蕭」象徵著他自己針對抗戰政策令人不快的喋喋不休。流水的「餘馨」也許象徵著他對自己「不求諒於天下，自必見諒於後世」的信心。最後兩句則想像了秣陵（南京）遭遇兵災後的荒蕪淒慘景象。國民政府高層在漢口已經收到南京遭遇屠殺的報告；汪精衛用南京屠殺來提喻戰爭的生命代價。值得注意的是，當此詩於一九四〇年十二月發表於《同聲月刊》時，最後兩句已經改為「儘歲暮天寒、冰霜追逐千萬程」。[63]透過改寫，結句更加具有弘毅高遠的氣象，消解了原詩蕭瑟孤寒的意味。當然，這也可能是因為在南京組府之後，不論出於不得已還是不情願，汪政府文人的詩歌普遍避免明顯指涉南京屠殺的緣故（見第六章）。

筆者在胡佛研究所見到的此詞原稿寫在榮寶齋花箋上，謄寫兩次，與其他手稿相比塗抹痕跡嚴重，幾乎不可辨認，可見作者心緒處於劇烈紊亂之中，是以反覆修改此詞。汪精衛將它抄送重慶友人，並發表在四月初的香港《南華日報》上。[64]吳稚暉以嘲諷謾罵的語氣唱和了此詞、用「落葉」來諷刺汪精衛氣節不堅定之後，海內外類似反其意唱和的譴責之作不在少數。[65]但也有讀者為詞中的情意所感動。龍榆生便承認，恰是此詞讓他信服汪精衛和平運動的誠意，促使他日後決定從同情者成為追隨者。[66]

鑑於日方的猶疑，汪精衛嚴肅考慮過出國的選項。高宗武之前就已經告訴過日方，如果近衛的聲明條件不能令人滿意，汪精衛將去法國。[67]重慶亦有此念。十二月二十九日，郭泰祺大使遵照蔣介石指使致電汪精衛，建議他去歐洲暫時休養。[68]鑑於汪精衛對歐洲、特別是法國的感情，這不失為一條優雅的出路。但此時，曾仲鳴的遇刺戲劇性地改變了「和平運動」之於汪精衛的意義。奇特的是，儘管我們有多種目擊證人的證言，河內高朗街（法文 Rue Colombe）一九三九年三月二十一日的凌晨到底發生了什麼，至今仍是謎團重重的「羅生門」。

河內羅生門

影佐禎昭推薦河內為汪精衛的中途站，原因是作為法國殖民地，只有法國人允許在河內攜帶

---

63 汪精衛，〈憶舊遊．落葉〉，《同聲月刊》創刊號（一九四〇年十二月），頁一一六。胡佛研究所藏汪精衛檔案的《掃葉集》謄寫稿中，最後兩句有汪精衛親手塗改的痕跡，可見是詩集出版前定稿的。

64 一九四〇年四月二日至十一日的報紙惜不存，故無法確定具體的發表日期。

65 吳詞見：SZL 307。高嘉謙〈赤道上的風土〉（頁一三）引用了南洋華僑的諷刺詞作。

66 《汪精衛先生行實錄》龍榆生序；亦見：張暉，《龍榆生先生年譜》，頁九七。

67 犬養健，《揚子江は今も流れている》，頁九八。

68 國史館〈汪兆銘叛國案〉檔案（001-10310-0001-030a）。

武器，因此是相對安全的地帶。此外，汪精衛家庭及親友多名成員在法國長大，與殖民地政府溝通比較便利。[69]

汪精衛前往河內後，龍雲猶豫不決。十二月二十日，他給蔣介石發了電報，報告汪精衛在去河內的途中因為健康問題短暫停留昆明治病。情知不實的蔣介石在二十七日才回覆，嚴厲警告龍雲日本人的不可靠，這似乎說服了龍雲。一天後，龍雲來電懇請對汪精衛寬大處置。[70]〈豔電〉發表之後，海內外對汪精衛的強烈聲討可能終於幫助龍雲下定了決心。一月六日，他告訴蔣介石自己收到一封汪精衛的密信，是陳昌祖轉交給他的。龍也提到汪氏夫婦在考慮赴法的選項，但他建議允許汪精衛返回重慶，一則以示寬大，二則有利監控。蔣介石兩天後回覆說，汪還是赴法為宜。[71]

汪精衛家庭及其親友（包括朱執信女兒朱媺、陳昌祖和曾仲鳴家的小輩等）、僕從、侍衛（未攜槍）二十餘人住在河內高朗街二十五、二十七號，這是高牆濃蔭庇護的兩座西式聯棟三層小樓。[72]二月十五日，重慶特使谷正鼎（一九〇三－一九七四）來到河內，給他們送來出國的護照。有關此行記述不一。何孟恆回憶說，汪精衛告訴谷正鼎：「如果主張得到當局的採納，個人不成問題，願意出國。如果直接交涉與國際調停同時進行，就願以在野的身分從旁協助。但當局如果不下決心，讓局面繼續拖延，就算已經離開，也會趕回來。」[73]另一種說法是谷正鼎優先考慮的是把汪精衛帶回重慶，但是汪拒絕了，選擇赴法。[74]根據曾仲鳴次子曾仲魯的回憶（應當出自方君璧），谷正鼎帶來的三本護照有兩本是紅皮外交護照，分別給陳璧君和曾仲鳴，而汪精衛因為已經被開除黨籍、撤銷職務，只拿到黑皮私人護照。汪精衛被激怒了，要求三人用同樣護照，因此雙方爭執，拖延到三月。[75]

雖然具體細節略有不同，但各種回憶都證明，法國的選項對汪派越來越有吸引力，但汪派人員並沒有停止探索其他的可能性。一九三九年初，他們與日本政府的祕密接觸始終未停，儘管以零星的分頭行動為主。蔣介石得到的情報是汪派在上海、尤其香港在建設組織。[76]高宗武尤其活

---

69 邦克宣稱曾仲鳴之死使得汪精衛無法前往法國，因為「汪精衛隨行人員中再無人」能說流暢的法語；見 *The Peace Conspiracy*, 131。這是不確實的。

70 汪兆銘叛國案，國史館檔案（001-103100-0001）。

71 電報載：國民黨黨史委員會，《傀儡組織》，第三冊，頁五〇，五四－五五。

72 本書英文版所記述的高朗街法文名作 Rue Riz Marché，今從實地訪問過的曾仲魯先生回憶修改（二〇二三年十一月六日微信交流）。原樓今已無存，重建為聯合國兒童基金會會址。我對汪氏一行在河內行動的描述主要基於：Chen, Changzu, *Memoirs of a Citizen*, 109-110；何孟恆，《雲煙散憶》，頁一四〇－一五一；何孟恆，《汪精衛生平與理念》，頁一三五－一三八。同時也參照了金雄白《汪政權的開場與收場》、曾仲魯口述回憶〈紛亂家國事〉的記述。

73 何孟恆，《汪精衛生平與理念》，頁一三三。

74 金雄白，《汪政權的開場與收場》，冊一，頁二二一。

75 曾仲魯，〈紛亂家國事〉。

76 李志毓，《驚弦》，頁二三四－二三九。

躍。二月一日，高自香港來河內，逗留了五天。他發現汪因為跌倒，一條腿輕微骨折，「顯得非常憂鬱」。汪要求高去一趟東京，帶信給日本領導人物，信中請求日本不要食言，真正改變對華政策。高宗武相信，汪內心的確相信自己的行動是為了中日最高利益，希望在中國徹底毀滅之前，兩國恢復和平關係。[77]三月十八日，日本駐香港領館告知高宗武，汪派活動的經費將來自日本截留的中國關餘。

同時，蔣介石敏銳察覺到戰爭走向正在起變化。二月十日，海南島淪陷。次日，蔣介石召開新聞記者會，指出這是「太平洋上之『九一八』」，日本占領海南島後，「不僅能完全阻斷香港與新加坡間之交通，切斷新加坡與澳洲間之聯絡，而且使菲律賓亦受其控制，此不僅直接威脅法屬安南，實為完全控制太平洋海權之發軔」。[78]換言之，日本的擴張開始危及英法殖民利益和美國的海上霸權。高宗武研究了講話後，認為蔣介石對抗戰前途開始流露樂觀情緒。[79]

整整三個月，汪派人員頻繁見面，斟酌去向。滯留淪陷的北平、已經出任北大圖書館長的周作人警告陶希聖「幹不得」，因為周冷眼看到，日本少壯軍人跋扈而狹隘善變，就連宇垣一成大將且不被他們放在眼裡，更何況一位外國政客。[80]

但就在這動搖與猶疑間，曾仲鳴的刺殺事件深深震撼了汪精衛。禍出不測。三月二十日，谷正鼎結束了對河內的第二次來訪。按照金雄白的說法，谷氏此次方帶來歐洲之行的護照和經費。[81]谷氏離開後，因為陽光晴好，加上一個月前汪文惺、何孟恆的婚禮，汪氏全家都覺得身心愉悅，想要喝海鮮湯，遂決定一起乘兩部汽車去三桃海灘。出發不久便有法國警察打斷了他們的旅程，警告說有人跟蹤。[82]下午午休時，有男子出現在門口，聲稱是房東派來的油漆匠，要丈量房屋大小，以計算工資。由於他堅持要進入每個房間，終於被打發走了。

一月以來，軍統特務便陸續來到河內。他們的隊長是富有經驗的情報人員及刺客陳恭澍（一九〇七－？），接受戴笠直接領導。但是陳恭澍的回憶錄與汪家親歷證人的回憶頗有齟齬之處，以致認真的讀者不免懷疑他們說的是否是同一場暗殺。按照陳恭澍的說法，他們的工作重心最初在於搜集情報和監視。但三月十九日，他們忽然收到戴笠的緊急密電，原文大意是：「着即對汪逆精衛予以嚴厲制裁！」電報未署名。這是他第一次收到用「逆」字稱呼汪精衛的電報，意味著對其叛國的定調，他們的工作性質也從此突然變成了暗殺。二十日尾隨汪氏一家的確實是陳恭澍的手下，但是卻因為路上車多跟丟了。頗感氣惱的特工們於是決定晚上襲擊汪宅。此前的夜間監

77　高宗武，〈深入虎穴〉（二），《傳記文學》第八十九卷第六期，頁九九。
78　〈蔣委員長談話〉，《申報》（上海），一九三九年二月十三日。
79　犬養健，《揚子江は今も流れている》，頁一一六－一一八。
80　陶希聖，《潮流與點滴》，頁一六〇－一六一。關於周作人的合作，參見：木山英雄，《北京苦住庵記》。
81　金雄白，《汪政權的開場與收場》，冊一，頁二二。或懷疑谷正鼎是否真的來過兩次。蔡德金只記述了二月的來訪；見《汪精衛評傳》，頁三〇三。
82　詳見：何孟恆，《汪精衛生平與理念》，頁一三三－一三五。

視報告說，汪精衛的臥室是二十七號的二樓。剛過了半夜，刺客躍入院內，用斧頭劈開二十七號的大門，直衝汪精衛臥室。坐在外面的汽車裡等待接應逃跑的陳恭澍聲稱自己聽到了五、六發槍聲。他後來接到的報告說，前幾發是警告樓下忽然冒出的一名不明人員的，後三發通過臥室門上劈開的一個洞射向床下半被遮擋的人形，他們相信這是汪精衛，得手後就立刻撤出，總用時不超過四、五分鐘。但不是所有刺客都回到了陳恭澍的車裡。當越南警察抵達現場時，他們發現院中還有三名殺手，在現場滯留了大約一個小時，並且還聽到了汪家有人（朱媺）用法語給醫院打電話叫救護車。陳恭澍直到次日下午才發現他們誤殺了他人。陳恭澍也讀到了另一分匿名軍統報告，有可能是他們小組中其他人寫的，其中聲稱汪精衛和曾仲鳴當夜換了房間。陳恭澍本人並不相信這種說法。[83]陳恭澍也沒有提到二十日下午往汪家派油漆匠的事。

何孟恆和陳昌祖對事件的回憶則不同。他們都記得襲擊發生在凌晨兩點，而非半夜，時長遠不止四、五分鐘，發射的子彈數和受傷人數也要多得多。何孟恆記得曾仲鳴胸腹中彈有十餘發，方君璧身上有四處槍傷，樓下受傷的還有三人。陳昌祖回憶說曾仲鳴是躺在床上，不是藏在床下。[84]這一點，加之刺殺行動的領頭者認識曾仲鳴、房間裡且有微弱燈光，都讓混淆曾、汪的說法顯得奇怪。何況宅中諸人手無寸鐵，刺客完全可以闖入房間去檢查身分。此外，汪精衛的臥室是二十五號二樓。儘管他白天有時候用二十七號的這個房間接待客人，但是如果按照陳恭澍所言，此前的情報偵察確實是晚上做的，那麼刺客也不該混淆房間。

傷者被送往法國陸軍醫院。被槍聲驚醒的汪精衛為何孟恆所制止，沒有進入二十七號查看曾仲鳴傷勢，直到下午才得以來到醫院。曾仲鳴臨終之際十分鎮靜，沒有忘記簽署空白支票，因為他掌管汪派財務，沒有他的簽名便無法從銀行提款。他去世的時間是下午四點。

當然，有可能潛伏河內的特務不止陳恭澍小組，甚至陳恭澍也不一定能真正指揮自己的手下。他承認戴笠沒有對他吐露全部真相：當他的人員還在受命偵查汪氏在河內的下落時，重慶特使谷正鼎都能直接拜訪汪宅了。但即便如此，雙方說法的差異之處近乎不可解釋。這些重重疑點自然不免滋養陰謀論。金雄白提到的就有三種說法：第一，隨便殺一個人，向汪精衛警告；第二，鑑於汪氏性格衝動，與曾仲鳴又情同父兄，有意「誤殺」曾仲鳴，激起汪氏憤怒，迫使他採取行動；第三，蔣汪雙簧，讓戲演得逼真。[85]第三種說法顯然不經，因為汪精衛是不可能同意演這種雙簧的。第一種說法也與陳恭澍收到的電報內容不符，除非他的回憶有意混淆真相。第二種

83 陳恭澍，《河內汪案始末》，頁一九三—二三一。

84 何孟恆，《汪精衛生平與理念》，頁一三五—一三七；何孟恆，《雲煙散憶》，頁一四〇—一四五；Chen, C.; *Memoirs of a Citizen*, 110-113。金雄白《汪政權的開場與後場》（冊一，頁二一一—二一四；冊五，頁四一—四四）的講述結合了周佛海、林柏生、何孟恆等人的回憶。曾仲魯〈紛亂家國事〉稱光是在曾仲鳴、方君璧房間裡就找到了四十餘發子彈。

85 金雄白，《汪政權的開場與後場》，冊五，頁四八。

雖然相對較有可能，但是未免深心過甚，將未來的叵測事件都以後見之明斷定為可預見且掌控的。所以在有可靠證據浮現之前，都未可採信。無論事實如何，戴笠也對行動不成功的陳恭澍展示了罕見的寬厚：他不但沒有受到懲罰，而且還升任上海站長。他後來於一九四一年十月二十九日被汪政權的特工俘虜，但李士群（一九〇五－一九四三）不但沒有殺他，還錄用了他。陳恭澍自己的理論是在日本人看來他活著比較有用，因此汪精衛夫婦雖然恨他，也無可奈何。[86]但這一自負的猜想並無證據。陳恭澍作為雙面間諜一直工作到抗戰結束，後來在臺灣退休。蔣介石不論在日記裡還是別處都沒有提到過這樁暗殺。他的沉默意味著他對天下後世的日記讀者們諱莫如深，這也許是他首可了暗殺令、或至少知情的最好證明。

曾仲鳴的罹難給了汪精衛沉重打擊。儘管一月也發生了林柏生在香港被斧頭攻擊的事件，但他顯然沒有料到自己或身邊的親人會成為暗殺的對象。在汪看來，這意味著蔣介石不再容忍他哪怕只在臥榻旁安睡了，因為他的存在就是對蔣的挑戰。悲痛之際，汪精衛於四月一日在《南華日報》發表文章〈舉一個例〉。文章首先引用了曾仲鳴的遺言：「國事有汪先生，家事有吾妻，我沒有什麼不放心的。」因為曾仲鳴之死在汪看來是為國而死，也是因為與自己相同的國事主張而死，因此他發表證據，表明主和並非自己一人的主張，而是國民黨最高機關經過討論共同決定的主張。他所舉的例子，就是漢口舉行的國防最高會議第五十四次常務委員會議同意陶特曼調停條件的報告。汪聲稱自己發表此報告是因為此事已成過去，其他證據雖多，但「其性質尚未過去，為國家利害計，有嚴守祕密之必要」，便暫不公布。他主張近衛的條件同樣可以成為和平談判的基礎，何況此刻中國國土淪陷比一九三八年初更甚。中日全面戰爭的結果只有兩敗俱傷，所以唯一的出路就是共同生存、共同發達。他希望曾仲鳴的血將成為照耀和平之路的火炬。[87]

這篇文章令蔣介石十分難堪。吳稚暉立刻發文駁斥，指責汪精衛洩露政府機密、偽造會議紀錄，[88]儘管這兩條罪名似有互相矛盾之嫌。但會議原始紀錄並沒有公布以證實吳的指控。[89]自此，兩個陣營之間撕下了客套的面具。但這一激化也意味著對重慶而言，和談的道路已經關閉了。[90]倘若汪的初心確實是調停重慶、東京，那麼這篇文章的發表卻斷了他獲得重慶諒解之路，讓他今後的行動日益不可逆轉。

在日本一方，始終猶豫如何對待汪精衛的平沼內閣如今感到必須保護自己得來不易的資產了。事件後兩天，五相會議決定立刻派遣影佐禎昭和犬養健（一八九六－一九六〇）前往河內。國會

---

86 陳恭澍，《抗戰後期反間活動》，頁五－六。

87 汪精衛，〈舉一個例〉，《南華日報》，一九三九年四月一日。亦見：國民黨黨史委員會，《傀儡組織》，冊三，頁七八－八四。

88 吳稚暉，〈對汪精衛〈舉一個例〉的進一解〉。

89 會議原始紀錄見：國民黨黨史委員會，《傀儡組織》，冊三，頁七－一五。事實上，汪精衛發表的紀錄和原始紀錄相比只有細微不同，主要是在對話部分，有可能他是根據記憶複述的。

90 羅久蓉，〈中日戰爭時期蔣汪雙簧論述〉，頁一七四。

議員犬養健是前首相犬養毅之子。他經歷了父親被軍國主義分子刺殺之痛，更不能忘卻狂熱的日本民眾如何為刺殺他父親的凶手喝彩。這份清醒的創痛記憶足以成為他面對軍國主義的解毒劑。

曾仲鳴之死也標誌著血腥的冤冤相報的開始。汪精衛的外甥沈崧（一八九四－一九三九）是年八月在香港被暗殺。汪精衛和他的追隨者們感到自我保護的緊迫性。由於他們缺乏武力支持，他們不能不求助於日本人，建立特工隊伍，因此逐漸導致臭名昭著的「七十六號」特務組織的成立，其名稱來源於總部所在的上海極司菲爾路（今延安西路）門牌號。這個藏汙納垢的組織由前軍統特工丁默邨（一九〇一－一九四七）、中統特工李士群領導。二人此前便已經投靠日本，如今被交給了汪組織，但後者事實上只有名義的控制權。上海抗戰期間血腥而詭譎的諜戰成為歷史上一頁奇異的篇章。[91]

曾仲鳴的獻身在汪精衛心頭留下了無法抹去的血痕。他後期不少詩詞都提到曾氏之死，也顯示出倖存者的內疚。此事件堅定了汪精衛尋求與日和談的決心。如他在一九四三年三月二十三日在廣州植樹紀念曾仲鳴、沈崧之死的一首詩裡寫道的：「收拾舊山河，勿負故人心。」（SZL 331）另一首大約作於一九四〇年夏的〈虞美人〉詞（SZL 309），以汪精衛作為「孤燕」的自我形象開篇：

空梁曾是營巢處，零落年時侶。天南地北幾經過，到眼殘山賸水已無多。

夜深案牘明燈火，閣筆淒然我。故人熱血不空流，挽作天河一洗為神州。

燕子是群居的候鳥。透過燕子的眼睛，詩人在空中俯瞰神州山河，亦即「主權」的象徵。燕子伴侶的零落象徵著對中國的蠶食。汪精衛的孤鳥形象也提醒讀者「精衛」這一象徵了決斷和奉獻的意象。下闋裡，汪精衛展現自己辛勤伏案工作、直至夜闌。第六句是全詩的關鍵。透過倒裝句法，讀者首先看到的是一個富有意味的動作（「閣筆」），然後是詩人的內心情感（「淒然」），最後才是抒情主體（「我」）。用「我」做韻字，筆力千鈞，將抒情主體性呈現為全詩的情感焦點。這個富有動感的詩句也帶來一種情感的變化：從淒然到決然。最後一句裡，烈士的鮮血成為「天河」，可以蕩滌神州的汙穢——但到底所要蕩滌的對象是什麼，詩人卻並沒有透露。

回到南京後，汪精衛試圖建立曾仲鳴的烈士崇拜。一九四二年起，宣傳部每逢曾仲鳴的忌日都會舉行紀念活動。[92]由於此日恰逢孫中山的忌日（三月十二日）與改組南京政府成立之日（三月三十日）之間，它便成為汪政權所宣傳的創始神話之一部分。然而曾仲鳴的烈士崇拜似乎只對汪精衛有特別的意義。汪氏去世之後，一九四五年春宣傳部便沒有再提及曾仲鳴的忌日，儘管另

91 Wakeman, *The Shanghai Badlands*, 85-87.

92 見中國第二歷史檔案館汪政權宣傳部檔案，檔號 2010-4092，2003-2034，頁三二七、五六三。

外兩個日期還是在蕭颯氣氛下例行舉辦了紀念活動。93

歸鳥

從河內回到南京的歸途是漫長而曲折的。當汪精衛走到終點時，他將成為一個象徵、一個謎語。對他的追隨者和同情者而言，他是隻手拯救中國半壁江山和億萬黎民於水火的偶像，甚至被比擬成地獄不空誓不成佛的菩薩。對其他許多人而言，他的名字將成為漢奸、叛徒、賣國賊的代名詞。透過對叛徒的仇恨，抗日陣營達到了空前的團結。至於對日本政府而言，汪精衛的角色和價值不斷隨著戰爭情境而演變，有時候似乎同時是資產、傀儡、敵人和夥伴。

經過長達半年的接洽和斡旋，影佐與犬養成為最早見到汪精衛本人的日本特使。他們乘租借的商用輪船北光丸，使用假護照，於四月十六日抵達法屬印度支那。他們發現汪精衛又深陷另一場醜聞之中。十一天前，重慶《大公報》發表了一封所謂祕密協議，稱是高宗武在二月下旬代表汪派達成的。這份計畫裡，汪精衛建議在所有主要日占城市設立國民黨合作組織「反共救國同盟會」；當日軍逼近西安、宜昌、南寧時，汪精衛發表宣言，表示願意擔當「收拾時局實現和平的負責人」，龍雲表明態度，號召西南將領通電響應；汪精衛領導的新國民政府當在一九三九年十月十日於南京成立，成為全中國（滿洲國除外）的統一政府，並成為日本東亞聖戰的盟友；所有活動經費都將由日本政府支付。[94]這份密約的發表立刻在全國掀起輿論大波，汪精衛被指控賣國，高宗武則被懷疑是洩密者。[95]汪精衛發表聲明，否認密約的存在。[96]高宗武則指責日本有意偽造文件、送往重慶，以進一步挑撥蔣汪不合。[97]汪派核心人員產生了深深分歧。高宗武後來聲稱自己意識到日本的不真誠，因此轉而支持赴法的選項。陳公博則建議汪精衛先在香港住一段時間，失去曾仲鳴的悲痛略減之後，再行赴法。周佛海、梅思平則傾向於前往上海的國際租借地。[98]面對紛擾的選項，影佐與犬養的任務就是把汪精衛安全送到日本人手裡。

四月十八日，透過汪精衛的日語祕書周隆庠（一九〇五－一九六九）傳譯，兩位日本使者第一次與汪精衛會晤。汪精衛身著白色長衫，緩步而出，豐神俊朗，其優雅的儀表和真率的談吐深深折服了影佐與犬養。[99]再一次，汪精衛的個人魅力在關鍵時刻發揮了效用。如果說一九一〇年由於肅親王對他的欣賞而免於死刑是出乎預料的話，那麼在接下來的數十年裡，他的卡里斯瑪已

93 見中國第二歷史檔案館汪政權宣傳部檔案，檔號 2003-2032。
94 蔡德金，《汪精衛評傳》，頁三二〇－三二七。
95 犬養健，《揚子江は今も流れている》，頁一三二－一四一。
96 汪精衛，〈重要聲明〉（一九三九年四月九日），載：《汪主席和平建國言論集》，頁三七。
97 高宗武，〈深入虎穴〉（三），《傳記文學》二〇〇七年第九十卷第一期，頁九四。
98 同上，頁九三－九四。遺憾的是，周佛海一九三九年的日記不幸遺失，無法提供佐證。
99 犬養健，《揚子江は今も流れている》，頁一四三。

經成了運用成熟的政治武器。深受汪精衛的真誠和大公無私精神所動的這兩位使者，日後也將在日本政府與汪派之間扮演奇異的中間人角色。一九三九年八月二十二日於上海成立的「梅機關」一般被視為控制了汪政權命運的傀儡操縱者（以梅命名，是因為汪精衛特別喜好梅花的緣故）。但事實上，在影佐禎昭領導下，它也時常為了汪派向日本內閣力爭更好的條件。影佐此前是提倡侵略政策的鷹派人物，尤其是在滿洲國問題上，但他卻將在一九四二年五月被新首相東條英機解除南京政府最高軍事顧問的職務，原因就是他被認為對中國過於寬大。他被改派到滿洲國，後來又被派往巴布亞紐幾內亞的拉包爾（Rabaul）島。在疾病和死亡的陰影下、盟軍猛烈的轟炸中，他於一九四三年十二月完成了一部回憶錄，為辜負汪精衛的信任、沒能實現中日和平謝罪。[100]事實上，或許也正因為影佐的真誠，汪精衛被誤導相信日本的和平誠意，所以沒有能夠在和談條件日益惡化之際毅然離開談判桌。「真誠」對雙方都成了一把雙刃劍。

上海被選為汪精衛的下一站。汪堅持不乘日本船前往上海、不居住在虹口的日本租界，以免日人羽翼之嫌。但不幸的是，他從法屬印度支那當局租來的一艘七百六十噸小船行駛到海南附近遭遇風暴，近乎傾覆，幸虧排水量五千三百噸的的北光丸趕來救援。五月六日，汪精衛一行到底乘坐日本船抵達了上海。鑑於安全考慮，他不得不在虹口區住了三個星期才搬進愚園路一一三六弄，屬於法租界越界關築的區域。這又堪稱一場公關災難。[101]

抵達上海後，五月二十八日，汪派向日本政府提出〈關於收拾時局的具體辦法〉，包括如下要點：召開國民黨全國代表大會，以建立黨的「法統」；召開包括各黨各派及黨外人士的中央政治會議，以使改組國民政府正當化、批准其人事組成；在南京建立國民政府，並解散現有的南京、北平合作組織，以顯示政府的統一。[102]三天後，汪精衛乘海軍飛機前往日本，以面見平沼首相。他的隨從有十一人，包括周佛海、梅思平、高宗武等。[103]這是近三十年來，除了偶然在日本轉乘航船以外，他第一次回到日本。當他一九一〇年離開日本時，不少學者、政客都對中國現代化進程懷有希望和善意，並在道義和資金上都慷慨襄助了中國的民族革命。今天，這樣真誠的善意已經幾乎蕩然無存了，汪精衛希望訴諸的是日本對自身利益的理性考量。

六月六日，東京五相會議決定新的中國政府應當由汪精衛、吳佩孚（一八七四－一九三九）、維新政府、臨時政府以及「改變主意」的重慶政府組成；成立時間由日本決定；採取分治合作原則；允許國民黨繼續存在的條件是親日、親滿、反共；等等。[104]這份決議的傲慢腔調預示汪精衛的訪問將是不愉快的。雙方條件之間的差距似乎不可彌合。接下來十天之內，汪精衛逐一

100 影佐禎昭，《曽走路我記》，頁七二－七四。
101 犬養健，《揚子江は今も流れている》，頁一四三－一五六；高宗武，〈深入虎穴〉（三），頁九五－九六。
102 〈中國方面提出關於收拾時局的具體辦法〉，載：黃美真、張雲編，《汪精衛國民政府成立》，頁六四－六九。
103 今井武夫，《支那事変の回想》，頁九一。
104 〈樹立新中央政府的方針〉，載：黃美真、張雲編，《汪精衛國民政府成立》，頁八六－八七。

拜會了首相平沼麒一郎、陸軍大臣板垣征四郎、海軍大臣米內光政、大藏大臣石渡莊太郎、外務大臣有田八郎以及前首相近衛文麿。每天回到住所，他都向隨從講述今日會談的經過；每天他的精神都日益萎頓。汪精衛的建議是，日本最好的選擇是與蔣介石達成和談條件；其次是與汪精衛領導下的新國民政府實現和平。如果選擇後者，他的條件是：建立一支五十萬人的軍隊；新國民政府成立後日本即刻撤軍；不干涉中國內政；日、德、義立刻承認其政府；三億日元貸款；對華北行使行政權。日本政客們都禮貌地傾聽著，但隨即便試圖加上許多假設作為接受汪條件的前提。這個過程令汪感到十分屈辱難堪，便決定中止談判，就此離開。聽到這個消息，日本內閣立刻在六月十六日做出了一些讓步，原則上同意了〈關於收拾時局的具體辦法〉，但以「充分尊重我對既成政權的特殊關係」名義堅持分治合作原則，也沒有提撤軍之事。六月十八日，汪精衛到底在此理解基礎上，離開日本、前往天津。據《雙照樓詩詞藁》繫年在此行途中所做的七律〈舟夜〉詩，將在第四章中集中探討。[105]

這一輪談判只是序曲。除了治外法權、日本駐軍和經濟主權等棘手問題，汪精衛堅持「國民政府」在外觀和名稱上的統一性和連續性，包括繼續採用三民主義和青天白日滿地紅旗等。他也堅持要將現有合作政權統一到將來以他為核心的新國民政府之下。這也是燙手的買賣，因為畢竟維新、臨時政府背後撐腰的是彼此角逐的軍方勢力。南京陷落後，華北方面軍邀請王克敏出山建立了北平臨時政府，而華中方面軍則在一九三八年三月二十八日邀請梁鴻志組建了南京維新政府。王克敏和梁鴻志都曾經是北洋政府舊人，他們的政府也都採用了五色旗，這是反對國民黨的最直觀的視覺訊號。讓他們不但臣服於「後來者」的汪精衛之下，而且採用國民政府的旗幟和名稱，這顯然是困難的。[106]汪精衛的目標不啻於在淪陷區重建國民黨的法統和權威。但在淪陷區組府、從而無異於與重慶對壘的想法，讓汪精衛的支持者、甚至其日本同情者間產生了分裂。高宗武、西義顯和松本重治都反對此計畫。鑑於高宗武日益流露的悲觀態度，日方選擇的談判對象逐漸變成了更加樂觀的周佛海。

即便獲得了日方的支持，汪精衛感到有必要重新建立法統，以求維護其將來政府的獨立表象。如法國歷史學者馮大偉（David Serfass）注意到的，為了符合孫中山的「訓政」時期方案，建立政權的過程首先應當由黨啟動。在淪陷中國重組國民黨正統因此成為在南京重建合法政權的前提，也是新政府能夠與重慶對壘、合法宣示權威的前提。[107]一九三九年八月二十八日，國民黨六大在上海舉行。多數改組派成員拒絕與會，而新加入汪精衛麾下的ＣＣ派成員卻得以大肆招賢

105 關於談話具體內容，見：黃美真、張雲編，《汪精衛國民政府成立》，頁八八－一〇八。日方最終意見見：〈華方提出的有關收拾時局的具體辦法和日方的意見〉，同上，頁一一七－一二二。這次會談過程的敘述亦見：Bunker, *The Peace Conspiracy*, 157-162；高宗武，〈深入虎穴〉（三），頁九七－九八。

106 關於汪精衛與他們的談話內容，載：黃美真、張雲編，《汪精衛國民政府成立》，頁一四〇－一四四。

107 Serfass, "Democracy through Collaboration?"

圖 14　汪精衛脫離重慶之後的第一次公眾亮相，身著深色西服、領帶肖像，攝於 1939 年 7 月 12 日，上海。日布時事圖像檔案，「外人」攝影集。
版權所有者：Hawaii Times Photo Archives Foundation; digitization: Densho; bilingual metadata: Hoover Institution Library & Archives and National Museum of Japanese History. URL: https://hojishinbun.hoover.org/en/newspapers/A-G388-036.1.1

納士。由於上海本地的三十六名ＣＣ派成員決定支持汪精衛，他們的派系主導了此次大會。[108] 這是未來汪政權內部公館派（汪陳夫婦身邊親信）與周佛海身邊ＣＣ派之間派系之爭的肇端。六大宣言並不譴責抵抗本身，但是譴責蔣介石的方法。它提出汪精衛達成的條件足以實現抵抗的目標，即和平。大會決議包括修改國民黨黨綱、廢除威權主義的總裁制、選舉汪精衛為中央執行委員會主席、宣布三民主義（有所重新闡釋）為最高原則、反共、與日本滿洲親善等。就民權而言，決議宣布保護言論集會自由，但共產主義分子不在保護之列。決議宣布召集國民大會、和平實現之後即可頒布憲法。作為多黨合作的重要步驟，其他黨派允許加入中央政治委員會。[109]在某種意義上，汪精衛要建立的政府不僅試圖與重慶抗衡，而且試圖以民主與威權體制抗衡。接下來的一年半裡，推行憲政成為汪派政治藍圖的核心部分。

宣言為彼此分裂傾軋的合作政權提供了調和道路。九月二十日在南京達成的協議名義上宣布國民黨一黨專制結束，即將取而代之的是一個多黨派的聯合政府，並將成立由三分之一國民黨黨員、三分之一現存合作政府人員（以北洋舊人為主）、三分之一小黨派及無黨派人士構成的中央政治會議（相當於議會）。但這種權力的三分法並沒有在未來的汪政權中真正實現。

但最艱難的談判還是與日方長達數月的馬拉松式言詞交涉。如邦克一針見血指出的，汪精衛倘若真正要實現和平運動，則「有賴於彌合中日立場的鴻溝，方法就是向雙方兜售對方並不存在的和解精神」。[110]這場交易注定不會有好結果。在上海的數月間，汪精衛試圖和日本達成協議，以求讓自己的「和平運動」名實相副。問題是日本的貪婪。為了解決日本的中國政策爛攤子，近衛文麿創立了興亞院，這個機構只對首相負責，協調政府各部門與中國相關的活動和經濟計畫。由於其成員來自各個部門，包括外交、財政、陸軍、海軍，它不可避免地又成了權力角逐的競技

108 羅君強，〈對汪偽的回憶〉，頁二五。

109 〈中國國民黨第六次全國代表大會宣言〉（一九三九年八月三十日），載：黃美真、張雲編，《汪精衛國民政府成立》，頁三二四－三三二；〈修訂中國國民黨政綱〉，同上，頁三三三－三三四。

110 Bunker, *The Peace Conspiracy*, 190。此書對談判過程的詳細描述見：頁一七六－一九二。

場。同時，由於參謀本部的人事變動，陸軍軍官影佐禎昭忽然發現自己成了為整個「和平運動」負責的核心人物，頓時成為嫉羨的眾矢之的。[111]當他和犬養健看到興亞院為作為將來與汪派談判的基礎而草擬的祕密文件時，他們為其苛刻所震驚。這份草案是十一月一日在上海向汪派公布的，後者的反應也同樣是驚詫錯愕，因為其條件範圍之廣泛和嚴苛明顯超過一年前的上海會談達成的《重光堂協議》及〈近衛聲明〉的宗旨與範圍，包括駐兵、顧問、華北自治、蒙疆地區、長江下游、鐵路航空、警察軍隊等種種問題。[112]在汪派人員的強烈抗議之下，影佐禎昭換上了兩幅面孔。白天在談判桌上，他是強硬嚴厲的；每天晚上，犬養健都會和周佛海祕密會面，以達成更加溫和的條件，次日影佐就會提出這些條件來作為下一輪談判的基礎。

陶希聖為談判的方向感到不安。他警告汪精衛，日本的計畫是要把中國像洋蔥一樣切割，把東北、華北、華中、華南和海南島劃分為五層，每層都在不同程度上關係到日本的根本利益，而邊疆地區則由蘇聯和中共劃分，是一個日、蘇瓜分中國的大陰謀。他把這種解釋透過陳璧君轉告給汪精衛之後，次日聽到璧君說，汪精衛一邊聽一邊流淚，「他聽完之後，對我說日本如能征服中國，就來征服好了。他們征服中國不了，要我簽一個字在他的計畫上面。這種文件說不上什麼賣國契。中國不是我賣得了的。我若簽字，就不過是我的賣身契吧」。[113]汪夫婦考慮結束談判、停止一切活動、前往法國。影佐聽到消息後馬上前來見汪，一面在日記本上記錄汪精衛準備好的宣言，一面淚下，眼淚直落在日記本上。汪精衛是日與隨從者說起和影佐會談的經過，提到影佐的眼淚，低聲說道：「看來影佐還是有誠意。」陶希聖站起來發言：「汪先生是不是相信影佐的眼淚？」他的潛臺詞是：這是鱷魚的眼淚。但在座者都高聲斥責他過於刻薄，會議便一哄而散了。次日影佐果然回到東京報告汪精衛的難處，赴法的計畫又一次擱淺。[114]

正如汪精衛的誠意也是他的武器一樣，影佐透過汪精衛和平運動結束戰爭的誠意也成了興亞院的武器。後者似乎在理性與貪欲之間舉棋不定——何況，誰說日本不可能成為「支那事變」的贏家呢？和汪精衛一樣，日本政客們也多是陽明哲學的信徒，相信透過修身而臻於完善的道德主體能夠戰無不勝，這種對主觀精神能動性的極度強調也部分反映在他們戰爭後期近乎自殺性的行徑中。汪同樣將談判視為道德信念的競爭。用陶希聖的話說，「好比喝毒酒，我喝了一口，死了半截，發覺是毒酒，不喝了。汪喝了一口，發覺是毒酒，索性喝了下去」。[115]影佐禎昭改善條件的請求被東京拒絕了。他回到上海之後像是換了個人，毫無耐心、態度強硬、軟硬兼施，逼迫汪派通過日方方案。但就在談判即將破裂之際，影佐忽然又換了面孔，他超出自己的職權，在幾項

---

111 犬養健，《揚子江は今も流れている》，頁一九九－二〇一。
112 陶恆生，《「高陶事件」始末》，頁一七六－一八〇。
113 陶希聖，《潮流與點滴》，頁一六五。
114 同上，頁一六五－一六六。
115 這是陶氏學生何茲全後來回憶的和他在重慶的對話。陶恆生，《「高陶事件」始末》，頁一五三。

關鍵議題上獨斷做出讓步，達成了和平條件。[116]

這份於一九三九年十二月三十日簽署的《日支新關係調整要綱》與原來的條件相比，在十一處大小問題上有所不同，既涉及主權，也涉及名分。長城線被重新畫入華北而非蒙疆，從而隸屬於汪政權的主權區；中國享有對日軍駐紮地域的行政權和管理權；一旦和平實現，日本應當在兩年內完成撤軍；涉及滿洲國的部分，儘管「中國承認滿洲帝國」一語不變，但原文「日本及滿洲承認中國之領土及主權」改為「日本尊重中國的領土和行政的完整及主權的獨立」，避免形成「滿洲國」與日本、中國平起平坐的印象，而且加入了行政完整與主權獨立一語；中國可以自製或向第三國購買武器。未來的汪政權也在經濟政策和人員任命上有更多獨立性，譬如它無需聘請日本政治顧問，顧問也不參與行政。日本仍然享有開發中國資源的特別便利，但是僅限於「華北和蒙疆的特定資源，特別是國防上必要的地下資源」，形式是日華合作開發，其利用「須考慮中國的需要和對日本提供特別的便利」。[117]

是否允許日本在海南設立海軍基地的問題，出乎意料地成為激烈交鋒的焦點。海軍方面的代表是令人生畏的老將須賀彥次郎（一八八九－一九四一）。陳公博專程從香港趕來助陣，與他交鋒。但這次是汪精衛命令陳公博收手的。失望的陳公博於是又回到香港。就連犬養健也惋惜地覺得汪精衛的讓步過於輕易，因為海南的海軍基地意味著日本進軍南太平洋的野心。這項退讓不僅是汪政權的失敗，也部分決定了日本失敗的命運。[118]雖然戰敗之國難免談判桌上的恥辱，但在犬養看來，如果說協議條件需要達到六十分才能讓汪精衛在國人眼裡不被視為賣國賊的話，興亞院的原本條件最多只有三十分；經過他和影佐的努力，終於達到了五十七、五十八分，但到底還是不及格——這兩、三分的距離，用高宗武的話來說，就是救國和賣國之間的距離。[119]

高宗武、陶希聖都藉故沒有出席簽字儀式。雖然和平運動是高宗武一手促成，但他漸漸覺得疏離了其發展態勢。他和日本方面的關係也趨於緊張，甚至相信自己已經成為暗殺對象，性命隨時有不虞之危。他因此說服了陶希聖一起逃離上海。十一月中旬，高宗武祕密把興亞院的條件做了一份拷貝。[120]一九四〇年一月二十二日，香港《大公報》發表了這份文件的影印本，讓人產生這是雙方最終簽署的祕密協議的印象。這是針對汪組織的反宣傳，目的是挫敗所謂和平運動力圖實現真正和平與民族獨立的宣傳。編輯按語將此文件痛斥為：「汪兆銘賣國條件全文，集日閥多年夢想之大成！極中外歷史賣國之罪惡！從現在賣到將來從物資賣到思想！」[121]舉國頓時譁然。

---

116 陶恆生，《「高陶事件」始末》，頁一八二－一八五；影佐禎昭，《曽走路我記》，頁七六－七九。更加詳盡的列舉，請參考：陶恆生，《「高陶事件」始末》，頁二三三－二三八。

117 犬養健，《揚子江は今も流れている》，頁二七八－二八〇。

118 同上，頁一九六、二六八。

119 高宗武回憶錄中對此有詳細敘述；〈深入虎穴〉（三），頁九九－一〇五。

120 《大公報》（香港），一九四〇年一月二十二日。

圖 15　1940 年 1 月青島會議，招待廳的溫室。前排從右至左：汪精衛、王克敏（戴墨鏡）、梁鴻志。日布時事圖像檔案，「外人」攝影集。

版權所有者：Hawaii Times Photo Archives Foundation; digitization: Densho; bilingual metadata: Hoover Institution Library & Archives and National Museum of Japanese History. URL: https://hojishinbun.hoover.org/en/newspapers/A-G388-008.1.1

正在前往青島與現有合作政權談判的汪陣營對此打擊措手不及。周佛海在日記中寫道：「高、陶兩動物，今後誓當殺之也。」[122] 對即將誕生的汪政權，面子和裡子一樣重要。但如今，隨著這份讓他們深感難堪的文件的洩露，主權的幻相破碎瓦解了。儘管如此，汪精衛還是遵守諾言，要求隨從者不要洩露最終簽署的日方有所讓步的祕密條件，這讓今井武夫頗為感動。[123]

唯一讓汪欣慰的是，陳公博本來已經回到香港，但如今在汪派成為眾矢之的之際，卻又回到了汪身邊。多年後，自首繫獄、等待死刑的陳公博寫了首絕句，來解釋自己令人迷惑的行為：

恃此肝膽烈，願為朋友死。祇求心所安，不計身之毀。[124]

出身將門的陳公博是汪精衛身邊最近乎朋友、而非僅僅是追隨者的角色。日後在汪政權，他將首先擔任立法院院長，然後在上海市長傅筱庵被軍統特務刺殺後臨危受命兼任此職，最終在汪精衛病逝後被指定為接班人。一個始終反對「和平運動」者最終代表這場運動接受了審判和懲罰，不可不謂是命運的反諷。

媒體聲討帶來的另一條好消息，就是日本內閣最後批准了影佐做出的有限讓步，包括難度最大的駐軍及鐵路部分。[125]但日方依然堅持要在青天白日滿地紅旗下加繫一條黃色三角布，上書「和平反共建國」。這條三角布成了汪組織心頭揮之不去的陰影。對他們來說，這條醜陋的「豬尾巴」就象徵著他們政權未來妥協的性格。直至三月四日，離汪政權正式成立不到二十天，周佛

122 周佛海，《周佛海日記》（一九四〇年一月二十二日），頁二三五。
123 Bunker, *The Peace Conspiracy*, 208.
124 陳公博，〈卅五年獄中偶感〉，載：陳幹編，《陳公博詩集》，頁六七。
125 影佐禎昭，《曾走路我記》，頁八〇。

圖 16　汪精衛「改組」國民政府的成立。國民政府旗幟下繫了一個小三角旗，上書「和平反共建國」。《南京新報》，1940 年 3 月 31 日。公共領域。

海還威脅日方，黃布不除，絕不組府。但他們最終還是屈服了。三月三十日，廢墟上重生的南京上空重新飛揚起中華民國國旗，旗杆上繫著條小黃色三角布，提醒觀者：一個似是而非的國民政府回來了。但只要在日方不甚注重的地方，汪政府總是試圖除掉黃布、只懸掛國旗，因此這條三角布很少出現在現存圖片資料中。

在犬養健看來，汪精衛拿到的組府條件如此之差，也許是因為內閣和興亞院不少人都不願意和他交涉。他們把汪政權視為暫時的解決方案，要把最好的和平條件留給宴會的主賓：蔣介石。近衛文麿「絕不以蔣介石為談判對手」的宣言是不幸的失語，也是他所有的後繼者都力圖挽回的錯誤。但是汪精衛卻把此話過於當真，浪費了自己的政治資本，最終也消耗了自己的生命。[126]犬養健也注意到，當近衛再次出任首相、與美國交涉以求避免太平洋戰爭的時候，他開出的條件裡涉及中國的部分，幾乎與他一九三八年向高宗武做出的承諾若合符節。但這一次，輪到美國說不了。[127] 近衛再次辭職，東條英機接任首相，太平洋戰爭爆發。倘若近衛文麿從一開始便信守了自己的諾言，這以後戰爭的鮮血是否可以免於無辜流淌呢？

模稜的主權

汪精衛回到的是一座人物皆非的南京城。和上海不同，南京始終沒有褪去省城的「鄉氣」。一九二八年以來，國民政府開始南京的現代化建設，但是在日本侵略之前這一進程尚未完成。臺灣作家吳濁流當時作為記者來到大陸，對南京的印象是既是政治都市，也是田園都市，大南京中看不見一隻工廠的煙囪，蜿蜒三十四公里的城牆圍繞四周，其間有小山、沼澤、大廈，也有菜園、桑園、墓地和粗陋的草屋。寬五十公尺的近代道路貫穿城市南北、東西，但是這幹道卻有時成了羊群家鴨的散步場，有時還點綴著趕著豬群的百姓的身影。荒廢的廣場上堆滿了垃圾。[128]

126 犬養健，《揚子江は今も流れている》，頁二一七—二一八，頁三一一—三一三。

127 犬養健，《揚子江は今も流れている》，頁三一八—三一九。日美談判的詳細經過見：Toland, *Rising Sun*, 67-145, esp. 72, 101-105, 144-145。

128 吳濁流，《南京雜感》，頁五二、五七。

圖 17　汪精衛及同志在中山陵紀念堂的孫中山塑像前宣讀誓詞，1940 年 3 月 19 日。《寫真週報》，1940 年 4 月 3 日第 110 期，頁 4。公共領域。

圖 18　汪精衛及立法委員們拜訪中山陵（未標註時間；根據《寫真週報》第 110 期上一幅照片的對比，可以初步判定為 1940 年 3 月 19 日攝。日布時事圖像檔案，「外人」攝影集。

汪精衛面對的就是這樣一座經過戰火摧殘、又在占領軍驕橫的統治下民氣頹頹的古城廢都。一九四〇年三月十九日，作為組府的準備，汪精衛帶著全體中央政治會議議員拜謁中山陵。那天恰逢淒風苦雨。這群表情嚴肅沉重、身著隆重深色禮服的未來政府要員緩緩拾級爬上三百九十二級臺階，他們的身影在山陵巨大的背景襯托下顯得無限渺小。汪精衛率領眾人在正殿中向四．六公尺高的漢白玉孫中山坐像行禮。面對這位自己曾追隨二十載、親如父兄、也曾有過誤會衝突、如今卻已高居神殿的人物，汪精衛不禁淚下沾襟。當他宣讀〈總理遺囑〉時，大殿裡頓時充滿了眾人的啜泣。[129]汪政權建立的序曲是悲哀而淒楚的。

較為樂觀的周佛海則注意到他們走出正殿的一剎那，陽光透過雲層射了下來。他將之闡釋為政權前途光明的訊號。但是就在同一天，他得知組府時間又要被推遲了：日本內閣想再推一次直接與蔣和談的計畫，今井武夫已經飛往香港，與重慶代表見面。周佛海頗為惱怒，但汪精衛卻立刻同意了。[130]今井所見者自稱是宋子文的弟弟宋子良，但實際上是軍統特務假扮，目的就是為了讓汪組織喪氣。[131]談判既無結果，三月三十日，改組「國民政府」到底在南京成立了。興高采烈的

129 金雄白，《汪政權的開場與收場》，冊一，頁九七。
130 周佛海，《周佛海日記》（一九四〇年三月十九日），頁二六五。
131 此事撲朔迷離的經過，詳見：今井武夫，《支那事変の回想》，頁一一五－一四八。

周佛海在日記裡稱：「本日為余平生第一痛快之日，蓋理想之實現，為人生最得意之事也。」[132]

與周佛海的得意相比，汪精衛卻似乎頗為萎靡。三十日正式舉行的「國府還都」典禮上，據目擊此儀式的金雄白的回憶，身著晨禮服的汪精衛面上全無笑容。汪氏演說一向富有煽動性，生動有力，辯才無礙，但那天他的講演卻十分無趣，聲音也低沉無力。大意是說大亞洲主義是孫中山先生北上經過日本時的最後主張、歷史上絕無百年不和之戰、收拾河山拯救蒼生云云。講完之後典禮就結束了，禮堂前全體攝影，草草收場，也沒有各國使節祝賀。此外令人不快的插曲就是，國民政府前升國旗時因為最初沒有掛黃色三角布，遭日軍槍擊，遂只能降下重新懸掛。那天日本軍人還滿城找青天白日旗當攻擊目標，甚至有毆打懸旗居民的暴行。在金雄白看來，原因是日本軍人覺得三年作戰傷亡累累，只是要把此旗打倒，如今卻滿街滿巷公然掛滿了此旗，所以其心理的不平衡，並不亞於覺得那三角黃布條扎眼的愛國民眾。[133]但這場潦草聯姻帶來的不快插曲都不影響周佛海的心情。他次日日記又稱：「大丈夫最得意者為理想之實行。國民政府還都，青天白日滿地紅重飄揚於石頭城畔，完全繫余一人所發起，以後運動亦以余為中心，人生有此一段，亦不虛生一世也！」[134]由於汪精衛日益消極，而陳公博從來不曾積極，周佛海的確將成為汪政權中最有權勢的人物，集行政、財政、軍事和警察實權於一身。這導致了汪精衛身邊舊人的不滿，從而漸漸形成以陳璧君、梅思平和林柏生為核心的「公館派」。[135]陳公博多被目為公館派成員，但他和周佛海的交情可以回溯到一九二一年中共草創的年代。在汪病逝之後，他們的友善合作對穩定汪政權具有關鍵作用。

〈國民政府還都宣言〉裡，汪精衛稱國民政府的兩大任務是實現和平與實施憲政。[136]就職儀式上，他進一步宣布中國主權獨立、領土完整，中日為兄弟之國，應當在平等互惠經濟合作基礎上實現和平、穩定東亞，這也是儀式之後面對媒體時汪精衛一再重申的。[137]由於美國日益捲入中國的抵抗之中，華盛頓已經在二十九日提前宣布無視汪政府的存在。[138]《紐約時報》是日並且報導重慶街道上樹立起汪精衛、陳璧君跪像，供人唾罵和踐踏。[139]這樣的跪像也將出現在中國各地的街頭巷尾，無形中將汪、陳夫婦比擬為陷害了岳飛的秦檜和王氏。汪精衛成了中國的頭號賣國賊，承受著民眾對中國軍事失利的憤怒和屈辱。

汪政權建立在一系列視覺幻相之上。國民黨元老、重慶國民政府主席林森同樣被選舉為南京

132 周佛海，《周佛海日記》（一九四〇年三月三十日），頁二七二。
133 金雄白，《汪政權的開場與收場》，冊一，頁一〇八－一一〇。
134 周佛海，《周佛海日記》（一九四〇年三月三十一日），頁二七三。
135 關於汪政權中陳璧君的角色，參見：Yick, "'Self-Serving Collaboration'"。
136 〈國民政府還都宣言〉，載：《新東方雜誌》，一九四〇年第一卷第二期，頁一〇三－一〇四。
137 "Wang in Inaugural Defers to Japan," *New York Times*, March 31, 1940.
138 "U.S. Will Ignore New Wang Regime," *New York Times*, March 29, 1940.
139 "Statue Depicts Wang as Traitor," *New York Times*, March 29, 1940.

圖 19　汪精衛國民政府成立，要人集體攝影，1940 年 3 月 30 日。《寫真週報》1940 年 4 月 10 日第 111 期。公共領域。

圖 20　汪政府要人。上排從右至左：汪精衛、梁鴻志、梅思平、丁默邨；中排：陳公博、王揖唐、褚民誼、趙正平、趙毓松、林柏生；下排：溫宗堯、陳群、周佛海、李聖五、諸青來、王克敏。《寫真週報》，1940 年 4 月 3 日第 110 期。公共領域。

的國府主席。但既然他還身在重慶，汪精衛只能以行政院長兼軍事委員會委員長身分代理主席。周佛海任行政院副院長兼財政部長。由於汪政府自稱為全國之內唯一合法的中央政府，重慶方面發布的法令及締結的條約當然無效，並對邊疆地區、後方各省都宣示了想像的主權。事實上，南京對華北的影響力是極其有限的，王克敏的地位由另一位前北洋官僚王揖唐取代，他擔任汪政府考試院長及自六月分起華北政務委員會委員長，這一委員會是華北實際的半自治政府。儘管汪政府已經在日本羽翼下宣稱是與重慶分庭抗禮的中央政府，日本卻並沒有正式承認汪政府，可是同時又派遣了駐南京大使，導致其具體名分和意義含混不明。日本的種種舉措意味著，日本既不否認、亦不明確支持改組國民政府對中國宣示主權。[140]日本的三心二意並沒有逃過合作者們的眼睛。汪精衛任命的外交部長因此也是不懂日文的留法學生褚民誼，儘管法國自始至終都沒有承認汪政府。這一人事任命也是有反諷意義的，汪政府似乎有意以此類動作微妙地表達自己不願遵命的姿態。

由於南京汪政府檔案裡汪精衛的個人資料始終未曾開放，重建他在這一時期的生活是困難的。也許是為尊者諱的緣故，何孟恆和陳昌祖的回憶錄對這一時期也語焉不詳。我們只能從有限紀錄裡窺見一瞥。「還都」之後，汪精衛在占領與譴責的夾縫中工作，精神與肉體的壓力讓他逐漸變成了曾經自己的行走的影子。他的公眾形象一向是莊重溫文的，但如今他卻常常在公開場合淒然落淚或暴躁發怒，這讓熟悉他的人們頗為擔憂。[141]儘管如此，汪精衛依然習慣性地克勤克謹投入工作之中。根據此前發表過的〈汪精衛日記〉，他每天都會客、講演、主持會議、參加宴會、履行外交責任。據何孟恆回憶，汪精衛每週工作六天，除了早上七點散步半小時、午間小睡半小時和用餐時間之外，幾無餘閒。照顧孩子的工作主要落在璧君頭上，由於她的力爭，汪精衛把每天晚飯後的時間留給家人小聚、閒話家常，有時候還在家看電影。因為汪精衛喜歡小孩，每逢星期日，璧君會招來親友們的孩子來讓他分心。曾仲魯記得，自己最快樂的童年回憶就是聽汪精衛用廣東話講故事、看被禁映的好萊塢新片。[142]他好飲紅酒，但因為糖尿病的緣故，只能在晚餐時少量飲酒；他也喜歡中式料理，但同樣為了控制飲食，常用西餐。每天的運動除了例行散步外，只有偶爾時間允許時會游泳。戰前，汪精衛常和家人一起去湯山泡溫泉、吃麵、下棋，但現在由於安全考慮，只能偶爾去住家對面人跡罕至的古林寺。[143]汪精衛在南京的生活，同樣變得封閉而苦悶。

由於梁鴻志拒絕搬出總統府，汪精衛選擇考試院作為自己的辦公室（如今的南京市政府所在地），這也是明朝國子監文廟舊址，太平天國期間被用為屠宰場，故湘軍攻陷南京後曾國藩改立武廟。這是一座歷史悠久、風景優美的建築，旁邊就是古雞鳴寺和北極閣。汪精衛沒有堅持搬進總統府，可能也是為了避免與梁鴻志派敵對的印象。由於汪精衛戰前在陵園新村的別墅被日軍焚毀，他搬進了褚民誼在頤和路上的一座不甚大的現代三層小樓作為官邸，這裡除了安置汪精衛的大家庭，還有時用於會議和官方接待會，其實頗為局促簡樸。[144]須知，當時的南京並不缺身在重

140 就日本的模稜態度，見：Bunker, *The Peace Conspiracy*, 212-216。
141 金雄白，《汪政權的開場與收場》，冊二，頁一七三－一七四。
142 二〇二三年十一月六日微信訪談紀錄。
143 何孟恆，《雲煙散憶》，頁二五一－二五二。
144 現在的地址是頤和路三十四號，總共一千五百四十二平方公尺。相形之下，周佛海的西流灣八號宅有一萬一千三百八十三平方公尺。見：王曉華、陳寧駿，《汪偽國民政府舊址史話》，頁七一－七二。蔣介石的住所之一的美齡宮則有四十八萬五千六百五十平方公尺。朝日新聞歷史寫真中藏有一九四〇年三月十九日拍攝的一張汪精衛官邸起居室的照片（網路照片檔案編號 0000009887）。

慶的國府要員的奢華官邸。汪精衛的辦公室旁邊就緊挨著宋子文的豪宅北極閣1號，但汪政府卻並沒有將此宅充公，只是有時「借用」它來舉行官方宴會。[145]這一細節也同樣折射出汪政府如何努力維持「國府統一」的表象。

自一九四〇年下半年開始，美國日益捲入這場愈演愈烈的大戰。重慶緊守陣地，日本深陷泥沼。日本終於放棄了與重慶透過和平談判達成戰略目的的希望。儘管頗為躊躇疑慮，汪精衛在十一月二十九日正式出任了改組國民政府主席，同時刪去《國民政府組織法》裡「主席不負實際政治責任」及「主席不兼任其他官職」兩條。[146]當然，汪精衛在形式上的獨裁，並不代表具有獨裁的實際執行權力。毋寧說，這體現了汪精衛對改組政府所聲稱具備的「法統」之核心地位。次日，他與日本大使阿部信行（一八七五－一九五三）交換了一份《基本（關係）條約》，日本正式承認改組國民政府為中國的合法全國政府。周佛海在日記裡意味深長地寫道：「過去努力，告一段落，今後另開一新紀元矣。惟此舉是禍是福，人非上帝，未有能預言者。最好汪蔣之間能有默契及了解，一參加日、德、義陣線，一參加英、美陣線。將來無論兩陣線誰勝誰敗，中國均有辦法，否則雙方均孤注一擲，實甚危險。惟兩公雖均有此遠見，惜無此雅量耳。」[147]不論重慶想法如何，是日它以汪兆銘通敵禍國、觸犯懲治漢奸條例為名，通緝懸賞拿辦。汪以下政權的百餘人皆在通緝之列。

近年來若干歷史著作都對汪政權的性格和政策進行了詳細探討，茲不詳引。[148]鑑於此傳記以汪精衛本人為焦點，對汪政權模稜的政治性格和意識形態的分析綜述皆以汪精衛為主角。

縱汪精衛之政治生涯，其主導性的意識形態口號就是實現憲政民主，這既反映他本人理想主義的追求，也是使他有別於政治對手蔣介石的實用手段。在一九四〇年三月三十日發表的〈國民政府還都宣言〉裡，他宣布改組國民政府的首要目標是實現和平、實施憲政。實現和平必須與日本共同努力，本於〈近衛聲明〉所謂善鄰友好、共同防共、經濟提攜的三原則，以樹立中日共存共榮的基礎。而實施憲政的基本要點見諸國民黨第五次、第六次全國代表大會宣言。[149]汪政府從而將自己展示為擁護和平、擁護憲政、反獨裁（蔣介石政府）、反「階級鬥爭」哲學（共產黨）的中堅力量。一九四〇年六月二十七日，憲政實施委員會成立；九月，委員會通過決議，次年一月一日召開國民大會。但是代議制民主將會弱化汪精衛（以及國民黨）的領導角色。[150]汪精衛本

---

145 《周佛海日記》就屢次寫到在宋子文宅的宴會；頁五二九、七四一、七六一。

146 周佛海，《周佛海日記》（一九四〇年十一月二十七、二十八日），頁三八五。

147 周佛海，《周佛海日記》（一九四〇年十一月三十日），頁三八五。

148 例見：小林英夫，《日中戦争と汪兆銘》；柴田哲雄，《協力・抵抗・沉默》；Serfass, "Le gouvernement collaborateur de Wang Jingwei"。

149 黃美真、張雲編，《汪精衛國民政府成立》，頁八二一—八二二。

150 關於汪政權「實施憲政」的構想與具體操作，詳見：関智英，《対日協力者の政治構想：日中戦争とその前後》，頁二八一—三一〇。

人也終於在一九四〇年八月發表〈民權主義前途之展望〉一文，提出應當避免民主政治散漫的流弊、同時不至蹈獨裁政治之武斷，方法就是「以一個黨、一個主義為中心，而聯合其他各黨各派，以共同負荷國家社會重任」。這些少數黨派的意見將被「尊重」，但不致「掣肘」，這在現階段「拚命的世界」裡中國面臨危急存亡之機的時候是「比較最合理的」。[151]是年下半年，汪政權面臨更加緊迫的任務，譬如簽署《基本條約》、配合日本開展東亞聯盟運動、創立中央儲備銀行等等。國民大會被無限延期，憲政主張也就被束之高閣了。

但汪精衛汲汲於茲的憲政計畫也激發了長遠影響。如馮大偉提出的，它的反獨裁口號迫使重慶國民黨重新拾起戰前的憲政進程，也可能為毛澤東在一九四〇年一月發表的〈新民主主義的政治與新民主主義的文化〉（後題為〈新民主主義論〉）講話提供了靈感。[152]在中日戰爭結束後，中共繼續以反獨裁為核心的民主口號來對抗國民黨，而一黨中心聯合各黨各派的「民主集中制」最後成為中華人民共和國的官方制度。

改組國民政府的另一條意識形態正當性來源是孫中山崇拜，這在國民黨內具有公民宗教（civil religion）的意義。儘管汪精衛熟知作為人、具有人之弱點的孫中山，但孫身後的走向神壇對汪、蔣而言都是頗為實用的。汪政權建立後，三民主義重新成為淪陷區學校教育的一部分，孫中山的肖像重新被掛在辦公室裡、印在貨幣上，他的銅像重新樹立在南京市中心，每次聚會前必宣讀〈總理遺囑〉，每年孫中山的生日和忌日都會舉行紀念活動。蔣、汪競相表達對孫的「孝」，以求作為孫中山「法統」而獲得更高的正當性，這體現在重慶於一九四〇年三月二十一日（汪精衛即將「國府還都」之際）正式授予孫中山「國父」稱號，並竭力抬高蔣介石在孫中山身邊的地位。不過，南京的競爭優勢不但在於汪精衛的革命資歷，而且還有占據中山陵的地利。一九四二年春，日本軍隊又在北京協和醫院地下室發現了作為病例樣本保存的孫中山的肝臟。褚民誼因此親自前往北京，護送這件「聖物」回到南京。在舉行了盛大的儀式之後，它終於在一九四二年三月三十日，即「國府還都」二週年紀念之際，重新歸葬中山陵。[153]對國民黨而言，孫中山崇拜是作為世俗宗教的中國民族主義的核心象徵。在日本侵華的第一階段，孫中山崇拜的象徵物都被摧毀、褻瀆。如今，占領者也默認了恢復中國民族主義表述的必要性。下一節將集中討論孫中山崇拜是如何被挪用於大亞洲主義目的的。

就外交關係而言，承認改組國民政府的有納粹德國（猶豫地）、法西斯義大利（欣然地）和佛朗哥獨裁的西班牙。然而法國卻拒絕從命，首先是因為它要在中國和印度支那的利益之間保持微妙平衡，其次也因為法國駐華外交人員分裂成了兩派，各自支持維琪政府和自由法國。[154]但汪

151 汪精衛，〈民權主義前途之展望〉，頁七。
152 Serfass, "Democracy through Collaboration?"
153 謝任，〈淪陷之都〉，頁三八－四七。
154 就西方各國態度，見：Serfass, "Le gouvernement collaborateur de Wang Jingwei," 94-107。

圖 21　汪精衛與從行者在謁見裕仁天皇前在日本皇宮臺階上留影。前排從左至右：林柏生、袁愈佺、梅思平、汪精衛、褚民誼、周佛海、蕭叔宣。

Wang Jingwei and Lin Baisheng photo collection 1940-1944, East Asia Library Special Collections, Stanford University.

圖 22　1943 年 3 月 13 日，日本首相東條英機與汪政府要人在南京合影。前排從右至左：重光葵、東條英機、汪精衛、陳公博、周佛海。

Wang Jingwei and Lin Baisheng photo collection 1940-1944, East Asia Library Special Collections, Stanford University.

政府最重要的外交關係當然是和日本的。一九四一年六月及一九四二年十二月，汪精衛兩次「國事訪問」日本。第二次出訪時，由於日本已經正式承認了改組國民政府是中國的合法政府，他得以入宮覲見了裕仁天皇。此後雙方也簽署了「強化國府」的計畫。[155]一九四二年三月十三日，東條英機首相回訪南京，從而繼續合謀營造雙方的關係是友誼、而非卵翼的印象。

汪政府的外交關係中，最棘手的無過於滿洲國問題了。雖然汪政府不情願地被迫承認後者的獨立國格，但對外的話語策略是十分謹慎的，以免傷害公眾感情。然而一九四二年五月四日，汪精衛卻離開南京，前往滿洲國進行「國事訪問」，北平的周作人也隨從出訪。五月八日，汪精衛與溥儀終於會面了。這顯然是相當尷尬的一場會面。溥儀不會不知道，來訪的這位儒雅國賓就是當年試圖暗殺自己父親的刺客。但坊間所謂溥儀故意給汪精衛難堪的傳聞顯然無稽。不論雙方真實感受如何，他們會面的禮儀是事先與日本協商排練好的，沒有犯錯和偶然的空間。[156]值得注意的是，一九四二年的滿洲國是日本殖民帝國皇冠上的明珠，吸收了日本海外的大部分投資和移民，有著欣欣向榮的重工業和文化產業，年輕人也被動員參加青年聯盟等法西斯化組織，頗有朝

155 日本外務省外交史料，「1940-43 国民政府主席汪兆銘来朝関係一件」（B02030707500）。

156 具體經過見：王斌，〈日本帝國主義的傀儡汪精衛、溥儀會見記〉。這是根據溥儀皇宮檔案寫就的，有相當真實度。

氣蓬勃的氣象。[157]滿洲國建設的成功似乎給汪精衛留下了深刻印象。五月十一日回到南京後的當天下午，他和周佛海、陳公博暢談了一個小時，討論滿洲情形，並決定下半年以青年訓練及幣制改革為中心政策。[158]

一九四〇年底簽署的《基本條約》雖然稱中日互相尊重主權及領土，但卻以共同防共的名義，允許日本在蒙疆和華北一定地區駐屯所需軍隊，這意味著華中、華南原則上屬於汪政府的駐軍和治安區域。駐華日軍應當原則上在「恢復全般的和平、戰爭狀態終了時」，「除根據本日署名之關於日本國、中華民國間基本關係之條約及兩國間之現行條約中所規定之駐屯者外，開始撤退，為期隨治安確立得於二年內撤退完畢」。這條條款雖然還有很多闡釋空間，附屬祕密協議內也給了日本艦船部隊自由出入中華民國領域內全部水域的權力（汪政權並無海軍），但至少確定了戰爭結束後兩年為撤軍期。汪政府的軍隊數量不再受限，也獲得更多建設自己的警察和軍隊的空間。日本顧問的角色被限制於技術和軍事兩方面，其功能也需要由中方決定。[159]儘管離真正的獨立相差甚遠，這些退讓到底加強了汪政權的統治基礎，目的是使之真正能夠配合日本的大東亞戰爭。但汪政權的軍隊並沒有參與前線與重慶政府部隊的作戰，也沒有被部署到太平洋戰場，而是主要用於掃除淪陷區日益增長的共產黨勢力。[160]一九四一年七月一日，清鄉運動開展。汪精衛頗為熱忱地投身其中。他平生第一次作為軍委會主席以軍服造型亮相。在戴杰銘（Jeremy Taylor）看來，這樣的宣傳肖像是「蔣式的」（Changesque），目的在於把汪精衛展現為政治強

圖23　1941年，汪精衛軍服照，南京光藝照相館，梁伯苹攝。

Wang Jingwei and Lin Baisheng photo collection 1940-1944, East Asia Library Special Collections, Stanford University.

人，與戰時樹立的蔣介石個人崇拜競爭。[161] 對日本而言，清除占領時期鄉村的反抗，允許它將更多軍力部署在中國和東南亞前線。對汪政府而言，這是加強自身軍事實力的大好機會，畢竟，軍隊對任何政府而言都是繼續留在權力遊戲中的砝碼。

157 參見：Duara, *Sovereignty and Authenticity*；Suleski, "Northeast China under Japanese Control"；Smith, *Resisting Manchukuo*；Baskett, *The Attractive Empire*；Yang Haosheng, "Songs Transcending Boundaries"。

158 周佛海，《周佛海日記》（一九四二年五月十一日），頁六〇二。

159 〈日汪簽訂《日華基本條約》及《日滿華共同宣言》〉，載：國民黨黨史委員會編，《傀儡組織》，冊三，頁三七五－三八一。

160 Bunker, *The Peace Conspiracy*, 272-274.

161 Taylor, Jeremy, "Republican Personality Cult in Wartime China," 686。另外也參見：Taylor, Jeremy, *Iconographies of Occupation*, chapter 3。

這場沒有前線的軍事戰役也給了它反共的口號以實質含義。汪政府的武裝力量是由各種雜牌或正規軍隊組成的，裡面包括常規軍隊、情報部門、警察武力，以及受控於各種匪徒、強盜、自衛隊和地下宗教等力量的半軍事組織，他們的忠誠也往往是含混的。[162]汪精衛的統帥權大概名義超過實質。但儘管如此，一支近五十萬人的軍事武裝如果能保留到戰後的話，將是汪政府參加戰後的權力角逐的重要棋子，不論哪方贏得戰爭。

經濟政策方面，汪政府最重要的動作之一就是在一九四一年一月六日發行了自己的貨幣「中儲券」，不僅取代法幣和此前合作政權發行的臨時性貨幣，也取代了在華日軍發行的軍票。三月十八日，駐華日軍總司令部也宣布將把臨時軍管下的中國工廠歸還給原來的中國所有者。[163]在某種意義上，汪政府的經濟政策繼續執行了汪精衛和陳公博戰前的國民經濟建設計畫。處境微妙的汪政府，一方面要襄助日本的戰爭機器剝削中國物資，另一方面又要拒絕日本的無度索取，穩定本土環境、保護國民實業。同時，汪政府的中介地位也意味著「和日本直接搜刮相比，合作更容易（讓國民）接受」占領的現狀，讓占領常態化。[164]在汪政府治下，淪陷區的經濟活動在一定程度上恢復了正常的表象，這至少持續到一九四三年初，當日本的太平洋戰爭開始變得絕望的時候，「統製經濟」將商品專營化。但即便如此，淪陷區的生活還是要比「自由中國」（大後方）舒適不少。戰後抵抗戰士們以英雄姿態回到淪陷區時，這種落差不免令他們產生憎恨的情緒。

一九四一年戰爭局勢的演化令周佛海日益相信日本終將戰敗。他過度高估了日本的戰略智慧和軍事能力，低估了中國的後勁，誤判了美國的決心。[165]但即便如此，十二月八日的珍珠港事件還是事發突然，令他震驚。周佛海是日日記寫道：「日、美果真開戰矣！來日大難何以克服耶？」但有意思的是，他認為汪政府最好的策略是「與日本充分協力」，儘管日本政府似乎並不願意汪政府表態。[166]這背後的奧妙，大概是汪政府希望借太平洋戰爭發展自己的政治和軍事勢力，而日本對此向來抱有保留態度、更疑心汪政府「乘火打劫」的緣故。[167]重慶國民政府繼美國之後在一九四一年十二月九日對日本正式宣戰，結束了中日雙方戰而不宣的曖昧狀態。次年夏，東條內閣不得不允許改組國民政府加入軸心國、對英美宣戰，這也等於認可了汪精衛方希望「強化國府」的請求。[168]一九四三年一月九日，汪精衛宣布加入「大東亞戰爭」。[169]汪政府藉機收回

162 劉熙明，《偽軍》，頁二－三、一〇二－一二一、三六七－三七〇。
163 Coble, *Chinese Capitalists in Japan's New Order*, 75.
164 Henriot and Yeh, introduction to *In the Shadow of the Rising Sun*, 10.
165 周佛海，《周佛海日記》（一九四一年二月二十七日，八月二十六日，十月八日，十一月二十七日），頁四二九、五〇九、五二五、五二七。
166 周佛海，《周佛海日記》（一九四一年十二月八日），頁五四八。
167 這也是周佛海對影佐禎昭明言的；周佛海，《周佛海日記》（一九四一年十二月十三日），頁五五〇－五五一。
168 周佛海，《周佛海日記》（一九四二年七月十七日），頁六二七。
169 此次講話錄影保存在ＮＨＫ影像庫，可以在如下網址公開觀看：BBC Motion Gallery，影片編號 750201_005；Getty Images，影片編號 506684467。

了上海的公共租界、取消治外法權，並將一系列具有殖民色彩的地名易幟，如霞飛路改為東泰山路（今淮海路），愛多亞路改為大上海路（今延安東路），福煦路改為洛陽路（今延安中路），大西路改為長安路（今延安西路）一類，所改路名多達兩百四十餘條。[170]由於國民黨自孫中山時代便以收回租界、取消治外法權、廢除不平等條約為急務，周佛海在接收法租界當晚日記寫道：「和平運動至此始有一交代。居心之苦，謀國之忠，天下後世或可見諒也。」[171]當然，就連這點成績，也並非汪政府自己的作為，而是仰仗日本武運的餘暉取得的。

一九四三年二月五日，青天白日滿地紅旗下繫的那條黃色三角布終於被正式解除了。汪政府在獲得完全主權的表象上贏得了重要勝利，哪怕這依然是象徵大於實質的。但如歷史學者所論，這體現了「占領下的權力平衡如何時時刻刻都在做出調整」。[172]戰爭結束之際，與汪政府成立之時相比，它在財政政策上已經獲得了相當的自主能力，其權力也更加深入到南京以外的城鎮鄉間。但是汪政府主要的政治正當性資源從來就不是財政、政治資本抑或軍事實力，而是主要在於精心設計的象徵層面，尤其是在於汪精衛所號稱繼承的孫中山的「法統」，這被他靈敏地用於多種目的，有時支持又有時削弱日本的戰時宣傳。

民族主義與大亞洲主義

汪精衛畢生以民族主義者知名。但在回到南京之後，他的不少公開講話都頻繁擁護日本的戰時「大亞洲主義」（アジア主義）宣傳。但如果仔細傾聽，那麼他講話的字裡行間也時刻尋求重新定義這一宣傳修辭的實質和目的。

大亞洲主義是十九世紀末日本誕生的一種理論，目的在於提倡亞洲民族之間的區域合作，以抵抗西方的殖民勢力。與傳統的以中國為中心的東亞秩序相比，大亞洲主義似乎是更加現代的一種「後設民族主義」（metanationalism）意識形態，加強地區融合力與凝聚力，並服務於去中國中心化的目的。[173]另一方面，傳統的中國中心主義世界觀本身是等級化的，這也刺激某些日本的大東亞主義者想像一個以日本為中心的新東亞。早在一九一〇年，大東亞主義的修辭手段就被日本政客用於為日本吞併朝鮮半島的藉口。[174]二戰中，日本進而藉此把侵略粉飾為反抗西方帝國主義殖民枷鎖、解放亞洲民族的聖戰。如米德所論，「大亞洲主義」迎合了日本民族主義中非理性

170 〈上海特別市政府訓令 中華民國三十二年十月八日（滬市四字第 12468 號）〉。
171 周佛海，《周佛海日記》（一九四三年七月二十四日），頁七七四。
172 Taylor, Jeremy, *Iconographies of Occupation*, 22.
173 Saaler and Szpilman, *Pan-Asianism*, vol. 1: 9.
174 Saaler and Szpilman, *Pan-Asianism*, vol. 1: 10.

的、浪漫的特性，它結合了禪宗、日蓮佛教和納粹德國「血與壤」（Blut und Boden）的種族意識形態，為日本民族對光榮與權力的追逐賦予了高尚意義。[175]相形之下，中國民族主義是更加世俗化的，雖然它也可能飽含愛國主義熱情，但是從未像天皇制日本（以及納粹德國）那樣高度宣揚過精神純潔性。

孫中山去世前取道日本北上時，在神戶做的講演裡也提出了自己大亞洲主義的願景。這有利於汪精衛將之宣揚為孫中山的精神與政治遺產。孫中山在講演裡希望所有殖民、半殖民亞洲國家追隨日本的腳步，自強獨立，並廢除不平等條約。日本對俄戰爭的勝利更作為亞洲民族在近幾百年中第一次戰勝歐洲人的榜樣，激勵其他東方民族（包括埃及、波斯、土耳其等）尋求自己的種族平等與民族崛起。孫中山聲稱，雖然在某些西方學者看來，只有歐洲文化是合乎正義人道的文化，但事實上，歐洲物質文明是科學、功利、專用武力壓迫人的文化，亦即「霸道」的文化；東洋的物質文明雖然不如西方，但卻是仁義道德的文化，亦即「王道」的文化。大亞洲主義恰是以仁義道德為基礎的、恢復亞洲獨立強盛、聯合亞洲各民族尋求一切民眾平等解放的文化。當然，這裡的東西洋並不只是地理概念，譬如在孫中山看來，十月革命後的蘇聯就體現了王道文化。日本已經得到了「歐美的霸道的文化，又有亞洲王道文化的本質，從今以後對於世界文化的前途，究竟是做西方霸道的鷹犬，或是做東方王道的干城，就在你們日本國民去詳審慎擇」。[176]這句意味深長的結語，既可以視為對日本的希望，亦可以讀解為警告。

孫氏的神戶講演在日本被廣為報導，但文字不一，有些報刊刪掉了結尾這段警告。不無反諷意義的是，孫中山邀請日本實行的「王道」，恰被某些軍國主義者用為粉飾侵略的修辭：一九三〇、四〇年代，日本常聲稱自己在滿洲國實行的就是王道，並藉以為「亞洲門羅主義」排他霸權和對華「聖戰」張目。[177]例如平沼騏一郎首相便曾宣稱，日本身膺天命，有義務不惜金錢與人命，幫助墮落的中國重新繁榮。[178]借用儒家的這套道德話語，征服被打扮成救贖。

胡漢民在一九三六年去世前不久，曾對松井石根大將談到，真正的亞洲主義意味著抵抗日本侵略的道德義務，因為沒有平等就無所謂共榮。[179]汪精衛也採用了同樣的修辭策略，只是措辭上更加綿裡藏針。在一九四〇年十一月十二日，孫中山七十四週年誕辰之際，汪精衛做了一場題為〈民族主義與大亞洲主義〉的紀念講話。其中他將平生三大信念，即民族主義、人道主義和大亞洲主義融會貫通起來。他宣布中國自有民族以來就有民族意識，體現在它四千多年的歷史裡；孫中山的貢獻是把以往的民族意識集合起來，加以現代民族意識的陶煉，成為繼往開來的民族主

175 Mitter, *Forgotten Ally*, 54.
176 孫中山，〈對神戶商業會議所等團體的演說〉。
177 Saaler and Szpilman, *Pan-Asianism*, vol. 2: 77-78.
178 Saaler and Szpilman, *Pan-Asianism*, vol. 2: 195.
179 胡漢民，〈大亞細亞主義與抗日〉，載：《胡漢民先生文集》，冊二，頁五三八－五四一。

義，這是沒有任何力量可以摧殘的。只有民族主義能夠喚起中國民眾自覺、團結中國民眾力量；只有大亞洲主義能夠喚起東亞民眾自覺、團結東亞民眾力量。汪精衛進而把孫中山的神戶講話和他本人草擬的〈總理遺囑〉結合起來，進一步發揮說，中國必須聯合所有以平等待我之民族共同奮鬥；「如果日本以平等待我，正是大亞洲主義所期望的」。只有共同奮鬥能夠聯合「美國的紅色人種、澳洲的棕色人種、非洲的黑色人種」反抗以經濟侵略為主、以武力侵略為輔的帝國主義勢力。[180]可以說，某種意義上，汪精衛晚年所宣揚的大亞洲主義是大寫的民族主義、小寫的人道主義。[181]汪精衛最後宣稱，當今世界大勢，無論在經濟上、軍事上，都已經漸漸地由一國單獨行動而演化為集團行動了，哪怕是強國之間也需要聯合，更何況初起的或者落伍的國家。日本作為先取得自由平等、與中國運命相同的國家，應當成為保障中國獨立自由的盟友。這篇講話結尾一句是：「日本既然盼望中國分擔東亞之責任，當然以平等待我，這是自從〈近衛聲明〉以來，已成為不動之國策、一致之輿論。」這句話，介於「實然」與「當然」之間，更彷彿是話中有話的「譎諫」。

但汪精衛並沒有提到的是中國文化的優越性或獨特性，這一點在他早年的著述中是常常作為民族自豪感的基礎的。中國如今是世界諸多弱國間的一員，哪怕在文化、種族上都與自己的強鄰日本頗為近似。那麼中華民族為什麼值得生存呢？汪精衛此前對「弱者」的倫理維度和對社會達爾文主義的精妙批評都沒有出現在這些講話中，顯示它們的性質更多是宣傳而非思想的。龜田壽夫提出，汪精衛的大亞洲主義既是策略性的、也是真誠的，其動機第一是實用性，以合作為手段為中國淪陷區爭取更多權益，第二也是理想的，希望日本能夠奮起成為想像中最好的自己，放棄滅亡中國的野心，成為懲罰殖民主義的力量。[182]

不論汪精衛的大亞洲主義是否真誠，值得注意的是，他的晚年詩歌從來沒有對大亞洲的光明前景流露出積極想像。縱汪氏政治生涯，他的詩歌展現出來的私人性格，是對他作為政治家和思想者的公共形象的補充。其哲思抒情的氣質，常常為他用散文表述的思辯信念賦予情感的深度。我們此前所討論的民族主義、人道主義等信念都在他的詩歌中得以表述。但他的晚年詩作卻似乎恰恰暗示他公共形象與私人情感之間的齟齬。儘管他詩歌中有的意象似乎象徵了日本主導的東亞，但其色彩是黯淡死灰、充滿暴力陰影的，而非仁義道德主導的光明天下。譬如這首作於一九四〇年重陽之際的〈虞美人〉詞（SZL 312）曰：

> 秋來彫盡青山色，我亦添頭白。獨行踽踽已堪悲，況是天地荊棘欲何歸。
> 閉門不作登高計，也攔茱萸涕。誰云壯士不生還？看取筑聲椎影滿人間。

180 汪精衛，〈民族主義與大亞洲主義〉。

181 許育銘也談到了汪精衛大亞洲主義與其早年信念之間的一致性；見：《汪兆銘與國民政府》，頁九八－一〇三。

182 亀田壽夫，《「汪兆銘政権」の検証》，頁一九－二〇。

下闋反用王維的〈九月九日憶山東兄弟〉詩意，表述對曾仲鳴的懷念。「筑聲椎影」指荊軻刺秦不成後，高漸離、張良等繼起反抗秦之暴政的暗殺行為。秦雖然鞭笞六國、一統天下，但是它的大一統是殘暴而短暫的。汪精衛似乎暗示，日本對東亞各國的征服戰爭也將蹈暴秦的先例，建立的是一個「荊棘」（即苦難）叢生的天下，也終將在反抗中滅亡（以秦擬日本的修辭手段，詳見第五章）。

汪精衛對日本無法踐履自己種族平等理想的失望，也流露在另一首一九四三年所做的〈讀陶詩〉（SZL 336）中，是對陶潛〈贈羊長史〉詩意的詮釋和回應。此序及詩大有深意，值得全文引用：

> 愚觀〈贈羊長史〉詩，知陶公於劉裕之收復關河，不能無拳拳之念。然終於廢然意沮者，以裕之所為，不過自創其子孫帝王萬世之業，充此一念，患得患失，必無所不至。陶公胸次有伯夷之清，孟子所謂「行一不義、殺一不辜而得天下，不為」者，其攢眉而去，亦固其所。史但稱自以曾祖晉室宰輔云云，似未足以盡陶公。而諸家評注惟知著眼於此，可為一歎。裕之手翦燕秦，固快人意，然以汲汲於帝制自為之，故功業不終，致成南北朝擾攘之局，是則全謝山之推崇宋武，亦不免有所偏也。因作此詩。

寄奴人中龍，崛起自布衣。
伯仲視劉季，功更在攘夷。
嗟哉大道隱，天下遂為私。
坐令耿介士，棄之忽如遺。
錢溪始自勵，彭澤終言歸。
豈為恥折腰？恥與素心違。
世無管夷吾，左衽誠可悲。
若無魯仲連，何以張國維？

陶淵明前後出仕歸隱多次。關於他最後一次歸隱的原因，眾說紛紜，有一種傳統觀點認為是因為對劉裕篡位的抵抗。根據這種觀點，淵明在劉裕加封九錫、篡位野心漸露之後恥事二姓，從此不書年號，只書甲子，成為東晉的遺民。[183]汪精衛此詩小序，就是對這種傳統觀念的回應。在他看

183 袁行霈認為陶潛出仕五次，且曾為桓玄幕僚及劉裕參軍（時劉裕討桓玄），此後辭去鎮軍參軍職，出任建威將軍劉敬宣參軍，然後又出任彭澤令，八十餘日後自免去職。在晉宋風雲變幻之際的八年出仕，表明陶潛希望在政治上有所作為的入世願望，但最終依然因為不願意同流合汙、同時對桓玄劉裕輩深深失望，這才最終辭官歸隱。但是忠於晉室之說難以成立，因為晉朝早就名存實亡，陶潛的感慨主要針對政治的混亂和可怕而發，並非只集中於劉裕一人。見：袁行霈，《陶淵明研究》，頁七八－一〇八。

來，陶潛的歸隱不是因為對東晉的愚忠，而是因為對劉裕的失望。陶淵明〈贈羊長史〉詩曰：

愚生三季後，慨然念黃虞。
得知千載外，正賴古人書。
賢聖留餘跡，事事在中都。
豈忘遊心目，關河不可逾。
九域甫已一，逝將理舟輿。
聞君當先邁，負痾不獲俱。
路若經商山，為我少躊躇，
多謝綺與角，精爽今何如？
紫芝誰復采，深谷久應蕪。
駟馬無貰患，貧賤有交娛。
清謠結心曲，人乖運見疏。
擁懷累代下，言盡意不舒。

據劉履《選詩補註》，此詩作於義熙十三年（四一七），是年劉裕借後秦內亂之際出師北伐，入長安，滅後秦。長史羊松齡往關中稱賀，淵明作此詩贈之。[184]然而劉裕到底沒有完成統一中國的志願，而是因為建康空虛便回師篡權，放棄了長安。汪精衛用孟子的「行一不義」句，暗示陶潛對劉裕的失望不是因為劉裕的篡權本身，而是因為他道德上的失敗，即因私廢公。汪認為劉裕有「攘夷」（即反抗外族侵略）之功，但是恰是由於他急於成就自家帝業，「天下為私」，才帶來了南北朝的擾攘之局。這個世界上既需要管仲，襄助齊桓公完成一匡天下的霸業，也需要魯仲連，「義不帝秦」，張揚道德維度。倘若我們把劉裕讀解為日本，那麼這首詩體現的是汪精衛對日本的東亞霸業複雜的情感。一方面，日本從東亞「攘夷」（驅逐西方帝國主義殖民勢力）的努力是值得稱讚的；另一方面，其目的終究不是為了大道，即平等與正義，而是為了成就自己的帝國野望，因此最終不免為正直者所鄙棄。

大亞洲主義中反殖民意識形態的部分對日占下的合作政權而言都是頗為實用的，且常常服務於民族主義的目的。一九四三年十一月五日，大東亞會議在日本國會舉行。自豪感溢於言表的東條英機扮演東道主角色，問候各國代表，包括汪精衛、張景惠（滿洲國）、巴莫（Ba Maw，緬甸）、鮑斯（Subhas Chandra Bose，自由印度）、勞雷爾（José Laurel，菲律賓第二共和國）和

184 歷代注家對羊松齡受何人差遣北上意見不同，但是基本同意此說。見：袁行霈，《陶淵明集箋注》，頁一六一－一六四。

圖 24　1943 年 11 月 5 日，大東亞會議各國領袖在日本國會前合影。從左至右：巴莫、張景惠、汪精衛、東條英機、旺・威泰耶康王子、勞雷爾、鮑斯。每日新聞社，公共領域。
URL: https://commons.wikimedia.org/wiki/File:Greater_East_Asia_Conference.JPG#filelinks

旺・威泰耶康王子（Wan Waithayakon，泰王國）。汪精衛緊隨東條發言，這是對他本人的資歷及中國地位的肯定，但是他的發言頗為乏味，只是一些反擊英美殖民暴力、保衛大東亞的陳詞濫調而已。[185] 相比之下，其他的參與者發言的興致顯得更加真誠。旺・威泰耶康王子、巴莫和鮑斯都就「亞洲夢」（Asian dream）做出了熱情洋溢的講演。南亞代表們也許確實更有理由感謝日本，因為他們最近才得以擺脫西方殖民帝國統治、宣布民族獨立，雖然是在新的日本帝國的羽翼之下。甚至東條也為此時此刻表演出來的大東亞精神所感染，不免讓更加清醒的軍事指揮官們頗感憂慮，生怕他假戲真做。[186]

汪精衛在會議上顯得疲憊而蒼白，但

沒有人意識到他已經病入膏肓。這將是他最後一次主要的公開露面。

收場

鑑於回憶文字、個人檔案的缺失，重構汪精衛晚年的私密生活難度重重。他的詩歌因此成為僅有的、不完美的私人資料，從中我們可以一窺其抒情的主體性。

汪兆銘晚年詩頗可注意的一點是前後期心境的轉折。在他決定與日本合作、建立政權的初期，詩中每多悲苦情懷，常以故人的犧牲（尤其是在河內被軍統特務刺殺的曾仲鳴）自勵。典型有如作於一九三九年春夏間與平沼內閣確立合作意向前後的〈舟夜〉詩：「良友漸隨千劫盡，神州重見百年沉」（SZL 281）；作於一九三九年秋在上海談判確立合作條件期間的〈金縷曲〉：「我亦瘡痍今滿體，忍須臾、一見欃槍掃。逢地下、兩含笑」（SZL 308）；作於一九四〇年春政權建立之後的〈虞美人〉詞：「故人熱血不空流，挽作天河一洗為神州」（SZL 309）；作於一九四〇年夏末的〈滿江紅〉詞：「邦殄更無身可贖，時危未許心能白。但一成一旅起從頭、

185 Toland, *The Rising Sun*, 457。YouTube 等網站可以找到講演錄音錄影片段。
186 Toland, *The Rising Sun*, 455-458.

無遺力」（SZL 310）；同年十月的〈虞美人〉詞：「誰云壯士不生還，看取筑聲椎影滿人間」（SZL 312）；同年十一月一日的〈過陂塘〉詞：「誓窮心力迴天地，未覺道途修阻。君試數、有多少故人，血作江流去」（SZL 315）；次年六月的〈金縷曲〉詞：「賸水殘山嗟滿目，便相逢，勿下新亭淚。為投筆，歌斷指」（SZL 317）等等，不勝枚舉。無論我們對歷史作者的合作動機理解如何，僅就詩歌作品而言，它們展現的是由創痛、傷逝、恥辱、隱忍與決心等多重情感複合的抒情主體性。

然而大約在一九四二年春夏，汪詩風格卻忽然變得沉靜清澈。那些激盪複雜的情感都消失了，宏大的歷史敘事為光風霽月、日常微物所取代，情緒也彷彿變得樂觀。以汪兆銘在一九四二年初作的一首〈梅花絕句〉（SZL 298）為例：

> 梅花有素心，雪月同一色。照徹長夜中，遂令天下白。

世人皆知汪氏好梅，其詩中梅花每每是作者人格的代言。因此梅花的素心是汪氏對自己人格純潔的自信；明澈之月是在夜的黑暗裡照亮雪與梅之本色的光源；「天下大白」，即光明的明天——其具體含義在本詩中雖未明言，但這一時期的其他詩作提供了一些線索。

此詩完成不久，汪氏除夕（二月十四日）所做的〈辛巳除夕寄榆生〉（SZL 298）同樣以梅花自喻：

梅花如故人，閒歲輒一來。
來時披素心，雪月同皚皚。
水仙性狷潔，亦傍南枝開。
忍寒故相待，豈意春風迴。

龍榆生號「忍寒居士」，故詩中以水仙喻之。此詩同樣有忍耐和等待的意象，只是忍耐的是寒冬，等待的是春天。

要理解這兩首詩的情懷，不妨引作於一九四一年深秋的〈菊〉詩（SZL 294）相比較：

忍寒向西風，略見平生志。
一花經九秋，未肯便憔悴。
殘英在枝頭，抱香終不墜。
寒梅初破萼，已值堅冰至。
相逢應一笑，異代有同契。

如果說作〈菊〉詩的時候，作者所預見的還是未來的「堅冰」，梅菊以枝頭抱香相勉勵，要守節度歲寒，那麼在一九四二年除夕，作者則喜曰天下已白、春風將迴。顯然，自冬徂春，改變的是世界戰局：日本在一九四一年十二月七日偷襲珍珠港，太平洋戰事爆發，美國參戰，正式結成世界反法西斯同盟，中國不再是孤軍抗戰。戰局的突變，是汪兆銘沒有預料到的。據金雄白戰後回憶，「太平洋戰事既起，汪氏更清楚地認識到對於國事前途判斷的錯誤，也知道本身未來的命運如何。曾經有一天，他向他的長公子孟晉說：『若中國還能有救，只有希望我是身敗名裂，而我們的家是家破人亡。你必須有這樣的準備，也必須有迎接這未來命運的勇氣。』」[187]金雄白和汪文嬰（孟晉）都在戰後陸續來到香港。金氏的記載，大概是聽作為當事人的汪文嬰轉述的，當然也不排除後見之明、踵事增華的可能性。但這段話透露的汪氏心事消息，和他這段時間的詩意頗可發明，因此至少有真實的可能性。這也意味著，汪詩所謂「天下白」、「春風迴」，乃是中國抗戰勝利的曙光，雖然這是個「明月」不會照耀的早晨、「梅菊」不會經歷的春天。

汪精衛詩集以「雙照樓」為題，用的是杜甫〈月夜〉詩「雙照淚痕乾」的典故。雙照樓頭的明月，首先表達的是汪陳伉儷情深。杜甫想像與妻子重逢是在平亂之後，因此明月也象徵著和平與團圓。但在汪精衛晚年詩作裡，明月首先代表的是一種無私無我的胸襟。譬如一九四二年九月二十四日的〈壬午中秋夜作〉（SZL 327）詩前四句曰：

明月有大度，於物無不容。妍醜雖萬殊，納之清光中。

又如同年秋冬之際應日本駐南京大使重光葵之邀題〈三潭映月圖〉詩（SZL 328）曰：

水色澹而空，月光皎以潔。
水月忽相逢，天地共澄澈。
一月落千波，千波各一月。
空靈極動蕩，涵泳歸靜寂。
我心亦如水，印月了無迹。
願持澹泊姿，共勵貞明節。

兩詩的字面意義都比較顯豁，以月喻道。第二首詩化用了「月印萬川」這一佛家哲學和朱子理學的命題。不過，雖然汪兆銘深受陽明哲學影響，這兩首詩顯然意不在哲學，而是具有諷喻意義。這一時期，汪氏詩中多次抨擊人的貪婪和私欲。如一九四二年夏的〈讀史〉詩（SZL 322）曰：

187 金雄白，《汪政權的開場與收場》（香港：春秋雜誌社，一九五九－一九六五），冊二，頁一〇四。

竊油燈鼠貪無止，飽血帷蚊重不飛。
千古殉財如一轍，然臍還羨董公肥。

據汪氏的理想設計，「和平運動」的參與者必須是不計個人得失的志士，這樣才能行天下之大不韙而不墮其志。但事實每與願違，參與汪政權的雖然也有懷抱理想者，但也成了藏汙納垢的淵藪、淪陷區內各類投機者的舞臺。缺乏治吏的手段和權力的汪精衛，不免為周邊的腐敗和墮落徒感焦慮、無計可施。他預見被棄市燃臍的董卓將成為他政府的先例。所以他在一首〈雜詩〉（一九四三年夏，SZL 334）中感慨：

未能去荒穢，安能儲菁英？
星月有昭質，蕩蕩行空青。
虛中乃翕受，冰雪發其瑩。
非儉不能仁，非廉不能明。
政事亦如此，感慨淚縱橫。

此詩同樣用到「星月」的意象，和「明月有大度」一樣，其昭明與虛蕩是無私的仁政精神的體現。因此不妨說，透過對明月的諷詠，汪氏流露出對無我和大公精神的嚮往和對現實政治的失望與感慨。

把這樣一種感慨寄寓在給日本重臣重光葵的詩裡，就有了另一層意味。前引詩中，汪氏不僅申明「我心亦如水」，也就是重申秉承素心與日本合作、不求一己私利的初衷，同時也願持此「澹泊姿」，與日方「共勵貞明節」，以實現真正的大公、真正的和平。痴人說夢也好、與虎謀皮也罷，這是作為詩人的汪兆銘面對前人後世的自我剖白。

總論之，「明月」意象並非汪氏自擬，而是代表汪氏理想中的世界秩序，也寄寓了他對理想自我的期許。但其無私、坦蕩、仁愛，歸根結柢是人類之闡釋的結果，是人類感情的寄寓，而月本身是超越性的無情的存在。汪氏一生好月。早年每每在渡海時詠月，對月之超越性的嚮往也寄寓著他超脫有限的個人身分、融入無限，亦即對絕對自由的嚮往。一九一八年作的〈太平洋舟中玩月。達爾文嘗云月自地體脫卸而出，其所留之窪痕即今之太平洋也。戲以此意搆為長句〉詩（SZL 68）曰：

地球一角忽飛去，留得茫茫海水平。
卻化月華臨夜靜，頓令波影為秋清。

單衣涼露盈盈在，短鬢微風颯颯生。
斗轉參橫仍不寐，要看霞采半天明。

此詩乃黃遵憲「詩界革命」之流亞，用現代自然科學知識入詩。月亮掙脫地球引力，獲得相對自由，又反過來照亮地球的黑夜。這種自由感同樣體現在次年另一首〈自上海放舟，橫太平洋經美洲赴法國，舟中感賦〉詩（SZL 70）中：

一襟海氣暈成冰，天宇沈沈叩不譍。
缺月因風如欲墜，疎星在水忽生稜。
聞歌自愧隅常向，讀史微嫌淚易凝。
故國未須回首望，小舟深入浪千層。

去國途中的汪兆銘，正如脫離地球的月亮。回顧汪精衛早年受到無政府主義哲學影響，希望透過教育和社會改革來改造國民的願望，詩中曰「故國未須回首望」，隱隱流露出對超越民族、文化身分的自由的嚮往。

這種超越的自由感，隨著孫中山去世後汪氏以國事自任、日益陷入國內意識形態和派系鬥爭而逐漸消磨漸盡，但月的共情與無情，本是一體兩面。汪氏平生最後一首詠月詩〈癸未中秋作此示冰如〉（SZL 340）作於一九四三年中秋（九月十四日）：

幼時嬉戲慈親側，最愛中秋慶佳節。
遶庭拍手唱新詞，大餅團圞似明月。
今年兩遂含飴願，對月開樽翁六一。
坐聞咿啞為忻然，卻憶兒時淚橫臆。
月兮月兮我生與爾長相從，有影必共光必同。
周旋朔漠千堆雪，流轉南溟萬里風。
悲歡離合無重數，喜爾清光總如故。
屹然照此白髮翁，鐵骨冰心不相忤。
芙蓉花影今宵多，依然壁上蔓藤蘿。
不辭痛飲醉顏酡，卻顧恐被孟光訶。

受到病痛折磨、即將不久於世的汪兆銘，回憶起兒時中秋，把明月視為一生的忠實伴侶。但明月陰晴圓缺而不改其清光，年至花甲的詩人卻為衰病所苦。他所能不忤於明月的，只有自詡的「鐵骨冰心」了。此詩以家庭之樂始，以家庭之樂終。結句用孟光典，回應「雙照」的伉儷之情。人間的團圓恩愛，與天上的超越自由，相互對照，又相互呼應。月的意象，也因此成為多重的複合意象，寄託汪兆銘氏對人之純粹存在的理想。

這種純粹的存在性，在中日戰爭的脈絡下，就意味著遵從自己內心的道德判斷，不為生前身後名所束縛。他因此黜落了宏大敘事，轉而關注日常瑣碎的清歡。一九四三年春暮的〈偶成〉詩（SZL 333）曰：

雨後春泥已下鋤，一庭芳穢有乘除。
爐灰爆得花生米，便與兒童說子虛。

這首小詩的前兩句，是說自己已經盡了「農夫」的責任，至於秋後收成如何、庭中芳（香草）和穢（臭物）的增減，都不再是自己能決定的。末兩句，是說眼前的趣味：暗紅的爐灰裡花生米綻裂的清響和焦香，給兒童演說「子虛烏有」故事時天馬行空的想像。不久之後夏季所作的〈即事〉詩（SZL 335）又曰：

風咽瓶笙茗熟初，硯池花落惜香餘。

青燈不礙明蟾影，雙照樓中夜讀書。

煮茶初沸剎那的聲響有如吹過「瓶笙」的風的呼吸，惜花落硯池即將被墨掩蓋的餘香。「初」和「餘」字抓住那瞬間的狀態。這些稍縱即逝的片刻，都只有敏感的詩心能體悟和捕捉。「雙照」被巧妙置換成了青燈與明月，在它們清柔的光輝下，詩人讀書直到人靜夜深。背對未來史書審判的冷酷、萬劫不復的深淵，作為詩人的汪兆銘最終的身分，是父親、丈夫、讀者，在與家人、歷史和明月的交談中找到他永恆的寧靜和喜悅。

是年夏天八月起，汪精衛的胸部和背部常常有尖銳的痛感，原因就是一九三五年遇刺時停留在第五節胸椎附近的子彈。他也常常覺得精疲力盡。日本軍醫桃山中將提議取出子彈。大東亞會議之後，汪精衛回到南京，在日本軍醫院於十二月十九日經手術成功取出子彈。這顆鉛彈因為年代久遠，已經脆碎發黑，取出時裂為兩截。為了好好休養，汪精衛次日住進了北極閣一號宋子文宅。但是在元旦回家路上，他忽然渾身麻痺。一月四日，上海的諾爾醫生來看他，一眼看見他的步態，這位德國醫生居然失聲慟哭，滿座變色。諾爾認為踟躕的步態是脊椎腫瘤造成的，但是汪氏家人並不深信，以為他只是為了掩蓋自己八年前不取出子彈的錯誤決定而已。但是到了一月下旬，汪精衛的腿已經麻木不能動彈了，月底便臥床不起，高燒不退，大小便失禁。日本內科專家黑川利雄來南京治療陳璧君胃病時，被延請也順便看看汪精衛。他隨即推薦了著名的神經外科專家齋藤真。齋藤的診斷結論是神經失調。三月三日，汪精衛飛赴名古屋就醫，留下陳公博、周佛海主持事務。他將不再觸摸中國的山川大地。[188]

汪精衛住進了名古屋大學附屬醫院的郊區大幸分院。醫院三樓、四樓都畫出部分房間供有關人員專用，汪精衛的病房位於四樓特別室，即「梅號」。七名醫生組成的專家隊伍為他會診治療。三月四日順利手術移除部分胸骨，以減輕對神經的壓迫。此後，汪精衛的雙足開始回暖，也可以移動自己的膝蓋。汪氏家人頓時覺得輕鬆不少，甚至有心情採松蕈、逛書店。沒想到三、四天後，汪精衛的病情突然惡化。臥床太久，他患上了褥瘡。由於血紅素持續偏低，他每兩、三週就要接受一次輸血，但是效果短暫，也出現了溶血反應。醫生們最終判斷汪精衛身患的是一種罕見疾病「多發性骨髓瘤」，即骨髓細胞的一種癌症。一位助理醫生太田元次回憶道，汪精衛實在是位模範病人。雖然疼痛難忍，他從不在他人面前流露出來，只有在獨自一人時才悄悄皺眉。每日護士為他更衣時，他都要合掌為禮。[189]病房成了汪精衛勇氣的最後舞臺，他以全部的尊嚴，對抗自己身體的衰敗。

醫生們從不曾在病人面前明言，但是人人都知道他的生命已經走到夕陽餘暉。八月八日，日本駐南京大使拜見周佛海，謂汪精衛病情嚴重，恐時日無多，詢問他的善後意見。周佛海已經和陳公博達成一致，認為對重慶而言，今日非退還滿洲，恐不能和平；一旦汪精衛病逝，陳公博當擔任行政院長，代理主席，周佛海則地位不動。次日，周佛海飛赴名古屋探病。他注意到，陳璧君似乎依然期待汪精衛的康復。[190]

林柏生是秋季來到名古屋探病的。他終於打破沉默，問汪精衛：「先生還有什麼吩咐？」汪精衛沉默了一會才回答，大意是：「生平的思想言論，都隨著時事的變遷，陸續發表，大家都可以看得到。而真正可以留存後世的，就是《雙照樓》詩詞了。」[191]此言無異於將自己生平文字分為兩種：面對公眾的顯白寫作（exoteric writing）和面對自我的隱微寫作（esoteric writing），聲稱只有後者才承載了自己存在的真實，儘管不無矛盾的是，這種隱微寫作的意義，同時也是面對後世和未來敞開的。何孟恆的這段話與汪文嬰後來向日本記者上坂冬子的回憶可互為佐證。據上坂冬子複述，十一月初文嬰即將飛回南京之際，前來向父親告別。此行的目的是準備後事，汪精衛心中大概也明白。他因此向文嬰解釋說，平生的論著和講演都是時流之中臨機應變的產物，雖然博得一時喝彩，但終歸應當付諸遺忘；然而他的詩歌卻承載了自己全部的靈魂、志向與人格，表達了自己不惜犧牲守護中國的愛國心，同時也可能多少為中國文學做出一些貢獻。[192]汪精衛的

188 對汪精衛就醫及病逝的記述基於：周佛海一九四三年十二月至一九四四年十一月日記；何孟恆，《雲煙散憶》，頁一五二－一五九；金煥然，〈汪精衛之死〉；太田元次，〈醫生的回憶〉。

189 何孟恆，《雲煙散憶》，頁一五三－一五六；太田元次，〈醫生的回憶〉。

190 周佛海，《周佛海日記》（一九四三年八月七日至十日），頁九〇八－九〇九。

191 何孟恆，《雲煙散憶》，頁一五七。

192 上坂冬子，《我は苦難の道を行く》，冊二，頁一一〇。

遺願因此具有雙重意義：他所祈求的不僅有記憶，也有遺忘。作為王陽明行動哲學的信徒，他的遺願反而要求後世銘記自己的真實人格，而非具體行動，因為所有行動都是環境作用的結果，而他面對的時局環境是不能不讓人萬般遺憾的。

那年夏天，具有遠距離打擊能力的波音B－29空中堡壘戰鬥機開始被投入戰場。對日本本島的空襲開始。塞班島之戰後，醫院為汪精衛準備了防空地下病房，但從四樓轉移到地下室的折磨對病人來說是難以承受的。秋末的一次轉移病房過程中，汪精衛不慎感冒。醫生最擔心的肺炎終於最後結束了他的生命。十一月十日早晨，他的體溫升高到四十・六度。下午四點二十分，他的脈搏停止了，初冬的名古屋上蒼白的日落裡，也迴蕩著「太陽帝國」的安魂曲。

聽到汪精衛病逝的消息，近衛公爵立刻離開京都，前往名古屋，在郊區的機場上，向汪精衛的遺體舉行最後告別。[193]這也許是一個悔恨的姿態。正是近衛這雙虛弱的掌舵之手，駕駛著日本這艘軍艦駛入戰爭的風暴，從而浪費了汪精衛的、也浪費了自己的政治資本與生命。高傲的近衛文麿將在一九四五年十二月十六日自殺，以避免作為嫌疑戰犯向美國司令部報到的羞辱。

汪精衛遺體是十一月十二日薄暮時分抵達南京的，這天上午，南京照常舉行了孫中山的七十九歲誕辰紀念。各級官吏隨即臂纏黑紗到光華門外機場迎接，當日下午降半旗，次日舉行了告別式。政府和民間團體依次向遺體致敬。北方各省也舉行了悼念儀式。儘管汪精衛此前表達過要歸葬廣州的願望，但是戰局決定南京是唯一適合安葬的地點。陳璧君、龍榆生為首的哀典委員會決定國葬，儀式從簡而隆重。南京政府轄區內，十一月十二日起哀悼一個月，文武官員停止宴會一個月，民間輟樂七日。二十三日上午六時半開始移柩，上午十點安葬。葬禮的儀仗是黯淡莊重的，有意效仿一九二五年汪精衛親自主持的孫中山葬禮。[194]墳墓選址在中山陵和明孝陵之間的一座名為「吳王墳」的小山頭，從此易名為「梅花山」。和「梅機關」、「梅號」一樣，都以汪氏最鍾愛的花得名。

日本投降後，南京光復。為了準備國民政府盛大的回歸，何應欽接到重慶指令，緊急召開會議，密令把汪墳移出紫金山區域，以免褻瀆國父的在天之靈。一九四六年一月二十一日夜，七十四軍工兵部隊用了一百五十公斤TNT炸藥，先炸開了外層混凝土鋼筋加固的墓頂，然後打開盛棺的內窨，揭開棺蓋後，發現汪精衛屍骸上覆蓋著一面青天白日滿地紅旗，身著藏青色長袍與黑色馬褂的文官禮服，頭戴禮帽，腰佩大綬，大概是因為用了防腐劑的緣故，遺體沒有腐爛，面部略呈褐色而有些黑色斑點。棺內沒有任何殉葬物品，只在馬褂口袋裡有一張紙條，上書「魂兮歸來」，署名是陳璧君。棺木及遺體都隨即被移除火化，骨灰無存。[195]對某些觀察者而言，勝利者

193 Oka, *Konoe Fumimaro*, 205.

194 汪精衛的葬禮和象徵意義詳見：Taylor, Jeremy, "From Traitor to Martyr"。有關檔案資料見：南京第二歷史檔案館，檔號 2012-1135、2005-514、2010-6147。

195 金雄白，《汪政權的開場與收場》，冊五，頁一二九—一三二。亦參見：南京市檔案館，〈汪逆墳墓改葬事項〉（檔號 3-1-1015）。

挫骨揚灰的舉措，似乎正對應了汪精衛三十六年前在北京寫的絕句：

> 留得心魂在，殘軀付劫灰。

汪精衛生平詩詞中，類似的焚燒和劫難意象頻繁出現。對他遺體的褻瀆之舉因此也象徵著一場「懲罰性遺忘」的記憶之戰的開場。這場戰爭迄今尚未結束，它的戰場是紀念碑、博物館、課本和銀幕，它的目的是抹殺汪精衛、乃至中國戰時合作運動的任何痕跡。弔詭的是，歷史的勝利者也無心間實現了一種抒情的真實，讓作為詩歌人格的汪精衛最終書寫了作為歷史人物的汪兆銘的最後篇章，他的詩歌因而轉化成為預言。

餘波

當轟轟烈烈的世界大戰在原子彈巨霾中結束時，改組國民政府的領袖人物們匆匆在廢墟下狼藉尋覓求生路徑。原來周佛海已經從一九四二年底開始設立了祕密電臺，與戴笠保持聯繫，這使他成為南京城中地位最高的軍統線人。[196] 海軍部長任援道（一八九〇－一九八〇）更早在一九四二年春天就建立起自己和重慶互通聲氣的管道。由於前淪陷區內共產黨的勢力日益活躍，為了防止國民政府軍隊勝利回歸之前就被共產黨接收，重慶有賴於輸誠的合作者們來先維持地方秩序。周佛海、任援道因此忽然成了重慶的先遣軍。但陳公博既沒有提前輸誠，也沒有負隅頑抗。為了避免擁軍自重、對壘重慶的嫌疑，他飛到日本，在京都的金閣寺住了兩個星期。當重慶發出通緝令時，他就主動飛回了中國自首。

合作者們被羈押在上海的提籃橋監獄。他們的命運最初並不明朗。為了消磨時光，他們開始互相教授中國哲學、古典詩詞、英文、太極拳等等。[197]畢竟，汪精衛身邊集結了淪陷區內的文化精英，故囹圄之內，能文者甚眾，獄卒亦不敢十分輕慢。然而隨著媒體開始報導法國對維琪政府官員進行的「法奸」審判，加入文明國家行列、正式以法律手段懲處「漢奸」的呼聲日益高漲。一九四六年三月十七日，戴笠飛機失事，這更讓周佛海派的命運籠上一層陰影，因為戴笠記憶力驚人，所以很多祕密資訊都是沒有書面紀錄的。再者，共產黨統治區內已經開始漢奸審判，這給國民政府施加了另一層輿論壓力。國民政府於一九四五年十一月、十二月頒布了《處理漢奸條例》、《懲治漢奸條例》，並以此為法律基礎開始進行漢奸審判。陳公博等高級叛國罪嫌疑人是一九四六年三月開始在蘇州公審的。正義的流程十分迅速。陳公博被指控「通謀敵國，圖謀反

196 周佛海的雙面身分詳見：Martin, "Collaboration within Collaboration"。
197 金雄白，《汪政權的開場與收場》，冊三，頁一四三－一四四、一八三。

抗本國」，被判處死刑，六月三日執行。和他一起受死的還有梁鴻志、王揖唐、梅思平和褚民誼等。只有周佛海獲得了蔣介石的特赦。他的死刑改為終身監禁，並於一九四八年二月因為心臟病暴卒獄中。

到一九四七年十月為止，中國國民政府治下的民法法庭總共進行了四萬五千六百七十九起漢奸審判，其中兩萬五千一百五十五樁得以判處。三百六十九人被宣判死刑，九百七十九人終身監禁，一萬三千五百七十人獲得長短不等的徒刑。正式司法以外的私刑十分普遍。[198]相形之下，紐倫堡軍事法庭的納粹審判共判處一百四十二人有罪，其中二十四名死刑。德國的「主要戰犯」總共兩千五百名，其中只有一百七十七名接受了審判。紐倫堡法庭也認可各種辯護，尤其是強調他們如何對待接受的指令，是否受到脅迫或不得已，是否犯了無心之錯，是否軍事上必要。[199]在義大利，不超過五十人因法西斯罪被判處死刑。[200]在日本，以計畫、執行戰爭為名，東京軍事法庭判處六名軍事、政治領導人死刑，南京日本戰犯軍事法庭則因南京大屠殺判處四名日本軍官死刑。一九四五至一九五一年之間，遠東國家總共有五十餘法庭因為在戰爭期間進行的殘忍殺戮，有罪判處了總共大約五千名日本被告，其中九百二十人被判死刑。[201]對比這些數字，我的目的不在於討論死刑是否過濫抑或不足，而是在於提出，第一，日本比德國的戰犯獲得的刑罰較重，這大概反映出同盟國家的種族歧視；第二，中國的漢奸審判所判處有罪的廣度和嚴酷度，遠遠超過日本軍人政客為戰爭罪行受到的懲處。當然，漢奸審判的嚴酷度，只有前納粹德國占領區的法國、挪威、比利時、荷蘭和丹麥對本國合作者們的懲處可以比擬。[202]且不論「報復性正義」的正當性與有效性，也不論戰後頒布的法令是否可以用以審判戰爭期間的行為，一位客觀觀察者不免得出如下印象：首先，戰後的前淪陷區要遠遠更加熱衷審判自己的同胞而非戰犯，原因也許恰恰在於「合作罪」的邊界更加模糊，而大清洗也是民族情感宣洩的必要部分；其次，文人比軍人受到的懲處更加嚴厲，因為前者為自己的合作留下了「筆證」，而後者因為戰後中國一觸即發的內戰立刻需要再度為國效忠；第三，戰後的叛國審判和清洗的目的主要不是為了正義，而是為了重新畫定政治版圖。成千上萬的「漢奸」們（不少情報人員和地下中共黨員也被納入其中）哪怕沒有在戰後接受審判，也將在一九四九年以後一波又一波的政治運動中成為狩獵與迫害的對象。[203]

蘇州法庭上，陳璧君被要求譴責汪精衛以換取自由。她不但拒絕，而且挑釁性地為自己和亡夫辯護。她指控蔣介石才是半壁江山淪亡的元凶，而現在還在繼續向英美出賣國家利益。讓法官

198 王曉華，《漢奸大審判》，頁一五〇。
199 Heller, *The Nuremberg Military Tribunals*, 7, 313, 370.
200 Judt, *Postwar*, 48.
201 Piccigallo, *The Japanese on Trial*, xi; Wilson et al., *Japanese War Criminals*, 1-2.
202 Judt, *Postwar*, 42-46.
203 關於漢奸問題的進一步討論，參見：益井康一，《漢奸裁判史》；羅久蓉，〈抗戰勝利後中共懲審漢奸初探〉；南京市檔案館編，《審訊汪偽漢奸筆錄》；Zanasi, "Globalizing Hanjian"; Xia, *Down with Traitors*。

和檢察官都哭笑不得的是，圍觀的群眾們對她的指控熱烈鼓掌，因為戰後勝利凱旋的國民政府貪腐搜刮，讓前淪陷區的人民不禁覺得汪政府也頗可懷念起來。陳璧君走出法庭時，毫無氣餒恐懼，還給聽眾們簽名留念。[204]被判處終身監禁後，她在獄中手抄汪精衛詩詞，以遺有涯。一九五二年，宋慶齡、何香凝向毛澤東爭取到另一次特赦機會，前提還是要她譴責汪精衛。陳璧君再次拒絕了。一位在一九五九年夏與陳璧君同病室的「反革命分子」回憶到，有天晚上她和陳璧君搭訕，背誦了汪精衛的〈被逮口占〉詩，璧君點點頭，然後喃喃自語地說：「他是一個美男子。」當病友討好地問她當年是否也是美人時，璧君說：「他取我的才，不是貌。」兩天之後，六月十七日，陳璧君便去世了，去世前一天把手裡的四個醬蘿蔔頭偷偷塞給了這位病友。[205]死因是心臟衰竭和肺病。她的骨灰被祕密送到香港的子女手中，撒入大海。[206]

龍榆生被判處十二年監禁，但是拜他的師友關係和清名之賜，一九四八年二月被允許保外就醫。以義氣聞名的他在出獄前獲陳璧君贈送手寫的汪精衛詩詞，出獄後也依然保持聯繫，此外還盡力保留了汪氏和趙尊岳等其他「附逆文人」的遺稿。[207]當周佛海的前部下金雄白以「朱子家」為筆名，在香港《春秋》雜誌連載了系列具有強烈辯護色彩的回憶錄《汪政權的開場與收場》後，於一九六四年二月收到了一疊四張牛紙蠅頭小楷複寫的手稿，題為〈最後之心情〉，封面有汪精衛親筆寫的標題和簽名（雖然比平時寫的蒼瘦一些），時間是一九四四年十月，其中交代是汪氏病榻上口授給陳璧君謄正的，應當在「國事適當時間」或者歿後二十年發表。由於眾所周知汪精衛沒有遺囑，金雄白說自己一開始也懷疑其真偽，但後來判定複寫的筆跡類似龍榆生手筆，猜測可能是陳璧君把這份文件交給了龍榆生保管，經過後者手抄寄給了他。[208]這一份如今以〈汪精衛國事遺書〉聞名的手稿真偽如何，學人尚無定論。其中，作者人格以第一人稱的口吻，聲辯說汪精衛與日本合作是為了「與虎謀皮」、保存淪陷區的元氣。倘若與敵交涉有得，無傷於重慶的恢復國土；交涉無成，亦可延緩日本進攻。其所作所為正體現「不望為釜望為薪」的深意。不論遺書真偽，對汪精衛的追隨者和同情者來說，這是他們選擇相信的一種汪精衛的真實。

汪氏財產被抄家充公。除了一九二三年早夭的嬰兒以外，汪、陳夫婦共有五個子女，都相當長壽。[209]一九四五年之後，他們都被短暫羈押，但只有長子文嬰和女婿何孟恆入獄。所有的子女都前

204 Musgrove, "Cheering the Traitors."
205 梁淳白，〈陳璧君在人世間最後的兩晝夜〉。
206 上坂冬子，《我は苦難の道を行く》，冊二，頁一三四－一三五、一六五－一七八。
207 張暉，《龍榆生先生年譜》，頁一五四－一五六、一七三－一七五、二二〇。
208 金雄白，《汪政權的開場與收場》，冊五，頁一五四－一六四。遺書發表經過見後來出版的冊六，第二〇五節。汪精衛長子汪文嬰也看過原稿，對其真實性表示了懷疑；見：上坂冬子，《我は苦難の道を行く》，冊二，頁一三五。
209 以下對汪氏遺族的敘述基於：上坂冬子，《我は苦難の道を行く》，冊一，頁二二－八六；冊二，頁一〇〇－一四六、二三八－二五一、二八四－二八五；何孟恆，《雲煙散憶》，頁一六六－二二八；香港大學檔案；汪精衛紀念託管會資料；我對汪氏後人的訪問和交談。後人不願意具名者，此處略去生平細節。

後離開大陸、去了香港。一九一三年出生於法國的汪文嬰獲得德國科隆大學的政治經濟學學位。他於一九三九年回到中國，曾任汪政權軍需處處長。一九四八年來到香港後，他最初靠研究時裝設計學的妻子支持，後來因為長女在醫學研究上的成功，他們在一九八九年移居加州。他於二〇一一年逝世。長女文悜，一九一四年生於法國，曾經是小學教師，她的丈夫何孟恆是植物學者。何氏在一九五九年起任香港大學植物學系的實驗室主任。他們一九八四年移居紐澤西。文悜於二〇一五年去世，次年一月何孟恆也去世了。次女文彬（一九二〇－二〇一五）在日本學習醫學，一九五五年在印尼成為醫生，然後加入天主教會，成為修女。三女文恂（一九二二－二〇〇二）在南京中央大學學習教育學。來到香港後，她先是在嘉諾撒聖瑪利書院（St. Mary's Canossian College）任教，從一九五八年起到她一九七八年退休為止，在香港大學教育學系擔任講師，並曾出任專業教師培訓委員會（Professional Teacher Training Board）委員，著有《中學中文教學法舉要》。幼子文悌一九二八年生，南京中央陸軍軍官學校畢業，戰爭結束時著中尉軍銜，在香港透過函授學習建築學，曾在日本建築公司工作，然後成立了自己的建築公司，並參與了不少重要公共建築的設計，包括橋梁與機場。至少在本書英文版付梓之際的二〇二三年三月，他依然健在並生活在香港。

汪精衛的子女都對他們的父親懷有深厚的感情，但多數都不願重新喚醒歷史的幽靈。汪文嬰與何孟恆都曾與歷史學者合作。尤其是何孟恆（在美國後使用粵語發音的名字 Ho Mang Hang），他曾幫助過蔡德金、上坂冬子等學者的研究，並把與汪氏相關的多種手稿的影印件寄給北美各大圖書館。可惜當我在哈佛燕京圖書館第一次看到何孟恆整理的《南社詩話》手抄本、又在紐約公共圖書館看到他所著《汪精衛．現代中國》手稿時，他剛剛在兩個月前去世。他在去世之前，設立了汪精衛紀念託管會（Wang Jingwei Irrevocable Trust）來鼓勵對汪氏的學術研究，其負責人如今是他的三女何重嘉（英文名 Cindy Ho，一九五七－），住在紐約。其他的後人則選擇了匿名與沉默。但在二〇二一年二月，文嬰的遺族慷慨地把大批汪精衛手稿和他們手中珍藏的字畫、印章等捐贈給了史丹佛大學胡佛研究所，證明沉默不等於遺忘。

下篇

記憶詩學

自先秦始，禮樂之詩便是儒家君子教育中不可或缺的部分。《論語・陽貨》中夫子的「興觀群怨」論表明，詩教不但有助於培養情感的敏銳和智慧，也有助於增益客觀的、政治的和道德的知識，所謂「邇之事父，遠之事君，多識於鳥獸草木之名」。縱中國歷史，詩在隋唐以來長期是科舉考試的重要部分，儘管其在教育和文化中的核心性具有超越考試政策的地位。自一三七〇至一七五六年間，科舉不再測試詩歌，但這一政策「並未影響詩歌寫作之流行抑或士大夫群體之以文學相尚」。[1]由於士大夫宴會雅集無不作詩酬唱，詩才、尤其是捷才成為一種核心社交技能。同時，在「詩言志」傳統的影響下，士大夫之詩被賦予了特殊的政治意涵。

廢除科舉（一九〇五）、文學革命之後，白話詩歌逐漸占據了新文化教育界建制性的主導地位。然而縱民國之世，古典詩詞依然在讀者與作者間長盛不衰。現代中國已少有政治領袖能夠傲然以詩才名世，因為多數都是軍人或者西方教育出身（一九五〇年代末以來盛行的毛澤東詩詞是一個特殊現象）。儘管、或者恰恰因為這一點，汪精衛的詩人身分成為他政治聲望的重要組成部分。畢竟，汪氏最早聞名於世的體裁是論說文和講演，兩者皆具備極強的公共性和明顯政治性。透過詩詞，汪精衛獲得了一個私密的聲音，用來向同情的讀者竊語他內心的真實。他的詩詞也喚醒了士大夫傳統與道德政治相關的文化記憶，讓他獲得具有經典性的文化身分。這一抒情聲音的私密性因而恰是其公共功能的關鍵。

儘管汪精衛最有影響力的詩歌都與其政治生命相關，但就絕對數量而言，他多數詩歌都是山水詩，作於度假、閒居或者政治小休期間。這些詩歌展現了他儘管政治失意、一再挫敗，或者雖然政務繁忙、惟得小休，依然胸懷光風霽月，沉靜恬蕩。將政治的不得意以抒情的方式轉化為哲學自由，這在中國士大夫詩歌中有悠久傳統。汪精衛幼年熟讀的陶潛，就是將自己的棄官歸隱展現為在失道橫流的亂世間尋找一片私人天地、可供仰觀俯嘯的典範。對汪精衛而言，自然也同樣代表著宇宙的和諧、超越戰爭權謀的現實世界、甚至超越時間性的永恆理想。而且與主動掛冠的陶潛相比，後世仕途失意的詩人透過模仿陶潛的詩歌風格和生活美學，得以將他們的困境在詩歌中轉化為自由，彷彿他們被動的處境乃是自主選擇的結果，從而宣示他們內心已經超脫了外在的榮辱。[2]在「陶潛」這一文化典範的光輝照耀下，隱士、遷客、逐臣成為君子道德自足理想的展現。《孟子・盡心上》曰：「士窮不失義，達不離道。窮不失義，故士得己焉；達不離道，故民不失望焉。古之人，得志，澤加於民；不得志，脩身見於世。窮則獨善其身，達則兼善天下。」換言之，君子的出仕是利他主義的行為，而他內心的平靜自足是不受外在榮辱影響的。對君子而言，仕途失意甚至可能是好事，讓他終於可以有理由擺脫公共責任的重擔，致力於修身著述等「為己之學」。汪精衛的詩歌透過展現他在山水間的吟嘯自若，讓他得以藉助這一話語體系來塑

1 Elman, Benjamin A. *Civil Examinations and Meritocracy in Late Imperial China*, 3.

2 譬如蘇軾嶺海流放期間的和陶詩就是一例；見：楊治宜，《「自然」之辯》，第五章。

造自己士大夫形象的「君子閒居」面向。

汪精衛對自己詩歌的公共功能是有清醒意識的，這也體現在其詩歌的發表和出版史上。儘管寫作本身是私人行為，但發表則將詩作呈現給了公眾，其闡釋也必然不再為作者所掌控。此外，發表也暗示作者可能在寫作時便預設了讀者的閱讀視角，詩歌寫作假定的私密性以及「真實性」從而也不免要打上折扣或問號。汪精衛對發表自己詩作的後果是有清楚自覺的，他因而也反覆強調自己詩歌的非公眾性。他在一九一一年底出獄不久後便許可獄友蕭天任（小隱，生平不詳）發表了他們的獄中詩詞，題為《邱樊倡和集》，其中不少作品都是唱和之作。[3]這些詩篇立刻膾炙人口，廣為流傳，幫助確立了汪精衛的浪漫英雄形象。但他在一九三〇年第一次單獨結集發表自己的詩詞《小休集》時，這些唱和之作或者沒有收入集中、或者標題經過修改，譬如〈讀小隱詩感賦〉改為〈有感〉，〈寄小隱〉最後改為〈春晚〉，[4]消除了唱酬情境，使得它們的社交屬性不再明顯，而突出了抒發私人情志的功能。《小休集》的編者是曾仲鳴。據曾氏跋，汪氏詩詞廣泛流傳，儘管坊間版本大多粗劣，充滿訛誤，汪本人並不願意主動發表自己的詩歌來訂正錯誤，因為他自以為其詩與「革命宣傳無涉」。但曾氏認為詩歌乃其「胸次之涵養與性情之流露」，所以自己有必要代替汪來發表這些詩詞。這篇文字頗為有趣。考慮到兩個人關係非比尋常，集中收錄詩作又是以年代為序的，曾氏的工作必然經過了汪氏首肯、甚至主持。汪自己也寫了篇序，解釋「小休」這個詞的來歷是《大雅．民勞》：「民亦勞止，汔可小休。」這個典故暗示作為政治領袖的汪氏沒有忘記自己服務公眾的責任，但是也有權利享用片刻的私人閒暇，而這些多數作於山水、行旅間的詩歌就是他私人情志的表露。他後來在香港用筆名發表的《南社詩話》（見第二章）復借第三人稱口吻再次強調了自己詩歌的「小休」性質，恰如農夫樵子勞作行旅途中稍作休息時的歌吟歡呼。[5]和一九二九年上海光明書局擅自出版的《汪精衛集》版本用充滿了愛國激情的〈被逮口占〉開篇不同，一九三〇年經過作者審定的版本開篇是汪氏十四歲那年寫的懷念亡親的〈重九遊西石巖〉詩，這樣一個編輯上的選擇也同樣體現了目的的變化。如果說在出獄之後的一段時間內，詩歌曾經是汪氏革命宣傳的工具，但如今作為革命領袖的他卻將其重新定性為戮力國事之餘的自娛自樂。也恰恰因此，汪氏不能承認自己有任何讓它們公布於世的意向，所以曾仲鳴的跋強調了汪氏的詩友、仰慕者和追隨者的主動性。無論汪氏參與程度如何，他透過這些詩歌塑造的自我豐富、補充了他作為政治領袖的形象。一位士大夫型的政治家當然可以（甚至也許必須）是詩人，但他真正的義務在於服務公共利益。鑑於一九三〇年汪蔣之爭的背景，這些詩歌的出版也可以認為是汪氏政治宣傳的一部分。

3 汪精衛、蕭天任，《邱樊倡和集》。

4 見 SZL 11、27。未收入集中的作品見汪夢川裒輯的補遺：SZL 346-347。

5 汪精衛，《汪精衛南社詩話》，頁七四－七七。

汪氏「私密抒情」之政治功能的另一個有力佐證是一九三八年倫敦出版的《小休集》英文選譯本 *Hours of Leisure*。譯者是許思園（一九〇七－一九七四），留美數學家、文學愛好者。[6] 英國詩人摩爾（Sturge Moore，一八七〇－一九四四）幫助潤色了譯文。摩爾的序言提到許思園的翻譯是受汪兆銘的親戚、從前曾在新加坡當過律師的 Y. K. Leong 委託的。這位委託人即梁宇皋（一八八八－一九六三），陳璧君的表兄和前任未婚夫，一九三二年以來應汪精衛之聘在國民政府鐵道局任職。我們不妨猜測是汪氏委託梁宇皋去尋找譯者的。一九三八年以前，汪精衛已經在西方發表了三本宣揚中國國民革命的英文著作，這使他在國際上扮演了國民黨領袖中的「首席知識分子」形象。這個詩歌譯本是他用英文發表的第一部文學著作，進一步提升了他的國際形象。書的封面內頁介紹說汪是「國民政府領袖」，「在他的祖國以卓越的學者和優秀的古典詩人著稱」；他的詩「總體風格閒適恬淡」，但卻「毫無疑問地帶上了他熱忱而富於理想的人格烙印」。這也概括了汪精衛詩歌向國內外讀者所塑造和宣揚的汪氏理想人格形象。

汪詩的第二次結集是一九四一年三月，亦即汪政權成立一年之際。編者是朝日新聞社北京分社記者黑根祥作。據汪氏序，以《掃葉集》為標題是因為其中有〈重九登掃葉樓〉一首，「頗道出數年來況味」（SZL 183）。此語大可玩味。掃葉樓在南京，紀念的是義不事清的明遺民龔賢（一六一八－一六八九）。一九三三年十月二十七日，汪精衛與清遺民詩人陳三立（一八五三－一九三七）、陳衍（一八五六－一九三七）等在此雅集賦詩。汪詩借葉落林高的意象，盛讚遺民詩人們「何以謝歲寒，臨難義不苟。蒲柳奮登先，松柏恥凋後。敢辭晚節苦，直恐初心負」（SZL 224）。以國民政府行政院長的身分說出這番話，當時顯然不乏借詩詞「統戰」的意義；但在一九四一年與日本合作之後再拈出這首詩，頓時就有了一番新的意味深長。此詩落葉意象似乎也和汪精衛在河內所填的〈落葉〉詞（見第三章）聯繫起來，暗示汪精衛對「中華民族」之林的眷戀深情，這種情意不是他與日本合作的區區之跡所能掩的。值得留意的是，黑根祥作並沒有收錄汪精衛離開武漢之後的任何作品，當然也沒有收錄〈落葉〉詞。我們並不清楚這是誰的決定，但有證據表明可能是日本方面有意的編審主張。

胡佛研究所新獲的汪精衛文件中，有一部《掃葉集》手稿，用紙和字跡一致，謄寫清楚，應該是經過祕書手抄的，汪精衛復在上面用毛筆小字添加了修正和按語。黑根祥作的版本是以汪精衛訂正過的版本為準的，證明這部謄定稿完成在黑根氏出版之前，並且很可能就是為了出版而編訂的。但是這部手稿也包括了一九三八年末至汪政權成立的一年半間的作品，為黑根祥作版所未收。謄寫稿之後還有汪精衛毛筆手寫的十餘首詩，紙張、墨跡皆不同，是汪政權成立以來至一九四一年夏的作品，這應該是為了黑根版問世五個月後林柏生在上海出版的《掃葉集》增補的。透過讓宣傳部長林柏生出版全集、尤其是增補脫離重慶之後的作品，汪精衛及其追隨者顯然認為這

6 Wang Jingwei, *Poems of Wang Ching-Wei.*

些為黑根版不取的作品包含著一個重大消息，即他忍辱事敵的拳拳愛國情懷。這些詩作及其發表歷史表明，在其他自我表達的管道日益受限的情況下，汪精衛日益藉助他的詩歌來傳達自己「真實」的政治企圖。

龍榆生編訂、一九四五年發表的遺訓本除了《小休集》、《掃葉集》外還包括了《三十年以後作》。但事實上，雖然「三十年」指的是民國三十年（一九四一），遺訓本將一九四一年夏到一九四二年五月的作品都增補進了《掃葉集》，而《三十年以後作》一編實以一九四二年五月十二日汪精衛所做的〈六十生日口占〉開篇（SZL 321）。此詩曰：

六十年無一事成，不須悲慨不須驚。
尚存一息人間世，種種還如今日生。

此詩有強烈的佛教色彩。如第三章所論，一九四一年十二月太平洋戰事爆發後，尤其是一九四二年春夏之際，汪精衛的詩歌日益流露出一種平靜恬和、甚至是希望和清歡。此詩復表現汪精衛對自身命運的超然。龍榆生有意以此詩開篇，似乎是為了提請讀者注意這一微妙變化，從而再度印證汪精衛合作的愛國性質，所以「三十年」並非具體的日曆時間，而是暗指一九四一年十二月爆發的太平洋戰爭，這是劃分汪精衛政權兩階段、亦即汪精衛心境的關鍵時間線，而其實際收錄詩作則是以汪氏心境趨於篤定之後的一九四二年六十壽誕作品開場。

汪精衛詩歌在公共表演和私人宣洩之間的雙重性質也體現在《雙照樓詩詞藁》這一標題上，這是他一九三〇年第一次結集時便已經確立的畢生詩詞總名。「雙照」一詞來自杜甫的《月夜》：「何時倚虛幌，雙照淚痕乾。」詩人想像飛過關山回到妻子身旁，並肩靠在窗戶下面，讓月光照乾他們臉頰上的淚水。以此作為詩集的標題，暗示了汪精衛與陳璧君的伉儷深情，並在象徵的意義上暗示汪詩是他內心私密情懷的流露。[7]但同時，作為民國政治領袖，汪精衛私生活的清白檢點也是一種政治資本，尤其是與蔣介石相比。他的私德因此同時也是公德。

汪精衛與他同時代的新舊文學圈都保持了積極而廣泛的聯繫。身為民初最大的詩詞團體南社的成員，他雖然參加雅集不多，但依然被南社社長柳亞子盛讚為「南社代表人物」，且應邀為《南社叢選》以及初代社長陳去病（一八七四－一九三三）詩集作序。他與趙鳳昌（一八五六－一九三八）、胡適、徐志摩、龍榆生等背景和立場都頗不同的新舊文化人都保持了密切聯繫，甚至如前所述，與同光巨子們也往來友好。但文學與政治的汪精衛始終是密不可分的。自一九三九年夏秋以來，淪陷區的不少文化精英都成為了「和平運動」的追隨者或至少是同情者。在汪精衛政府文化政策的推動下，淪陷區也迎接了一場傳統文學樣式的復興。傅葆石（Poshek Fu）曾深入

7 廖仲愷的齋號是雙清樓，同樣表達與妻子何香凝的伉儷情深；見：汪精衛，《汪精衛南社詩話》，頁五六。

肯綮地分析為《古今》雜誌撰稿的一群散文隨筆作家。周佛海資助、在上海發行的這份雜誌以周作人風格的小品文斐聲一時。他們的文字間「充滿用隱喻表達的對靦顏事敵的恥感」，並以「遺民」形象自我標榜。[8]但他們要當「遺民」的前提，是中國必須先戰敗亡國，這顯然不是事實。傅葆石注意到，他們文章的消極氣象和自我辯護日益受到南京政府的批評；透過汪精衛的人格崇拜，林柏生領導的宣傳部努力「調和儒家的忠義觀和西方的科學主義觀，創造一種集體主義的、樂觀積極的氣象」。[9]但傅氏似乎並沒有注意到，南京文人間的遺民氣象也不遑多讓，而且他們採用的文體以古典詩詞為主。[10]除了汪精衛以外，南京詩詞名手還有監察院長梁鴻志、夏敬觀（一八七五－一九五三）、李宣倜（一八八八－一九六一）、陳方恪（一八九一－一九六六）、趙尊岳（一八九八－一九六五）、陳寥士（一八九八－一九七〇）、陳趙亭（一八九九－一九六二）、龍榆生、錢仲聯（一九〇八－二〇〇三）和冒效魯（一九〇九－一九八八）等等，[11]立法院長陳公博、海軍部長任援道等高官亦頗能詩。一九四〇年一月，在汪政府宣傳部資助下，陳寥士創立《國藝》期刊，其宗旨就是鼓勵古典詩詞散文的研究和寫作。龍榆生主編的《同聲》月刊也有類似學術主張，同樣受宣傳部資助。汪精衛本人也是兩份期刊的主要撰稿人之一。但這兩份期刊的撰稿者不僅包括汪政府上中下級的能詩官吏，也包括了生活在淪陷區的大量文人，他們並不一定參與了合作組織。它們的訂閱者群體就更為龐大了，可以被籠統界定為對傳統文學文化有興趣的知識精英。期刊上發表的詩詞每每以隱語表達了個人對民族國家危機的複雜情感反應，抑或是著眼於日常的簡單歡喜，也可以是討論古典文學或傳統藝術的學術文章，不帶有明顯政治性。它們受到讀者歡迎的原因，或許是儘管（或曰恰因）無休無止的戰事，不少人對「正常」的文化生活充滿飢渴。他們的這種需求也削弱了「文藝統一戰線」的霸權敘事。這些表面上似乎是非政治性的雜誌，因此也為汪政權贏得了大量淪陷區文化精英的支持或至少是同情和默許。

透過訴諸中國傳統的文化記憶，汪精衛的詩歌透過意象、用典和修辭向他的追隨者、同情者以及後世的讀者竊竊私語，儘管其消息每每是模稜多義的，同時向多種闡釋的可能性敞開。在本書下篇裡，我將分析三樁詩案，各自顯示了詩歌中文化記憶的文本性、時間性和空間性。透過探索它們的歷史脈絡、重構它們豐富的模稜，我提出「真實性」（authenticity）這條闡釋原則運用於實踐，則不免帶來語義的貧瘠和詩意的過度簡化、甚至曲解。與此相對的是，我力圖保持闡釋的開放性。這裡展示的汪精衛是他的高度文人化政權的「詩人領袖」（poet-in-chief）。他對自身真實的抒情呈現有著長遠的政治影響。同時不能忘記的是，汪精衛詩歌也有廣泛的日本讀者。我

8 Fu, *Passivity, Resistance, and Collaboration*, 110.
9 Fu, *Passivity, Resistance, and Collaboration*, 148.
10 就連新文學幹將知堂本人也在淪陷期間以「打油」為名，寫作了大量舊體詩。見：楊治宜，〈淪陷的日常〉。
11 關於他們的雅集，尤其是李宣倜的角色，詳見：Yang Zhiyi, "Thatched Cottage in a Fallen City".

也會探討這群特殊讀者，以及他們的「期待視野」如何給汪詩的意義與功能帶來另一重更加複雜的闡釋維度。

第四章　記憶地圖

舟夜（一九三九）

臥聽鐘聲報夜深，海天殘夢渺難尋。
柁樓欹仄風仍惡，鐙塔微茫月半陰。
良友漸隨千劫盡，神州重見百年沉。
淒然不作零丁嘆，檢點生平未盡心。

汪兆銘自一九三八年十二月脫離重慶以來、至一九四〇年三月「還都」南京為止，所作詩詞不多，這首七律〈舟夜〉（SZL 281）就是其中之一。這也是他後來常常書贈中日友人的一首作品。大概基於此詩強烈的情境感，不少史家都曾在汪兆銘傳記、或者在討論汪氏與日合作動機時徵引此詩，但它具體的寫作情境卻尚有不明之處，就連汪氏本人也曾經在不同脈絡下給出了不同的寫作時間。而同樣是引詩證史，史家對此詩的闡釋亦大相徑庭，各自從中得出汪氏「愛國」還是「賣國」的迴異答案。在某種意義上，對此詩的讀解不僅關涉「抒情真實」的闡釋原則，亦關涉抒情之詩是否能夠進入史學書寫的闡釋有效性。

本章試圖透過這篇典範文本，探討詩、史與記憶的關係。文本細讀展示此詩是一篇複合型記憶文本，包含多種記憶形式，各自具有書寫歷史的不同功能和目的。它拒斥單一讀解，而是一個意義模稜的開放空間，其中迴蕩著富於創造性的眾聲喧嘩。藉此，記憶之詩構成了歷史的另一重維度，即創造和想像的維度，其中栖居著一個跨時間的想像的共同體，由文學先祖、詩人和他們後世的讀者共同組成。

詩箋

〈舟夜〉詩是一首典型的私人情志與宏闊歷史相交融的七律，深沉內斂，典贍莊重。詩的寫法是由外及內，層層收束，然後又藉助用典擴充境界，形成個人生命與歷史和家國命運的對話。

詩的前四行勾勒出一個動蕩、危險、晦暗不分明的自然世界。「臥」字點出抒情主人公的不眠。物理的身體雖然是消極的，頭腦卻痛苦地清醒著。我們不知道他是否走出了臥艙、看到頸聯裡面的那些自然物象，還是說它們都是詩人的心相。詩並沒有明言心物之分，而是隨即沉入了詩人的內心世界。這是一顆被悲愴的心緒所激盪的高尚心靈。頷聯描繪了一幅毀滅的圖景，中國不可阻擋地墮入黑暗。這一意象反映出汪精衛對當前戰局的判斷。自盧溝橋事變以來，中國喪失了華北、華東、華南的大片國土，政治、文化、經濟中心都落入日本控制。作為行政院長和外交部長，汪精衛在每次失敗的戰役後都至少在名義上負責與日談判，但是沒有軍事實力的後盾，他所能做的只是一次次在屈辱的條約上簽字而已。這對他的聲譽和信心都是巨大的打擊。他因此預見到中國（神州）將再次重見「百年沉」。絕望的局勢值得絕望的孤注。

但儘管汪精衛眼中的未來似乎只有災難，他所用的詞彙卻暗示著歷史的循環。「劫」是佛教用語，是一世界成毀的時間。第六行同樣用了「重」字，將當前即將來臨的毀滅與大歷史上屢見不鮮的政權覆亡聯繫起來。因此，詩歌也暗示著重生的希望。對個人生命而言百年雖長，對中國歷史而言卻只能說是一瞬。用未來的眼睛看待當下，中日戰爭頓時喪失了其獨特性與直接性。歷史記憶讓詩人充滿預言的自信。

用典增加了詩歌的維度。第六行用東晉桓溫（三一二－三七三）典。據《晉書．桓溫傳》，公元三五六年桓溫北伐，「過淮泗，踐北境，與諸僚屬登平乘樓，眺矚中原，慨然曰：『遂使神州陸沉，百年丘墟，王夷甫諸人不得不任其責！』」王夷甫指西晉的玄學家宰相王衍（二五六－三一一），雅好清談，不問國事，惟求自保。桓溫的下屬袁宏膽敢辯護說：「運有興廢，豈必諸人之過！」桓溫勃然變色，把他比作一頭昂貴而無用的「千斤大牛」，被務實的曹操殺了以享軍士。汪精衛用桓溫典，暗示著他不肯向「運」妥協，而是要盡人力以拯救神州陸沉的命運。或許，他也在暗示空喊「抵抗」口號的文人都是今天的清談家王衍，「不得不任其責」。

「零丁嘆」用的是耳熟能詳的典故。南宋宰相文天祥（一二三六－一二八三）戰敗後自殺不成，被蒙古軍隊俘獲，在零丁洋（今澳門東岸伶仃洋）上寫了這首詩表明自己殉國的決心。「留取丹心照汗青」表示的是文天祥面對歷史的道德自信，即他的抉擇合乎儒家「捨生取義」的最優良的傳統，因此也期待著自己能夠名垂青史。然而，汪精衛「不作零丁嘆」，是因為他還有「未盡心」，這暗示著他尚不能以身殉國，因此也不免聲名敗裂的風險。由於他並沒有明寫究竟是怎樣的「未盡心」，讀者不免被誘發無數猜想。藉此，汪精衛也把這首詩放在了他生平的脈絡裡，暗示他從革命生涯之初到這個宿命的夜晚都是為同樣的「心」所驅使。沒有人會懷疑青年汪精衛刺殺攝政王是為愛國心驅使做出的「叛逆」行為。因此，此詩也暗示著今天驅使汪精衛做出表面上的叛國之舉的，也是同樣的愛國之心。

後半首的詩意回過頭來為前半首的景物描寫增添了一重象徵意義。「報夜深」的鐘聲似乎也在宣告著民族危機的深重。「海天殘夢」象徵著詩人青年時代對個人自由的追尋。汪精衛是經常在渡海的時候寫詩的，尤其是在海上的夜晚。如第三章所論，他年輕時候的此類詩作每每在大海、天空、明月中看見永恆、超越與自由的存在，有時候甚至助他想像一種超越個人的歷史定位和民族身分的自由。「海天夢」因此可以理解為一種輕盈無根的存在方式，具有不為文化或種族身分所束縛的普遍性。這是汪精衛只有在去國途中深夜獨處時才會偶然流露出的夢想。然而，此時的汪精衛明白它已經是「渺難尋」的殘夢了，自己與中國的命運已經不可分割。正如他在一九四一年的一首〈海上〉（SZL 292）詩寫道的：「愁懷起落還如海，卻羨輕帆自在行。」

威脅著大船的「惡風」象徵著日本征服中國的野心。希望之光雖然渺茫，但畢竟，月亮只是「半陰」，尚未完全消失。因此，這首詩所表達的是道德勇氣，是在最惡劣的情境下依然堅持不懈，是超越個人榮辱和眼前的劫難，用大歷史的眼光展望未來。這是一首士大夫之詩。其形式選擇也讓人聯想到老杜夔州時期憂思憂國的七律，唐王朝由於異族軍事將領作亂導致的內外交困，也與中國當下再度面臨異族入侵的內外交困形成呼應。形式和內容水乳交融，與歷史上類似的情境、類似的選擇、類似的詩歌之間產生相當的互文性，詩人的聲音與其他愛國詩人的聲音在同一指涉系統的話語空間內迴響，相互應和、豐富。他的個人生命因此與民族的命運相連。詩歌的用詞和風格選擇喚醒了中國文學傳統裡深厚的文化記憶，藉此塑造其作者的政治身分。

這首詩的寫作時間有兩個不同日期。值得一提的是，胡佛研究所得到的汪文嬰後人所捐贈手稿和書畫中，也包括這首詩的原始手稿。筆者有幸見到原稿，用紙是機器製，原料中混有一點稻草，品質不高，可能是中國紙，尺寸也比較小（寬十七．五公分、長二十二．五公分），與汪氏其他詩詞手稿皆不同，印證旅途倥傯所作的印象。但手稿沒有署時間。根據一篇在一九四一年七

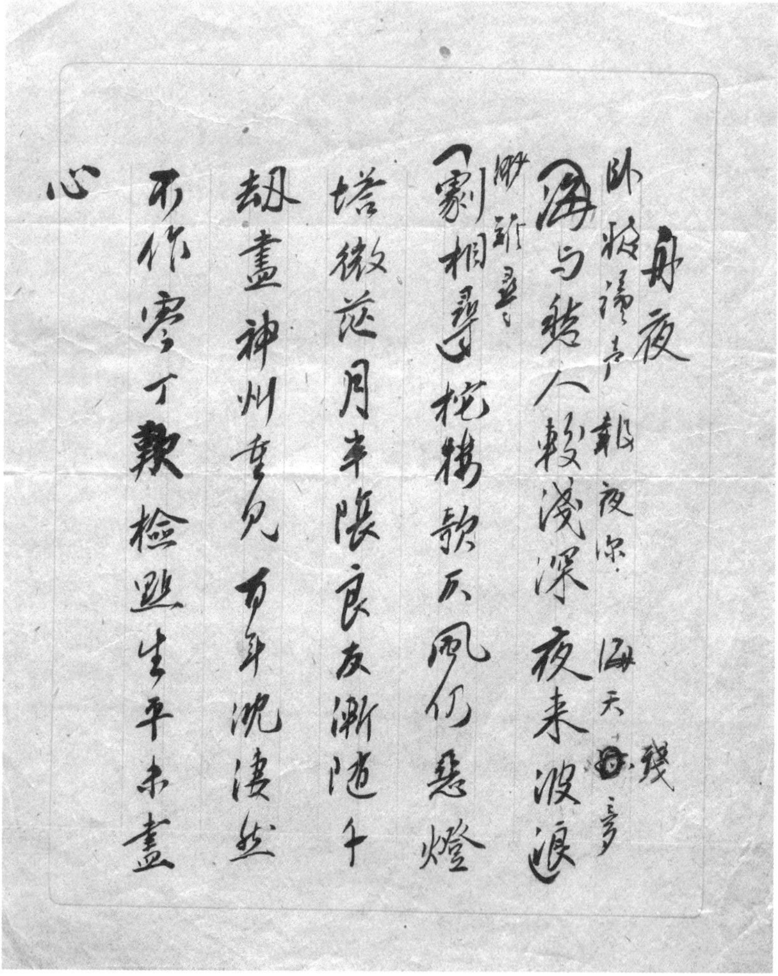

圖 25　汪精衛〈舟夜〉（1939）詩手稿。胡佛研究所汪精衛檔案，汪文嬰家族收藏。

月日本《中央公論》雜誌上汪精衛署名發表的題為〈述思〉的日語文章，[1]汪氏自河內赴上海途中，法越政府租借的蒸汽船遇到風暴傾覆後，為北光丸所救，而這首詩就作於換船之夜。具體日期，〈述思〉說是五月初，但事實上換船發生在四月二十八日。這有幾種可能，一種是汪精衛記憶有誤，另一種則是潛意識使然，可能說此詩其實寫於換船數日之後的五月初，但是在汪精衛心中，其情感內涵來自「換船」這個富於象徵性的夜晚，因此在他潛意識裡這首詩便與此夜聯繫起來。當然，還有第三種可能，就是汪精衛並沒有說實話。

第二個日期是「二十八年六月」，即一九三九年六月。這個日期在胡佛研究所藏的經過謄寫的手稿《掃葉集》裡就出現了，謄寫時間大約是一九四一年初汪精衛準備出版此詩詞結集的時候。如前所述，〈舟夜〉詩沒有收入黑根祥作一九四一年三月在北平出版的《雙照樓詩詞藳》，但是在一九四一年八月林柏生於上海出版的《雙照樓詩詞藳》和一九四一年十月龍榆生編輯的《同聲月刊》裡，此詩都是以這個日期為副標題出現的，一九四五年的遺訓本和此後重版的《雙照樓詩詞藳》亦然。因為汪精衛六月一日赴日是乘飛機去的，所以此詩所述渡海夜景只能發生在他六月十八日談判結束後前往天津的船上。由於平沼內閣堅持「分治合作」的原則，拒絕汪精衛建立真正獨立的主權政府、作為日本同盟的構想，經過這次會談，他應該已經知道自己未來的

1 汪精衛，〈述思〉，載《中央公論》一九四一年七月號，頁二〇八－二一一。

淪陷區政府不能擺脫傀儡政府的性質。詩中情境，亦應當在此政治及心理背景下理解。

鑑於兩次渡海情境如此不同，汪精衛對作詩時間的記憶不應該如此錯亂混淆。如果兩個日期同時存在的現象並非記憶謬誤所致，就只能說是有意的了。值得注意的是，〈述思〉一文僅僅用日文發表。它後來由兩位不同譯者翻譯成了中文，發表在淪陷區刊物上，[2]鑑於汪精衛不能用日文直接寫文章，他手中必然還有中文原稿，但他從來不曾發表過此文的中文原文，而兩種譯文同時存在的事實也恰恰證明翻

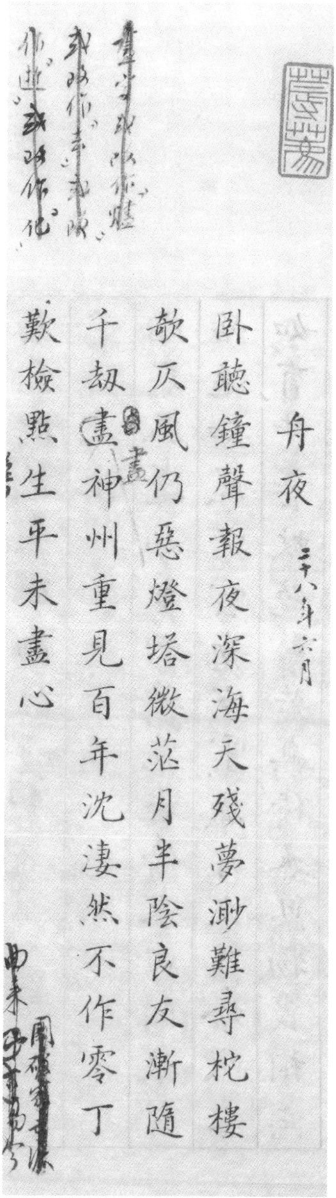
舟夜　二十八年六月
臥聽鐘聲報夜深海天殘夢渺難尋枕樓
欹仄風仍惡燈塔微茫月半陰良友漸隨
千劫盡神州重見百年沈淒然不作零丁
歎檢點生平未盡心

圖 26（大約是 1941 年初）謄寫的〈舟夜〉詩，上面手書添加「二十八年六月」日期。右上角有一方私印，「蓐薦」，即草席之意，指他人可以棲息的卑賤之物。右下角有兩行劃去的小字，其中有「國破家亡淚」字眼。胡佛研究所汪精衛檔案，汪文嬰家族收藏。

譯未必經過汪氏授權首肯。這意味著〈述思〉預設的讀者僅僅是日本人。相形之下，「二十八年六月」的日期卻是特意在中文發表時加上去的，顯然預設的是中國讀者。同在一九四一年，汪精衛面對此詩的中日讀者給出了兩個完全不同的寫作日期，這必然有原故。

一九三九年四月底到六月中旬的這五十天，對「和平運動」而言具有轉折性意義。當汪精衛離開河內之時，儘管平沼內閣遲遲不願意闡明立場，他面對的是影佐和犬養這兩位頗具同情的軍政界人士，尤其是犬養健，與日本狂熱軍國主義分子有殺父之仇。他因此有理由對「和平運動」的前景保持樂觀。〈述思〉一文中，他也長篇複述了犬養健對實現真正中日和平的期望。但經過六月分的東京會談之後，他所期待的日本迅速撤軍、實現真正和平的希望是破滅了的。因此詩中威脅到神州之船的「惡風」意象也在兩種脈絡下有不同的寓意：如果此詩作於前往上海途中，它可以指涉「和平運動」開展之前日本的侵略行為，甚至也可以指在河內暗殺了曾仲鳴、意圖阻止「和平運動」的重慶政府。然而在東京會談之後，這一意象就不可避免暗示了當前的和談條件是「仍惡」之風，威脅到中國的未來。在〈述思〉一文中，汪兆銘用桓溫故事反問說：「此度事變，非吾儕之責任，則誰歟？」（今回の事変は私どもの責任でなくて誰の責任でありませう

2 汪精衛，〈述思〉，齊東埜譯，《譯叢》一九四一年一期六號，頁二一四－二一五；正禾譯，《政治月刊》一九四一年二期二號，頁一八七。

か）這一問句承認中國如同王衍，也應當為自己的戰敗負責，儘管「吾儕」（私ども）也可能包括了此文的日本讀者。而寫給中文讀者的寫作日期「二十八年六月」，則顯然有更強烈的譴責日本軍國主義侵略野心的意味。

面對不同的讀者給出不同的寫作情境，這一事實頗具諷刺意味，也雄辯表明了汪兆銘詩歌的「抒情真實」具有相當的表演性質。也恰是在此詩的闡釋上，史家聚訟紛紜。

中國大陸的汪精衛傳記作者，在寫到汪早年生平的時候，經常引用他的詩歌作為他某個時刻情緒的直白流露。但是從〈舟夜〉開始，面對汪精衛與日合作之後的詩歌作品，這種表現主義詩歌闡釋學與大陸傳記作者必須遵循的正史評價之間就有了矛盾。譬如說蔡德金的《汪精衛評傳》全文引用了這首詩，作為赴日談判結束後赴天津途中的作品，但對詩意卻根本不加解析，只是簡單地下了按語：此詩「表現了他死心塌地賣國求榮的內心」。[3]或許蔡德金意識到自己的表現主義文學觀在處理此詩的時候將遇到極其麻煩的情形，也就是說，史家認為當時汪精衛應該具備的心情（賣國求榮成功在望的雀躍欣喜）和此詩的憂思深沉境界是大相徑庭的。蔡德金的處理方式就是懸擱闡釋，安放判斷，讓讀者自己體會，也是一種妙筆。其他傳記作者如林闊、聞少華和陳大為也都全文引用了此詩，但都眾口一詞地評判道，汪精衛的目的在於「混淆黑白、顛倒是非」。[4]有趣的是，他們不約而同，都用了這八個字。這種閱讀策略承認這首詩有可能會被看成汪精衛愛國情懷的表露，但卻暗示這樣的讀法是天真的，因為真正聰明的讀者能夠憑藉文辭以外的因素讀解出汪精衛的真正意圖，即欺世盜名。

這些傳記作者們大概會指斥為「天真」的讀者，卻也包括了史學泰斗余英時和汪榮祖。余英時為天地圖書版《雙照樓詩詞藁》所做的序裡，引用了〈舟夜〉詩作為汪精衛有真誠的憂國情懷及愛國動機的重要證據（SZL 8-9）。他因此判斷，「汪的詩詞基本上可以用『詩言志』或『言為心聲』來加以概括」（SZL 21）。汪榮祖在一篇題為〈良友漸隨千劫盡〉的文章裡，也同樣引此詩作為汪精衛心聲的流露，稱汪氏為「愛國的叛徒」（patriotic traitor），其道路代表了一種救國的理性選擇。[5]

然而沒有哪位史家特別留意了兩個日期的不同。陳大為和汪榮祖都採取了寫作環境是河內赴上海途中之說，這證明他們讀過了〈述思〉一文，但卻無視了《雙照樓詩詞藁》所給日期的差異。其他幾位都採取了一九三九年六月說。這或許恰恰證明，他們對此詩的闡釋都不無循環論證之嫌，即他們對汪兆銘和平運動的判斷主導了對此詩的讀解，然後又用這首詩的「言志」功能來證明他們對汪兆銘之真實的判斷。只是，如果余英時和汪榮祖兩位先生認為汪氏此詩展露的情懷

3 蔡德金，《汪精衛評傳》，頁三三九。

4 林闊，《汪精衛全傳》，頁四三一－四三二；聞少華，《汪精衛傳》，頁一三三；陳大為，《汪精衛大傳》，頁二五一。陳大為將此詩斷為是年四、五月間的作品，但判詞卻和其他兩位作者一模一樣。

5 汪榮祖，〈良友漸隨千劫盡〉，載《歷史》二〇〇〇年三十四期，頁三四－三八。

證明了他利他主義或曰愛國主義的合作動機，那麼蔡德金卻認為此詩展露無遺的是汪氏「死心塌地賣國求榮的內心」。至於其他認為此詩「混淆黑白」的大陸史家，他們似乎認為任何讀者都能夠一眼看穿此詩的虛偽性質。如孟子所說，讀詩者應當「不以文害辭，不以辭害志。以意逆志，是為得之」（《孟子．萬章上》）。之所以能夠「以意逆志」，是因為讀者透過「知其人」、「論其世」了解了詩人個性和創作環境的結果（《孟子．萬章下》）。一旦完成「知人論世」的闡釋學準備，讀者便能從此詩自然得出汪精衛與日合作是愛國還是叛國的結論。

但汪精衛本人也恰巧信仰這種闡釋原則。在《南社詩話》裡，汪精衛提出理想的詩歌以真率自然、博大高明的陶淵明詩為代表，因為它體現了民胞物與的氣象。[6]故而並非只有怒髮衝冠、描寫革命的作品才是革命文學：「革命之積極的精神，如勇猛精進，固當描寫，其消極的操守，如孔子所謂有所不為，孟子所謂不屑不潔，亦當描寫。非必『叫苦』、『鳴不平』、『怒吼』，然後可謂為革命文學。而『澹泊以明志、寧靜以致遠』則非革命文學也。」南社詩人蘇曼殊雖然談不上是革命巨子，但他的詩歌是他「天真未鑿」的「赤子之心」的真實流露，因此同樣堪稱革命文學，而跳硠叫囂之作實不足論。[7]惡詩的另一種代表是「穢惡藏於骨髓」的作品，典型如靦顏事敵的錢謙益：「夫以錢牧齋之為人，而能做得好詩，則詩道掃地矣。」[8]簡言之，對汪精衛而言，好詩以詩人的純粹精神（赤子之心）為根源，也同樣是後者的證據，二者互為表裡，人詩合一。

按照汪精衛本人所信奉的循環闡釋法，以人論詩、以詩論人都是題中之意。但倘若他與日本合作的行徑就外在之跡而言甚於錢謙益——因為中國還沒有亡國，日本也不可謂已經掌握「天命」——那麼除了他詩歌表露的「心跡」外，還有什麼可以成為他的救贖呢？汪氏遺願所要求的恰恰是懇請後人脫略行跡，透過詩歌來記憶自己。然而，詩歌成為辯護詞的前提是它能夠作為證詞、提交給歷史的審判法庭。我們因此不能不檢討抒情詩歌的「真實性」問題。

「抒情真實」之問

文學批評中的「真實」（authenticity）一詞與作為個人品質的「真摯」（sincerity）密切相關。汪精衛之待人接物，常給人以真摯的印象，因此「真摯」作為一種社交品格，也可以說是汪精衛畢生所戴的透明面具。作為政治家，這種增進人際親密感的魅力乃是他的祕密武器。作為詩人，這種「真摯」就體現為他的抒情「真實」感。

6 汪精衛，《汪精衛南社詩話》，頁三一—三二。
7 汪精衛，《汪精衛南社詩話》，頁四八—五〇。
8 汪精衛，《汪精衛南社詩話》，頁三二—三三。

什麼是詩歌的「抒情真實」呢？在我看來，詩歌的真實性恰是其表演性的一部分。表演性並不等同於虛偽，而是意味著詩歌所展露的情志必然具有公共性，是預設了讀者接受而有所選擇、有所修飾、透過修辭呈現的。詩歌寫作是帶有自我反省意識的行為。坐下來提筆的剎那，詩人陷入沉思的言語空間，打斷生活線性的時間流動。詩歌為無序喧嘩的生命經驗賦予了語意秩序、韻律節奏和哲學深度，其「真實」感不必來自對生活的實寫，而是一首成功的詩作所創造的印象。然而傳統中國詩論通常將「真實」假定為一首詩的本質、而非效果，亦即一首詩之所以真實，是因為它完全傳達了作者在寫作時刻的真實（尤其是道德真實）。必須提到的是，作為批評家的汪精衛是徹底服膺這條闡釋原則的，他在《南社詩話》中說，「余嘗欲作古今詩選，其選擇標準，以志事為先」，即拋棄神韻、格律等批評原則，純以詩歌展現的作者人格之高下為標準。[9]他最推崇的古代詩人陶潛、當代詩人蘇曼殊、外國詩人拜倫，無不以其胸次天真純潔、作品性情流露為尚。其「天真」不僅是天才無意識的自然流露，而且也是儒家的修身和佛教的慈悲的結果。當讀者將詩歌經驗為作者天性的無遮無蔽的流露時，詩人及其作品就合二為一了。

「詩言志」是中國最古老、最具有典範意義的詩歌詮釋學原則。《尚書・舜典》曰：「夔！命汝典樂，教胄子，直而溫，寬而栗，剛而無虐，簡而無傲。詩言志，歌永言，聲依永，律和聲。八音克諧，無相奪倫，神人以和。」這裡的「詩」是指儀式音樂所用的歌詞。舜的命令暗示從作者之志到讀者之心的無縫傳承。詩歌成為其作者的「化身」（transubstantiation）——就像天主教彌撒上用的酒並非僅僅象徵了耶穌之血、而是已經透過儀式轉化成了耶穌之血一樣，詩歌可以在讀者心中讓前輩詩人復生，並且讓讀者潛移默化變成前輩詩人的「後身」。這一過程且有教化功能。好的歌詩音樂用於教學，可以讓年輕的胄子們成為真正的「君子」。在這種意義上，愛國者的詩歌固然可以激發讀者的愛國情感，叛徒的詩歌也可以讓讀者變得更加明辨，看穿言詞表面（愛國）乃是掩藏深層詩意（叛國）的面具。兩種讀解都假設了詩歌真實與歷史真相的等同。

自孟子以來，傳統文論多對此原則有所闡發，但據周杉（Rey Chow），「真誠性」（sincerity）從「好詩的一種基本品質……演化為一切好詩都必須以此判斷的標準」乃是透過對唐代詩人杜甫的批評話語。[10]杜甫詩歌的「真誠性」成就了他的「獨特性」，因此杜詩徹底超越了普通文學標準如技法或風格的判斷，具有不容置疑的典範權威。汪精衛的文學批評恰恰繼承了這條中國傳統的主流批評傳統。如周杉指出的，要理解這條杜詩批評傳統，「我們必須認識到，很多批評家都認為沒有必要區分『詩歌展露作者』（the poems reveal the person）和『作者解釋詩歌』（the person explains the poem）這兩條命題」。[11]也就是說，詩如其人，人如其詩，而其間循環闡釋的邏輯被徹底忽略了。

---

9 汪精衛，《汪精衛南社詩話》，頁三〇。
10 Chou, *Reconsidering Tu Fu*, 197.
11 Chou, *Reconsidering Tu Fu*, 199.

「詩言志」根本而言是一種表現主義（expressionist）的文學觀，也可以說是最自然的一種文學詮釋學，這也是它跨文化、跨語言、跨時間的旺盛生命力所在。讀者們總是傾向於把詩中的作者聲音等同於作者本人，並透過作者的生平來理解其作品。羅蘭・巴特（Roland Barthes）批評道，「對一部作品的解釋總是它的作者」，儘管嚴格說來，語言學上「作者只有在寫作的那一剎那才存在」。[12]作為詮釋學功能的作者給他們生平所創作的所有作品帶來意義上的統一性和連貫性，儘管這種統一性可能只是讀者的幻覺。不過即便對最嚴格的批評家而言，傳記性閱讀也是難以完全避免的。事實上，我們也可以把巴特「作者已死」這句名言倒過來說「作者不死」，因為既然作者「只有」、也「永遠」在寫作的剎那間存在，那麼也就是說，只要後世讀者還在賦予作品意義、從而參與寫作、讓寫作的瞬間永遠延續，那麼「作者」就永遠不死。斷言作品與歷史作者毫無關聯在我看來是荒誕的，借用懷特（Hayden White）的說法，是把文本神聖化、置於經驗性研究和閱讀之上的一種拜物教。[13]我更願意參照的是批評家漢伯格的意見，即歷史詩人與抒情主體之間的關係是無法確定的。〈舟夜〉詩的作者身分及其寫作時間，的確會影響到讀者對抒情主體之情志的想像。而其抒情主體就是處於永恆的寫作瞬間的「作者」。

拋棄天真的傳記性閱讀，並不意味著放逐抒情主體。如漢伯格提出的，詩的自我陳述將永遠被讀者經驗為一種「現實陳述」（reality statement）。抒情主體與客體之間的關係與以客體為目的的交流陳述不同，「客體並非陳述的目的（goal），而是其動力（impetus）」。換言之，

「抒情陳述並不期待具有聯結客體或現實的功能」。[14]譬如，假如我說：「昨天夜半濤聲響如驚雷！」你會認為這句話的意圖是個事實描述，從而可以檢查昨夜的氣象狀況，判定是真話還是謊言。但當汪精衛寫「臥聽濤聲報夜深」的時候，我們並不會想到去檢驗當時濤聲是否如時鐘一樣在準時地播報夜深，而是選擇接受他的這種描述，並在我們自己的頭腦中營造出詩意的畫面。這首先意味著抒情主客體之間的關係是具有無限可能的，抒情之「我」（作者聲音）和經驗之「我」（歷史作者）之間的關係也從而無法確定。但這也同時意味著，即便我們對「詩意是如何建構的」的興趣超過對「詩說了些什麼」的興趣，後者依然是我們閱讀時所必然經驗的。與讀一本小說或散文不同，詩歌表述並不完整陳述作者經驗，而是在語義之間保留相當的裂隙（當然此處所謂的「詩」不限於分行文本，而是指「富於詩意」的作品，亦即隱含了一種美學價值判斷），讀者必須反觀內心，用自己的想像力和創造性來補足詩歌語義，從而得出對詩的理解；也正因為此，對詩歌的經驗是直截無中介的。[15]抒情詩的力量恰在於其直接性。如果要真正經驗一

12 Barthes, "The Death of the Author," in *Image, Music, Text*, 143, 145.

13 White, "The Absurdist Moment in Contemporary Literary Theory," in *Topics of Discourse: Essays in Cultural Criticism*, 261-282.

14 Hamburger, *The Logic of Literature*, 51, 266.

15 Hamburger, *The Logic of Literature*, 271.

首詩，讀者必須允許讓自己沉浸到它音節詞彙的流動之中，讓自己的聲音匯入作者的聲音，允許自己在一個短暫的瞬間體驗到與抒情主體的合而為一。我們想像的作者之「志」也從而具有了超越歷史時空的真實感。

「詩史」這個複合詞，有多種可能的理解，譬如「詩意的歷史」（poetic history），「詩人－史家」（poet-historian），「寓史於詩」（history in poetry），或者「詩即史」（poetry as history），學者論述甚夥，此處暫不列舉。需要格外留意的一種闡釋是：詩歌透過表達歷史敘事所失落的個人情感，傳遞了更高層次的歷史真實。如黃宗羲所論，「史固無藉乎詩」，但是詩歌能夠透過表達歷史人物對歷史事件的情感反應而「補史之闕」。[16] 用王德威先生的話說，「唯有詩歌——文學——或許才真正能從消失的記憶和故紙堆中，喚醒強烈的個體情性，揭示一言難盡的真相，從而肯定『史亡而後詩作』的真諦」。[17] 汪精衛雖然不曾明確闡發過詩史的概念，但他的思想也有合乎這種觀點的因素。如《南社詩話》提出，不研習中國傳統詩歌（舊詩）則無以保存「人心士氣」、「振起民族之自覺」。換言之，恰是因為詩歌能夠保存歷史敘事所失落的個人主體性，詩歌才成為另一種歷史。

本文試圖提出的是理解「詩史」的又一種可能性。西方近年來史學界的一種傾向，是承認史學家在建構歷史敘述中的主體性。「過去」堅如磐石的確定與權威受到挑戰，「歷史」有被「記憶」取代的傾向。如果我們把「歷史」視為確定的事實，而「記憶」則是個人或集體的歷史行動主體描述、篩選、向未來傳遞這些事實的方式，那麼透過引進「記憶」這一重維度，詩與史的二元系統便轉化為三元系統。歷史向記憶的轉化，使得一首詩獲得了向未來讀者傳遞抒情主體之情感的力量。文學語言這一文化媒介，則允許個體讀者使用文化和集體記憶的共同語言，把自己的經驗和記憶翻譯成詩歌的闡釋。讀者因此把詩歌中所隱含的個體和集體記憶轉化為自己的主觀經驗，實現主體性跨時間的交流。一首詩創造了跨時間的想像共同體。

記憶之詩

一首詩之所以「言志」，在於它用押韻合轍的文字傳遞了作者在創作瞬間的道德真實。這一觀點將詩歌視為作者記憶的即時、完整的翻譯。但事實上，絕大多數情況下，一首詩是覆蓋書寫的文本（palimpsest），經過不斷的精心書寫和改寫。一首詩也是綜合了各類不同記憶的複合文本。當代記憶研究者指出，記憶並非我們生活印象的機械複刻。事實上，未由任何因素觸發的、「前語言」（preverbal，即沒有經過語言表達過濾的）、直覺性的回憶雖然存在，但主要停留在

16　黃宗羲，〈萬履安先生詩序〉，載《黃宗羲全集》，冊一〇，頁四九－五〇。

17　王德威，〈現代中國文論芻議：以「詩」「興」「詩史」為題〉，頁三〇六。

我們的無意識領域。此類記憶浮現到我們意識層面的瞬間是極其罕見的，而且設若是沒有經過環境觸發的「閃回」、和我們所經歷的脈絡毫無關聯的話，會讓我們產生時空錯亂之感。在絕大多數情況下，我們只有在社會性互動的情境下積極地探求回憶。我們記憶的意義也是透過不斷變化的脈絡而得以理解或者修正。此外，記憶是可塑的，可能被碎裂、壓制、扭曲、篡改、嫁接和修正，而這些過程也根本與社會脈絡相關。法國學者哈布瓦赫（Maurice Halbwachs）的「集體記憶」（collective memory）說影響深遠。他提出，文化本質上是一種社會記憶；正是社會性框架使得個人記憶成為可能。[18]也就是說，人們獲得、重召、組織、理解和傳遞自身記憶的過程都是在社會性框架下進行的；我們接觸自身記憶主要是透過語言的中介，而語言也是社會和文化的產物。一個不曾習得語言的「人猿泰山」只會有少量機械記憶，無法形成語義性的敘事，因為他從不曾把自己的經驗訴諸話語，因此也缺乏記憶和回憶的手段。透過語言中介，主要以教育和文化產品的形式，我們進一步獲得超越個體經驗之時空限制的記憶。在這些意義上，個體記憶和社會記憶是不可分割的，而它們之間的關係也是無法確定的。

我從阿莉達・阿斯曼對《哈姆雷特》的文本分析中汲取靈感，[19]嘗試在〈舟夜〉詩中界定了如下七種記憶：

一、情節記憶（episodic memory）：對以往發生過的事件的自發性回憶；

二、創傷記憶（traumatic memory）：對災難性事件的被壓制的記憶；

三、歷史記憶（historical memory）：對過去的官方（建制化）表述；

四、文化記憶（cultural memory）：長時段的文化遺產，影響某個群體的對過去的集體記憶及身分形成；

五、反記憶（counter-memory）：與官方的事件陳述相左的記憶；

六、證言記憶（witness memory）：要將來的世代記住「真正發生過什麼」的懇請；

七、死亡記憶（*memento mori*）：對「人皆有死」之必然性的反思；對人之有朽的記憶。

這份列表既不代表所有記憶的類別，也不可能窮盡汪精衛所有詩歌中記憶的類別和功能。各種記憶範疇也不是彼此排斥的，而是常常互相重疊。情節記憶和創傷記憶都植根個人經驗，但對它們的回憶和表述都經過了社會和集體記憶框架的重塑。歷史、文化記憶是集體記憶的一部分。但集體的和個人的記憶是相互影響的：前者必須透過後者獲得實現（actualized）與著落（localized）；而後者不但必須透過前者進行表述（語言本身便承載了文化記憶）並獲得意義，也不斷試圖進入前者、使得個人經驗融匯為集體的長期記憶。反記憶和證言記憶顯示，汪精衛透過書寫自己的個人記憶，試圖讓自己的主觀經驗在歷史敘述裡占據一席之地，哪怕是在相當邊緣

18 Halbwachs, *On Collective Memory*.

19 Assmann, A. *Introduction to Cultural Studies*, 177-190.

化的位置。死亡記憶是相當特殊的一種，即對未來必然發生的某個事件透過集體經驗提前以想像的方式「回憶」：時刻「別忘了」人皆有死，生命才有了意義。

情節記憶是對過去事件的自發回憶，經常在某個特定的瞬間被觸發。這種形態的自傳性記憶是能動的、不穩定的、非自願的。[20]這首詩裡，汪精衛的「海天殘夢」是過去多次渡海的經驗創造的語義性（semantic）意象，前文已有詳論。此時這平生重重的渡海記憶被鐘聲和濤聲所喚醒。然而他的回憶也是否定性的，即他想起過去的某種願望現在不可能再被實現。透過情節記憶，個人生命體驗獲得了連貫性和統一性。

創傷記憶是關於某個災難性事件的、被壓制的記憶。由於這個事件「難以理解、讓人感到羞恥痛苦、危及生存」，一旦回憶起來，它將摧毀「一個人藉以構建自我身分的框架」。[21]因此這樣的記憶被有意排除出了顯意識。作為孤兒的汪精衛是特別容易感傷的，他的生命中也多次經歷了喪親喪友的悲痛。儘管他刺殺攝政王時已經抱著必死之志，他卻活了下來，而繫獄期間不少同盟會的同志卻在起義中喪生了。一九一一年四月的黃花崗起義消息傳來，他一開始誤聞胡漢民犧牲，輓詩曰：「忽忽餘生恨，茫茫後死憂。」（SZL 32）胡漢民雖然沒有就義，但是辛亥之後，更多的同志摯友被暗殺，如廖仲愷；或遇害，如朱執信；或自殺，如方君瑛。他在一九四一年六月十四日的方君瑛忌辰寫道：「南去北來如夢夢，生離死別太頻頻。」（SZL 290）同月的一首〈金縷曲〉詞中又寫，一九四一年六月二十三日，「余晤宮崎夫人於日本東京，承以《民報》時代照片見貽……凡七人，今存者余一人而已」（SZL 317）。他發起「和平運動」以來又有親人從者被暗殺，其中對汪觸動最大的就是曾仲鳴，可謂替汪受死。汪的晚年詩歌因此常常流露出一種倖存者的內疚：不但因為同伴死去、而自己卻獨活著，而且因為一種負罪感，彷彿自己應當對他們的死亡負責。他希望「故人熱血不空流，挽作天河一洗為神州」（一九四〇年〈虞美人〉詞，SZL 309），而自己能夠「收拾舊山河，勿負故人心」（一九四三年三月二十三日植樹紀念曾仲鳴、沈崧，SZL 331）。後死者的責任是他生平詩歌中反覆表露的情意。

然而值得注意的是，汪在此詩裡把他們的死指稱為「漸隨千劫盡」。如前所述，「劫」是一種世界生滅的自然規律。死亡因此被納入了不可阻擋的自然時間框架中。汪精衛的詞彙選擇顯示了潛意識中的某種拒斥機制，透過把死亡納入命運的框架，他得以暫時從每個個體、偶然的災難中抽離。緬懷與否認的雙重枷鎖，顯示了心理創傷的深度。

情節記憶和創傷記憶都是對個人經驗的消極回憶。但如果說情節記憶的功能主要在於記錄

20 Assmann, A. *Introduction to Cultural Studies*, 170-172.

21 Assmann, A. *Introduction to Cultural Studies*, 175.

和敘述，那麼書寫創傷則具有心理治療性功用。創傷經驗本身是「前語言」的，在受害者身上留下的印記也是肉體性的，[22]但受害者可以透過尋找一種能夠把情感記憶聯結起來，塑造一個有結構、有脈絡、有意義的敘事而獲得某種慰藉。創傷往往來自受害之後沒有能力行動的無力感。而哲學家卡爾尼（Richard Kearney）提出的，透過對過去傷痛的證言，「敘事以某種方式模仿了『受害－然後－行動』的生活，使得受害者重構了缺席、無法承受、被壓制遺忘的事件。敘事性宣洩……讓缺席之事物重新在場，是一種平衡激情與無情、認同與反思、個體情感和集體理解的獨特方式」。[23]透過將他的哀慟用文字外在化表達出來，再將他同志們的死亡納入生命和宇宙的生生不息循環的框架，汪精衛找到了繼續前行的力量，也就是檢點、反思他生平的未盡之心。

與這兩種個人記憶不同的是，歷史與文化記憶的來源是集體記憶，但它們都透過個體對世界的主觀感知而在個人大腦內得以實現。作為汪精衛詩歌的一種整體特徵，他的抒情性自我深深受到中國歷史和文化傳統的集體記憶影響，也是透過對這種集體記憶的回應而得以形塑。

歷史記憶是對過去的制度化表述。二十世紀初的中國知識分子創造了一個民族主義的神話，宣稱中國總是在長時期的異國統治（蒙元、滿清）之後重生並復興。[24]這又被視為一種歷史定律和文化特質。孫中山在他一九二四年的〈三民主義〉講話裡，提出只有民族主義可以救中國；但他警告說，雖然蒙元、滿清沒有能夠滅亡中華民族，但是如果中國被日本或美國征服，那麼情況可就大不一樣，可能會亡國滅種。[25]儘管如此，淪陷區的不少文化精英都是利用制度化的歷史記憶來為自己的積極合作或消極共存正名，把自己的選擇類比為滿清入關後的漢族士大夫的出處抉擇。[26]這首詩裡，汪精衛同樣使用了這個敘事方式。他把日本侵略視為中國「百年沉」之始，但一個「重」字表明未來復興的可能，因為「興亡」乃是中國歷史的經驗性規律——甚至可以說模擬了個人生死、季節循環、宇宙劫生的自然定律。

作為讀書人，汪精衛習慣性地用歷史經驗作為當下事件的參考。一九三四年春暮，在經歷過九一八、長城戰役失利、《塘沽協議》簽署等種種打擊之後，汪精衛在一首〈百字令・春暮郊行〉中寫道：「蓄得新亭千斛淚、不向風前棖觸。」（SZL 305）東晉的歷史經驗成為當前不再重蹈覆轍的反面教材。一九三七年十二月十二日西安事變爆發後，汪精衛自義大利歸國途中寫道，「霜毛搔罷無長策，起剔殘燈讀舊書」（〈舟夜〉，SZL 268），彷彿過去的不測之變的經驗能把當下的不測之變轉化為可測可掌控的。這種習慣性的思維方式，是汪精衛士大夫身分的體

---

22 Van der Kolk, *The Body Keeps the Score*, 43.

23 Kearney, "Narrating Pain," 63.

24 Townsend, "Chinese Nationalism," in *Chinese Nationalism*, 1-30.

25 孫中山，《孫中山全集》，第九冊，頁一八九，一九四。不過孫中山主要注意的是日本和美國的人口與生育率。

26 袁一丹，《北平淪陷時期讀書人的倫理境遇與修辭策略》，頁二四三－二四六及書中各處。

現，但也不免成為思維的定式和陷阱。

文化記憶指某個群體關於自身過去的長期、集體性的記憶，也是其自我身分認同的基礎。德國學者揚．阿斯曼和阿莉達．阿斯曼夫婦是文化記憶理論的奠基者，他們認為文化記憶、集體身分（collective identity）和政治正當化（political legitimation）乃是相互依賴、密不可分的。[27]汪詩中有不少記憶符碼（mnemonic code），能夠激發一位精英讀者對共享的集體文化資源庫的「回召」。前文分析過的典故和詩風都足以觸發讀者對桓溫、文天祥乃至杜甫的聯想，啟動「愛國主義」的記憶符碼。運用這些愛國典故是具有一定挑釁性的。汪精衛當然知道自己的行動與三位歷史典範都恰恰相反：桓溫透過軍事行動北伐中原；文天祥身先士卒、被俘後不屈而死；就連布衣杜甫也跟隨李唐王朝輾轉巴蜀，拒事新朝。汪精衛的自我辯護之所以有效，前提恰恰是他期待一位熟悉這些典故的讀者認出典故和現實之間顯而易見的矛盾。他因此要求讀者理解在他表面的叛國行徑的背後，心理動機其實與這三位歷史典範若合符節。這樣的記憶實踐將汪精衛置身於一個精英的文化共同體內，他們的對話是透過對過去的指涉進行的。如揚．阿斯曼提出的，對共同過去的記憶塑造了群體身分（見序章），這種共享的身分具有規範性權威：不論讀者是否同情汪精衛，他們理解了這首詩含義的事實本身，就讓他們與汪精衛共享了一種文化身分。中國古典詩詞有高度的互文性，文體傳統、用典、風格甚至技巧都不斷地喚醒著文化記憶。這樣的互文性指涉因此能夠被視為記憶符碼。其功能在於激發認知，創造作者和讀者之間的同志情誼，讓他們辨認共屬的歷時性和共時性文化共同體。能夠理解這些加密對話的讀者因此可能對作者產生某種親近感，因為他們都是某個跨時空的、具有排他性的文化俱樂部的成員。換言之，恰恰是文本的關聯（intertextuality）創造了主體的關聯（intersubjectivity）。

接下來的兩種記憶形態是汪精衛的詩歌成為他的自我辯護的關鍵。他「不作零丁嘆」的決心構成了一種反記憶，「透過它，過去的具有約束性的價值必須根據當下的需要被重新檢視」。[28]反記憶拒斥制度化的、宣傳化的、進入教科書和正統史書的記憶。汪精衛的反記憶包含他對自己道德價值的信念，這也是他自我身分認同的基礎。這種信念包含著某種抗議。〈豔電〉發表後，重慶及全國各地街道上樹立起汪精衛和陳璧君的跪像，任人唾罵。這顯然是把汪精衛比作另一名南宋宰相秦檜了。因此，以文天祥自擬是為了抗議當下及未來的自己的公眾形象。它也是種憂傷的記憶。汪的「淒然」表明他期待著這種個人的抗議必然在戰時的話語環境、乃至未來的歷史記憶裡處於邊緣，不斷反抗被徹底遺忘的命運。

27 Erll, *Memory in Culture*, 27.

28 Assmann, A. *Introduction to Cultural Studies*, 180.

汪精衛不斷言說、又期待被遺忘的反記憶，同樣表露在他脫離重慶後的〈憶舊遊‧落葉〉詞裡。開篇寫道：「嘆護林心事、付與東流、一往淒清。」（SZL 306）明知付與東流，但還是要用文字的方式加以記錄、訴諸永恆，因此汪精衛晚年詩詞、尤其是詞作，每每在言說與難言之間徘徊。一九四〇年國府還都之後的秋季所做〈滿江紅〉詞曰，「邦殄更無身可贖，時危未許心能白」（SZL 310），這事實上是矛盾的。自言未「能白」、因此犧牲自己的身與名的同時，汪精衛到底還是寫了一首詞來記錄自己的犧牲。「白」與「贖」對仗，語言成為身體。白未能白、說不可說，目的大概還是贖不可贖，即在萬劫不復之際，到底希望藉助詩歌把自己生命的一種真實流傳下去，逃脫歷史懲罰性的寂靜。

汪精衛的詩歌從而是一種證言記憶，向未來的世代懇請至少不要忘記他的一種真相。如果我們秉承將「抒情陳述」理解為「現實陳述」的闡釋原則，那麼我們既無必要、亦不可能決定他這一陳情的真實性。但需要指出的是，即便是法庭證言也不等於真相，尤其不等於全部真相。記憶是不可靠的，有可能被遺忘、扭曲、修改、嫁接或假造，哪怕回憶者的主觀願望是講真話。[29]尤其是在倫理及認知上都利害攸關的證言，它突出了「強調真誠而非真相的風險」。[30]每一句「相信我，我是真誠的」都暗含著（並常常被認為是）另一種陳述，即「相信我，這就是真相」。但我們每個人所能夠掌握的事實都不可避免是片面的，而且也可能有記憶謬誤或潛意識扭曲的無心之誤。但由於證言也無形中聲稱了自己的普遍性與透明性，而非承認其有效性僅限於某一個體的主觀經驗與不可靠的回想，[31]研究者因此面臨著一種困境，即一方面尊重證言的緊迫和真誠，另一方面也意識到它們的不足。與其苦苦「強加紀律於一個不可馴化的世界」，他們不如「嘗試尋找一種多元的知識：彼此補充、齟齬、試圖抵消彼此的知識，它們也可能以意想不到的方式匯合起來，創造新的事件和新的理解模式」。[32]在這種意義上，汪精衛以詩歌形式表達的證言記憶可以被理解為是真誠的、緊迫的，但並不必然是徹底的、周全的歷史真相，它的功能在於補充我們對其個人及時代的多元知識。

就汪精衛的這個例子而言，他關於自己出於何種動機與日本合作的證言記憶總是用最真誠的方式講述的。然而，如果我們仔細檢查，就會發現他公開給出的理由頗有前後不一之嫌。最開始是為了尋求和平解決戰爭之道，如他在一九三八年末發出的〈豔電〉聲稱，中國必須保持主權和獨立，一旦實現和平，「不但北方各省可以保全，即抗戰以來淪陷各地亦可收復，而主權及行政之獨立完整，亦得以保持」。他在一九四〇年宣布國府還都時聲稱實現了這些目標，儘管他不可

29 Bjorklund, *False-Memory Creation in Children and Adults*.

30 Plant, "On Testimony, Sincerity and Truth," 40.

31 Plant, "On Testimony, Sincerity and Truth," 45-46.

32 Gardner, "Unreliable Memories and Other Contingencies," 199.

能不知道這樣的宣言一半自欺欺人、一半與虎謀皮。汪精衛行將辭世之前，戰爭的局勢已經日益明朗，日本的戰敗不可避免。在〈最後之心情〉裡，作者用汪精衛的口吻提出，自己最初的脫離重慶是為了「為淪陷區中人民獲得若干生存條件之保障。即將來戰事敉平，兆銘等負責將陷區交還政府，亦當勝於日人直接卵翼之組織或維持會之倫」。[33]不論遺書真偽，至少這在戰後也是汪政權要人自我辯護的主要辯詞。[34]對他的動機之陳述隨戰局演變，這固然是話語框架變更之後的必然。然而人是複雜的動物，除了這些也許是真誠甚至真實的、大公無私的理由外，汪精衛也有可能同樣受競爭心（與蔣介石就黨內地位、更就救國路線的爭執）、復讎心（尤其為曾仲鳴之死所刺激）和我執（對自身歷史地位的期許）驅使。這些理由不一定有真偽之別、高下之分，而是共同作用，為他行動的不同階段提供動力，讓他奮勇無前地走下去。更何況，人的決定很多時候是不能用因果邏輯關係說明的，這恰是人類意志自由的體現；但在做出決定之後，人卻需要給自己一個好的理由來說服自己決定的邏輯性和正確性。偶然與自由因此轉化為因果和命運。汪精衛此詩作為證言記憶的意義在於向自己、向讀者展示夜半無人之際自己在一個自發的、真誠的寫作瞬間的真實狀態。但這並不足以證明其他更加複雜難言的理由就不存在。

第七種記憶是死亡記憶，一種特殊的記憶，即「人皆有死」這條鐵律。嚴格說來，死亡記憶永遠不會變成個人的記憶，但它是我們人類群體對地球上生命的經驗觀察的總結。生命的意義來自於我們對個體死亡的集體記憶。汪精衛是一位有強烈死亡意識的詩人。他的「未盡心」，照葉嘉瑩先生的講法，是要透過個人犧牲來完成國家救贖的烈士情結。雖然本文並不擬用烈士情結來概括汪精衛的生平，也不希望僅僅透過這個窗口來讀解他的詩歌，但不可否認的是汪精衛詩歌流露出強烈的生命意識。他常常寫到自己的死亡意象。譬如〈被逮口占〉裡著名的「引刀成一快，不負少年頭」（SZL 6），〈獄中雜感〉裡的「一死心期猶未了，此頭須向國門懸」（SZL 10），〈感懷〉詩的「士為天下生，亦為天下死」（SZL 34），一九一二年赴歐洲留學路上〈印度洋舟中〉的「此生原不樂，不死敢云煩」（SZL 44），都是早期繫獄前後詩歌死亡意象縈繞的例子。這種死亡意象後來有所沖淡，但是在一九三〇年代中期再次上升。這也許與抗日衝突中將士的慘烈犧牲觸發的「後死之憂」有關。之前已經引過的〈百字令·春暮郊行〉詞想像「劫後殘灰、戰餘棄骨、一例青青覆」（SZL 305）。這殘灰棄骨間應當也包含他自己，由下句「鵑唬血盡」點出。在一九三五年十一月一日經歷中央黨部的槍聲後，脊椎裡殘留的子彈成了肉身內日日提醒他的死亡的種子。所以他一九三九年哀悼曾仲鳴和沈崧的詞寫道：「我亦瘡痍今滿體，忍須臾、一見欃槍掃。逢地下，兩含笑。」（〈金縷曲〉，SZL 308）紀念暗殺五年的〈邁陂塘〉詞

33 朱子家（金雄白），《汪政權的開場與收場》，第五冊，頁一五六。遺書真偽問題見第三章。

34 例如：陳公博，〈自白書〉（又題為〈八年來的回憶〉），載：《審判汪偽漢奸筆錄》，頁二一－三八。同書周佛海、陳璧君等辯護詞，以及金雄白的回憶錄等，也都採取了類似說法。

道：「艱難留得餘生在，纔識餘生更苦。」（SZL 315）所謂「向死而生」，即對死亡的自覺、甚至是祕密的期盼，賦予生命以意義。

一個隨時面對死亡的人，必然隨時思考著不朽。儒家有所謂三不朽，即立德、立功、立言。如果說汪精衛早年刺殺攝政王的目的是為了立德，中期成為國民政府領袖是為了立功的話，那麼晚年的他似乎把立言視為了唯一不朽的期望。在彌留之際，他囑咐整理出版《雙照樓詩詞藁》作為自己唯一的遺囑，這表明對他本人、對他的家人和追隨者而言，他的詩歌都代表了汪精衛最「真實」、也最值得流傳後世的面貌。在這一意義上，詩歌成了作者的身後身。

如果我們這樣讀一首詩，那麼它就不再是「一行釋放了單一的『神學』意義（即『作者－造物主』傳遞的訊息）的語詞」，而是成為「一個多維度的空間，其中多種類別的寫作——沒有哪種是徹底原創的——互相融合、互相衝擊」。[35]它成了一張記憶地圖，承載著類別豐富的記憶，每種都有自己的聲音、輪廓和功能。文本因此展開，成為一個開放的空間，其中迴響著充滿創造性的眾聲喧嘩。

創造的喧嘩

不論是出於系統訓練還是個人習慣，西方史學家們大多忽略了汪精衛作為詩人的身分。中文學界的歷史學者雖然大多注意到汪詩，並常以之作為歷史書寫的點綴或輔助，但對詩歌本身的文學性、多義性和複雜性缺乏足夠關注，因此不免陷入「言志」的窠臼。而本文提出的典範，是試圖擺脫把詩歌作為個人情志簡單流露的閱讀定式，使之成為一個多元、多維度的文本，其中，個人記憶與集體記憶相融匯、相抵觸、相補充。〈舟夜〉詩中對「愛國先賢」桓溫、杜甫、文天祥們的集體記憶未必彼此協調，也未必與汪精衛的個人聲音協調。抒情主體堅持他們的聲音是和諧的，並且邀請未來的讀者來贊同這一觀點，讀者個人的聲音和闡釋從而加入到這場喧嘩的合唱。因為記憶歸根結柢由神經元為物質載體，倘若沒有後人把過去著落在自己肉身之中，就沒有歷史記憶的傳承。這場喧嘩的合唱是具有創造性的，因為聽眾也可以自由選擇傾聽其中某一主題或聲部，甚至加入合唱。最後的一個聲音是無序、寂靜的自然。律詩的形式給自然強加了一個聲音和秩序。如果自然界的風並沒有道德自我，那麼詩裡的風則是「惡」的；如果說汪氏早期詩歌曾援引科學知識談到月亮是飛離地球的一角（SZL 68），那麼這裡的月亮則訴說了人的希望和夢想。自然因此暫時脫離了無情的非歷史性，成為歷史行動者抒情主體性的證人，但同時它的無序與寂靜也在不斷地挑戰、質疑這一主體的自我認知。

如果我們不憚把音樂演出的隱喻再繼續發揮下去的話，那麼也許歷史作者可以比擬為製作

35 Barthes, "The Death of the Author," 146.

人。他並不決定詩的讀解方式，但是可以邀請一個「作者聲音」來進入詩歌，這個作者聲音如一部後現代無調性音樂作品的指揮家一樣，給眾聲喧嘩以框架、連貫性和產生意義的可能性。因此，即便歷史作者在字面和隱喻的意義上都「已死」，他的作者聲音則依然活著（如果不說永生），繼續以非權威主義的方式指揮著這部多聲部、不協調、不斷自我衍生的協奏曲。

透過動態地閱讀這首詩，我希望調解對它創作脈絡和意義闡釋的爭議。簡單地說，這首詩對不同的讀者訴說著不同的訊息，而其意義深度和生命力也恰恰來自於它的多聲部性。即便是指控它「混淆黑白」的史家依然決定在他們撰寫的汪精衛傳中引用此詩，卻因此給了它一個直接與讀者對話的機會，也給了讀者自由決定此詩應當如何理解的機會。

〈舟夜〉這樣的詩歌因此具有了歷史書寫的力量。不少讀者都注意到了汪氏詩歌憂鬱沉思的氣質。錢鍾書在一九四一年讀到汪氏詩集時挖苦地寫道：

莫將窮苦求詩好，高位從來識易成。[36]

把汪精衛的詩歌視為讖語，錢氏的詩從而也成了預言。但值得注意的是，錢鍾書之所以能買到剛剛出版的《雙照樓詩詞藳》，恰是因為他放棄了在後方任教的機會，選擇回到淪陷區的上海，亦即選擇了與敵消極共存（accommodation）。甚至在他的好友冒效魯加入汪政權之後，錢鍾書依然保持了和冒氏的友好關係，時時通信。他的這首詩因此也可以說是把他自己和選擇參與「和平運動」的友朋輩畫清界限的一種方式。錢鍾書的案例表明敵占區生活的道德模稜。另一方面，對汪精衛而言，憂鬱的詩詞也是他唯一能夠向公眾剖白的管道。倘若他詩作中流露出任何對「國府還都」的欣喜，他都會在公眾和歷史眼裡成為萬劫不復的叛徒。可以說，恰恰是汪精衛痛苦的抒情主體性，使他的詩歌成為救贖。

這首詩的讀者之一就是金雄白，一位小有聲譽的上海記者和律師。金氏是一九三九年為周佛海所勸加入和平運動的。他第一次拜會汪精衛之後，次日就收到了一份禮物：汪氏手書的〈舟夜〉詩立軸。顯然贈詩之舉是為了向金氏暗示和平運動的真正目的。但在戰後回憶錄《汪政權的開場與收場》中，金氏卻評論道：「這首詩裡已充滿了衰颯之氣，汪政權尚未建立，而汪氏目擊了淪陷區的慘狀；更發現了日人的洶洶之勢，慨念生平，已大有英雄末路之歎了！」[37]金氏的理解無疑充滿了後見之明，而他在把汪氏的抒情自白轉化為歷史書寫的過程中也扮演了舉足輕重的作用。汪政權「收場」之後，金雄白作為周佛海的親信，宣稱自己曾經執行周氏指令營救過被

36　錢鍾書，〈題某氏集〉，載：《槐聚詩存》，頁六四。

37　金雄白，《汪政權的開場與收場》，冊二，頁一七三。金氏亦以為此詩是六月初汪氏自上海赴日途中所做。如前所論，汪氏赴日是乘飛機，無舟夜環境。

捕的軍統特務。他因此也只遭受了兩年半的牢獄之災，此後移民香港，成為汪政權最高調的辯護者。但周佛海的祕通重慶不足以成為參與「和平運動」的淪陷區精英的道德救贖，因為平庸乏味的周佛海的行為完全可以被理解為是機會主義的。同樣，金雄白自己的雙面生涯也不足以在法律或道德上徹底拯救自己。而汪精衛的詩歌、他浪漫的烈士形象，以及他富於感染力和奮發精神的舉止風範，常常出現在金雄白的回憶錄裡，成為汪氏——從而也是周佛海和金雄白們的——愛國情懷的證據。詩人汪精衛的愛國聲音因此被合作者們所挪用，成為他們集體的聲音，書寫他們集體的辯護詞。

作為證言、讖語和辯詞，汪精衛的記憶之詩創造了一個跨時間的想像共同體，透過「詩人」把文學先祖和後世讀者都帶進了這個空間，而這位「詩人」也是後世讀者們集體想像的產物。在這個空間裡，透過創造和想像的維度，我們的歷史性存在得以豐富、擴展。詩中，分隔開個人與集體、行動與沉思的屏障消失。如萊辛（Lessing）所論，詩歌的精髓在於行動。[38]鄂蘭認為這句話意味著詩歌能夠影響到「藝術家或作家和他們的人類夥伴之間生長的一個世界性空間（worldly space），這就是他們共有的世界」。[39]這一共有的世界性空間，也是共享的詩歌記憶的空間。由於其所承載記憶同時具有個人性與集體性、歷時性與共時性，詩歌才能積極參與其作者公眾生命的書寫，與過去及未來的文化共同體進行對話。對作為民國政治領袖的汪精衛，詩歌才能是他個人卡里斯瑪的重要組成部分。而對作為「歷史悲劇」的汪精衛，[40]詩歌賦予了他畢生行動以必然性、命定性，使他真正成為一場命運悲劇的主人公。

38 出自萊辛所著《拉奧孔》（*Laokoon*）一書第十六章。關於這句話意義的爭論，參見：Rudowski, "Action as the Essence of Poetry: A Revaluation of Lessing's Argument"。

39 Arendt, *Men in Dark Times*, 7.

40 金雄白稱汪生前便自知將是歷史悲劇的一個主角；見：《汪政權的開場與收場》，冊二，頁一五七。

第五章　刺客像誌

一九四二年二月下旬，淪陷區的文化人陸續收到訂閱的《同聲》雜誌當月刊，主編是著名詞人、汪政府立法委員龍榆生。不少讀者可能會注意到本期刊登的一組酬唱詩，不僅因為參與者的文化和政治地位，也因為這組詩似乎頗有奧妙。事情的起因是海軍部長任援道得到了已故嶺南畫派大師高奇峰（一八八九－一九三三）的一幅〈易水送別圖〉，請龍榆生、印鑄局局長李宣倜各以一首詞作為題跋。汪精衛閱圖之後，展卷涕零，寫了兩首七言絕句。隨後梁鴻志又寫了四首絕句。最後李宣倜唱和了汪精衛的兩首詩。這十首詩詞，互相呼應，公開發表在《同聲》上。[1] 一個月後，《同聲》三月刊又發表了一部歷史歌劇《易水送別》，歌詞檃栝了前期發表的多數詩歌（梁鴻志詩除外），作者「鍾山隱七郎」（龍榆生筆名）。[2] 接下來，《國藝》四月分刊又重新發表

1 《同聲》一九四二年二月，頁一三九－一四九。

2 《同聲》一九四二年三月，頁九一－一〇六。

了除梁鴻志詩以外的全部六首詩詞，並增補進了期刊主編、行政院祕書處主任陳寥士的一首詩。[3]

這組酬唱反覆公開發表，似乎是為了有意提請讀者注意、並擴大其傳播範圍。其中的一條消息是不難讀解的：藉助這些詩詞，汪精衛被比擬為刺客荊軻。「易水送別」描繪的恰是荊軻告別燕國的戲劇時刻，他將踏上一條或者武力脅迫、或者刺殺秦王嬴政的不歸之路，以求萬一僥倖，阻止秦國一統天下。讀者們不難從荊軻的形象聯想到一九一〇年汪精衛以孫中山肱股心腹的身分毅然捨身入京、刺殺攝政王的壯舉。是年的另一組唱和更加顯豁地表露了以荊軻喻汪精衛的意圖，即《同聲》九月、十月刊上發表的〈銀錠橋話往圖〉題詞唱和。銀錠橋是據信汪精衛刺殺時填埋炸彈之處（實在甘水橋，見第一章），而這幅圖是當時在重版《汪精衛先生庚戌蒙難實錄》的張次溪（一九〇九－一九六八）請人畫的。荊軻刺秦發生在中國官僚帝國時代的黎明，汪精衛刺殺攝政王則發生在帝國時代的黃昏，兩場同樣歸於失敗的著名暗殺跨越二千年時間首尾呼應。這兩組以舊體詩詞為載體進行的宣傳，意在復興汪精衛作為刺客與（可能的）烈士像誌，這在一九四二年初是大有深意的。這些詩詞的作者們似乎是在暗示著另一層的指涉，即以秦喻日本，兩者都威脅著憑藉武力一統中國。這些詩歌提醒讀者汪精衛的革命歷史和志士形象，同時也暗示著他（及其追隨者們）與日本合作的愛國動機。

兩組酬唱也勾勒出南京汪政府精英文人日常生活的一個面向。目前為止，西方學界對日占區文化精英的研究以上海、北京和滿洲為主，主要探討的文學體裁是小說和小品文。而南京的文化生活則由舊體詩人主導。他們透過對一個共享的文化記憶語碼庫的指涉來進行對話。戴上用典和微言的面具，他們似乎能更自由地敘說自己的恐懼和欲望。就方法論而言，研究中國二戰通敵合作的學者們每每飽受大陸的檔案不開放之苦，而戰後寫作的回憶錄又不可避免地受到心理學家所謂「回顧性偏見」的影響，不可能完全客觀。戰爭中的合作領袖所寫的直接紀錄是很少的，而西方歷史學家因為訓練或方法所限，少有人關注過這些文人政客的詩詞創作。在我看來，他們的詩歌乃是極其珍貴的資料，讓我們瞥見他們透過文化密碼進行的對話，探討他們所處的窘境、自我認識、倫理視域，甚至可能的政治策略。這些詩作展現出一種局勢尚未明朗、各種選擇都還擺在桌上的時刻；即將創造歷史的行動者們正在陷入思索，考慮他們要做什麼、他們是誰，在未來的史記裡又要成為誰。由於詩歌寫作允許作者用第一人稱展露自己的私密情感，又透過讀者私密時刻的閱讀行為達成理解與同情，詩歌的親密聲音有可能允許我們書寫帶著人類體溫的歷史，發掘複雜難言的動機，其中，野心、投機、虛榮和我執與英勇的自我奉獻精神雜糅在一起，難以分割。

詩歌積極參與了詩人公眾生活的傳記寫作，與一個歷時性的文化共同體進行著不斷的動態對話。對汪政權文人而言，這一共同體也包括了日本占領者。那麼，如果這些詩歌確實有以秦喻日本的意圖，或者至少能讓日本人做出這種聯想的話，它們的發表對皇軍武運蔭庇下的一個政權來

3 《國藝》一九四二年四月，頁一九－二〇。

說應該是極其危險的——除非說，由於後文將討論的種種原因，占領者與合作者在此達成了某種默契、甚至合謀。最後，典故的意義只有透過與當前實事的聯繫才能確定，至於兩者之間關係為何，也許詮釋的方式不止一種，因此用典的核心都具有一定模糊性。何況荊軻刺秦故事本身就是多義的，視讀者關注哪一方面而決定。中國歷代對荊軻刺秦的豐富闡釋史，因此可以選擇用來服務於當前的政治目的。在〈易水送別圖〉酬唱的例子裡，汪精衛的追隨者是用荊軻的英雄氣概來為汪精衛的道德形象增色。他們似乎期望防患於未然，先行反駁未來把汪政權目為「偽政權」的制度化歷史記憶。藉此，圍繞汪精衛建立的個人領袖崇拜，被用來補償其政權缺乏的制度正當性。[4]

這場酬唱的經過雖然簡單，但其中關涉的行動者（agency）卻十分複雜：〈易水送別圖〉、畫家高奇峰、畫上已有及新添的題跋、圖的所有者任援道、參與酬唱的汪政權文人、詩歌的發表行為本身、發表的管道、潛在的中日讀者，以及唱和所涉及的文化記憶，特別是關於荊軻的文化記憶，而後者與汪精衛本人神話化的歷史以多種方式發生關聯。承載汪精衛烈士神話的最佳象徵，就是填海的「精衛」筆名本身了。本文將用濃墨大筆來勾勒故事牽涉的廣泛框架，用精工細墨來保存其細膩的多義性和模糊性。最後，這個故事將揭示占領者與合作者尷尬的共生處境，因為他們都生活在民族主義的時代，已經共同默認民族國家模式乃是國家權威及正當性的基石。不無反諷的是，就詩性的正義（poetic justice）而言，汪政權的「合作民族主義」與其國家領袖的刺客形象都堪稱矛盾修辭（oxymoron）的典範。最後，我提出，汪精衛作為刺客的像誌是一個模稜多義的漂流符號，出入於不同脈絡，獲得多重不同的意義，同時為抵抗（如果汪精衛的確是犧牲自己拯救民族國家的烈士）與合作（如果日本的大亞洲主義將創立一個新的秦帝國）賦予正當性。它也給了讀者機會來遐想一種歷史可能：如果汪精衛沒有在那個蒼涼的冬日病卒名古屋，而是天假以壽，那麼二戰結束的「圖窮」之際是否有一把隱藏的匕首？這是一個有多重記憶可能的故事，透過記憶的重述與複寫，過去不斷獲得新的生命。

荊軻：從可疑英雄到民族烈士

《史記．刺客列傳》中的荊軻故事，充滿緊張、懸念，但不少細節又富於含混的意義，故此處不惜筆墨簡短複述解析。荊軻籍貫是齊人，生於衛國，衛人謂之慶卿；到了燕國，燕人方謂之荊卿，所以「荊軻」並非原名。他好讀書擊劍，雲遊期間曾與俠客蓋聶、魯句踐發生爭執，荊軻皆不爭而去。換言之，他的劍術與勇氣同樣是未曾經過檢驗的。到了燕國，與狗屠及善擊筑的高漸離交往，日日飲酒。燕太子丹與嬴政本同在趙國為人質，是幼年好友，後來嬴政立為秦王後，

4 關於汪政權的領袖崇拜，見：Taylor, Jeremy, “Republican Personality Cults in Wartime China”。

丹質於秦，而秦王遇丹不善，故怨歸，謀報秦王。秦王蠶食諸侯之際，燕君臣恐禍，丹乃謀於鞠武、田光。鞠武戒其慎謀，而田光推薦荊卿之後自刎而死，以示絕不洩密。荊軻同意刺秦，被尊為上卿，車騎美女恣其所欲，但遲遲未有行意。丹促行，方告知以需得秦叛將樊於期頭顱，以為信物。丹雖不忍，樊於期自刎，以首級奉之。荊軻復得徐夫人匕首為武器、十三歲殺人的勇士秦舞陽為副手，但尚欲待一朋友俱行，其人未至，太子一再催促下，荊軻乃怒而啟程。接下來的故事耳熟能詳：在秦殿之中，秦舞陽恐懼，荊軻乃單獨向秦王展開督亢地圖，圖窮而匕首現，但荊軻錯過了一對一面對手無寸鐵的秦王的大好時機，最後反而為秦王長劍所擊，秦王終於把衛士喚上大殿，荊軻當場被殺。太子丹被斬，獻於秦王，但秦依然加緊了征服步伐，五年滅燕。

整個故事細節複雜，其情感高潮卻是在情節發展上無足關鍵的易水送別一幕：「太子及賓客知其事者，皆白衣冠以送之。至易水之上，既祖，取道，高漸離擊筑，荊軻和而歌，為變徵之聲，士皆垂淚涕泣。又前而為歌曰：『風蕭蕭兮易水寒，壯士一去兮不復還！』復為羽聲慨，士皆瞋目，髮盡上指冠。於是荊軻就車而去，終已不顧。」

事實上，荊軻的勇士形象正是透過易水送別和箕踞罵秦建立起來的。故事如果細看，那麼很多地方的意義都十分含糊。荊軻確實是刺秦的不二人選嗎？如果他是武俠小說、當代電影裡面的俠客，譬如張藝謀電影《英雄》裡李連杰飾演的「無名」，那麼他是不可能失手的，除非自己放棄。荊軻遲遲不行，說是要等待一個朋友輔佐，那個人真的存在嗎？還是只是荊軻拖延的藉口？刺秦以外，燕國有沒有更好的手段？太子丹的動機除了抵抗秦國征服之外，是否也是出於私憤？還有十分關鍵的是，荊軻為什麼接受太子丹的使命？他並不是燕人，所以不會抱有「愛燕主義」。如果說僅僅是因為知遇之恩，理由在先秦俠客間固然成立，但在後人看來不免不夠高尚偉大，彷彿僕從犬馬，缺乏自身的動機。最後，荊軻應不應該阻止秦國的大一統？畢竟，當秦王成了秦始皇，對某些大一統的史家而言，荊軻之所為不啻藐視天命、挑戰正統。

秦代以後，荊軻故事一直不斷激起詩人學者的強烈情感反應。他的死事燕丹和刺殺秦王代表了個人與政治權威關係的兩種極端。六朝到盛唐的詩人大多注重知遇之恩及知恩圖報。譬如陶淵明〈詠荊軻〉詩曰：「燕丹善養士，志在報強嬴。招集百夫良，歲暮得荊卿。君子死知己，提劍出燕京。……惜哉劍術疏，奇功遂不成。其人雖已沒，千載有餘情。」這是陶詩中罕見的豪邁之作，展現陶淵明對建功立業、青史留名的不能忘情。[5]阮瑀〈詠史〉詩開篇亦曰「燕丹善勇士」，而周弘直〈賦得荊軻詩〉則曰「荊卿欲報燕」。[6]初盛唐詩人詠荊軻故事的作品，譬如駱賓王〈詠懷古意上裴侍郎〉曰：「山河不足重，重在遇知己。」[7]李白詩〈贈友人三首·其二〉曰：

5 陶潛，《陶淵明集》，頁一三一－一三二。
6 兩詩分別見：逯欽立編，《先秦魏晉南北朝詩》，頁三七九，頁二四六六。
7 彭定求編，《全唐詩》，卷七七，頁八三二。

「人生貴相知，何必金與錢？」[8]這些作品都多少反映了貴族門閥政治的控制力。而科舉逐漸普及後，到了唐代中後期情況開始有所變化。譬如說柳宗元的〈詠荊軻〉就毫不留情地稱他「勇且愚」，刺秦的計謀是「短計」，他的庭上一擊是「臨事竟趑趄」，他的結果是無比殘酷的燕王殺其子、燕國滅其國。[9]劉叉甚至有〈嘲荊卿〉詩，笑他「報恩不到頭，徒作輕生士」；賈島的〈易水懷古〉感歎「荊卿重虛死」；齊己的〈劍客〉說「勇死尋常事，輕讎不足論」；翻嫌易水上，細碎動離魂」，連易水送別也過於矯情。[10]北宋的詩人大多沿襲了晚唐詩人的看法，就連以陶為宗的蘇軾〈和陶詠荊軻〉詩，也捨棄了陶潛對荊軻的惋惜，直斥「荊軻不足說」。[11]蘇門學士曾鞏更是鄙夷地說，「磊落高賢勿笑今，豢養傾人久如此」，認為荊軻不過是權力的犬馬。[12]

然而到了南宋，北方國土淪亡、王朝危如累卵，時局使得荊軻故事有了新的現實緊迫感。如果荊軻的努力沒有成功，至少他的精神可嘉——今天誰又是敢於承擔國家興亡的匹夫荊軻呢？一生不曾北渡的陸游，只能在夢裡經過荊軻墓，詩曰「悲歌易水寒，千古見精爽。國讎久不復，驚覺泚吾顙。何時真過茲，薄酹神所饗」，[13]對荊軻的欽慕也暗含了收復北方失地的志願。朱熹的〈楚辭後語〉謂：「夫軻、匹夫之勇。其事無足言，然於此可以見秦政之無道，燕丹之淺謀，而天下之勢已至於此，雖使聖賢復生，亦未知其何以安之也。且余於此又特以其詞之悲壯激烈，非楚而楚有足觀者，於是錄之，它固不遑深論云。」[14]在南宋的詩人和哲人看來，前代詩人對荊軻的批評過於輕淺，因為只有生活在絕望時代的人才能理解絕望之舉。他們為中日戰爭中對荊軻故事的民族主義讀解開了先例。

元代大一統之後，學者如郝經、劉因、陳孚、楊維楨等對荊軻的態度又重新變得負面起來。譬如郝經、劉因詩都頗為學究氣地提出燕國最好是採用儒術加強國力，而非依賴刺殺這樣的非常手段。[15]明代的絕大多數詩人學者也持批評態度，茲不盡舉。清代則幾乎不見詠荊軻的詩作。唯一的例外卻彷彿是清高宗乾隆，御製詩集中每每有詠荊軻之作，態度卻是頗為含混的，也許這反映出他在「秦王」與「太子丹」的自我形象中遊走不定，故「荊軻」既令他恐懼、又令他嚮

8 李白，《李太白全集》，卷一二，頁六二三。
9 柳宗元，《柳宗元集》，卷四三，頁一二五九。
10 分別見：《全唐詩》，卷三九五，頁四四四六（劉叉詩）；卷五七一，頁六六二一（賈島詩）；卷八三八，頁九四五二（齊己詩）。
11 蘇軾，《蘇軾詩集》，卷四〇，頁二一八五。
12 曾鞏，〈侯荊〉，載：《曾鞏集》，卷一，頁六。
13 陸游，〈丙午十月十三夜夢過一大冢傍人為余言此荊軻墓也按地志荊軻墓蓋在關中感嘆賦詩〉，載：《劍南詩稿校注》，卷一八，頁一四一〇。
14 朱熹，《楚辭集注．後注》（《朱子全書》，冊一九），卷一，頁二三四。
15 郝經，〈詠荊軻〉，載：《陵川集》（四庫全書版），卷七，頁一四七；劉因，〈和詠荊軻〉，載：《靜修集》（四庫全書版），卷二，頁三四－三五。陳孚〈易州〉詩見：《陳剛中詩集》（四庫全書版），卷二，頁三〇；楊維楨〈劍客篇〉見：《鐵崖古樂府》（四庫全書版），卷九，頁一二七。

往。[16]總言之，自中古以來的詠荊軻詩，都是當時士人與皇權關係的一種縮影，而乾隆的詩，則反映了權力對士人的兩面態度。

但等到專制皇權削弱之後，荊軻忽然又重新進入了晚清話語，成了反抗暴政的民主英雄的象徵。梁啟超〈中國之武士道〉（一九〇四）引用《史記》全文，並評論說暗殺只是對付「民賊」的最後手段；但鑑於中國士人長期在經詁注疏中消磨了英雄的「元氣」，荊軻的精神也足以砥礪振發士氣。[17]更加激進的革命黨人則把荊軻視為共和英雄、烈士楷模。譬如高旭的〈詠荊軻步陶靖節作韻〉（一九〇六）詩裡，荊軻對太子丹的忠誠被詮釋成了對燕國百姓的熱愛，他的刺殺被視為反抗暴政的起義，他的精神被視為鼓勵了後人一次又一次的刺秦努力，直至刺客張良最終奠基漢朝，所以荊軻的犧牲不是白費，而是革命的序曲，所謂「卒摧舊政府，偉業頃刻成。荊卿實先鋒，激起真性情」。高旭並且把荊軻稱作「儒生」，可見晚清民初的革命知識分子把荊軻引為同路的心意。[18]

年輕時代的汪精衛正是被這種鼓吹暗殺的時代精神所鼓舞，潛入陌生的北方都城去刺殺攝政王的。荊軻成為共和英雄的形象轉變同樣體現在汪氏獄中所做〈述懷〉，詩曰：

哀哉眾生病，欲救無良藥。
歌哭亦徒爾，搔爬苦不著。

針砭不見血，痿痺何由作。
驅車易水傍，嗚咽聲如昨。
漸離不可見，燕市成荒寞。

透過對〈易水歌〉的反覆指涉，汪精衛把荊軻轉換為自己行為、精神以及文學的先祖（precursor）。他甚至認為自己的環境更加孤獨：因為高漸離既不可見，與屠狗輩聚飲的燕市也成了荒漠。這一意象大約指涉在多次起義與失敗後同盟會志士的凋殘。汪精衛也隻字不提太子丹。作為現代荊軻，鼓舞他的不再是封建式個人忠誠，而是對「眾生病」的悲憫，寧可捐獻自己的性命以為革命的「良藥」。

而在日本侵華的緊鑼密鼓中，荊軻進一步成為了「民族英雄」。九一八之後，中國的期刊報紙忽然湧現大批讚美荊軻的文章和詩歌。他現在成了「民族魂」，[19]其精神成了中國對抗日

---

16 清高宗，〈荊軻山〉，載：《御製初集詩》（四庫全書版）卷三五，頁一〇四六；〈過荊軻山櫽括其事題辭〉，載：《御製詩二集》（四庫全書版）卷六一，頁一九〇八；〈荊軻城雜詠〉，載：《御製詩三集》（四庫全書版）卷一〇，頁八四三－八四四；〈過督亢陂因詠荊軻事〉，同上，卷一八，頁一〇四七。

17 梁啟超，〈中國之武士道〉（一九〇四），載：《梁啟超全集》，卷五，頁一四一三－一四一五。

18 高旭，〈詠荊軻步陶靖節作韻〉，原載《復報》一九〇六年第七期，結集時略有改動，見：《高旭集》，頁六四。

19 漕農，〈民族魂〉，《國訊》一九三五年第八十五期，頁四六二。

本現代化戰爭機器的最後希望。舞臺上也頻頻上演以荊軻為主題的傳統戲曲及現代歌劇。僅僅統計一九四〇年之前寫作發表的原創劇，就至少包括顧毓琇的四幕劇《荊軻》（一九二四、一九三九）、歐陽予倩的五幕歌劇《荊軻》（一九二九）、王泊生的四幕歌劇《荊軻》（一九三二）、林文錚的三幕悲劇《易水別》（一九三五）、一士的三幕舞臺劇《易水寒》（一九三五）、西夐的獨幕劇《易水寒》（一九三五）、以旦的《易水恨》（一九三六？）、李文華的三幕舞臺劇《易水河邊》（一九三七），以及野吟的四幕劇《荊軻》（一九三九）等等。以顧毓琇的《荊軻》為例：一九二四年在英國劍橋寫作的第一版是以反北洋政府暴政為主旨，荊軻代表的是共和英雄形象。[20]而經過一九三九年在重慶的改寫，就很明確地以秦比擬日本了，荊軻成了中國的民族英雄，高漸離在劇中也成為一位軍事戰略家，提出了統一戰線、發展國際聯盟、以空間換時間的持久戰戰略。[21]這部戲劇在後方有一定影響。除了舞臺劇版之外，一九四〇年的重慶還上演了梁實秋作詞、應尚能作曲的歌劇版《荊軻插曲》。[22]

透過不斷的改寫，荊軻最終在抗日戰爭中演變成為民族的烈士、統一抗戰的先驅。在當時的這種話語環境下，我們也很難想像，在一九四二年的脈絡下提到荊軻，如何能不讓人聯想到抵抗日本。

「當代荊軻」汪精衛

這幅〈易水送別圖〉，今似不傳。作者高蓊（奇峰），是汪精衛的同鄉兼密友，而且圖上還有汪的舊跋。我們後面會更加詳細談到的是，圖上應該還有胡漢民的一首絕句，同樣用荊軻比擬汪精衛，大概寫於一九一九到一九二〇年左右，而這也很可能是高奇峰創作這幅畫的時間。這樣看來，很有可能作畫的原初動機就是在汪精衛自法歸國、投身政治之際，紀念他手創民國的刺殺壯舉。

這也解釋了為什麼重對畫圖的汪精衛會有如此的情感衝動，潸然落淚。他大概認出自己年輕的面貌和世人的推許。任援道在這個事件裡面扮演的角色頗有意思。太平洋戰爭爆發以後，任援道開始和重慶接觸，接受其指令。[23] 他請龍榆生、李宣倜給〈易水送別圖〉做跋，然後一起呈送

---

20 顧毓琇，《荊軻》，載：《大江季刊》，一九二五年第一號第一期，頁一〇一－一二三。

21 顧毓琇，《荊軻》。

22 顧毓琇、梁實秋、應尚能，《荊軻插曲》。

23 根據任援道兒子任祖新的說法，任援道一九三八年加入維新政府是奉蔣介石、孔祥熙命令。見：任祖新，〈任援道先生年表〉，載：任援道，《青萍詞注析》，頁三五六。但倘若如此，為什麼中間四年毫無聯繫，這個說法恐怕不能採信。而且在中途島海戰之前，日本敗跡尚未顯露，所以這段時間任援道可能是採用了雙方下注的博弈手段。

給汪精衛，也是在同一時間段。他不會不知道此圖對汪精衛的重要性。所以這一舉措顯然是有深意的。

不論龍榆生和李宣倜對任援道暗通重慶是否知情，[24]他們的詞都展示了他們對汪精衛與日合作的看法及對其荊軻形象的詮釋。龍詞調寄〈水龍吟〉，曰：

所期不與偕來，雪衣相送胡為者？高歌擊筑、寒波酸淚、一時俱下。血冷樊頭、忍還留戀、名姬駿馬。問誰深知我？時相迫促。恩和怨、餘悲咤。

孤注早拚一擲，賭興亡、批鱗寧怕。秦貪易與、燕讎可復、徑騰吾駕。日瘦風悽、草枯沙白、飄然曠野。漸酒醒人遠，暗祈芳劍，把神威借。

龍詞首句開宗明義「所期不與偕來」，洗刷了任何對荊軻勇氣的質疑。此詞描寫的是一位孤膽英雄：一人、一劍、一馬，頂著誤解，進行孤注一擲的事業。然而他敢於「賭興亡」，肩上承擔一個國家的命運。詞以懸念結尾：劍客在一個私密的瞬間向劍默默祈禱；劍的芬芳來自敵人的血腥；劍的神威則來自它的魔力。中國神話裡，鋒利無比的寶劍是需要鑄劍人的鮮血來最後淬成的；當它被閒置掛在壁間時會做龍鳴，要求上陣殺敵；它有時會化身為龍。荊軻的祈禱把他自我中更加堅硬、堅強的一部分融化成嗜血的寶劍形象。藉助其神威，成功並非無望。當然，讀者們都知道故事如何收場。這就增加了結尾戲劇一刻的悲劇感，因為前知未來的觀眾眼睜睜地看著英雄跨上駿馬、馳向遠方，也馳向自己的命運。在龍榆生的《易水送別》歌劇裡，這首詞也就原封不動地用作了荊軻離別之際的獨唱歌詞。

李宣倜詞調寄〈滿江紅〉：

煮酒談天、且休笑、荊卿謀拙。燕趙勢虎蹊委肉，幾何能輟。功就定誇曹沫勇，身亡未讓專諸烈。算當時、百計費沉吟、方投玦。

一諾感、田光節；片語濺、於期血。豈縱橫游俠、恩酬寃雪。短劍單車汾水遠，高歌哀筑秦宮歇。甚丹青、千載卷圖看、酸風咽。

李宣倜大概是有意選擇了〈滿江紅〉這個經常藉以表達愛國情懷的詞牌。上闋意在駁斥中唐以來詩人常對荊軻事蹟下的嚴厲判斷。李宣倜借《史記》故事中鞠武的話說，燕這樣的國家就像老虎散步的小徑上躺著的一塊肉一樣，沒有什麼好的選擇。曹沫、專諸都是〈刺客列傳〉裡面的英

24　劉威志在私下交流裡提出李宣倜可能是知情的，因為他和任援道私交甚好。這也是為什麼李宣倜詩意反覆要請汪精衛採取行動的原因。

雄。魯將軍曹沫挾持齊桓公，逼迫他退還侵占的魯國土地。專諸犧牲自己的生命，為公子光刺殺了吳王僚。李宣倜認為，對荊軻來說，脅迫或暗殺的兩種可能性都是不壞的，所以儘管二者都沒有實現，後人也不能求全責備其計畫的不周密。

但這兩種比較都不是李宣倜首創的。事實上，任援道戰後在香港陸續寫作的《鷓鴣憶舊詞》提到，一九一九至一九二〇年左右，胡漢民為一幅〈易水白衣冠圖〉題詩一首贈汪精衛：

> 功就不誇曹沫勇，身亡未讓專諸烈。
> 知君百計費沉吟，滿座衣冠真似雪。[25]

胡漢民的四句詩，李宣倜化用了三句。其互文性表明兩首詩應該是為同一幅圖所寫，如果不是寫在同一幅圖後的話。然而，和李宣倜全詩用第三人稱稱呼荊軻不同的是，胡漢民詩用的是第二人稱，顯示出相當的親密性。「滿座衣冠」句化用的是辛棄疾〈賀新郎‧別茂嘉十二弟〉的名句「易水蕭蕭西風冷，滿座衣冠似雪」。[26]易水送別的情境，當然也令人想起汪精衛赴京之前，與胡漢民書中所設的「薪」、「釜」之喻。胡漢民詩中的荊軻因此不是一位孤膽英雄。滿座似雪的衣冠是他出發的前提條件，因為他知道有後死者來完成自己未竟的事業。如果〈易水送別圖〉用荊軻比擬汪精衛，那麼胡漢民就是圖中似雪衣冠的一員了。

李宣倜詩中的荊軻因此也不像龍榆生詩中的那樣是位孤膽英雄。他被比擬成歷史上的其他烈士，也有田光、樊於期的犧牲在激勵他前行。（在龍榆生詞裡，樊於期只以「血冷樊頭」，一個被切斷的頭顱的形象出現，因而被物化。）龍詞止於荊軻出發的時刻，而李宣倜詞的結尾則更加悲愴。「高歌哀筑秦宮歇」暗示著荊軻的死亡，詩人的傷感哀悼則建立了今昔之間的類比關聯。

汪精衛顯然讀懂了龍、李二詞的意味，但他的反應卻與他們頗為不同。他當下揮就了〈把覽之餘萬感交集率題長句二首〉：

酒市酣歌共慨慷，況茲揮手上河梁。
懷才蓋聶身偏隱，授命於期目尚張。
落落死生原一瞬，悠悠成敗亦何常。
漸離筑繼荊卿劍，博浪椎興人未亡。

少壯今成兩鬢霜，畫圖重對益徬徨。

25 任援道，《鷓鴣憶舊詞》，頁二九－三〇。
26 辛棄疾，《稼軒詞編年箋註》，卷四，頁五二六－五二七。

生慚鄭國延韓命，死羨汪錡作魯殤。
有限山河供墮甑，無多涕淚泣亡羊。
相期更聚神州鐵，鑄出金城萬里長。

汪精衛一般不肯步韻酬唱，但其詩的詩意回應了龍、李詞。第一首詩首句指涉荊軻與朋友在燕市飲酒的慷慨高歌，第二句暗示這些老朋友都和他分道揚鑣了。揮手告別的地點，他不用「易水」，而是特意換成了「河梁」。後者典出《文選》收錄的〈李少卿與蘇武詩三首〉其三「攜手上河梁」。李陵和蘇武同為漢朝將軍，同為匈奴擒獲。蘇武牧羊，持節不降，最終作為英雄回到了漢朝。而李陵卻因為全家被殺投降了匈奴，被目為叛徒，膽敢辯護者（包括司馬遷）都被治罪。所以在象徵的意義上，「河梁」是個閾界空間（liminal space），隔開內與外、生與死、榮與辱。

頷聯裡，汪精衛為自己跨過河梁這座不歸之橋辯護。他說更優秀的劍客，譬如《史記》故事裡曾與荊軻論劍的蓋聶，「身偏隱」，不肯捨身刺秦。死不瞑目的樊於期代表了已經為和平運動獻身的同志的期許。所以在紀念曾仲鳴、沈崧時，汪精衛發誓「收拾舊山河，勿負故人心」（SZL 331）。這都是使他不能回頭的重要心理因素。

第三聯闡發無常觀。汪精衛常常以自己的不畏死作為動機純潔的證明。第五句再次重申他對死生的不動心；第六句進一步質疑行動是否應當由其成效來判斷。這暗示行為是否合乎道德在於其動機、而非其結果，因為歷史學家都不免回顧性的偏見。如清代學者袁枚在〈荊軻書盜論〉裡提出的，揚雄、司馬光都把荊軻貶斥為「盜」；但他一擊若成，秦王沒有成為始皇帝，那麼後人也不會做此判斷了。[27]汪精衛最後宣稱荊軻的精神不死，它激勵了高漸離、張良前赴後繼的刺秦壯舉。張良博浪一擊雖然不中，但最後輔佐高祖建立了漢朝。汪氏在一九四〇年重陽前（十月六日）作的〈虞美人〉詞中也表達了同樣的意思。那首詞的寫作契機是方君璧在南京書店裡購得一幅〈滿城風雨近重陽圖〉，恰巧是汪精衛一九三八年在漢口旅店裡懸掛的，因此他回憶起脫離重慶之前的自己，作詞兩首，第二首的結句曰：「誰云壯士不生還，看取筑聲椎影滿人間。」（SZL 312）這表明汪精衛自擬荊軻、不期待生還但是希望刺秦事業最終成功的想法，也許已經在頭腦中縈繞了數年。

但如果說第一首詩表露出汪精衛的道德自信的話，第二首詩則展示相當的惶恐與羞愧。他展圖面對的是現在的自己與三十年前、甚至十年前的自己之間的差距。如果他一九一〇年慷慨就義，那麼就將永遠作為荊軻後身而流芳百世。如果他在一九三五年被刺殺，或者如果他在一九

27　袁枚，〈荊軻書盜論〉，載：《小倉山房詩文集》，文集卷二〇，頁八五二。司馬光意見見：《資治通鑑》，卷七，秦二，頁二三二。揚雄意見見〈淵騫篇〉，載：《法言義疏》，卷一六，頁四一九。

三八年十二月以前做出任何不同的選擇，今天他都還可能是聲名清白無瑕的政治家。然而他今天不但活著，而且兩鬢星白、聲名掃地。對他而言，死生都無樂趣，不足期待。以「鄭國渠」聞名的水利工程師鄭國，為秦造渠，結果被揭發是韓國間諜，目的在於消耗秦國財力、延緩其滅韓。鄭國辯護說，工程一旦成功，最終獲利的還是秦國；滅韓不論緩急，結果都一樣。秦王嬴政同意了。水渠造好後，秦國更加富強，最終一統天下。[28]汪錡是個童子，保衛魯國死於疆場。魯人問孔子是否應該把他作為「殤」（即烈士）來獻祭。孔子回答：「能持干戈以衛社稷，雖欲無殤也，不亦可乎。」[29]也就是說只要是為國捐軀，不論年齡，都應該被視為烈士、國殤。汪精衛自擬鄭國，似乎是在承認，即便他的目的在於保存韓國（中國），最終還是會服務於秦（日本）的利益，何況他可能還做不到像鄭國那樣得以苟延韓命。而如果中國獲勝，他恐怕自己不會像汪錡一樣千古流芳，哪怕是他同樣為社稷而死。

詩的末尾兩聯含義就更加模糊了。「墮甑」用的是《後漢書》孟敏墮甑不顧的典，就是說摔壞的瓦瓶不值得惋惜。[30]「亡羊」用的是《列子》典故。當楊朱的鄰居丟失了一隻羊，他們四處尋找，但是路不斷分叉，導致他們最終沒有辦法窮盡所有的可能性。[31]而楊朱的落淚則指涉另外一個《荀子》的典故。楊朱有一次在歧路大哭，因為踏上任何一條錯誤的道路都會讓他離正確的目標越來越遠。[32]

所以這一聯的意思，彷彿是說中國剩下的河山不應該成為一個又一個的「墮甑」，也沒有必要為打破的器皿或丟失的羊而流淚。汪的意思是說淪陷的國土是無法回收的「沉沒成本」，還是僅僅在反對焦土抗戰？另一方面，楊朱淚是因為害怕做出錯誤的選擇。這一聯也可以認為是沒有必要為歧路亡羊而哭泣，因為事情已經發生了，流淚無從挽回。所以沉沒的成本也可以理解為汪精衛的聲譽。不論對錯，他只能依照自己做出的選擇而咬牙前行。

不過，兩聯都沒有暗示汪將如何處理那些捽碎的或沒有捽碎的瓦瓶。最後一聯則提出了更多的疑問。表面上，它似乎表露了繼續抵抗的決心。這也是劉威志的看法：他把「金」的意象與汪精衛的「薪釜」喻聯繫起來，認為汪三十年前自比為薪、今日則自比為釜。[33]但是這個解釋在此詩的具體脈絡下，未免有點捨近求遠，而且忽略了「牆」的隱喻。如果我們把這一聯和詩的主題（即荊軻故事）相聯繫，那麼可能會得出非常不一樣的意見。畢竟，秦統一中國之後做的就有築牆和鑄金。秦始皇不但在北方築起一道萬里長城，還收天下之兵歸於咸陽，熔化之後，鑄為鐘鐻

28 司馬遷，《史記·河渠書》，頁一四〇八。
29 孫希旦，《禮記集解》，卷一一，頁二八二－二八三。
30 王先謙，《後漢書集解》，卷六八，頁七八四。
31 楊伯峻，《列子集釋》，卷八，頁二六五－二六六。
32 王先謙，《荀子集解》，卷七，頁二一八－二一九。
33 劉威志，〈梁汪和平運動下的賦詩言志〉，頁二二五－二二六。

和十二金人。[34]這一讀解也似乎和前文的鄭國典故更加渾融。如果說汪精衛期待日本讀者會注意他的詩歌作品的話，那麼這一結語也可能是寫給日本人看的。萬里長城的北方邊界，可以解釋為中日共同防共的邊界。

把兩詩結尾並置起來看，從荊軻到高漸離、張良的持續「抵抗」並沒有阻止秦國大一統，即便說其統治是短命的。汪詩因此不僅表白了他的個人愛國情懷，也似乎流露他對短期內武力抵抗有效性的懷疑。我們不能忘記的是，雖然珍珠港之後，汪氏漸漸覺得中國勝利有望，但直到一九四二年六月的中途島海戰，日本即便在太平洋戰場還是處於攻勢。事實上，這期《同聲》發表的同一天，一九四二年二月十五日，新加坡的英軍向日軍投降了。在中國大陸戰場，直到一九四四年底的豫湘桂會戰（日軍稱「一號作戰」），日軍始終保持侵略的態勢。因此，有可能汪在寫作這兩首詩的時候並沒有完全信服日本會徹底戰敗，依然保留了中日合作防共的希望。如果是這種情況，那麼詩作就和任援道示汪以畫的目的產生了某種對話。任援道和重慶的聯絡表明他當時對戰爭的前景有所不安，因此要兩邊下注。如果我們假設他給汪看這幅畫是一種「譎諫」，是以不明言的方式表達他對局勢的判斷，那麼也許他是在提醒汪精衛是時候再次扮演「荊軻」了——假裝投降、呈上督亢地圖，以作圖窮匕首見的一擊。

汪詩也回應了龍榆生、李宣倜的詞意。汪詞遠沒有龍榆生詞結尾樂觀的決絕。如果說龍榆生詞裡的荊軻要勇敢地孤注一擲，陰影如死亡的黑鳥掠過荒原、前往秦宮，那麼汪精衛詞裡的自己則在歧路迷失，恐懼面對永恆的恥辱。李宣倜詞裡與荊軻比擬的是曹沫和專諸，而汪詞則自擬鄭國和汪錡：鄭國事實上也成了與秦國合作的「韓奸」，而汪錡的烈士資格不無疑問。不過，如果說汪錡最終由夫子親自定奪成了烈士，那麼汪精衛對自己的機會是悲觀的。

李宣倜和龍榆生以各自的方式都回應了汪詩。李宣倜的酬唱之作強調荊軻的勇氣和其精神持久的影響。其中一聯曰：

> 客異舞陽容有濟，事同曹劌故非常。

再次用曹沫典，[35]李宣倜是在強調荊軻最好的結果是脅迫秦王退回失地；如果荊軻的助手不是秦舞陽的話，是有可能做到這一點的。如前面討論的，李宣倜詩裡的荊軻不是孤膽英雄。此處，李宣倜也許是在暗示他們作為汪精衛和平運動的忠實追隨者是比秦舞陽更好的幫手，因此效仿曹沫的計畫是可行的。

龍榆生的回應就是《易水送別》歌劇。他顯然知道同時期其他荊軻主題歌劇的存在，包括當

34 司馬遷，《史記·秦始皇本紀》，頁二三九，頁二八〇－二八一。

35 關於曹劌和曹沫，見：李零，〈為什麼說曹劌和曹沫是同一人〉。

時重慶正在上演的顧毓琇話劇的歌劇版。在前言裡，他提出要請「新興樂家」給自己的戲寫音樂，這意味著他想要把這齣戲真正用大眾喜聞樂見的方式上演，與其他同主題歌劇競爭，詮釋對荊軻的文化記憶。

龍的劇本以合唱開場，前三行歌詞：

落落死生原一瞬、奮迅為仁、成敗何須問。

第一句化用汪詩，第二句則用汪精衛刺殺攝政王之前〈與胡漢民書〉裡的名言：「革命之勇氣、由仁心而生者也。」第三行化用了汪詩「悠悠成敗亦何常」。用這樣的方式，龍榆生從一開始就確立了此劇的主人公是「當代荊軻」汪精衛，而且也建立了汪氏烈士形象從一九一〇到一九四二年的連貫性和一致性。

梁鴻志對這些詩作的回應不無諷刺。作為汪的對手，他的四首絕句似乎是在嘲笑汪精衛及其追隨者的自我道德幻象。

腐遷史筆久傳神，不如丹青為寫真。
今日圖窮無匕首，眼中何限虎狼秦。

真堪立懦與廉頑，變徵聲中去不還。
刺客國殤休等視，怕人孤注擲江山。

自是荊軻劍術疎，虛捐樊首督亢圖。
輪它劉季提三尺，臣服燕秦罵豎儒。

神勇方能致太平，期君此事學荊卿。
田光老矣無人問，夜誦陰符坐到明。

這四首詩充分表現了梁鴻志與汪精衛派的格格不入。第一首稱讚畫筆傳神之餘，梁鴻志偏要點出今天這幅督亢圖裡是沒有夾藏匕首的。換言之，如果汪精衛是「荊軻」，他們之間的類比僅止於獻圖投降——如果圖窮沒有匕首，那麼荊軻就只是一介代表弱國屈膝投降的使節。第二首詩同樣先稱讚荊軻的勇氣，然後回應汪精衛用的國殤典並反駁了龍榆生的「孤注」論。以江山為孤注未免賭得太大；荊軻的失敗恰成了秦國滅燕的藉口。

第三首詩無情地再次揭荊軻「劍術疎」的傷疤。就算秦舞陽不濟事，荊軻畢竟在秦庭有兩次面對手無寸鐵的秦王的機會。梁鴻志似乎在駁斥汪精衛「懷才蓋聶身偏隱」的辯護，因為如果荊軻自知劍術疎的話，就不應該輕易許諾承擔使命，這樣至少能夠省下一張督亢地圖和樊於期的首級。相比之下，劉邦雖然也不是大劍客，但憑著三尺之劍，滅亡了秦朝。所以說劍術疎不是問題，劍術疎還要當刺客才成了問題。

最後一首詩近乎直接諷刺汪精衛了，要他僅僅學習荊軻的「神勇」而非其餘。[36]梁鴻志然後自比田光。《史記》故事裡，太子丹是先請田光出山的，但後者自稱衰老而舉薦了荊軻。梁鴻志似乎在藉此發牢騷，因為他的維新政府恰恰是被日本人強行用後來居上的汪政府取代的。然而「田光老矣」四個字事實上化用了「廉頗老矣」，其意義便大為不同。趙國將軍廉頗雖老，依然健壯，但是為使節陷害，卒不為趙王起用。[37]因此辛棄疾〈永遇樂．京口北固亭懷古〉有名句：「憑誰問、廉頗老矣、尚能飯否。」[38]梁鴻志自稱「老矣無人問」、惟有鎮日修行道家長生之術，這顯然是反諷，像是提醒讀者——尤其是可能的日本讀者——自己尚未衰老、還可以效力。

但梁詩四首裡意義最含混的一個詞則是第一首結句的「何限」。通常情況下，「何限」是「無限」的意思。誰的眼中有無限的虎狼秦呢？由於梁鴻志與唱和主旨唱反調，我們也很難想像他是在把日本比作虎狼秦。所以「虎狼秦」可以是指西方帝國主義，或者是國民黨、共產黨政權嗎？由於典故內在的多義性，我們很難得出完全確定的答案。我們知道的是，所有這批作品裡，梁鴻志詩是一個月後唯一沒有在《國藝》重新發表的。龍榆生的《易水送別》歌劇也沒有納入梁鴻志詩，但在全劇的結尾處悄悄回應了梁鴻志的「虎狼秦」句：

> 世間無限虎狼秦、火傳薪自繼、飯熟鑊常新。

有意思的是，龍榆生不但單單選了這句來回應梁鴻志詩，而且還把意義含混的「何限」改成了意義清晰的「無限」。龍氏提出，恰恰是因為世間有無限的虎狼秦國，所以革命之火必須不斷傳遞。他用了莊子的「傳薪」典，並將之與汪精衛常用的隱喻（薪、火、飯、鑊）聯繫起來，暗示革命精神從荊軻傳遞到了汪精衛，也從青年的汪精衛傳遞到了今天的汪精衛。他們形成了跨時代的革命精神同盟。

和二十世紀的多數詩人一樣，參與這組〈易水送別圖〉唱和以及不久之後〈銀錠橋送別圖〉唱和的汪集團文人，一般都選擇性地忽略荊軻故事裡不夠英雄氣概的部分，而注重其反抗精神。他們也不約而同地完全忽略了太子丹的作用，因此使得荊軻的行為似乎是完全自願自主的。但作為這個政權的領袖人物，汪精衛和梁鴻志的反應都有所不同。汪與荊軻的自我認同建立在後者的弱點（劍術疎）和最終的失敗上，體現他對未來的恐懼與惶惑。梁鴻志則不僅諷刺荊軻，也

---

36 劉威志以為「君」是指任援道。但我認為還是指汪精衛，因為在我看來，高奇峰的圖本身畫的就是汪精衛，所以整個唱和都與汪相關，參與酬唱的諸人都很清楚這一點。

37 司馬遷，《史記·廉頗藺相如列傳》，頁二四四八－二四四九。

38 辛棄疾，《稼軒詞編年箋注》，卷五，頁五五三。

諷刺了想要當荊軻或自比荊軻者。然而所有詩人似乎都在顯豁或隱晦地暗示日本就是今天的秦國——梁鴻志刻意的否認反而更加強調了這一比擬關係。那麼我們就不可避免地要問：日本又是如何感想？難道在日本憲兵刺刀下討生活的合作文人真的有可能在公開發表的雜誌上、用中日精英都理解的詩詞和典故、呼籲圖窮匕首見嗎？

匕首何處

秦雖暴虐，鞭笞六國、一統天下。刺秦典因此成了雙刃劍，同時可能暗示抵抗與妥協。它也顯示官方的大亞洲主義話語如何深入了合作文人的私密想像。這兩點特性都體現在《同聲》月刊上。

據龍榆生，創刊目的為透過詩教傳播東亞和平。〈同聲月刊緣起〉曰：

> 同聲月刊，曷為而作也？《易》曰：「同聲相應，同氣相求。」凡在人倫，孰能無聲氣之感？相感以情而歸於真美善，此吾國先聖所以立樂之方，昌詩之旨也。香山居士云：「聖人感人心而天下和平。感人心者，莫先乎情，莫始乎言，莫切乎聲，莫深乎義。……」旨哉斯言，蓋深識乎聲與政通之奧矣。

今五洲萬國，屠殺相尋，愍此有情，橫被塗毒，而爭雄爭霸，又莫不競以和平相揭櫫，功利之念，熾於悲憫之懷，而人道幾乎熄矣！緣木求魚，和平烏得？此本刊為普濟含靈，不得不乘時奮起者一也。

晚近以來，歐風東漸，中日朝野，震於物質文明，競事奔趨，駸忘厥本。馴致互相輕侮，同種自殘，禍結兵連，于今莫解。言念及此，為之寒心！吾人追溯邦交，於唐為篤，而當時兩國人士，觴詠唱酬，篇什紛披，載在前史。然則感情之隔閡，恒賴聲律以化除。今欲盡泯猜嫌，永為兄弟，以奠東亞和平之偉業，似非藉助於聲情之交感，不足以消夙怨而弘令圖。此本刊為東亞和平，不得不乘時奮起者而也。……

「同聲」一詞出於《易經》乾卦九五文言，「同聲相應，同氣相求」。龍榆生認為，凡是人倫都會為「聲」和「氣」感染；在當前的脈絡裡，「聲」不妨理解為藝術，尤其是詩歌，而「氣」不妨理解為道德力量。為情所動，人倫皆求歸於真美善。然後他引用了白居易〈與元九書〉的詩歌理論：「聖人感人心而天下和平。」龍榆生把當今世界視為萬邦爭霸的屠戮場，「人道」的火焰幾乎熄滅，西方物質文明的輸入讓中日兄弟鬩牆。他因此希望提醒雙方的歷史情誼，尤其是唐朝中日詩人唱和的兄弟情感。詩歌能夠成為一種教化的工具，轉換人心，以向和平。由於舊體詩有比新體詩有更強的音樂性，透過創立《同聲》這份研究、創作古典詩詞的月刊，他希望能夠廣大

「詩教」，敦促和平，實現大同。

《同聲》的撰稿人中也有一些日本漢學家，其贈閱對象包括日本各大學。[39]龍氏最初想把期刊命名為《中興鼓吹》，但汪精衛覺得這個名字不免過於弘大，畢竟「現在全面和平尚未實現」，因此建議易為「同聲」。[40]龍榆生的〈緣起〉顯然是在刊物定了新名之後重新修改撰寫的。「同聲」一詞似乎是日本「同文同種」大東亞主義宣傳口號的變種。但和「同文同種」不同的是，「同聲」的「同」並不是「相同」，而是相互獨立的聲音一起歌唱的和諧與平等。此外，刊物的讀者不會不知道乾卦九五是「飛龍在天、利見大人」。孔子的解釋是：「聖人作而萬物睹。」因此不論這是否是汪精衛、龍榆生的原意，刊名典故的寓意似乎是指某位「聖人」的崛起將感動人心、帶來和平。不言而喻的是，這個聖人當然是指汪精衛，而非他的日本操縱者。汪精衛因此成了這個新東亞文教秩序的核心所在。

龍榆生是汪精衛少年府試時的考官朱祖謀的關門弟子。汪、龍相識在一九三二年龍榆生為朱祖謀治喪期間，當時龍榆生在上海國立音樂專科學校任教，而汪精衛時任南京行政院長。根據汪精衛去世後龍榆生刊出的兩人往來書信，汪精衛不僅參與了對朱氏葬事的討論，且捐款四百元付印《彊村遺書》。此後二人書信往還，討論文學。[41]一九三九年汪精衛自河內來上海時，本來就懷疑「抗戰必勝」論的龍榆生因《中華日報》上刊出的〈憶舊遊・落葉〉詞而「引起若干同感」。是年冬末，汪精衛派祕書來探望龍榆生，提起願意給予一些友誼上的幫助。次年四月，汪政府成立不久，龍榆生應召前往南京擔任立法委員、陳公博私人祕書。但南京的情況令他失望，大約半年之後，不再參與政治活動，而主要投身文教，包括籌措中央大學復校（原中央大學已經內遷重慶）、創立《同聲》。但汪、龍私人交誼依然篤厚，汪精衛去世之後，龍榆生為之治喪、整理出版遺稿，去世前預立的遺囑也提到手中有汪精衛手札詞稿一包，希望兒輩日後寄送陳毅請予處置。[42]陳璧君在獄中手鈔的《雙照樓詩詞藁》也是龍氏校跋的，一度藏於東吳大學圖書館。[43]可以說，龍榆生不但參與了和平運動，而且儘管失望也繼續留在汪政府任職，最終敗亡後依然忠於所託，其中主要原因，就是他為汪精衛的道德精神力量所感。細讀〈緣起〉，龍榆生把戰爭責任同等地放在了中日兩國身上，這似乎也反映了汪精衛早年提出的「顧吾以為弱肉強食，強者固有罪矣，即弱者亦不為無罪。罪惡之所以存於天地，以有施者即有受者也。苟無受者，將於何施？」的哲學（見第一章）。透過選擇舊體詩而非白話詩，龍榆生也給了日本占領者一個讀懂這

39 張暉，《龍榆生先生年譜》，頁一〇九－一一〇。

40 汪精衛一九四〇年八月六日致龍榆生札，見：汪精衛，〈雙照樓遺札（未完）〉，頁四六。

41 汪精衛，〈雙照樓遺札（未完）〉。

42 見：張暉，〈徘徊在文化與政治之間〉，載：《忍寒廬學記》，頁一六五－一八一；張暉，《龍榆生先生年譜》，頁四一，九七－一〇九，一三九－一四三，二二〇。

43 劉威志最早發現此手稿；張暉，〈跋陳璧君鈔本《雙照樓詩詞藁》〉，載：《無聲無光集》，頁一二〇－一二五。

些詩歌的機會——因此潛在地讓他們的心有可能被汪精衛這位新聖人所感動。

倘若如此，那麼汪精衛的自我犧牲及其感動人心的力量本身就是「匕首」。如果他成功了，那麼「虎狼秦」就會自動消失，變成仁慈的真正儒家的王道力量，透過道德典範、而非殺戮暴力來征服。這恰是孫中山逝世前在神戶所提倡的「大亞洲主義」願景，第三章已有詳論。汪精衛政權成立前後都反覆強調中日真正的親善與平等，儘管這並不能令人信服，但汪精衛堅持聲稱，民族主義與大亞洲主義並不相左，前者能喚醒中國的民族自決與團結，後者則能喚醒亞洲的民族自決與團結，以期實現全世界的平等與大同。基於平等和兄弟情誼的大亞洲主義，也是汪政權的官方宣傳口號。我們也不妨認為，這個口號利用侵略者的宣傳修辭，以駁斥其侵略的口實。

這種修辭性抵抗的策略獲得成功的先決條件，就是日本有起碼的道德自省與良知。事實上，不少汪精衛的日本支持者都對日本的使命抱有同樣的道德願景。「汪兆銘工作」的三位始作俑者——影佐禎昭、犬養健、今井武夫——都在戰後講述了他們的回憶。提到汪精衛，他們都流露出深深的負疚感。[44]影佐回憶道，汪精衛曾對他強調，他希望日本公眾能夠明白他的和平運動和蔣介石的抵抗到底都是愛國的，二者唯一的差別在於對日本和中國在東亞共同體中關係的展望。影佐承認自己為汪精衛的誠懇態度和他真誠的愛中國、愛東亞之心而感動，認為汪精衛的高貴人格和崇高精神足以讓鬼神落淚。[45]他為自己被迫扮演的角色感到羞愧，感到自己辜負了汪精衛的信任。

他們的戰後回憶錄的另一共同點就是都為汪精衛的誠懇風度所動，因此建立了相互信任的合作關係。他們都毫不懷疑汪精衛熱烈的愛國心，但也不懷疑他與日本合作是為了圖謀反對日本。也就是說，他們認為汪精衛是真正的民族主義者兼大亞洲主義者。對汪精衛的日本支持者而言，汪氏的革命經歷和愛國風範都是至關重要的，捨此，則「和平運動」將不再有任何的可信度。一個徹底的傀儡政府對他們而言是沒有意義的，因為這樣的政府得不到中國民眾的任何支持，也無法形成對淪陷區任何有效的治理。因此具有諷刺意味的是，汪精衛作為詩人和刺客的像誌恰成為日本圍繞他的宣傳工作的核心部分。

從他選擇與日合作的開始，汪精衛的利他主義愛國者形象就是他主要的「賣點」。以虛假和平條件誘使汪精衛脫離重慶的近衛文麿，公開宣揚汪精衛是孫中山的政治法統繼承者、國民黨領袖中最有資歷者，以及一度的刺客。他聲稱汪精衛是張良再世，雖然博浪一擊沒有能夠暗殺秦始皇，但是成為漢朝的功臣；同樣，他也期待汪精衛成為「新中國的大指導者」。[46] 中國派遣軍總參謀長板垣征四郎稱讚所有中國的合作者、尤其是汪精衛一派，都是真正的中國的民族英雄，犧

44 例見：犬養健，《揚子江は今も流れている》，頁一五七－一六四；今井武夫，《支那事変の回想》，頁二一九－二二一；影佐禎昭，《曾走路我記》，頁一三－一四。
45 影佐禎昭，《曾走路我記》，頁四七－四九。
46 近衛文麿，〈汪先生和我〉（一九三九年十一月十日），載：《和平反共建國文獻》，冊一，頁四。

牲自己以救中國。一開始對汪精衛及其和平運動深懷疑慮的板垣，承認恰是汪精衛坦蕩的態度讓自己相信了他合作的真誠，最終支持汪政權的成立。[47]

汪精衛作為愛國者的資格不僅給了他的政權以名望和正當性，這恰是日本人極其需要其中國的合作者做到的，而且還給了他們的大東亞主義宣傳一些表面的可信性。汪精衛刺殺攝政王的經歷，因此是絕大多數日語撰寫的汪精衛傳記作者所著力強調推崇的一點，而其作為民族主義者和作為亞洲主義者的形象，在日本對他的宣傳中是相得益彰的。譬如井東憲的《汪兆銘を語る》宣傳小冊子（東亞振興會資助）將汪精衛的暗殺和入獄展現為他生平的第一次磨難，也提到了肅親王對汪氏慧眼識英雄的賞識。建立了汪氏浪漫主義的背景，井東隨即將他與日本合作展現為「決死的覺悟」所鼓舞的英雄行為。[48]汪精衛不惜自我犧牲的決心，因此成為他行為利他主義的佐證。

另一部比較長篇的汪精衛傳（三百二十六頁）是山中峯太郎撰寫的《新中国の大指導者：汪精衛》，一九四二年一月出版，以近衛文麿對汪精衛的期許為標題。其中用了三十餘頁濃墨重彩地渲染汪氏短短的刺客生涯。[49]此書多次引用汪精衛的詩歌來表現他精神的高貴，也稱讚汪精衛為中國爭取權益的愛國行為。[50]作者最後承認東亞和平的障礙和困難依然不少，但他相信汪精衛的人格和決心將幫助日本克服這些困難。

汪精衛同時作為民族主義者和大東亞主義者的形象也展現在日本官方話語中。他去世之後，小磯國昭首相發表的談話只提到汪氏生平的兩段經歷：他作為「青年革命家」謀求中國解放與復興的熱血生涯，以及他呼應〈近衛聲明〉、以「高邁的識見」與日本合作的「果斷的行動」。小磯也讚揚了汪精衛與日本合作後的主要成就：內政上，他廢除了治外法權、回收了租界，重新張揚中國主權；外交上，他對英美宣戰，參與東亞復興。[51]換言之，至少在官方場合冠冕堂皇的講話中，日本軍政界似乎毫不懷疑汪精衛與日本合作的真摯的愛國心，但又認為他的革命和刺客生涯恰是其與日本合作真誠的佐證。他們相信汪精衛代表弱國「來朝」的使命的真誠，而似乎徹底無視了諸如這組公開刊登的易水送別酬唱等詩作所暗示的：也許汪精衛在他們眼前緩緩展開的這幅中國地圖盡頭，藏著一把閃亮的匕首。

汪精衛顯然是知道日本人閱讀他的詩歌的，也常常給日本的高官要人贈送自己的詩集、酬酢唱和。我們有理由假設，汪精衛及其手下在寫作和發表他們詩歌的時候，不會不考慮日本人的觀感。一種可能的解釋是，用典根本上是具有模糊性和多義性的。日本人並不介意稱頌汪精衛的刺

47 板垣征四郎，〈論中日間之根本問題〉（一九四〇年二月八日），載：《和平反共建國文獻》，冊一，頁二〇、二三。
48 井東憲，《汪兆銘を語る》，頁四、九。
49 山中峯太郎，《新中国の大指導者：汪精衛》，頁四六－七三。
50 山中峯太郎，《新中国の大指導者：汪精衛》，頁二八九－二九五。
51 〈小磯内閣総理大臣訓示演説集・小磯内閣総理大臣汪精衛逝去に際し談話〉，日本國立公文書館（檔案編號A15060310500）。

客歷史，因為這為他的合作增添了政治聲望。由於高奇峰的畫是在二十年前完成的，那麼這些詩歌完全可以被解釋為服務於增強汪政權政治正當性的目的。但荊軻隱藏的匕首和他的日本合作者眼中所見的汪精衛的「真摯」形象依然形成鮮明的反差。我們不免要問：誰看見（或者說出）了真實情況呢？如果汪精衛是新的荊軻，他的匕首又在哪裡？如果我們用督亢圖來指代對尚未占領的領土的想像性主權，那麼汪精衛獻上的這幅督亢地圖盡頭是否真的有一把匕首？或者說，給侵略者造成「今日圖窮無匕首」的印象，這本身就是匕首，因為這樣的真摯友好情感也許可以讓侵略者放下屠刀、立地成佛，變成儒家的王道力量？或許最終極的暗殺就是征服征服者的心？這樣一來，是否沒有匕首恰恰就是匕首？

我們大概永遠無法知道真相，因為汪精衛失敗了，就像荊軻一樣。和荊軻不同的是，他沒有機會完全展開地圖，因此也未能向世人表明，地圖的盡頭是否藏有玄機。不過，我們似乎忘記了這場唱和的始作俑者——任援道。把這樣一幅意義非凡的畫、用這樣隆重的方式呈給汪精衛看，他大概是有自己的目的，但卻從未直言。同樣作為詩人，他甚至自始至終沒有參與酬唱。這是不同尋常的。但也許我們可以從他日後的行為與文字中看出一點端倪。

任援道的策略

任援道找來一幅對汪精衛來說意義重大的畫，再請汪氏最忠實的文學夥伴龍榆生以及自己的朋友李宣倜一起來題詩，這些舉措，似乎都意味深長。透過不參與唱和，他避免了公開表明自己的意圖；至於他是否私下和汪精衛有所討論，那我們就不得而知了。無論如何，他戰後的回憶到底提供了一些端倪。此外，透過重新使用指涉中國刺客傳統的話語符號，任援道的回憶給汪精衛的刺客像誌提供了新的詮釋可能，為任援道加入並後來背叛汪政權都同時提供了辯解的理由。

堪稱生存藝術家（survival artist）的任援道成了汪政權的傾巢下的完卵，他不但全身而退，而且權位不變。其他參與酬唱的諸位，汪精衛瘐死異國，梁鴻志繫獄刑戮，龍榆生、李宣倜雖然一個得以保釋、一個倖免入獄，但晚年（尤其是中華人民共和國成立後）不免以「漢奸」名號忍辱終身。但任援道就不同了。他原本是維新政府的綏靖部部長，與汪政府合流後，繼續憑藉手中握有的江浙皖軍隊實力，擔任各種軍事要職，先後包括海軍部長、第一方面軍總司令、江蘇省保安司令等。如第三章結尾所述，就在這次酬唱不久之後，即一九四二年春，他開始與重慶互通聲氣。日本投降後，由於同樣暗通軍統的周佛海不幸染病，纏綿床榻，所有與日本占領軍聯絡的淪陷區善後事宜，周佛海均派遣任援道代表出席。作為南京附近汪政府軍隊的實際統領者，他被任命為國民政府南京先遣軍總司令，加之任氏與接收京滬地區的湯恩伯有私交，因此即便周佛海被

圖 27　汪精衛著海軍制服與海軍部長任援道交談。
Wang Jingwei and Lin Baisheng photo collection 1940-1944, East Asia Library Special Collections, Stanford University.

捕繫獄，任援道也始終平安無事。他的工作之一是「肅奸」，即搜捕汪政府高官、自己的前僚友，也堪稱不辱使命，以高效與無情完成了這項工作。譬如日本投降後梁鴻志避匿蘇州，由於兩人私交甚篤，任援道發現線索，卒將梁氏逮捕，解送上海羈囚，明正典刑。陳公博的下場似乎也與任援道的詭計頗有干涉：陳公博被判處死刑的罪名之一是戰後飛赴日本、畏罪潛逃；但事實上他之所以赴日，按照金雄白的回憶，恰是在南京混亂之際，任援道轉告重慶命令，力促陳公博赴日等待處置，以免給人負隅頑抗的印象。[52] 由於任援道工作的出色，加之手握軍權，他在整個內戰期間繼續精忠報國，最後在人民解放軍占領上海之際逃亡香港，後來終老加拿大。

在戰後的香港，任援道戮力文事，以詩道自娛。他在陳孝威將軍編輯的《天文臺》雜誌上連載發表了六十首〈鷓鴣憶舊詞〉，一概用〈鷓鴣天〉詞牌，回憶大陸「淪陷」前的人物和史事。這些詞有五首涉及到汪精衛，但主要都是關於汪精衛與胡漢民關係而發的，對汪政府期間的人事則一概忽略。不過在這幾首詞裡，任援道將自己展現為汪精衛自始至終的仰慕者。其中第一首〈鷓鴣天．題汪胡手書詩詞小簡之一〉曰：

> 留住斜陽絕妙詞，悲天心緒幾人知。愴然今夜從新看，曾見當年手寫時。
> 談藝事，不相違。輸他鈎勒景完碑。共嗟醫世無良咒，合力分工孰是非。[53]

任援道長篇自注表明，第一句的「絕妙詞」，指的就是本書序章所引汪精衛〈朝中措〉。所引胡詞「萬里平安懷季子」則是一九二四年懷念汪精衛所作，對汪精衛的學問文章推崇備至。因此此詞雖然是題汪胡詩詞小簡，但真正的主角只有一人，即汪精衛，所謂「悲天心緒」，也應當是針對汪精衛的與日合作的心跡而發。任援道隨即寫道：

---

52 金雄白，《汪政權的開場與收場》，冊二，頁二七—二八。
53 任援道，《鷓鴣憶舊詞》，頁二二。

> 汪長身玉立，美如冠玉，真史遷所謂狀貌如婦人好女。待人接物，外表雖極和悅，然內心亦頗固執，言論富煽動性，數萬字之講演詞，從不起稿。論者謂汪具有烈士典型，三十餘年始終以悲天憫人、奮不顧身、勇往直前之烈士風格，從事政治，雖其用心良苦，終不免為世惋惜。[54]

任援道稱汪精衛的烈士風格縱貫「三十餘年」政治生涯，這顯然是有意的。他暗示汪精衛的行動有一種潛在的可能後果，雖然未能實現。「如婦人好女」是司馬遷對張良的評價。值得注意的是，三首題汪胡詩箇的〈鷓鴣天〉都把汪精衛擬為張良，譬如其二曰「當年陽武沙中鐵」，其三曰「博浪椎秦更在前」。[55]堅決把汪氏比為張良而非荊軻——儘管第三首詩的跋語明確提到〈易水白衣冠圖〉和胡漢民題詩——的原因，大概是因為荊軻是不吉利的：他事敗身亡，燕國也隨之滅亡，而張良博浪一擊，暗殺秦始皇，雖然沒有成功，但最後到底輔佐劉邦推翻暴秦、奠定了漢朝數百年基業。潛居香港的任援道，又在期望汪精衛的「一擊」能有什麼吉利的後果呢？也許在他寫作的時候，「秦」的象徵意義再度發生了變化：不是清朝，不是日本，而是中華人民共和國。畢竟，〈鷓鴣憶舊詞・開篇詞〉便寫道：「英雄兒女如春筍，三戶猶存秦必亡。」[56]至少，在香港的任援道和他的朋友們這麼期望著。

結合任援道的生存策略，也許我們可以猜想，汪政權手中的軍隊便是汪精衛的匕首。這把匕首不僅可以行刺，也適足防身。可惜汪精衛沒有等到圖窮的一天，而陳公博輕易放棄了這把「匕首」的掌控權。而等到中共勝利之後，任援道心目中的汪精衛刺客形象又有了新的意義：不是針對日本的一統東亞，而是針對中共的一統中國。

漂流符號

荊軻的例子展示了文化記憶的靈活性和適應性。透過不斷的改寫和重塑，荊軻的形象具備了多種指示符號，提供無數種詮釋可能。當二十七歲的汪精衛被關押在刑部大獄時，他是透過荊軻這位文化英雄的命運軌跡來詮釋自己的生命，並且因此試圖實現同樣的命運。之後他作為國民政府領袖的期間，這一執念似乎有所退潮。但在一九四二年，他之前與荊軻的類比性獲得了新的意義。汪精衛的烈士形象成為一個豐富、含混、浮動的象徵符號，能夠、也事實上被利用來服務於各種有時候相互抵觸的目的：對他自己而言、對他的追隨者而言、對他的日本操縱者而言。如果

54 任援道，《鷓鴣憶舊詞》，頁二三。
55 任援道，《鷓鴣憶舊詞》，頁二五、二九。
56 任援道，《鷓鴣憶舊詞》，頁一。

說對汪氏而言烈士的意義在於犧牲，不僅犧牲生命、也犧牲身前身後的聲名，那麼他的追隨者則強調暗殺行為的英勇以及成功的可能性。設若僥倖成功，不論是以曹沫還是專諸的方式，他們都可能獲得拯救。日本操縱者則只認同暗殺行為的利他主義精神，把汪精衛的革命經歷視為政治資本，證明他的合作是愛國的、他們的占領是仁慈的。至於對任援道這樣擅長自保的生存藝術家而言，透過在戰後的香港讚美汪精衛的道德形象，他也在尋求自我救贖。

即便或曰恰恰因為它服務於各種相互矛盾的需要的力量，汪精衛作為詩人和烈士的像誌廣泛流行。今天，想要拒斥主流史學的學者繼續用「烈士情結」來描述汪精衛對日合作的動機：這是胡適日記裡驚聞汪氏逝世時的評價，今天又因為葉嘉瑩先生的提倡而重新復活。

一九四二年發生的這場酬唱是日本占領下的南京文化生活的一幅側面剪影。這是一個特殊的文化生態，其中，文化精英們借用古典詩詞的意義指涉系統進行對話，這不僅相互表明他們共享的中國傳統文化底蘊，也用來互相標榜他們合作的道德利他主義。而透過闡釋學努力來進入他們對話之奧義殿堂的讀者也許也會傾向於分享他們的情感，因為透過參與詮釋，我們也同樣成了這個語言遊戲的一員。透過分享文化記憶，作者與讀者也共享了某種歸屬感和宿命感。藉助典雅的消遣，汪精衛政權的文化精英們創造了一種特有的文化與政治身分，這種身分迥然有別於重慶或延安政權。他們的文化行為在極大程度上是古典士大夫政治傳統的餘響。或許恰因為汪政權不能透過現代的意識形態（如民族主義或共產主義）來爭取廣泛的民眾支持、獲得政治正當性，這一傳統的塑造政治權威的模式（韋伯語）對他們而言就尤其重要。汪精衛的卡里斯瑪主要由他的風度、氣質、雄辯和文化風流構成；這一士大夫政治家形象對於不少受過傳統文化精英教育者而言有強大的吸引力，因此他的追隨者、仰慕者和同情者大多也出自這個圈子。但或許正因為此，他在那個戰爭年代才是一個失敗的現代政治家，在一場槍炮、金錢、計謀與大眾動員的遊戲中逐漸敗北。

此外，使用文化記憶作為政治正當性話語或許恰恰墜入了日本「大東亞主義」的彀中。如《同聲》刊名暗示的，中國和日本共享古典書面語言。如果說汪政權詩人試圖用這種語言來喚醒兩國歷史上的脈脈友情的話，那麼其成功恰恰能證明「同文同種」宣傳的有根有據。哪怕說日本的強大恰恰是因為擁抱了西方式的現代性，哪怕說所謂的「同文」恰是基於中國而非日本的傳統文化，這些反諷都無關緊要。中國古代的儒家傳統不是一種民族主義的傳統，而是一種自矜為「放之四海而皆準」的普遍主義傳統。因此，如果說真正的「王」必須具有絕對的道德權威和文化修養，那麼是否反過來，所有具備絕對道德權威和文化修養者都應當成為真正的「王」呢？日本設若果然如孫中山或汪精衛所期冀的那樣擁抱真正的「王道」，那麼它難道不應該超越民族或種族的界限，「天下歸心」嗎？儒家的王道思想根本是與現代的民族國家思想相悖的，而在相當意義上，汪政權也好、滿洲國也好，其之所以存在恰是因為「民族國家」模式已經在二十世紀日益成為現代國家正當性的基石，所以哪怕日本征服了這些領土，與十九世紀末、二十世紀初對臺灣、朝鮮的殖民兼併策略不同，不能貿然兼併之，而寧可假借偽裝成民族國家的合作政權進行統治。一旦推翻民族國家典範而採用「王道」典範，汪政權也就摧毀了自身存在的唯一依據。

這樣看來，把汪精衛比作荊軻的修辭是尤其辛辣的。秦的殘酷征服戰爭開啟了兩千多年的官僚帝國，為一個「超穩定」的政治結構打下基礎。荊軻的個人勇氣雖然可歌可泣，也象徵了被征服國家的軍事虛弱、戰略魯莽，因此後者的被征服在社會達爾文主義的意義上咎由自取，用汪精衛早年自己的話來說，就是「弱者亦不為無罪」。不無類似的是，汪精衛的與日合作也許是英勇的自我犧牲行為，但其最初的構想、談判的過程、政府的設立都是在缺乏堅定明確的目標指導下潦草而魯莽地開展的，對汪本人及其追隨者都帶來了災難性的後果。它雖然有一定保全後方之功，但對合作者本人而言是失敗的，不論汪精衛的「匕首」是要用手裡的軍隊在關鍵時刻奮起倒戈（這可能是任援道的意思），還是要移除日本軍國主義的侵略性（如龍榆生的〈同聲月刊緣起〉所建議的那樣）。

但是，透過他們的詩歌，汪精衛和他的追隨者至少在同情的後世讀者眼裡獲得了救贖。雄贍的用典讓他們的政治選擇獲得跨越時間的意義。把汪精衛比作荊軻，不管成立與否，這都足以發人深省，帶來爭辯與反思的可能。在這個意義上，荊軻的失敗成了他身後聲名的基礎，而汪精衛的情況也許也是一樣。

第六章 金陵不懷古

一九四二年十月，汪精衛站在石頭城要塞的廢墟上。東北方向，深翠的秦淮河水悄然匯入長江灰色的濁流。他的身後西向隱約高峙的是紫金山的陰影，中山陵便藏身在常青的松柏間。隔開他和紫金山的南京熙攘市井，在靜謐的秋陽中安詳和暖，讓人渾然忘卻五年前的那片修羅場：面對取得上海慘勝、如受傷猛獸撲向南京的日軍，他隨著蔣介石和其他國民黨高官棄城而走，將數十萬百姓曝露於日軍的坦克和刺刀下。千頭萬緒，他寫了四句小詩，題為〈石頭城晚眺〉（SZL 324）：

> 廢堞荒壕落葉深，寒潮咽石響俱沈。
> 一聲牧笛斜陽裏，萬壑千巖盡紫金。

石頭城是一個充滿前朝詩人歷史哀思的地方。廢堞、荒壕和落葉象徵著失敗的抵抗、犧牲的生命。除了六朝、南唐等定都南京的偏安朝廷的亡國史之外，南京的歷史也是一部殺戮史。僅就死傷數萬人以上的大規模屠城而言，清朝以前有侯景之亂（五四八－五五一）和一一三〇年金兵的火燒建康。除了中華民國，南京最後一次作為全國的首都是在明初。永樂「靖難」之火的正史和野史，眾所周知，無庸贅論。滿清入關之後，南明小朝廷同樣建都南京。但一六四五年清兵攻破揚州，屠城十日之後，弘光帝逃跑，南京舉城投降，得以倖免屠戮。一八五三年太平天國攻克南京，殺戮無算。一八六四年曾國荃率領的湘軍攻破南京，搶劫殺戮，導致「屍骸塞路，臭不可聞」，[1]多為老幼婦孺。英人呤唎（Lindley）上校所著《太平天國親歷記》（*Ti Ping Tien Kwoh*）估計死難者約三萬人。[2]總之，南京是座一層金粉、一層白骨的城市。從大歷史的角度看，每輪城市生活的繁華鼎盛之後都再次迎接毀滅，而每次毀滅之後也再次迅速地重新繁盛，以致令觀察者產生悲涼的宿命感，其興亡也與微觀上以年度為週期的大自然的輪迴以及宏觀上佛教宇宙觀中的「劫」具有了可類比的結構，人事被轉換為自然的秩序和冥冥的天命。在這個脈絡裡，「廢堞荒壕」可能指南京不斷重複的悲劇歷史，也可能特指一九三七年的那場慘劇。

傳統詩詞裡，落葉是人至晚年生意凋零的符號。汪精衛多病，脊椎內始終有一九三五年孫鳳鳴暗殺後留下的一顆子彈的折磨，又剛剛度過六十花甲生日，他恐怕也心知時日無多。以無多的時日來做被世人目為賣國的事業，他的一番心事，似也有無窮的隱約。這就帶出了落葉對汪氏的第二層象徵。前引一九三九年所作的〈憶舊遊・落葉〉詞（SZL 306）寫道：「嘆護林心事，付與東流，一往淒清。」在汪精衛看來，自己正是落葉，曾經的護林心事無人理會，只能飄落歷史的殘垣故壘。詩中的寒潮，也能理解為無情的時間。在寒潮的衝撞下，石頭發出嗚嗚，如壯士梗塞的喉頭。「石頭」代指石頭城要塞。唐人劉禹錫一句「千尋鐵索沉江底，一片降帆出石頭」[3]使得此地永遠成為了亡國的符號；而金陵王氣的郁郁蔥蔥、長江天險的浩浩蕩蕩，更讓無力鎮守的戰敗者顯得屈辱。作為「合作政權」領袖，代表向戰勝者屈膝求和的中國，汪精衛面對石頭城的歷史，自然分外感慨。

與這兩句所飽含的千愁萬恨相比，三、四句就顯得奇異地平淡了。隨著一聲牧笛，歷史的哀思戛然而止，斜陽灑落在萬壑千巖上，給它們鍍上一層典贍華貴的紫金光澤。我想，也許恰是石頭城肩負的歷史符號過於沉重了。典故鋪陳下去，結果就只有亡國：亡的不是中國，就是亂世中偏安的汪政權。不論哪種結局，在中國賞罰分明的史書上，他都是萬劫不復的，所以辯白無力，說無可說。南京的歷史記憶如此沉重，讓他的個人思緒、記憶、對未來的展望都只能依託城市的記憶而得以表達，最終回憶不再可能，只能拉回當下、斬斷眾流，用一聲牧笛來收場。

1 趙烈文，同治三年六月二十一日（一八六四年七月二十四日）記載，《能靜居日記》，冊二，頁八〇五。
2 Lindley, *Ti Ping Tien Kwoh*, vol. 2: 775.
3 劉禹錫，〈西塞山懷古〉，載：《劉禹錫集》，頁三〇〇。

當然，還有一種可能的讀法是紫金暗指紫金山，中山陵的所在地。是年春，汪精衛令褚民誼把孫中山的肝臟從北京協和醫院運到南京，葬入中山陵，此舉一是保護中山遺體，二是藉以強調汪氏作為中山遺囑代筆人、繼承民國法統的正統性。對一個靠敵人刺刀保護的政權，這樣象徵性的正當性是極其需要的。把萬壑千巖籠罩在紫金山的陰影裡，石頭城的舊典與紫金山的新典產生對話，用孫中山領袖崇拜的新歷史象徵來取代亡國的不祥，汪氏對自己革命歷史的個人記憶透過物質的中山陵融入自然，有情融入無情，獲得了某種意義上的紓解。

然而象徵本質上是多義的。如果我們把「太陽」理解成日本，那麼尾句或許可以指日本幫助把孫中山的精神（他晚年提出的大亞洲主義）傳播到中國的山川（萬壑千巖）上；或者反過來說，「斜陽」象徵著日本的太陽正在落下，而中山精神（他一生堅持的民族主義）重新籠罩中國。兩種象徵截然相反，選擇相信哪種，恐怕全視讀者要把汪精衛視為賣國賊還是愛國者而定。這也將影響讀者對前兩句的讀法。如果汪精衛是賣國賊，那麼他用典故影射的定非南京大屠殺（尤其鑑於日本政府否認屠殺的態度），而是指中國歷史不斷上演的悲劇。然而，如果他確實是愛國者，是為了保存淪陷區的元氣而與日本合作，那麼他也許會抗議日本的野蠻暴行：它曝露了大亞洲主義的虛偽，是太陽帝國淪落的根本原因。

或許以上都不對。也許這就是一首普普通通的山水詩，點綴著關於金陵的陳詞濫調。本章感興趣的也不是對此詩詩意下一確鑿判語，而是汪氏及從汪文士如何借用詩詞這一承載了豐富文化記憶的媒介，把歷史記憶轉化成對自身現實的闡釋、進而預言未來，而金陵這座城市的記憶又如何在其中扮演了至關重要的角色，讓他們在自我申辯時每每遇到認同的阻礙，在展望未來時每每不能直視，最終產生典故和詞意的裂縫。如這首詩所示，南京的詩歌記憶（poetic memory）已經變成了一種後設文本。我們不免要問：在興衰之間，在懷舊與宿命之間，是否還有可能用詩歌書寫個人對南京的體驗？我們是否可能用古典詩詞這種高度審美化的藝術形式來緬懷每一個犧牲的、獨特的個體生命呢？當汪精衛寫詩的時候，作為個人的他——而非作為詩人、政客、烈士或國賊的他——又是如何直面當下的呢？透過試圖回答這些問題，我們將更能同情地體會二十世紀的古典詩人們是如何掙扎著爬出時間和語言的廢墟來表達自我。但總有某個時刻，個人經驗歷史的直接性和詩歌作為語言藝術的間接性之間的鴻溝似乎不可跨越，讓追憶成為不可能：他們回首往昔，是不想看見腳下崩裂的大地。

記憶之城

「記憶場域」（*lieu de mémoire*）是法國歷史學家諾哈在一九八〇年代提出的概念。英文一般譯為 site of memory，但是諾哈本人似乎更加提倡 realm of memory 的譯法，這也是他主持編撰的三大卷 *Les Lieux de Mémoire*（Gallimard, 1984）英文譯本的標題。偏愛 realm 而非 site 一詞，我想主要還是為了避免把「記憶場域」等同於具體地點的混淆吧，因為諾哈的「記憶場域」典範應用的範疇極寬，從法國國旗、巴黎人想像中的「外省」到普魯斯特的《追憶似水年華》，乃至歷史學家本人（在諾哈看來，現代的歷史學家已經不再是簡單的記憶者，而是深知自己筆下的歷史只是歷史的一種書寫方法），以及「世代」的通俗劃分方法（譬如我們常用的「七〇後」、「八〇後」等，這一粗糙劃分方式假定每十年出生者都有一套獨特的歷史和個人記憶，由此導致他們性格和行為方式的某種集體共性），這些都可以說是「記憶場域」。中文也有「記憶之場」、「記憶之所」、「記憶所繫之處」等不同的通行翻譯方法。本書採用「記憶場域」一詞，以保持其概念的張力。

諾哈提出，「記憶場域」有三個構成要素：物質性的、象徵性的和功能性的；它是在記憶與歷史的互動中產生的；它最初的出現必須由一種意志的力量來推動，即想要回憶的願望。[4]「記憶場域」與歷史客觀對象的不同之處，正在於前者被賦予的多種意涵，「在這一意義上，記憶場域有著雙重性格：它是籠罩在世界之上的一層闡釋的光暈，透過其身分得以定義，透過其命名得以概括，但同時又向無窮無盡的可能意義開放」。[5]不過，諾哈對記憶場域的理解也包含了相當的浪漫主義想像。他認為記憶場域是現代的產物，因為過去的人們生活在傳統與現實的平衡之中，記憶是日常生活的有機組成部分，而只有在現代這種平衡才被打破。用他的話來講：「殘餘的經驗，一度生活在傳統的溫暖中、在無言的習俗中、在祖先儀式的不斷重複中；但如今，它已被高度歷史化的感受方式的潮水卷蕩無存。」[6]最後一句中的「歷史」應當被理解為相對主義的歷史。的確，現代歷史（history）的確展現出強烈的歷史學（historiography）化特徵；就連歷史學者也不再假裝、甚至試圖書寫客觀的真實的歷史，而是強烈意識到自己記憶的主觀局限和偏頗。但另一方面，是否過去的人們就與溫暖的傳統無間無隙地生存、安其居、樂其俗，似乎也令人疑問。因此，在我看來，雖然諾哈的記憶場域概念主要運用於描寫現代生活，但是其適用範圍可以放寬（事實上，諾哈主持編寫的三大卷本第二、第三卷也已經透過實例對他在第一卷中提出的定義做出了修正），用來描寫前現代即已經存在的一系列記憶取代了歷史的現象，譬如金陵。

宇文所安（Stephen Owen）在〈地：金陵懷古〉一文中回溯了歷代詩歌中的金陵。雖然他並沒有用到「記憶場域」這個詞（宇文的文章發表在一九九〇年，在諾哈著作的英文本出版之前，所以當時未必熟悉諾哈的理論），但是他提出的文章主旨，即探討「關於這座城市的一種情緒和詩歌意象的形成，一種形塑了對城市的觀看方式的地點、意象和話語的重疊複合」，[7]似與諾哈所論的記憶場域定義若合符節。宇文開篇首先提到了清末民初詩人、南社會員邵瑞彭（一八八

4 Pierre Nora, "General Introduction: Between Memory and History," in Pierre Nora ed. *Realms of Memory*, 14-16.

5 同上，頁二〇。

6 同上，頁一。

7 Stephen Owen, "Place: Meditation on the Past at Chin-ling," 417.

八——一九三八）所填〈西河・十八年前曾和美成金陵懷古今再為之〉詞：[8]

征戰地、繁華事去難記。臨春殿闕委蒿萊、夜潮怒起。數聲鐵笛嚮秋風，哀謌人在雲際。露臺上、和淚倚，鹿盧古井繩繫。降幡又出石頭城，夢穿故壘。送他六代好江山，秦淮依舊煙水。

蜃樓過眼散霧市，訪龍蟠、羞認閭里。袖手夕陽時世、共齊梁、四百僧房，閒對零落丹楓、霜天裏。

邵瑞彭所和的是南宋周邦彥的〈西河・金陵懷古〉的「佳麗地、南朝盛事誰記」，[9]而周邦彥化用的又是劉禹錫〈金陵五題〉中的〈石頭城〉和〈烏衣巷〉詩。[10]宇文所安指出，劉禹錫寫下這組著名絕句的時候根本沒有到過金陵；他所根據的是文學史流傳的庾信〈哀江南〉等名篇以及自己的想像，而非現實中的金陵。用宇文氏的話來說，透過歷代詩人的不斷重複書寫，最終詩歌取代了現實，中唐之後再無新詩。後世詩人來到南京不可避免地要懷古思往，感慨興亡，透過幾個高頻率的詩歌記憶場域——譬如秦淮河、烏衣巷、石頭城等——來構建城市的地理空間，而詩歌的陳言（cliché）套語（stereotype）成為他們回應這座城市的唯一「正確」方式。南京的歷史和詩歌都一再重複著自己。在宇文所安看來，邵瑞彭詞作唯一的新意，大約就是詩人本人對毫無新意的厭倦感了。縱然邵瑞彭作於一九三〇年代初的這首詞不能預知數年後的大屠殺，但透過對歷史往事的描寫，它似乎也獲得了某種先知先覺的預見性。

但其實，文學批評也可以換一種寫法。如果我們把邵氏的詞作還原到一九三〇年代初的民國，而非歷史上若干著名金陵詩篇的脈絡，那麼他所表達的歷史哀思卻也不再是那麼司空見慣了。此詞現今可考的最早發表時間是《心音》雜誌一九三二年第二期，同期發表的還有兩首和詞；同年《省立河南大學週刊》第四期也發表了金素人的一首和詞。原作與和詞在同年、不同期刊上發表，證明唱和活動都在大約同時，邵詞的寫作時間應當在一九三一至一九三二年之間（我認為是一九三二年，原因詳見後文）。而中華民國正式建都南京乃是一九二七年，隨後蔣介石北伐告捷，一九二八年底東北易幟，全國實現了名義上的統一；日本雖然透過一九三一年的九一八

---

8 原詞載《心音》一九三二年第二期，頁一〇。

9 周邦彥，〈西河〉：「佳麗地，南朝盛事誰記。山圍故國繞清江，髻鬟對起。怒濤寂寞打孤城，風檣遙度天際。……斷崖樹、猶倒倚，莫愁艇子曾系。空餘舊跡郁蒼蒼，霧沉半壘。夜深月過女牆來，傷心東望淮水。……酒旗戲鼓甚處市？想依稀、王謝鄰里，燕子不知何世，入尋常、巷陌人家，相對如說興亡，斜陽里。」見：《清真集校注》，頁二八四。

10 劉禹錫，〈石頭城〉：「山圍故國周遭在，潮打空城寂寞回。淮水東邊舊時月，夜深還過女牆來。」〈烏衣巷〉：「朱雀橋邊野草花，烏衣巷口夕陽斜。舊時王謝堂前燕，飛入尋常百姓家。」見：《劉禹錫集》，頁三一〇。

事變占領了滿洲，但是一九三三年的長城戰役還沒有爆發、城下之盟尚未簽訂，舉國依然有一種對未來的希望。尤其是南京正在經歷新都的城市改造，不乏欣欣向榮的氣象。誰也不會想到，金陵的往事會那麼快地又成為預言。為了進一步了解邵瑞彭詞與當時時事的聯繫，我們不妨梳理一下民元一九一一年以來「金陵懷古」母題與當前歷史事件的緊密關聯，以求在微觀角度觀察陳言套語與時事新聞的互動；而這種互動模式之複雜，也不是在數千年時間跨度下摘錄出的幾首詩詞所證明的「沿襲」一個詞可以概括的。這種陳詞與即事、超時間性和歷史性之間的微妙互動，也許正是金陵題詠最有意味之處。

早在一九〇二年春與章太炎議論國都問題時，孫中山就以洪楊為鑑，提出「金陵則猶不可宅」，因為「王者必視士心進退以整其旅。金陵者，金繒玉石稻粱豢之用饒，雖鼓之北，而士不起」。[11]也就是說，南京物產的豐饒恰是它的 hamartia——古希臘悲劇中所謂英雄人格裡致命的弱點，讓將士都安於閒適溫軟，不思進取。這可以說是歷史上對所有偏安江南的王朝亡國的習慣性總結。但是在南京臨時參議會決定民國建都問題時，孫中山、黃興卻主張南京，與主張北京的章太炎等針鋒相對。主張南京者，除了制衡以北方為根據地的袁世凱軍事力量的現實考慮之外，南京作為明代前期和南明都城的歷史記憶同樣是主要原因，蓋滿清為「北廷」，故標舉「驅逐韃虜、恢復中華」口號的革命黨人自然要以袪除滿清「汙俗」、恢復南方文化的中心地位自任。但章太炎則堅決主張北京，以為「金陵南服偏倚之區，備有五害，其可以為首善之居哉」[12]——

這五害，主要是就制衡全國的戰略地位而言，不過南京缺乏作為統一帝國之都的歷史經驗，也是他與黃興辯論的主要論點之一。[13]一九一二年二月十四日，臨時參議院就建都問題表決時，第一輪投票到會二十八人，最後二十票主張北京，南京五票，武昌二票，天津一票。這一決定，大大出乎孫中山的意料，於是在他強烈主張堅持下，透過議長林森等人幕後運作，次日強制舉行了第二輪投票，結果是十九票南京、六票北京、二票武昌，於是決定定都南京。[14]支持者引日本明治維新遷都東京為例，以為「誠以都城氣象一新，則百凡皆作也」；[15]而在民間，卻始終不能擺脫以金陵為不祥之地的想像。[16]這番操作，可以說是孫中山個人意志壓倒議會民主決議的結果，也埋下了南方革命黨人和北洋軍閥勢力之間角逐的引線。後來經過紛紜的歷史戲劇，蔣介石最終在一九二七年成功定都南京。遷都二週年紀念之際，國民政府的主要宣傳大綱除了南京是孫中山指定的首都、清黨紀念地、全國政治中心等理由之外，一條主要的論點就是「南京是近代中華民族

---

11 孫中山，〈與章太炎的談話〉，載：《孫中山全集》，冊一，頁二一四。

12 章太炎，〈致南京參議會論建都書〉（一九一二年二月十三日），載：《章太炎政論集》，下冊，頁五六二－五六三。

13 章太炎，〈駁黃興主張南都電〉（一九一二年二月），同上，頁五六八－五六九。

14 劉曉寧，《林森傳》，頁五一－五三。

15 雞鳴，〈建都之地〉，載：《民國報》，一九一二年第四期。

16 鶴望，〈說金陵〉，載：《獨立週報》，一九一三年第三十五期，頁二。

復興的紀念地」，稱「溯中華民族自魏晉而後，民族武力，日趨衰微，民族文化，失其保障。北方民族，浸漸南犯，民族生存，日即危殆。蒙元入住中原，民族而益不平等，朱明起兵江淮，奠都金陵，稍為中華民族揚眉吐氣。及滿清入關，民族精神，摧殘更烈，於是先有洪楊北伐，後有本黨所領導之辛亥革命，均以南京為革命的政治中心。總此數百年間中華民族在險惡波濤的過程中，南京恰如指示光明前途的燈塔所在地」云云。[17]這一宣傳大綱的主要要點也為建都三週年紀念所沿襲。[18]透過這一敘述，南京屈辱的歷史記憶被轉化為光榮的抵抗史，其於來自北方的異族政權的鬥爭史成為國民政府與帝國主義列強鬥爭的精神榜樣。至於南京屢戰屢敗屢屠的歷史，包括最近一九一三年二次革命期間張勳屠城的歷史，都被選擇性地遺忘了。

這部分對南京城市歷史的敘述，主要是為了提請大家注意民國期間金陵懷古詩與當時時事的密切聯繫。由於晚清以來現代新聞出版事業的發展，一篇詩詞寫就，便有可能發表在報刊上，風行全國，這與古典的詩詞傳播方式有了巨大的不同，也使得民國詩詞具有了相當的時事性，並常常扮演著新聞評論的角色。根據晚清民國期刊數據庫，僅從一九一〇至一九四五年民國期刊上刊登的作品數量來看，[19]每年發表的以「金陵懷古」為標題或副標題創作的詩詞大約在二至五首之間，取任何三年的數字疊加，一般五至十首為正常。比較多的年分有一九一二至一九一四年之間，總和為十三首，大約是辛亥革命刺激的結果，而一九一五年數目特多，達十二首，這是因為張勳在一九一三年九月屠城的刺激，加上一年左右的期刊發表滯後效應，導致一九一五年發表數目的總爆發。第二個高峰就是一九三四至一九三六年期間，共十六首，主要是因為一九三三年長城戰役以來，日本侵略華北的步伐加緊，導致詩人普遍產生了北方國土淪喪、中國重現偏安局面的危機感。

但倘若說一九三七年十二月以前的若干和南京相關的歷史事件都帶來詩詞數量的增加的話，那麼一九三八年以來金陵懷古詩詞的大沉寂就顯得不同尋常了。事實上，八年抗戰期間全中國的期刊上總共只有八首詩詞以此為題，這其中汪政權系統的期刊上一首也沒有。這一奇異的現象，不妨透過下文對詩詞內容的分析來理解。由於篇幅的原因，所引詩詞都不能詳加解讀，只能概括詞意，請方家諒解。

從內容來看，一九一〇、一九一一年的若干首詩詞都延續了清代金陵懷古詩感慨興亡、懷古

17　〈建都南京二週紀念宣傳大綱〉，載：《中央週報》，一九二九年第四十五期，頁二一－二三。

18　〈國民政府建都南京三週年紀念宣傳大綱〉，載：《中央週報》，一九三〇年第九十七期，頁三八－四〇。

19　由於資料局限，我沒有統計民國報紙的刊登情況。此外，所統計的詩詞並不考慮創作時間，而只關注發表時間（當然，我只統計了民國作者的新作，古人作品的重刊就不統計在內了），而詩詞的發表、尤其是在期刊上的發表常常具有一定的滯後性。再者，我將同一首詩詞的重複刊登也計算在內，因為在我看來不僅詩人以金陵懷古為題創作頗有意義，一份期刊選擇發表這首作品也是有其意義在內的。最後，因為資料搜索的方便，我只統計了標題或副標題有「金陵懷古」四個字的詩詞，而其他以南京為主題、有懷古意蘊的詩詞就沒有統計在內。這樣做的意義不在於提供精準的統計數據，而在於管窺民國時期詩詞與時事聯繫的大概。

思舊、寓意前朝的傳統，詞意都是比較蒼涼的。但這一傳統格局在一九一二年以來就有了較大不同。民元初，以金陵懷古為題的詩詞明顯增多，有若干詞作詞氣相對豪邁，流露出對英雄興起、漢家光復的憧憬。以民國元老、南社幹將葉楚傖（一八八七－一九四六）的〈滿江紅・金陵〉為例：

百里蕪城漢旌旗、臨風而舉。論地勢憑依、天塹不如荊楚。西去干戈投皖鄂、北方藩蔽啣江浦。笑龍盤虎踞拾人餘、此孤注。殘照掩、鐘山樹；金碧劫，故宮路。弔翩翩帝子、詞章誤汝。六代繁華消粉黛、五陵王氣今襤褸。剩兩三瓦舍，衰荒煙、開平府。[20]

此詩明顯就當時定都事而發，承認南京的地勢不如武漢（「天塹不如荊楚」），但是到底還是接受了定都南京的決定，希望開創新政府（「衰荒煙、開平府」）。此詞用典和一般感慨金陵王氣黯然收的詩詞也是一致的，但是末尾卻流露出開荒拓土、建立新朝的爽朗氣象。它所用的語詞和前引當時報刊關於建都事的爭論如出一轍，不妨可以當做一篇押韻的社論來讀。

一九一三年前後的作品，面對民國草創、袁氏當國的時局，不免在希望與絕望之間彷徨。邵瑞彭的第一首〈西河・金陵懷古和美成韻〉即堪稱一例。[21]張勳屠城劫掠之後，一時出現了大量金陵懷古詩詞，充滿對浩劫重見的歷史感傷。譬如文鎬〈金陵覽古〉詩：「金陵凝望盡山邱，終古龍爭憾未休。天地一爐灰幾劫，秦淮千古水長流。」[22]一時能文者，皆哀金陵。民元以來短暫的樂觀精神不見了，取而代之的是對是否還能看見歷史曙光的惶恐與彷徨，而南京獨特的地域記憶更是為當前的悲劇增加了多重歷史暗示。

之後數年，袁氏篡國，內戰紛起，國民黨的黨國事業也每每陷於內訌。此期詞作哀金陵的急迫感稍稍消弭，但是依然充滿對時局和歷史的感傷，類似於民前氣象，用詞和意象不外新亭、石頭、荊棘銅駝、鐵索沉江、煙草遺宮、漁樵興亡、金陵王氣、桃花歌扇等，一片蕭索。一九二七年定都南京後，詩詞稍顯開朗，提到「王氣」一般也不會立刻附上「衰」或者「黯然收」了。譬如經學家徐天璋的〈金陵懷古〉，「隱隱嶐嶐王氣鍾，紫金采石鬱蒙茸。樓聽松雨輸棋局，社感榆煙冷祭供」，[23]恰是有金陵王氣鬱然的籠罩，才有隱士終南的逍遙。朱丹山〈金陵懷古〉甚至

20　葉楚傖，〈滿江紅．金陵〉，載：《南社叢刻》，一九一二年第七期，頁一五。
21　邵瑞彭，〈西河．金陵懷古和美成韻〉，載：《國學叢刊》，一九二三年第一卷第三期，頁一四五。由於一九三二年發表的第二首〈西河〉注明是第一首之後的一九一八年以後作，結合詞意判斷，第一首大約是一九一三年春所作。
22　文鎬，〈金陵覽古〉，載：《國學》，一九一四年第一期，頁六〇。
23　徐天璋，〈金陵懷古〉，載：《遼東詩壇》，一九二七年第二十一期。

曰，「金陵自昔著名州，虎踞龍盤感舊游。北伐功成歌壯烈，南都論定啟新猷。六朝勝跡增聲價，千古英雄共廢邱。莫上鍾山最高處，大江東去不西流」，[24]歌頌蔣公北伐的偉業。以金陵懷古為題而如此豪氣干雲，這在庾信之後的一千五百年間都算是不多見的。

在這一脈絡下，作於九一八之後的邵瑞彭第二首〈西河〉詞對國事的悲觀意見在當時的「金陵懷古」詩裡絕非普遍。事實上，就連同期期刊的嵩雲、冀野所作兩首和詞間也出現了歧見。嵩雲的詞追隨邵氏作品，有「千年廢鐵出沉沙、恨埋敗壘。浪洶血戰幾英雄，滿江東、逝秋水」的提法，同樣指涉戰敗。而冀野的詞則似乎有意地轉換了主題，僅就秦淮歌女新人換舊人立意，嚴格地把感慨限制在了尋花問柳的自身經驗上。如前所論，同年發表的金素人和詞更是有「一聲叱咤掃燕雲，真人來自天際」語，似乎指涉蔣介石的北伐功業，以此沖淡邵詞中金陵的不祥氣象。

然而隨著日本華北攻勢的加緊，一九三四年以來，金陵懷古作品中邵瑞彭式對半壁河山的感慨殆成常態。譬如錢十嚴〈桂枝香〉詞曰：「又胡馬中原騁逐，嘆笳急，關河殘夢誰續。」[25]蒲仙帆〈金陵懷古〉詩曰：「渡有一龍司馬躄，窺從萬騎佛貍驕。」[26]何文鼎〈金陵懷古〉詩曰：「半壁山河成莽蕩，一江風月付漁樵。滄桑過眼成蒼狗，隔岸猶聽唱六朝。」[27]這些作品中，歷史再現、國土淪喪的緊迫感前所未有。飽讀歷史的文人，在面對一場自己彷彿知道結局的大戲展開的時候，大概比別人有著更加強力的宿命感和無能為力感吧。在這種意義上，一九三七年十二月的南京大屠殺，就喪失了其獨特性，變成一種屢見不鮮（déjà vu）的歷史倦怠感。譬如民國元老伍澄宇（後加入汪政權，任立法院外交委員會委員長）的〈金陵懷古．戊寅仲秋〉（一九三八）律詩八首以及同期發表的張魯山和詩，[28]便屢屢以史事和今事相參照。他們雖然沒有親歷大屠殺現場，但是卻是最早與日本合作、回到南京收拾殘局者，所以屠殺中殞命者的個體的血痕，被一個「腥」字籠統掩過，變成「哀金陵」這一文類所要求的、歷史上常見不鮮的悲愴。證言記憶的缺失也同樣體現在錢鍾書的這首〈哀望〉[29]詩裡。他聽到大屠殺消息時，正旅居巴黎：

白骨堆山滿白城，敗亡鬼哭亦吞聲。
孰知重死勝輕死，縱卜他生惜此生。
身即化灰尚齎恨，天為積氣本無情。
艾芝玉石歸同盡，哀望江南賦不成。

24 朱丹山，〈金陵懷古〉，載：《軍事雜誌》，一九三一年第三十四期，頁一二八。
25 錢十嚴，〈桂枝香．春日金陵懷古步介甫韻〉，載：《詞學季刊》，一九三四年第二卷第一號，頁一七八。
26 蒲仙帆，〈金陵懷古〉，載：《虞社》，一九三四年第二〇四期，頁三三。
27 何文鼎，〈金陵懷古〉，載：《虞社》，一九三四年第二〇四期，頁四〇。
28 《縣政研究》一九三九年第一卷第二期，頁九一－九二。
29 錢鍾書，《槐聚詩存》，頁一八。

白城即白下城，是南京的舊名。「齎恨」作者自注「齎恨入冥」，來自於馮衍〈說陰就書〉。[30]此詩的語言質樸直截，顯然是聽到消息之後情感衝動下的率筆之作。但儘管如此，詩人的美學和修養依然滲入詩中。「白骨」不是大屠殺之後的第一狀況：血肉狼藉的屍體要經過很長的時間才能在大自然元素的作用下變成白骨。錢氏的描寫是抽象、乾淨、審美化的，暗示出作者和屠殺現場之間的安全距離。最後一行字面上說是作者沒有辦法寫一首詩——或者至少寫一首庾信的〈哀江南賦〉那樣流傳千古的作品。但透過用庾信的典故，錢鍾書不可避免地在當前的獨特事件裡看見了歷史的循環。這樣一種受過高度教育的詩人視角儘管強化了歷史的悲愴感，但也削弱了作品的直接性。

這也許同樣是解釋南京大屠殺之後「金陵懷古」作品稀少的關鍵。親歷過大屠殺的有身分的文人恐怕寥寥無幾，而這場浩劫的慘絕人寰，令所有懷古諷今的作品都顯得蒼白浮泛。和太平軍、湘軍、張勳軍隊的屠城相比，南京大屠殺是中日戰爭中關鍵的一環，係乎中國文明之存亡，因此詩人們也許直觀地感覺到這次屠殺與以往的不可類比性。文人總是習慣透過典故的稜鏡來看待當下。懷古的體裁固然能給當下的事件增加歷史的厚度和深度，但也不免削減其獨特性，使其變成不斷重複的悲劇循環中的一環。而設若悲劇不斷重複，就彷彿成了宿命，個體的作惡者固然可以藉口自己扮演了命運的執行者而得以免責，個體的受害者也只好責怪「天道」之非道德性。可以說，恰恰是金陵歷史的沉重，使得南京大屠殺之後的借古思今變成了不可能，因為它將把這一獨特的歷史悲劇轉化成無情的歷史定律。

僅憑其規模和殘酷性，南京大屠殺代表著人類歷史上的一個關鍵，即工業化時代的野蠻。這一點是獨特的。儘管他們不一定經歷過屠城，但合作者們是最早回到城裡建立秩序的文化精英。他們負責清理街道、填埋屍體，因此對慘劇的程度當有一定認知。但他們的記憶被一層深深的沉默所掩埋，伍澄宇、張魯山的作品恰是罕見的例外，證明沉默的普遍。對他們而言，借用阿多諾的一句話來講，在南京大屠殺之後寫作金陵懷古逐漸變得不可能。[31]這切身、巨大、無名的恐怖拒絕被無法被削減為屢見不鮮的興亡。要完成如此規模的殺戮和破壞，日本軍隊需要相當的紀律性和秩序性——不少學者都認為屠殺是日軍紀律崩壞的結果，然而在馬克（Mark Eykholt）看來，真實情況恰恰相反；不少現象都無法用紀律崩壞解釋，如戰略性建築沒有被毀、國際區沒有被破壞，這些都是紀律的體現。[32]這使得南京大屠殺與其他現代極權主義的恐怖有可比性。鄂

30 見：李賢注馮衍傳，王先謙，《後漢書集解》，頁三五〇。

31 阿多諾最早說「奧許維茲之後寫作詩歌是野蠻的」是在一九四九年，見：Adorno, "Prismen. Kulturkritik und Gesellschaft," in *Kulturkritik und Gesellschaft I*, 30。阿多諾的原義是反對大屠殺之後依然用德語寫作詩歌、給誕生了納粹主義的這個文化增光添彩。但這句話常被濫用。他後來也有所修正，說：「因此，說奧許維茲之後不能寫詩，這可能是錯的。但另一個不那麼有文化的問題則沒有錯，那就是在奧許維茲之後我們是否還能繼續活著。」見：Adorno, *Negative Dialectics*, 362-3。

32 Eykholt, "Aggression, Victimization, and Chinese Historiography of the Nanjing Massacre," 14-16.

蘭關於艾希曼（Eichmann）審判下的判語，在崔特（John W. Treat）看來對南京大屠殺也同樣適用，即這種高度自動化的效率使得這些慘劇「與過去根本斷裂」。[33]汪政權文人詩歌裡的沉默恰昭顯了這一斷裂。

預言還是辯詞

南京歷史的獨特性，對汪政權的文人們提出了特殊的挑戰。尤其對偏安的小朝廷而言，金陵懷古也意味著預言未來。所以，或許不奇怪的是，迄今為止我還沒有發現過汪政權文人一九四〇至一九四五年間所做的任何一首以金陵懷古為標題的作品。

不過，沒有公開以「金陵懷古」為詩詞標題並不代表完全在作品中迴避金陵的沉重記憶。以下我將以汪精衛的詩詞為主，結合汪政權若干文士的作品，探討他們如何處理金陵的興亡史、更近期的南京大屠殺記憶，以及他們以歷史記憶為基點對自身和政權未來的展望。

「國府還都」之後的一九四〇年秋季，汪精衛填了一首〈滿江紅〉詞（SZL 310）：

驀地西風，吹起我、亂愁千疊。空凝望，故人已矣，青燐碧血。魂夢不堪關塞闊，瘡痍漸覺乾坤窄。便劫灰冷盡萬千年，情猶熱。

> 煙斂處，鍾山赤；雨過後，秦淮碧。似哀江南賦，淚痕重溼。邦殄更無身可贖，時危未許心能白。但一成一旅起從頭，無遺力。

調寄〈滿江紅〉，顯然是有寓意的。雖然膾炙人口的「怒髮衝冠、憑欄處」一詞，大概是託名岳飛的作品，但畢竟將此詞牌名與收復失地的愛國情懷聯繫在一起。汪精衛叛逃之後，迅速地被時人目為秦檜，用〈滿江紅〉的詞牌作詞，因此不免有了自我辯護的動機。起句的西風吹愁，令人聯想起南唐中主李璟拿詞臣馮延巳的名句開的玩笑「吹皺一池春水，干卿底事」，以及李璟本人不遑多讓的「西風愁起綠波間」。歷史記憶成為預言未來的基礎。一個剛剛成立半年的政權領袖已經隱然以南唐自視，這暗含著他對自身的定位和對未來的想像。

第二句，「空凝望，故人已矣，青燐碧血」，憂愁哀思更加濃烈。汪所懷念的故人多矣，其創傷記憶及後死者的內疚感，前文已經多次討論，此處不再贅論。對汪精衛而言，死比生容易，但既然苟活下來，就必須承載死者的遺志。另外，「青燐碧血」四字，凝聚的也是汪早年刺殺攝政王年代對自己身後「青燐光不滅、夜夜照燕臺」（SZL 7）的期許。透過記憶的重現，汪氏藉以建立個人道德主體身分的延續性。而他受創傷折磨的夢魂，似乎在尋找當下的立足之地，因此

33 Treat, "Arendt in Asia."

不堪天地廣闊無依的浩浩蕩蕩。「瘡痍」句，可以理解成是國土瘡痍、天下無一片乾淨之土，也可以理解成是汪氏自身心魂的瘡痍。國「體」（the body of the state）與個人的身體在這裡建立起某種等價的聯繫。「劫灰」句，和第二章所引〈百字令・春暮郊行〉詞結尾相似，有一種期待即將來臨的大浩劫的悲劇感。「情猶熱」，是說自己的一片心意永不磨滅，這令人聯想起他早年寫的〈感懷〉詩「士為天下生，亦為天下死。方其未死時，怦怦終不已」（SZL 34），亦即呈現出葉嘉瑩先生所論的「烈士情結」。

下片的哀江南，更直接把眼前的風景與金陵歷史上的興亡聯繫起來。「邦殄更無身可贖，時危未許心能白」是全詞的最緊要處。「邦殄」即汪氏詩詞中反覆言道的「劫」，即佛教中每過一「梵天」的大歷史時間段必然出現的宇宙的大毀滅，之後世界重生、重新進入生死循環。金陵的不斷毀滅與重生，似乎也在城市史上闡釋著這一佛教的世界觀，而其城市歷史也同樣成為中國歷史朝代更換的隱喻。然而，倘若國家的滅亡是不可避免的「劫」，那麼它就成了自然規律，個體的意志和行動固然能推動或延遲其發生，但其發生則是必然的。這種循環性時間觀與現代線性的、目的論的時間觀有根本的矛盾。〈春暮郊行〉中作為歷史主體的汪氏，再次承認自己的無力，但透過表白「邦殄更無身可贖」，再次建立起個體的肉身與國家的身體的同價性，表示自己將義無反顧地殉國。「時危未許心能白」是說在危機重重的時局下自己不能剖白心意。然而透過此詞、此句，也可以說他所謂的不能剖白正是無聲勝有聲，給讀者留下無限遐想的空間，並暗示讀者不妨對他的動機做最好的理解。最後一句「但一成一旅起從頭，無遺力」正是這個意思，用的是《左傳．哀公元年》的典故，說的是夏朝第六代天子少康「有田一成、有眾一旅」，力量十分微薄，但憑著德行和謀略，最終還是打敗了篡位者、復興夏朝。

汪氏在南京期間對自己心跡的剖白，這首〈滿江紅〉算是最為顯豁，但即便如此，他最終也只能用「時危未許心能白」幾個字，欲說還休。如前所述，這也許是策略性的，藉助全詩所構建的歷史記憶和個人記憶的空間讓讀者對他的心事做出最善意的揣摩。但也可能，是他自己也不知該怎麼剖白，所以話到臨頭重新陷入沉默，藉助「一成一旅」這樣的典故，把自己的國府還都比附為少康中興，讓人們以歷史記憶為基點看到希望，儘管這樣的期許與全詞的歷史悲觀主義和宿命感乃是衝突的。這是借與南京城不相關的歷史典故來沖淡金陵典故之悲劇性的手法。如後人所知，不論是邦殄的劫難、還是以汪政府為基礎的少康中興都沒有發生，只有汪氏本人的身與名俱裂成為現實。這首詩最終的功能，就是承擔汪氏對自我歷史功能的一種記憶和詮釋，成為他對心跡的不是辯白的辯白。

汪氏晚年用金陵典故所作的詩詞還有幾首。譬如〈不寐〉（SZL 282）詩曰：

> 憂患滔滔到枕邊，心光鐙影照難眠。
> 夢迴龍戰玄黃地，坐曉雞鳴風雨天。

不盡波瀾思往事，如含瓦石愧前賢。
郊原仍作青春色，耽毒山川亦可憐。

首聯描述的是憂愁幽思的不眠之夜。汪精衛歷來以風度儒雅、待人接物如沐春風著稱，但晚年卻似乎時時處於神經崩潰的邊緣，有時甚至在人前發怒落淚。[34]永恆的譴責是一種可怕的精神負擔。第三句用《周易》坤卦「上六」爻辭：「龍戰于野，其血玄黃。」象傳曰：「龍戰于野，其道窮也。」文言曰：「陰疑於陽，必戰。」也就是說陰盛陽衰，陰氣抵達極致，必然與陽氣戰，導致兩傷。玄黃是天地的顏色。汪詩用「夢迴」二字，彷彿是指過去經歷的某場戰役，但是具體哪一場並不明朗。當然也可能這是指日本的陰氣上升，中國主導東亞的陽氣受到挑戰。也有可能這是特指國民黨失敗的南京保衛戰，所以「其血玄黃」指屠殺之後的慘狀。「雞鳴」既是用典，即《詩・鄭風・風雨》：「風雨如晦，雞鳴不已。」因此「坐曉」是一種在黑暗中等待黎明的道德堅持。下一句「既見君子，云胡不喜」有可能指戰局出現轉機，自己沒有理由「不喜」。當然，從詩的角度上講，這句是非常精妙的，因為它不僅用典，也是實指：汪精衛的辦公室用的是國民黨考試院舊址的寧遠樓，今天的南京市政府所在地，寧遠樓的側面就正對著雞鳴寺。汪精衛也許是由於公務，在辦公室坐以待旦，這在詩意上更增添了深沉的憂患感。

「如含瓦石」用的是東晉大臣卞壼典。在崇尚清談的時代，唯獨卞壼謹守禮法、佝勞職事。

所以阮孚開玩笑說：「卿恒無閒泰，常如含瓦石，不亦勞乎？」壼曰：「諸君以道德恢弘，風流相尚，執鄙吝者，非壼而誰！」因此用這個典故有兩層意思。儘管汪自認「鄙吝」，愧對前賢，但同時也以徇勞職事的卞壼自命，做別人都不肯做、但又必須有人來做的事情。

最後一句的「耽毒山川」，自注用的是張之洞〈廣雅堂集金陵雜詠〉的典故。原詩曰：

兵力無如劉宋強，勵精圖治是蕭梁。
緣何不享百年祚？酖毒山川是建康。[35]

張氏詩的意思是人力不敵天意，建康的詛咒是不可逃脫的。當然，這也是史家無法找到合理解釋時苦笑一聲的遁詞罷了。汪詩裡並沒有這聲苦笑。他在自注中引用張詩後感慨曰：「其然、豈其然乎！」山川的「可憐」可愛與抒情主體的滔滔憂患形成對比。汪氏也沒有明白說出自己何以愧對前賢。聯繫張氏詩，劉宋、蕭梁固然國祚不永，未能恢復中原，但到底有過強大的兵力和勵精

34 金雄白，《汪政權的開場與收場》，冊二，頁一〇三。
35 《張之洞全集》（卷二九七，詩集四，頁一〇五七五－一〇五七六）所錄字句略有不同。詩作於一九〇四年張氏任兩江總督時期，或許是眼見大清國勢日衰，借古諷今。

圖治的抱負，而汪氏寄人籬下，從汪者又各懷目的，分享他憂愁幽思的大概不多，[36]只能獨自「夢迴」、「坐曉」。所以金陵的歷史雖然沉重，但是汪政權的軟弱並非沉迷山水金粉的結果。金陵是無辜的。

不可言說的歷史

汪政府文士在南京期間的無數詩詞作品中，居然沒有一首以金陵懷古為題，這未免是一種引人矚目的空白。但倘若我們跳出「金陵懷古」這個標題的框架，放開標準，審視他們使用金陵典故的作品，那麼就會發現他們面對歷史記憶時心事的婉約。

有意思的是，我尚未找到王揖唐、梁鴻志在此期間寫的任何明顯涉及金陵懷古相關典故的詩詞，而與汪精衛個人關係比較緊密的幾位文人卻都多多少少使用了相關典故，情懷與汪作相呼應。這大概也暗示出汪政府內部的分歧。此處且以龍榆生、趙尊嶽、錢仲聯這幾位與汪關係密切、聲重一時又迄今享有盛名的詩人為例。

龍榆生的隱約

也許是出於對汪精衛的個人忠誠，龍榆生在南京期間詩詞中使用金陵典故，總有一種欲說還休的態度。這與他此前的詩詞形成了鮮明對照。譬如一九四〇年除夕前他所作的一首〈小梅花〉詞，就明確用指涉南朝的字彙用來譏諷蔣介石棄城敗逃。下闋曰：「思北固、寄奴住，百萬傖蒲烏足數。歹朱殊，帝城居，龍盤虎踞付與禿頭奴。」[37]蓋以劉裕擬曹操，嘲笑他的部隊人數雖眾，不過傖蒲。「歹朱殊」、[38]禿頭奴，都是對蔣介石的批評與嘲諷。而等到自己加入汪政權，到了金陵，他在重陽節登高時所作〈八聲甘州〉則曰：「金粉南朝舊恨，還向鏡中看。爭奈登臨地，都是愁端。」[39]南朝的典故，忽然要落在自己身上，宛如在鏡中猛然看見自己的面容，此時不免就要有意拉開與其譬喻效果之間的距離了。值得注意的是，他所主編的《同聲月刊》，第一期上出現了若干首具有「金陵懷古」氣息的作品，譬如張爾田的〈臨江仙〉詞，有「萬事驚心悲故國」句（頁一一三）；溥心畬〈蹋莎行〉詞有「新亭有恨無人見」句（頁一一八）；黃孝綽（誤作其兄黃孝平；第二期勘誤更正）〈八聲甘州〉、〈滿江紅〉（頁一一九－一二〇）兩首詞也明顯用到南朝典故。不過，典故的多重意義允許作者不直接指涉本朝。以黃孝綽〈滿江紅・重

36 〈讀史〉詩曰：「竊油燈鼠貪無止，飽血帷蚊重不飛。千古殉財如一轍，然臍還羨董公肥。」（SZL 322）這大概是有感當時他手下的爭權逐利而發。

37 龍榆生，〈小梅花・淞濱歲晏同大廠、貞白〉，載：《忍寒詩詞歌詞集》，頁六三。

38 《廿二史箚記》卷三二〈明初文字之禍〉條曰：「又僧來復謝恩詩，有『殊域及自慚，無德頌陶唐』之句，帝曰：『汝用殊字，是謂我歹朱也，又言無德頌陶唐，是謂我無德，雖欲以陶唐頌我，而不能也。』遂斬之。」

39 龍榆生，〈八聲甘州・庚辰重九蔡寒瓊招登冶城，分韻得寒字〉，載：《忍寒詩詞歌詞集》，頁六五。

遊金陵感作〉為例，詞曰「虎踞龍蟠成斷夢，河山孤注嗟輕擲」，乃是抨擊蔣介石在盧溝橋事變後發表廬山談話、發動全面抗戰而非繼續謀求和平解決、以江山為孤注。但在說「興亡事、休重憶」的同時，詩人卻正在陷入對歷史興亡的回憶，以致眼前的聲色都化作「隔江猶唱後庭花」[40]的商女遺曲。他的自我警告，恰顯示了他對當前半壁江山、苟安偷歡的清醒意識。因此從《同聲月刊》第二期開始，有此類意味的詞作大量減少，大概是忠於汪氏的龍榆生警醒（或被警示）到其不祥。

龍榆生本人在南京遊玩登臨的詩詞作品，流連山水的居多，語帶寄託的偏少，似乎是借眼前的清歡隔絕對家國的憂思。譬如一九四一年秋末所作〈定風波〉詞曰：

> 黃葉疎林帶竹籬，蒼葭白葦板橋西。猶有六朝煙水氣，多麗，杖藜隨步總宜詩。
> 波面鍾山浮影至，濃翠，初三月好擬修眉。何日結茅同避地，蕭寺，梵音飄過夢魂飛。[41]

此詞雖然提到六朝煙水，但隨即斬斷了眼前美景與歷史興亡的聯繫，而是轉向了結茅歸隱，脫離政治角逐、人事沉浮的遐思。這不能不說對現實有迴避意味。他在一九四二年東坡生日結社時的一首〈水調歌頭〉也承認了這種動機，下片曰：「人間世、八百載、幾滄桑。衣冠又見南渡，無計託行藏。大抵文人習氣、借酒同澆塊壘、魂魄豈能嘗。」[42]借酒澆愁、忘卻現實，畢竟只是權宜手段，他的「魂魄」是清醒的。他在汪政權的生活，如他在〈夢中作〉（一九四三）中所云，是「鴉軋六朝流水外，淡煙寒日送生涯」[43]的朝隱。

南朝典故，是天然有幾分亡國氣質的，這使得龍氏哪怕意欲表現對未來樂觀的詞作也充滿了兩重含義。如這首在一九四三年秋送將軍郝鵬舉（一九〇三－一九四七）出任蘇淮特區行政長官的詞作：

> 明主遣飛將，坐鎮古徐州。誰云天限南北，擊楫渡淮流。戲馬臺前臨眺，霸氣銷沉未久，待子補金甌。起舞值霜旦，嚴令肅於秋。
>
> 天下事，幾青眼，與吾謀。平生為感知遇，所願得分憂。淬礪江東子弟、相率中原豪傑、風雨共綢繆。擬挹坡仙韻，攜酒上黃樓。[44]

40　杜牧，〈泊秦淮〉，載：《全唐詩》，卷五二三，頁六〇二六。

41　龍榆生，〈定風波．秋盡獨行三步兩橋間，賦呈太疎樓主〉，載：《忍寒詩詞歌詞集》，頁七一。

42　龍榆生，〈水調歌頭．辛巳十二月十九日，太疎招同向之、爰居、篆青、霜傑、佩秋、彥通、伯治、次溪集橋西草堂為東坡作生日，是日立春微雪〉，載：《忍寒詩詞歌詞集》，頁七五。

43　龍榆生，〈夢中作〉，載：《忍寒詩詞歌詞集》，頁八三。

44　龍榆生，〈水調歌頭．送騰霄將軍出任蘇淮特區行政長官〉，載：《忍寒詩詞歌詞集》，頁八九。

龍氏在此詞內使用了大量與江南有關的軍事典故，但是所指涉的歷史人物只有祖逖（擊楫中流、雞鳴起舞）和項羽（戲馬臺、江東子弟），都是軍事上相對成功的英雄。龍氏承認金陵已經「霸氣銷沉」，只是還期待氣運可回、金甌可補。然而，即便是祖狄和項羽，最終依然是以失敗收場。龍氏所用的典故和所懷的期待是自相抵觸的。

汪政權覆滅之後，龍榆生始終沒有諱言自己的經歷，也始終保存著汪的信件和手稿，與陳璧君、方君璧都保持往來，前文已有涉及。然而，一九四九年之後，龍氏才披露了自己策反偽軍將領郝鵬舉和江西偽警衛旅長劉夷與共產黨接觸的隱祕行動，成為他「愛國」的證據。張暉認為龍氏以自己文化身分為掩護，「一直在暗地裡進行對現政權有顛覆危險的政治活動」，也就是說龍氏在暗中反抗汪政權。[45]我個人以為，郝鵬舉一九四五年被國民軍收編，一九四六年「舉義」加入共產黨，一九四七年又再度叛變。龍氏即便與郝鵬舉有聯繫，是否是為中共作說客還很難說。由於郝、劉二人都在一九四九年以前身故，我們恐怕需要對龍氏的個人陳述採取謹慎態度。此外，由於汪政權檔案資料的限制，我們對汪政權成員與各方接觸的目的及行動主體性還不能輕易下結論。考一九四三年六月八日龍氏贈郝鵬舉詩曰：「明主憂勤孰當省，所賴將軍有奇節。剝復之機料不遠，長歌相贈情轉切。」[46]從詩意來看，彷佛龍與郝的接觸，即便不是直接出於汪的囑託，至少也是為了汪的謀略。至於到底內容、內情如何，由於汪氏一九四三年底開始便因病不能視事，即便有所安排也力不從心，今天的我們就更加不得而知了。

趙尊嶽的貪歡

趙尊嶽，字叔雍，清末立憲派代表趙鳳昌（一八九六－一九三八）之子。與汪精衛結識不知何時。據其〈庚戌蒙難別錄序〉，他幼年「束髮趨庭」時，從其父趙鳳昌處聽說汪精衛刺殺攝政王故事，「意亦稱是」。一九一六年汪氏曾經為其父書過獄中所做〈梅花詩〉扇頭，令少年趙尊嶽「雒誦之餘，彌致神往」。[47]趙與梁鴻志也有交誼，但與汪派的關係顯然較深。一九三九年汪組府期間，趙氏負責聯絡維新、臨時、冀東、蒙古政府，[48]並曾持汪氏親筆信北上遊說吳佩孚。[49]組府之後，趙擔任了一系列職務，主要是作為陳公博的幕僚，在陳氏任上海市長期間擔任祕書長。

趙尊嶽性格風流豪邁，詩風清贍富麗，師從況周頤（一八五九－一九二六）。現有集中涉及南京風物的詩作，以遊玩風月為主，不指涉家國，有意思的是，詩人大約在一九二五年春在南京所作諸詞尚有「江山滿目、費新亭淚」[50]等語，一九四〇年後作品中則此類感慨亦不存。這顯然

45 張暉，〈徘徊在文化與政治之間〉，載：《忍寒廬學記》，頁一七二－一七五。
46 龍榆生，〈癸未端午後一日與騰霄將軍相見金陵，贈以長歌〉，載：《忍寒詩詞歌詞集》，頁八六－八七。
47 趙尊嶽，〈汪先生庚戌蒙難實錄序〉，載：《國藝》一九四〇年第二卷第二期，頁三。
48 關於趙氏生平，承友人劉威志指點。
49 金雄白，《汪政權的開場與收場》，冊一，頁八七。
50 趙尊嶽，〈水龍吟．登清涼山絕頂訪翠微亭遺址〉，載：《野語》，一九二五年第四期，頁一一；收入：《趙尊嶽集》，頁二五八。

只能說是有意的規避。以一九四四年六月泛舟玄武湖作的〈被花惱〉為例：

> 粼粼嫩綠映鵝黃，芳思幾縈殘照。葦岸花舟放輕𦪇。鳧鷺狎暖，雲衣怯晚，劃破湖陰草。光景換，物華新，劇憐青鬢凌波老。
>
> 回首莽天涯，蝶浪沉山黛煙渺。嗚鑣初勒，鐃鼓頻驚，霸業千秋杳。負汝南心緒鬬紅裳，姮娥月梢頭鏡心皎。忍細數舊事南朝，宮漏悄。51

初夏盛景象徵著自然無情的循環，而人事的代謝則是單向度的，即便某些歷史情境與過往類似，但是歷史中的人卻已經一去不復返。個人的「青鬢凌波老」則是不以歷史盛衰為轉移的必然。詞人從眼前風月回首生涯，固然有對戰場的回憶、霸業的感慨，但通篇關懷的重心還是抒情主體自己。結句雖然也提到南朝舊事，到底還是不忍細數。宮漏這樣一種代表了繁華往事的文雅陳設，發出的是時間的聲音。詞人似乎在說，即便今日堪比南朝又如何呢？

現有的趙尊嶽南京期間詩詞中，只有一首〈滿江紅〉比較密集地使用了金陵典故，但這首詞還明確注明是「雙照樓屬和」之作，也就是說是酬和汪兆銘〈滿江紅・驀地西風〉一詞。兩詞相對，不免也發現「君臣」心境的多重不同：

畫里疏陰、殢細雨、眉痕百結。恁夢斷三巴猿淚、一春鵑血。人境不如詞境好，酒腸漸比愁腸窄。擁河山如此又新亭，情酣熟。

沉鐵鎖、江流赤；嘶石馬、苔花碧。忍尋坊問曲、青衫遍濕。幾日不來金縷暗，何年重見烏頭白。賸腰肢還試綰秋光，風猶力。52

汪精衛原詞的藝術特色，如前所述，是個人的生命體驗與家國興亡渾然為一，不分彼我，導致結尾以不計個人身家名分、一成一旅的自誓。趙詞的著落點卻依然是在自我身上。汪詞嘆「魂夢不堪關塞闊，瘡痍漸覺乾坤窄」，而趙詞則和曰「人境不如詞境好，酒腸漸比愁腸窄」。汪詞「似哀江南賦，淚痕重濕」，在眼前畸形的歌舞升平中看見了蕪城一片；趙詞則曰「忍尋坊問曲、青衫遍濕」，用「江州司馬青衫濕」的典故，自比樂天，雖然與琵琶女身世感同下淚，但到底尋歡去也。汪詞結尾誓曰「但一成一旅起從頭，無遺力」，趙詞則自憐「賸腰肢還試綰秋光，風猶力」。雖然上片結尾寫到新亭重現，但趙氏似乎認為光復就像「烏頭白」一樣，是基本無望的，

51 趙尊嶽，〈被花惱·甲申六月泛舟玄武湖〉，載：《趙尊嶽集》，頁二一九七。

52 趙尊嶽，〈滿江紅·金陵獨客雙照樓屬和新作〉，載：《珍重閣詞集》，卷下，頁五八。案：汪詞第一韻用「疊」，而趙詞用「結」，不知是趙詞誤鈔還是汪詞發表時有所改動。「畫里」不知是否「畫裏」之誤；「酣熟」出韻，當是「酣熱」之誤；「鐵鎖」當是「鐵索」之誤。

所以不如一晌尋歡。歌姬腰肢上綰的輕紗，為秋光所透，在風中輾轉，是一個哀感頑豔的意象。

但趙尊嶽的貪歡，似乎也帶著某種哲學氣質的對現世的堅持，而並非出於無恥。汪精衛逝世名古屋後，陳公博代理國府主席，公館派的林柏生辭職，趙尊嶽升任了宣傳部長等一系列高職。不過此時日本的敗勢已定，趙的名位徒成戰後漢奸審判時的累贅罷了。這一點，他本人也未嘗不清楚。根據金雄白戰後的回憶，他當時聽說此消息，曾經私下勸趙尊嶽說：「不久將酒闌人散了，你又何苦於此時再來赴席？」而「叔雍卻還是他那一幅吊兒郎當的習性，他卻笑笑說：『你比喻得並不當，我是一向坐在桌邊在看人家打麻雀，此時八圈已畢，有人興猶未闌，而有人起身欲去，我作壁上觀久矣，三缺一，未免有傷陰騭，何苦敗人之興，就索性入局，以待終場。』」[53]把名節出處比作打麻將，未免令人哭笑不得。趙尊嶽任宣傳部長，風格也是和林柏生大不相同。譬如就職後第一份〈宣傳部工作報告〉曰：「自國府還都以後，一般文化出版事業概由本部之推動，數年以來成績斐然，尤以上海一隅出版界之活躍情況，一日千里，惟大東亞戰爆發以來，因節約紙張，其配給量亦有限制，因是蓬蓬勃勃之出版文化事業亦由絢爛而歸於平淡。」[54]前幾句把表面官樣文章做足，都是為最後一句的玩笑做鋪墊。這些細節都可見趙尊嶽的風流習性。戰後被羈押提籃橋監獄期間，也和梁鴻志宮體唱酬，「把一所陰森森的監獄，描寫成皇宮似的錦簇花團」，在金雄白看來，都是名士派頭。[55]當然，也可能就像陳公博要拚卻名節酬知己、追隨汪精衛一樣，趙尊嶽情願追隨汪、陳下地獄，但是又不願意做出悲情模樣罷了。趙氏一九四八年特赦出獄赴港，一九六五年病逝新加坡。

錢仲聯的喟歎

一九四三年十月十七日，南京城西北的三步兩橋寓所迎來了近十位詩人雅集，慶祝南宋愛國詩人陸游的生日。雅集的地點是橋西草堂，名號用的是杜甫詩「萬里橋西一草堂」[56]的典故。杜甫的成都草堂是安史之亂間，唐王朝半壁江山淪落後，詩人隨著王駕避亂來到成都所築。而三步兩橋的橋西草堂主人卻是李宣倜，字釋戡，以詩文書法名。他在東南淪陷之後沒有跟隨國府西遷，而是率先出任了維新政府要職。陳克文一九三九年七月二十五日日記，看到偽南京維新政府的公報中李宣倜名字赫然在列，不由怒罵「名士之無氣節、無廉恥，一至於此，真把中國讀書人之臉丟盡了」。[57]陳克文的激烈反應亦可見李宣倜的文名與地位。汪精衛政權成立之後，李氏繼

53　蔡登山，〈導讀〉，載：《人往風微：趙叔雍回憶錄》，頁一六－一七。
54　南京第二歷史檔案館，二〇〇三－二〇三二汪偽宣傳部一九四五年一月至六月分工作報告及有關文書，〈一九四五年一月宣傳部工作報告〉，頁一五－一六。
55　金雄白，《汪政權的開場與收場》，第三冊，頁一八三。
56　杜甫，〈狂夫〉，載：《杜詩詳注》，卷九，頁七四三。
57　陳克文，《陳克文日記》，上冊，頁二五八。

續留任印鑄局局長。[58]隨著汪政府局勢的惡化，他漸漸淡出具體政務，和龍榆生一樣過上了仕隱的生活。一九四二年秋開始，他在橋西草堂每週末舉辦「星飯會」，汪政府的重要文人乃至監察院長梁鴻志、日本詩人今關天彭（一八八二－一九七〇；時任日本大使重光葵顧問）都是常客。從《同聲月刊》（一九四三）第三卷第八、第九號所發表詩作得知，參與這次放翁生日雅集的詩人除李氏外，至少還有龍榆生、錢仲聯、葉恭綽（遐長；一八八一－一九六八）、江西派詩人夏敬觀（吷庵；一八七五－一九五三）、畫家楊無恙（一八九四－一九五二），[59]以及陳增綏（伯治）、李佩秋、黃嘿園等人。杜甫也好、陸游也罷，都是生活在王朝盛極而衰、河山半壁的時代。這些詩人們背負「賣國」的罵名、在一個用「愛國」典故命名的地點、慶祝一位「愛國」詩人的冥誕，這顯然是一件饒有深意的事件。

公開發表的九首詩中，錢仲聯的〈滿江紅〉以其雄贍大膽最令人矚目：

> 如此乾坤，當痛酹精靈以酒。共依約流人身世，紅羊劫後。九域已符金狄讖，兩宮誰折黃花壽。剩夢中夜夜奪松亭、男兒手。
>
> 家國事，沉吟久；天水碧，依然否？看河山信美、春非吾有。當日朝廷休恨小，畫江吳蜀猶堪守。想魂兮歸策劍門驢、難回首。[60]

此詩多次使用南宋、南朝典故，以諷喻時事。紅羊劫是一種讖緯之說，南宋理宗時柴望呈《丙丁龜鑑》一書，提出丙午、丁未年是禍亂之年（丙、午、丁皆五行屬火，而未是羊年），而歷史上的大禍亂發生在這兩個年分的就有二十一次。靖康之恥就發生在丙午年（一一二六）。太平天國雖然不是發生在丙午丁未，但是洪秀全、楊秀清並稱「洪楊」，與「紅羊」諧音，因此太平天國也就因此得了一個別號。金狄，原指金人，即銅鑄人像，借指佛教。據陸游《老學庵筆記》卷九，北宋末年的道士林靈素詆佛教，有「金狄亂華」之說；後來金人進犯，河山淪陷，時人乃以為讖語。所以陶宗儀《輟耕錄．想肉》有「自靖康丙午歲，金狄亂華」之說。黃遵憲〈久旱雨霽丘仲閼過訪飲人境盧仲閼有詩兼慨近事依韻和之．三用前韻〉詩乃有「早知金狄讖非誣」一句，依照錢仲聯本人的注解，此處金狄讖當指八國聯軍之禍。[61]但不知此詩中，錢氏的金狄讖只是泛指西方殖民勢力呢，還是更具體的指日本侵華。「兩宮」句化用陳與義的「誰折黃花壽兩宮」，[62]

58 關於李宣倜和橋西草堂雅集，詳見劉威志，《梁汪和平運動下的賦詩言志》，頁二八九－二九四。

59 錢仲聯〈近百年詩壇點將錄〉點夏敬觀為「天滿星美髯公朱仝」、楊無恙為「地暗星錦豹子楊林」；見：《當代學者自選文庫．錢仲聯卷》，頁六七四、六七七；〈近百年詞壇點將錄〉點葉恭綽為「天富星撲天雕李應」，夏敬觀復為「天威星雙鞭呼延灼」（同上，頁六九六、六九七）。在「從賊」的諸君中，錢氏對這幾位的評價是很高的，可見他們交誼。

60 錢仲聯，〈滿江紅．是日分韻得壽字〉，載：《同聲月刊》一九四三年第三卷第八號，頁五五。

61 黃遵憲，《人境盧詩草箋注》，錢仲聯箋注，頁九五七－九五八。

62 陳與義，〈有感再賦〉，載：《陳與義集》，頁二六八。

即在重陽節遙思被金人劫走的徽、欽二宗。「夢中」句化用陸游的「夢中奪得松亭關」，[63]不言而喻，是期待收復失地的意思。下闋的「天水碧」典系出《宋史．五行三》：李煜「宮中盛雨水染淺碧為衣，號『天水碧』。未幾，為王師所克，士女至京師猶有服之者。天水，國之姓望也」。也就是說，象徵了南朝風流的這種美麗服色，恰成了被郡望天水的趙宋征服的讖語。才氣橫溢的無能君主李煜被太宗鴆死；北宋覆亡後，謠言傳說同樣才氣橫溢的無能君主徽宗就是李煜的化身，天水碧的讖語被還施到了天水一朝自身上。[64]錢仲聯的沉吟，是面對歷史盛衰循環的尋覓言語。而「當日朝廷」句更是對汪政權的自嘲，因為南宋畢竟還控制了吳蜀，而汪政權寄人籬下，就連春色也非自家所有。最後一句再次化用陸游的名句：「此身合是詩人未？細雨騎驢入劍門。」[65]一生夢想著收復失地、又身為無用書生的陸游對自身身分的質疑，同樣也成了錢仲聯的質疑。

此詞用典雄博，史事與現實對接無痕，堪稱作手。紅羊、金狄等典故都有古史、近史及潛在的今事三層指涉，而對南唐、南宋兩個文化高度發達的政權的感歎，也成了詩人對汪政權及其未來的影射與寓言。此時日本在太平洋戰爭中已現敗局，作者對未來似乎毫無幻想，甚至沒有像汪精衛那樣表白「一成一旅」的志願。用典雖密集，但是當日集會者都是詩詞名家，自然理解無礙。這樣顯豁的筆法，在汪政權詩詞間是不多見的。這一點也體現在同日他人的作品中。雖然各人作品都提到了陸游的愛國赤忱，但是沒有一首敢於直接把汪政權與南宋相擬。李宣倜詩「北定中原心豈死，西收太華願猶奢」；龍榆生詩曰「終冀河潼返漢家」——雖然陸游的期待沒有結果，但李、龍二氏詩都不約而同地僅止於「願」與「冀」，寫法溫柔敦厚。[66]楊無恙的詩，雖然首句直稱「天水國脈懸一線」，似有借古諷今的意味，但最後乃大言「王師北定生可期，春風笑上團扇面」，[67]近乎自欺。由此可想，當日錢仲聯此詞一出，在座者恐怕是淒然有之，慚愧有之，顧左右而言他者亦有之吧。而從汪諸人中，類似錢氏這樣直白使用金陵典故的作品如此之罕見，更映證了金陵歷史的重量。這一無形的記憶，正如英諺所言 elephant in the room（房間裡的大象），人人都看見了，人人又都假裝沒看見。一套關於金陵的話語系統，剝奪了嶄新語言的可能，令詩人陷入無言。而他們的沉默，恰成了歷史記憶的壓倒性權威的最佳證明。

與龍榆生迴避了汪政權的政治職務不同，錢仲聯在一九四二年十二月接受了國民政府行政院參事的職位，一九四四年又升任監察院委員。[68]汪氏捐館後，錢仲聯所做三首挽詩其一曰：

---

63 陸游，〈樓上醉書〉，載：《劍南詩稿校注》，錢仲聯校注，卷八，頁六二九。

64 尤侗，《艮齋雜說續說》，卷九，頁一七四。據說二人模樣亦相似。

65 陸游，〈劍門道中遇微雨〉，同上，卷三，頁二六九。

66 李宣倜，〈十月十七日，集橋西草堂，作放翁生日〉；龍榆生，〈十月十七日，太疎將軍招集橋西草堂，為放翁作生日。次韻呈主人〉，載：《同聲月刊》，一九四三年第三卷第八號，頁四九、五三。

67 楊無恙，〈十月十七日，橋西草堂作放翁生日，分韻得面字〉，載：《同聲月刊》，一九四三年第三卷第九號，頁六四－六五。

68 黃岳年，《風雅舊曾諳：黃岳年隨筆》，頁七七－七八。

太息孫胡逝，艱危仗一人。
河山終復漢，志業邁椎秦。
神理資籌筆，先幾在徙薪。
雲霄垂萬古，八表共沾巾。[69]

這一評價，不可謂不高。但汪政權覆滅後，錢氏畢生對「失節」的個人歷史諱莫如深，雖不得已，畢竟不免士林物議。[70]其一九八三年發表的〈近百年詩壇點將錄〉，點汪精衛為「軍中走報機密步軍頭領」之一的「地耗星鼓上蚤時遷汪〇〇」，[71]名字筆削，以示漢賊不兩立之意。後人讀書至此，未免掩卷喟歎。後來整理出版的《夢苕庵詩詞》，收錄的汪政府時期作品也極少，只有寥寥幾首，無甚政治意味。

周佛海的感舊

似乎在汪政權覆滅之後，當事者才開始公然「懷古」。譬如趙尊嶽一九四六年獄中〈偶憶玄武舊游〉詩，感慨「幾度金陵王氣盡，龍盤虎踞更休論」。[72]龍榆生一九四九年除夕詩曰：「午霽鍾山雪未消，南朝舊夢去迢迢」、「倉皇北顧全無策，坐憶崩奔幾處燈」，[73]都明顯地把汪政權的命運和歷史上的南朝相類比。但最顯豁以此為題者，卻是先被判死刑、又得蔣介石特赦改為永遠監禁的周佛海。

周佛海在汪政權建立之際的樂觀奮發，第三章已經述及。然而，即便樂觀如周氏，祭拜中山陵的次日經過他的西流灣舊宅，也不免發出「斷瓦禿垣，荒煙茂草，令人有荊棘銅駝之感」的浩歎。[74]不論如何宣揚中日親善、東亞共榮，經歷了戰火洗劫和殘酷屠殺的南京無時無刻不在提醒著合作者們血淋淋的真相。周佛海不是詩人，但他依然用了中國傳統詩歌中常用來形容國運頹喪、朝代興亡的「荊棘銅駝」來形容劫後的南京。他這個春天的心境是複雜的，一方面看見「滿目淒涼，戰痕猶在」，[75]另一方面又期冀實現個人生命意義，讓「青天白日滿地紅重飄揚於石頭城畔」。[76]但如果說周佛海在一九四〇年春天尚期待和運成功、扭轉金陵氣運的話，那麼隨著日本戰局的陷入窘境，尤其是在珍珠港之後，他面對南京這座屢見興亡的城市日益發出對歷史不斷

69 錢仲聯，〈精衛先生挽詩〉，《同聲月刊》，一九四五年第四卷第三號，頁一〇五－一〇六。
70 黃波，《真實與幻影》，頁三三六－三三七。
71 錢仲聯，〈近百年詩壇點將錄〉，載《當代學者自選文庫．錢仲聯卷》，頁六八六。
72 趙尊嶽，〈四疊偶憶玄武舊游〉，載：《趙尊嶽集》，頁五八。
73 龍榆生，〈己丑除夕金陵和白石《除夜歸苕溪》韻〉，載：《忍寒詩詞歌詞集》，頁一〇九－一一〇。
74 周佛海，一九四〇年三月二十日日記，《周佛海日記全編》，頁二六六。
75 周佛海，一九四〇年四月十四日日記，《周佛海日記全編》，頁二八〇。
76 周佛海，一九四〇年三月三十一日日記，《周佛海日記全編》，頁二七三。

重複的感慨。譬如一九四二年三月二十四日日記至古林寺及玄武湖散步，「年餘未至玄（武）湖矣，江山依舊，人事全非，回首前塵，百感交集」。[77]一週後記：「目前勢成騎虎，惟有本不屈不撓之毅力，突破萬重難關。……下午偕淑慧、玉薇赴明孝陵觀櫻花。新愁舊恨，紛至沓來，其何以遣此耶。」[78]同年夏記：「遠望後湖，俯視臺城，不禁生古今興亡之感。」[79]如此種種，不一而足。由此可見，在南京生活，不論是否騷人墨客，都會不斷遇見提醒歷史的遺跡，「懷古」因此成為不可避免的日常。畢竟，汪政府行政院西鄰雞鳴寺，有傳說陳後主亡國之際勒令妃子自沉的胭脂井；北接玄武湖，正籠罩著唐代詩人韋莊憑吊的無情臺城柳。[80]

周佛海是在獄中開始學習作詩的。一九四七年七月二十日起，他「擬作〈金陵感舊〉七律數首」，六日間共得五首。[81]依序錄之：

紫金山

天堡遺城景色凋，不堪往事話前朝。
一時勝敗終荒草，六代興亡剩暮潮。
舊堞幾曾經戰守，夕陽長此伴漁樵。
登臨人去無消息，應是山靈感寂寥。

明孝陵

翁仲無言樹郁森，踏青人似鳥投林。
櫻花漫爛春情醇，禾黍高低古意深。
每度登臨傷往事，幾番回憶動悲心。
孝陵芳草年年綠，何日王孫得再臨！

靈谷寺

古木森森隔俗氣，爐香野草競清芬。
西風殘照梁僧寺，春雨荒煙楚客墳。
萬骨惟成十丈塔，百年尚剩一溪雲。
舊游回首凋零半，最怕鐘聲靜夜聞。

77 周佛海，一九四二年三月二十四日日記，《周佛海日記全編》，頁五八六。
78 周佛海，一九四二年三月三十日日記，《周佛海日記全編》，頁五八八。
79 周佛海，一九四二年八月二十八日日記，《周佛海日記全編》，頁六四二。
80 韋莊，〈台城〉：「江雨霏霏江草齊，六朝如夢鳥空啼。無情最是台城柳，依舊煙籠十里堤。」載：《全唐詩》，卷六九七，頁八〇九三。
81 周佛海，一九四七年七月日記，《周佛海日記全編》，頁一一五七－一一六一。

玄武湖

紫金山影映波光，湖上滄桑事可傷。
柳色已輸當日綠，荷風未改舊時香。
蕩舟客去情還在，望月人非恨更長。
世態盡教千萬變，暮鴉終古噪斜陽。

雞鳴寺

孤寺蕭條夕照紅，山川人物思無窮。
鐘聲微變疏林外，日影斜移廢院中。
江左縉紳新舊異，秣陵風雨古今同。
臺城西畔胭脂井，寂滅風流一樣空。

詩非上乘，詞意淺顯，無需細評，其中情懷卻頗值得玩味。所詠五處，明孝陵和靈谷寺都是在紫金山景區。隨著中山陵的建成，紫金山成為民國聖地。透過謁陵、集會時宣讀〈總理遺囑〉、誕辰及紀念週講演等形式，孫中山崇拜成為中華民國形塑現代中國民族國家的核心儀式。[82] 靈谷寺這座位於紫金山南麓的千年古剎，也於一九二八年定都南京後被改建為國民革命軍陣亡將士公墓。至於明孝陵側的梅花山，則是汪精衛墓的所在地。對這幾處的追念，貌似「懷古」，其實所感之舊乃是一九四五年前的民國而已，即在汪政權覆亡、國民黨分裂為戰勝者（重慶）和戰敗者（南京）之前的舊貌。玄武湖、雞鳴寺，如前所述，都是緊鄰汪精衛國民政府行政院的古蹟。「江左縉紳」此時自然也包括了此處辦公的國民公僕。但透過把民國國家象徵的核心紀念地納入「金陵舊事」的感懷中，周佛海似乎也預言（抑或詛咒）了中華民國的命運。

不能忘卻的城市

本章試圖在一個微觀的層面上，探索南京的歷史記憶如何與生活在歷史中的個人的記憶相融合，形塑他們對一個地理空間的理解；而歷史話語又如何透過歷代詩人的重寫而占據了壓倒性力量，使得他們對此地方的其他書寫方式成為不可能。如張純如（Iris Chang）所論，歷來對南京大屠殺的講述，大多不出三種視角：中國的犧牲者、日本的征服者和西方的見證者。[83]而此處呈現的則是第四種視角，即中國合作者的視角。

82 參見：李恭忠，《中山陵》。

83 Chang, *The Rape of Nanking*, 14-15.

對回到屠戮之都的汪政權文人而言，南京的興衰歷史尤其具有了一重特別意義。寄人籬下、勉強維持著對東南半壁江山名義統治的他們，南京的歷史成為他們理解現狀的隱喻，也成為他們展望未來的藍圖。而這一未來的圖景又是他們不堪展望的。因此矛盾的是，金陵的歷史成為他們作詩時或者有意迴避、或者即便勉強面對，最終也必然陷入無言的主題。

興亡的敘事角度，與我們把南京大屠殺作為一個獨特歷史事件的敘事方式之間，是存在不可避免的張力的。因為如果南京大屠殺「只是」歷史上這所城市經歷的無數災難中的重現，那麼日本侵華是否也只是另一場「普普通通」的征服戰爭呢？我們如何把二戰以及南京屠殺歷史化，而不消解犧牲者的血的意義？在某種程度上，我們面對的這一倫理難題與「種族屠殺」（Holocaust）面對的倫理難題相似。雖然 Holocaust 原本並不專用於二戰中納粹對猶太人的種族清洗，二戰之後此詞也更經常地被運用到描述多個時間和空間的脈絡下發生的大屠殺行為，但對猶太人來說，用 Holocaust 一詞來描寫其他屠殺，乃是對猶太人獨特歷史經驗的冒犯，是一種褻瀆和冒名頂替。我想，南京大屠殺也面臨著同樣的兩難。如果我們僅僅關注一九三七年十二月的死者，而忽略了一八五三、一八六四、一九一三年的死者，我們就無形中在無辜的死難者間建立了一種等級秩序：被日本人殺害的死者是值得紀念的，被中國人殺害的死者則可以忽略。承認南京大屠殺的獨特性，同時又承認死難者的平等性，這是一個倫理的悖論。

舊體詩詞所必然採用的用典的寫作方式，意味著興亡這一敘事角度的不可避免。有意思的是，戰後金雄白在香港出版的回憶錄，第五冊最後一節即以「又見那一片降幡出石頭」題名，寫的就是陳公博、周佛海和平交接南京的前後故事。金雄白當然用的是劉禹錫「一片降幡出石頭」的典故，卻不知無獨有偶，邵瑞彭早在一九三一年前後就已經寫了「降幡又出石頭城」。邵氏的先見，可以說在一九三七、一九四五和一九四九年一再應驗。金雄白著作本節的最後一段也寫道：「南京真是一個不祥的首都！朱元璋定鼎於此，不久而有燕王之變。南明播遷，終於覆滅。洪楊據守，城破而亡。汪政權解體後之四年，大陸又告易手。不料號稱龍盤虎踞之地，三百餘年來，竟然不時所見到的只是一片降幡而已！」[84]一種敘事模式不斷地成為預言，只能說是歷史的反諷吧。而歷史的不斷重複，也阻礙了新的敘事方式生成的可能性。本章討論了在南京國民政府和汪氏南京政府生命的不同時間段內，文人們都如何試圖以新的方式來書寫南京，以求掙脫其歷史記憶的沉重與不祥。但不論是用其他與南京無關的典故、選擇性地使用南方政權歷史上略帶進取氣象的典故，還是不用典，都顯得是一種防禦性的策略，結果是使得文本中缺席的金陵舊事的力量在沉默中更加強大，成為無言的壓迫性陰影。

另一方面，歷史上的南方偏安政權雖然國祚不永，但與它們的歷史記憶掛鉤，也未嘗不是爭奪歷史正統、為自身倫理選擇正名的手段。北方政權雖然強大，但南方乃是戰亂時期的文化淵

84 金雄白，《汪政權的開場與收場》，冊五，頁一四三。

藪。自居「南朝」，是對將來不祥的預感，也是對現下自身文化與倫理身分的確認。從汪文人的新亭之淚，恐怕也就因此有了自懺與自傲的雙重意義。在他們的迴避與重寫中，歷史記憶不斷與現實、與未來展開對話，成為政治漩渦中的文人為自我尋找歷史定位的鏡子。

今天的南京，把汪政權視為城市歷史上的一個亟需洗刷的汙點。一九四六年回到南京的民國政府、一九四九年以後建立的中共江蘇省政府和南京市政府，都系統性地清除了城市地表「偽政府」的遺跡。一九四六年一月二十一日，梅花山的汪精衛墓被炸毀，屍體被摧骨揚灰。這是懲罰性遺忘（*damnatio memoriae*）的開始。今天來到南京的遊客不會錯過城市的文學記憶，如烏衣巷、石頭城、秦淮河等；城市的民國景點更是熱門懷舊的去處，譬如總統府、中山陵。但他們如果不細細追尋，大概是不會發現任何偽政權遺跡的。畢竟，除了今天的德國以外，[85]少有

圖 28　南京梅花山觀梅軒孫科手書楹聯。作者攝，2018 年 10 月 1 日。

民族會用博物館或紀念碑來記錄自己的失敗與恥辱。梅花山上的汪精衛墓遺址「觀梅軒」坐落在明孝陵旁邊一條平時無人問津的小徑，只有在梅花盛開的時候才有遊人光顧。

儘管如此，紀念的姿勢藏在明處。「觀梅軒」是一九四七年孫科下令營造的，並手書對聯一幅，迄今猶在：

> 欣敵寇潛蹤，景物依然，河山如故，此日花香鳥語，鍾阜麗明，若同和靖重遊，應媿六橋三竺。
>
> 問吳王何處，墳塢已渺，史蹟尚留，當年虎踞龍蟠，石城安穩，端賴武鄉定策，永垂九鼎一言。

上聯裡，孫科是在把汪精衛比作北宋著名隱士、梅妻鶴子的林逋。汪精衛最愛的就是梅花。連他在名古屋住院期間的代號也是「梅」，他死後家屬給醫院贈送了三株梅花，迄今兩株依然繁茂。

85 但這也未嘗不是一種道德凱旋主義，如德國人常常自嘲說的：我們是「懺悔界的世界冠軍」（Entschuldigungs-Weltmeister）。

圖 29　名古屋大學附屬醫學院大幸分院的「汪兆銘氏紀念之梅」。作者攝，2016 年 9 月。

圖 30　解釋兩株梅樹來歷的資訊牌。名古屋大學附屬醫學院大幸分院。作者攝，2016 年 9 月。

他的詩歌也常常流露出在山水間隱居、做一介士人的心願。下聯孫科進一步把汪精衛比作了諸葛亮，憑藉他的權謀，孫、劉聯軍擊敗曹操，保全了江南。孫科似乎暗示，恰恰因為汪政權，淪陷區才得以整體歸還國民政府。「九鼎」是毛遂的典故，因為他說服楚國發兵救趙，平原君稱讚他說「毛先生一至楚，而使趙重於九鼎大呂。毛先生以三寸之舌，彊於百萬之師」（《史記・平原君列傳》）。需要指出的是，孫科要和汪精衛重遊杭州，這大概是指涉一九三二年一月，孫、汪、蔣介石在杭州會晤，決定蔣汪聯盟，汪主政、蔣主軍。這也是決定對日採取綏靖政策、以空間換時間的一次重要會談。恰恰因為西安事變之後蔣介石拋棄了這個既定政策，汪精衛才脫離國民政府，獨自與日和談。孫科似乎流露出一絲愧疚。也對汪精衛保全河山、使得國民政府得以還都「虎踞龍蟠」的南京表示感謝。

今天當梅花開放、遊人來訪時，少有人留意到孫科的對聯，更罕有人知道觀梅軒背後的歷史滄桑。但他們也許不知道自己在以另一種方式參與了梅花軒的紀念性：這個地方以前叫做孫陵岡或者吳王墳，以東吳大帝孫權的陵墓命名。一九三〇年，營造中山陵的總理陵園管理委員會決定在崗上遍種梅花。[86]但它最終被命名為梅花山卻是汪精衛一九四四年十一月二十三日在這裡安葬

86 總理陵園管理委員會編，《總理陵園管理委員會報告》，頁三九八。汪精衛是一九三三年才參加委員會的，所以並不是最初的決策者。但汪政府繼續了在山上種植梅花的工程。

之後。[87]當地人懷疑，這個命名可能是為了效法史可法，後者在滿清入關、揚州十日時死節，埋葬在揚州城外的梅嶺。[88]這個地點及其命名因此將汪精衛的記憶與愛國的抵抗、與孫中山的領袖崇拜緊緊聯繫在了一起。

透過這多層的指涉，觀梅軒真正成為一個「記憶場域」，創造記憶與歷史的互動。用諾哈的話來講，它把現象界籠罩在闡釋學的光輝下，把一片平淡無奇的土地變成了各方力量角逐的記憶空間，它用一個名字對此加以總結，又向無限的闡釋可能敞開。儘管汪精衛的棺木已經消失在荒煙蔓草——正如他的〈百字令〉詞所預言的，「劫後殘灰、戰餘棄骨、一例青青覆」——但他的歷史記憶依然魂魄不散，縈繞在山名、梅花和小軒間。

南京，一座不能寬恕的城市，從沒有真正遺忘過。

87 汪主席哀典委員會致中央政治委員會函中有陳璧君（汪夫人）十一月十六日提案，稱汪精衛本人遺囑擬暫行安葬南京明孝陵前吳王墓附近。「吳王墓」被塗畫改為「梅花山」；見：中國第二歷史檔案館編，《汪偽中央政治委員會暨最高國防會議會議錄》，冊一八，頁四〇六。汪逝世後安葬地點，不少文件仍作「吳王墳」，但也有開始用「梅花山」新名者。

88 周鏡泉，〈南京遊記：梅花山上的新店〉，載：《旅行天地》，一九四九年第一卷第二號，頁四八。

終章　反抗遺忘

恥辱

重慶磁器口老街熙攘的人潮慢慢稀薄之處，擠出麻辣、鐵板、廉價工藝品的感官八陣圖，曲折穿過時光悄然凝固的青苔小巷，踏過一片建築廢材殘骸散落的空場，一株巨大的黃葛樹在嘉陵江吹來的冷霧中張開千萬隻青翠的手掌。如同一位穿越時空的旅行者，我來到了此行的盡頭：樹下兩尊閃著黝黑冷光的鐵鑄跪像。這是二〇一九年十二月的一個寂靜午後。八十一年前，汪精衛匆匆乘機脫離戰時陪都，開始了他萬劫不復的晚節。鐵像表現的是一男一女，雙膝著地，面對面長身跪立，手腕被麻繩反綁在身後。他們頭顱低垂，以懺悔的姿態微微側身朝向一座漢白玉大理石浮雕牆，上面展現的是一位無名士兵在旗幟覆蓋下長眠。旁邊一面新立的資訊牌用中英雙語說明這是抗戰無名將士墓，兩座鐵像代表的分別是汪精衛和陳璧君。

汪氏夫婦脫離重慶之後，尤其是汪政府成立後的一九四〇、一九四一年，品質、材料不一的

圖 31　重慶磁器口汪陳跪像，薛雷攝，2019 年 2 月。

男女跪像出現在中國後方各地、甚至淪陷區的街道上，身上寫著他們的名字，任路人唾罵踐踏。透過這場「鑄逆運動」，他們被比擬為南宋丞相秦檜和他的夫人王氏，杭州岳王廟裡他們長跪五百年的鐵像，代表了世人相信是他們陷害忠良才導致北伐失敗的痛恨。這種比擬不算完美：說到底，汪精衛很難說是中國抗戰軍事失利的原因。而且倘若我們把秦檜視為宋高宗的替罪羊的話，把汪精衛罵為新秦檜就且將不幸牽連蔣介石了。這大概也是為什麼國民政府對這場草根運動不甚熱衷的緣故吧。[1]然而汪精衛成了中國軍事軟弱的象徵。透過譴責漢奸，抗戰陣營獲得了空前的一致。負責製作重慶各處跪像的重慶市總動員委員會甚至收到呈請，因為地方藝術人才不足，希望惠寄刻像設計及圖案。[2]一九四〇年三月，汪政權成立之際，民眾鐵鑄汪陳跪像的呼籲更加高漲，曾經和汪精衛有過深厚交誼的馮玉祥、張繼（一八八二－一九四七）義不容辭地出任了「鑄逆委員會」委員，向各界募捐。市民、軍人、學生和公務員都紛紛捐款，銀行、公司也在公眾壓力下慷慨解囊。[3]這一愛國行動總共募捐了近七萬元。受命設計「建墓鑄逆工程」的藝術家王臨乙，後來將以天安門廣場無名英雄紀念碑上的「五卅運動」浮雕聞名。他最初擬用合川附近所產純淡白石製作浮雕、鐵鑄跪像，但因為戰時材料、尤其是鋼鐵的限制，最後紀念碑用了青石，而鑄逆則用鋼骨水泥翻造完成。愛國熱情很快冷卻成了預算、撥款、物流、手工的緩慢作業。整個工程最後直到一九四四年九月才完成。由於預算超支、物價騰貴、運輸費用高昂，最後雕像群沒有按照原計畫安放在市中心，而是潦草地放在了藝術家工作室所在的郊外鳳凰山下磁器口。[4]說到底，四年光陰如

1 譬如當陝西朝邑縣政府建中山殿並鑄汪精衛夫婦跪像後，於一九四〇年六月十四日呈內政部長「賜以匾對，俾壯觀瞻」，並請「通令近敵各地方均建中山殿並鑄漢奸像，期其觸目驚心，不至或入歧途之處」時，批文：「查向無此例，擬存。」南京第二歷史檔案館檔案，檔號 12-6-18326。

2 重慶市檔案館，「關於尋找雕刻人才刻製汪精衛夫婦石像致重慶市總動員委員會的函」，一九四〇年五月十六日，檔號：0053-0014-00112-0000-003-000。

3 「鑄汪逆夫婦跪像」，《大公報》（重慶），一九四〇年三月十五日。

4 參見重慶市檔案館所藏材料，檔號 0081-0004-0075-3000-0020-000，0067-0004-0024-0000-0025，0061-0002-0002-0000-0218-000，0061-0015-0107-8000-0011-001，0053-0020-00501-0000-081-000（含原設計圖），0053-0020-00501-0000-134-000，0053-0020-00501-0000-112-000。

圖 32　汪精衛跪像面部細節，
薛雷攝，2019 年 2 月。

圖 33　汪精衛跪像手部細節，
薛雷攝，2019 年 2 月。

矢，當初鑄逆的迫切感已經過去，日本的戰敗幾成定局，汪精衛也是名古屋醫院裡的垂死之人。一九四〇年代末築路時，這組作品被悄悄摧毀了。直到二〇〇二年，磁器口區政府才決定按照原設計用漢白玉及鑄鐵來復原這組雕塑，按照一面今已不存的資訊牌上的說法，以「弘揚中國人民維護民族統一的決心」。[5]隨著其他類似跪像逐漸消失在中國的大地上，它們成了汪陳夫婦曝露在雨露風霜中的唯一的「恥辱碑」（*Schandmal*）。

但是這組雕像並沒有如磁器口區政府所希望的那樣成為官方認證的「愛國主義教育基地」。到底是誰決定重鑄，又是出於什麼動機，這些現存檔案中都不清楚。如果其目的是為了警示與羞辱，那麼這組雕像受到的公眾關注又未免太不足道。當我向當地人問路時，沒有一個人知道它們的坐落。儘管它們位於重慶最熱門的旅遊景點，但卻被藏在了一個無人問津的角落。也許這是因為任何在公眾場合提及汪精衛之舉，哪怕是一座「恥辱碑」，都將延續有關他的歷史記憶，從而抗拒大陸官方抹殺所有關於戰時合作運動記憶的「懲罰性遺忘」政策。此外，值得注意的是，與岳王廟裡秦檜夫婦拙劣無表情的雕像相比，汪陳鑄像呈現出簡潔的現代美學，他們的上身彎曲成優美的曲線，左右對稱，體現出藝術家對結構平衡和藝術和諧的（錯運的）匠心。他們充滿痛苦的面部表情更是可能（毫無必要地）讓人猜想他們的內心世界。與浮雕中無表情特徵、代表集體

5　二〇一九年二月藝術家薛雷拍攝的檔案圖片。

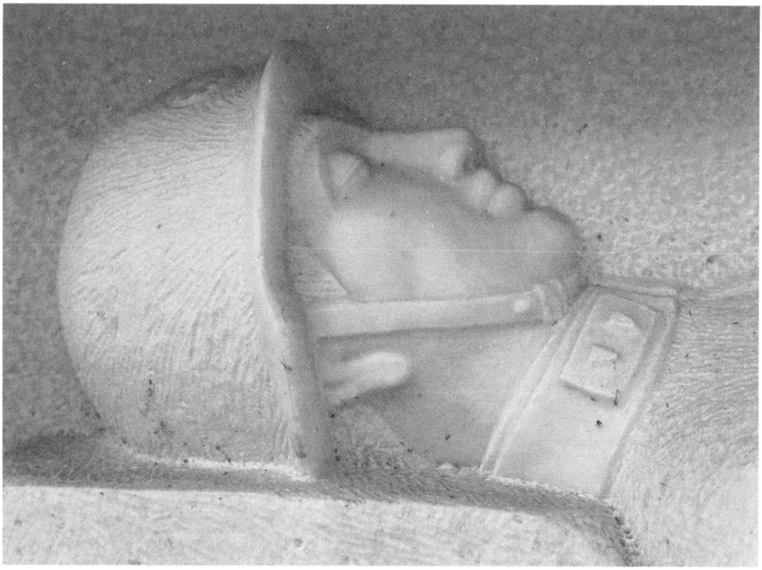

圖 34　無名戰士碑細節，作者攝，2024 年 4 月。

犧牲的無名戰士相比，汪、陳雕像是可以辨認的個人。對作為政治行為的叛徒審判而言，藝術家的答卷是天真離題的。

也許這組雕塑被忽視還有一個原因，那就是按設計圖復原的浮雕中，長眠的無名戰士顯然是國民黨士兵。如安德森（Benedict Anderson）提出的，現代民族主義作為世俗宗教的有力象徵之一就是無名戰士墓。死亡被轉換為延續性，並由此建立起死者和未出生者之間的紐帶。[6] 如果磁器口區政府熟悉這套理論，他們可能就不會犯這個令人尷尬的錯誤，樹立起一座時代謬誤的紀念碑，又繼而不得不忽視、乃至抹殺之。

然而這兩座跪像的故事並沒有結束。二〇二三年初，當地居民注意到，汪陳跪像忽然消失了。經地方媒體報導後，官方解釋是「磁器口景區在城市更新景觀改造過程中採取的異地存放措施，待改造工程完成後即在原址恢復」。[7]我一度懷疑所謂改造不過是移除的藉口。事實上，據知情人士透露，磁器口管理委員會確實曾計劃藉打造「文化廣場」的機會移除跪像，但後來因為內部反對而到底未果。[8]二〇二四年四月六日，當我再次來到這座「磁器口抗戰陣亡將士紀念碑」時，發現兩座跪像果然已經恢復，只是旁邊的資訊牌不見了。和秦檜、王氏跪像不同，他們身上或周邊沒有任何名字，只有無名戰士碑背後還留有簡短的文字說明。倘若訪客只是偶然經過，而非有意問津，將無從知曉他們是什麼奇異的幽靈，出現在這個無人問津的角落。「懲罰性遺忘」再次徹底筆削了他們尷尬的存在。

今日重慶能夠堂堂正正緬懷的烈士都是共產黨員。[9]磁器口附近的歌樂山，以紀念在抗戰及內戰期間被捕、刑訊、虐殺的共產黨員聞名。遊客乘地鐵到「烈士墓」站，出站後的第一個景點就是位於歌樂山烈士陵園區內的「紅岩魂」陳列館，以歌頌中共烈士的小說《紅岩》（一九六一）命名。得到官方認證的三百一十名烈士大多都是抗戰之後第二次國共內戰中犧牲的，但是

6 Anderson, *Imagined Communities*, 9-11.
7 見：https://www.sohu.com/a/636377130_142301。
8 根據二〇二四年四月七日對李智熔的微信訪談。
9 關於（主要是北京）樹立的共產黨員烈士碑，參見：Hung, "The Cult of the Red Martyr"。

陳列館的中文說明卻不斷暗示抗戰與內戰的延續性。說明宣稱，成立於一九四三年的戰時跨國情報機構中美特種技術合作所只是「以對日作戰的名義」訓練中國特工人員，但「其中不以對日作戰為目的的重慶特種警察訓練班花費的人力、物力最多，費時最久」。（英文說明則有意淡化指控，只是說「中美合作所的訓練課程不僅僅以抗日為目的」。）儘管中美合作所在一九四六年解散，《紅岩》及其後大量衍生的小說、劇本和電影都給人以這樣一種印象，即中美合作所不但繼續存在，而且還幕後主導了國民黨對共產黨員的搜捕和折磨。[10]藉此，國民黨被展現為美國的買辦政府，服務於外國利益。如果遊客沿路繼續上山，她就會看到白公館、渣滓洞這兩座風景優美的別墅。在大眾話語中，它們是中美合作所的「集中營」、慘無人道的魔窟。事實上，白公館在用為中美合作所所在地期間並沒有監獄功能，而且關押的主要是政治犯，周佛海戰後最初受到優待時就羈押在此。作為重要愛國主義教育基地的歌樂山經常接待學校組織的學生活動，各旅行社的遊客巴士蜂擁堵塞蜿蜒的山路。其熱度部分是因為《紅岩》神話，部分也是因為參觀免費，這對商業旅行社來說頗具吸引力。但選擇性記憶的票價就是遺忘。甚至共產黨烈士們被人銘記的，也只有他們的抽象共同點：在巨大的油畫和雕像裡，他們的身體動作和表情都如出一轍，紛紛揚起線條清晰的下巴，神情剛毅地眺望遠方。烈士肖像的刻板、可互換性印證一條共產主義的信念，即革命的力量來自於匿名的集體。[11]透過紀念，這些勇敢的男男女女的個人特徵都被淹沒在歷史遺忘的洪流裡。

權力創造記憶，記憶就是權力。洪長泰提出，中國的革命博物館主要服務於兩個目的：將中共統治正當化，並凸顯毛澤東在領導中共從勝利走向最終勝利、推翻國民黨和帝國主義（尤其是日本和美國）內外兩座大山的鬥爭中的作用。[12] 今天當重慶人民緬懷他們在抗日戰爭中的英雄氣概和巨大犧牲時，領導他們抵抗的政府卻被悄悄忽略了。

儘管「中共官方記憶」主導了重慶記憶地圖的主流敘事，「國民黨正統記憶」近年來卻也被悄悄復活了，儘管範圍有限、目的特殊。重慶抗戰遺址博物館（所謂「黃山」）同樣是個冷門景點。坐落在偏僻的南山生態帶，它由十五處文物建築構成，包括蔣介石官邸雲岫樓、馬歇爾將軍舊居草亭、宋美齡別墅和美軍顧問團住址。陳列室裡，參觀者可以看到一張說明牌，上面列出了抗戰期間總共二十二場主要戰役。除了其中兩場中共軍隊扮演重要角色的戰役以外，絕大多數都很少為大陸的抗戰博物館、歷史教科書、電影、紀錄片和電視劇所宣揚。這裡還列出了抗日犧牲的兩百五十五名國民黨將軍（包括身後追授的軍銜），默默反駁所謂國民黨軍隊「不抵抗」

10 何蜀，〈文藝作品中與歷史上的中美合作所〉。關於《紅岩》神話，參見：敬文東，《事情總會起變化》。

11 這也是巫鴻面對人民英雄紀念碑的結論；見："Tiananmen Square," 94；關於共產主義烈士的肖像，亦見：Denton, "Visual Memory and the Construction of a Revolutionary Past"。

12 Hung, "The Red Line," 915, 931.

的指控。此處遺址是二〇〇五年十月十九日才成為博物館的。一九五二至二〇〇三年間，它的主要功能是中共高級幹部的療養院。一九九一年，雲岫樓和草亭修復並對外開放，成立重慶黃山陪都抗戰遺址陳列館。相形之下，歌樂山在一九六三年就成為了博物館。黃山記憶被重新「磨洗認前朝」的沒有明說的原因之一，大約是國共再次合作有了新的緊迫性。恰巧就在一九九一年，中華民國國民大會代表的第一次民主選舉中，新成立的民進黨獲得二三%的席位，大大增加了大陸政府對臺灣獨立的憂患。這一博物館也是官方的海峽兩岸交流場所，蔣氏後人、國民黨要員和美國援華抗戰老兵都是重新開館後的座上賓。世上沒有永遠的敵人，被沉埋的記憶也可能重新從地下喚醒，服務於具體的目的，當然前提是它不再有能力挑戰建制化的官方敘事。與可以乘地鐵抵達、免費參觀的歌樂山相比，黃山公共交通不便，門票也不免費。所以儘管此地景觀優美，卻少有遊客問津。

重慶的第三種獲得官方許可的抗戰記憶可以說是「市場形態」。二〇一八年開始運營的九龍坡區建川博物館是億萬富翁樊建川私人所有，建立在漢陽兵工廠內遷後成立的陪都時期國民政府兵工署第一兵工廠舊址上。與這家傳奇軍工企業匹配的是博物館設計的「酷」和「潮」，成為獵奇軍迷和時髦遊客們的「網紅打卡」地。這座博物館完成了商業利益、歷史紀念和政治正確之間困難而微妙的平衡。它對戰爭的宏大敘事嚴格遵循官方的指導思想，將中共譽為抗戰的中流砥柱，而「戰時外交」說明牌只列出了蘇聯。但陳列的物品卻講述了一個不同的故事，譬如美國飛虎隊空軍飛行員的制服便占據了一個大型玻璃展櫃。普通遊客如果走馬觀花，恐怕更容易注意到早已從好萊塢大片中熟悉的美國空軍制服，而非資訊牌上枯乾的文字。還有一座分館入口的四壁為上千隻紅色手印所覆蓋，都是博物館開館時尚在人世的抗戰老兵們留下的，其中大多數都是一九四九年後滯留大陸的國民黨士兵。但在歌頌他們英勇衛國事蹟的同時，博物館忽略了這些國軍老兵如何飽受一場場政治運動的迫害。事實上，國民黨老兵是在二〇一五年才第一次被邀請參加天安門廣場抗戰勝利閱兵式的，此時距離他們的戰爭的結束已經過了七十年。那場閱兵式還邀請了三百名臺灣代表，包括國民黨副主席連戰。第二年，民進黨候選人蔡英文以大幅度優勢贏得總統大選，使得非官方的新「國共合作」有了更加強烈的緊迫性。由此看來，建川博物館在二〇一八年把國民黨老兵的手印納入陳列品之舉，並非對官方意識形態的反抗，而恰是其忠實的執行。這家前兵工廠如今生產的是武器化的記憶，其商業號召力進一步增強了它的殺傷力。

這幾處抗戰記憶遺址都有一點共同之處：對汪精衛及其南京政府「賣國」的嚴厲譴責。這裡的記憶沒有五十度灰，只有黑或白。故事從勝利者回溯的高度講述，結構原則便成了筆直的切分線：愛國抑或賣國，英雄抑或叛徒，光榮抑或恥辱。二元敘事所缺乏的，是占領下個體生活的真實證言。

遺忘

Damnatio memoriae（懲罰性遺忘）是一個現代拉丁詞，用來描述古羅馬帝國元老院的一種政治懲罰，一旦某位公民被譴責為「共和國敵人」，他們的名字和肖像將被從公共記憶中抹殺，這有時甚至意味著徹底改寫歷史紀錄。對受譴者的懲罰範圍，包括從所有官方名錄中消除他們的名字和頭銜；貴族葬禮上不許展示他們的蠟製死亡面具；著作被查抄、焚毀；財產充公；遺囑無效；其誕辰被宣布為羅馬人民的凶日，而在其忌辰則舉行公眾慶典；他們的房屋被夷為平地；甚至他們的名字（*praenomen*）也可能被禁止繼續使用。[13]對一個執念於生前身後名的民族而言，這是個人所能遭受的最可怕的命運。

這一系列的譴責手段幾乎與汪精衛生前身後受到的記憶審查若合符節。一九三九年開始，後方的學校屢次收到通知，要求從課本中刪除汪精衛、周作人、周佛海和其他「從逆」者的文字，不論內容。[14]只可惜，由於汪精衛是〈總理遺囑〉的執筆者，周佛海也是三民主義教義的權威闡釋者，徹底的審查幾乎是不可能的，最多只能抹殺他們與其文字思想之間的關係。汪精衛去世後，他的墳墓被摧毀，遺體挫骨揚灰，財產充公；他的著作自此不曾在中國大陸重版；他的名字成為叛徒的同義詞；每次提及他或其政權時必須加上「偽」字；他曾經的住處沒有一處被作為故居留存，它們或者被毀、或者年久失修、或者已經被挪用他途；[15]汪氏在民國政治中的作用極少再被提及，甚至學術研究也避之不及。下面我將以歷史課本和影視作品為例探討記憶審查，因為這是在大眾層面上最有效地製造、傳播公共記憶的方式。如果學校課本是透過教學、背誦和考試來強制執行某種官方版本的歷史記憶的「硬手段」，那麼具有娛樂和消費屬性的大眾傳媒則是一種也許更加無形、溫和、也更加有效的「軟手段」。

一九四九年之後，汪精衛作為同盟會元老、孫中山心腹和政治繼承者，作為廣東國民政府第一任主席和國民黨左派領袖的紀錄都被徹底從中國大陸九年義務教育中學歷史課本中抹除了。多版課本始終沒有忘記的一點，就是他一九二七年武漢分共的「罪狀」。譬如一九五一年人民教育出版社的初中一年級《本國近代史課本下冊》（使用至一九五五年）第一次提到汪精衛是四一二事件之後，蔣介石在帝國主義支持下對武漢進行經濟封鎖，並且勾結武漢的反動分子進行搗亂活動。「一些隱藏在武漢國民黨中央和國民政府裡的假革命派，例如汪精衛、譚延闓、孫科等，就開始叫喊『工農運動過火』，準備跟著蔣介石走。……到了七月間，汪精衛等假革命派終於露出

13 Varner, *Mutilation and Transformation*, 1.

14 重慶市檔案館，檔號 0130-0001-0007-8000-0037-000，0120-0001-0007-8000-0040-000，0153-0001-0001-7000-0117-000。

15 我曾經探訪過佛山三水河口區，察院街的舊建築原在清代縣衙前，應當是汪精衛出生之地，但如今只有一些老人住在這裡，汪家的具體門牌已經不詳了。

他們反革命的面目了。汪精衛說，寧可枉殺千人，不可放一人漏網。」[16]大陸歷史課本經常提到這句殘忍的口號，但來源其實不明。沒有證據表明汪精衛曾經說過這樣的話。[17]就連大陸的課本也前後不一致。一九八二年的八年級歷史課本把這條口號歸諸「汪精衛集團」之口，[18]而一九九四年版又重新稱汪精衛「叫囂」此語。[19]二十一世紀初的「實驗教科書」終於刪掉了這句話，也不再把汪精衛的分共記在蔣介石的帳上，[20]但二〇一七年開始，這句口號又重新出現在教育部組織編寫的歷史課本裡，只是主語成了模糊的「他們」。[21]顯然，儘管事實證據不足，但是這句口號已經如此長期地和汪精衛的名字聯繫在一起，其殘酷性又如此誘人，以致課本編寫者難以割捨。二〇〇一年後根據教育部新標準出版的課本裡，汪精衛和蔣介石都成了背叛革命的「國民黨右派」。可見，就連「假革命派」這樣的名號，也可能毫無必要地向學生暗示汪精衛的名字曾經一度和「革命」、「左派」等在大陸政治話語中具有天然正確性的詞彙聯繫在一起。但千禧之後的課本最奇異的一點變化是：它們不再提到汪精衛與日本合作的事實了。此前的所有課本都將汪精衛的分共與投敵並舉為兩大罪狀。譬如一九九五年的八年級《中國歷史》課本還用了一整頁描述汪精衛投敵後，日本侵華方針變化，透過汪偽政權進行「以華制華」的殖民統治。[22]透過徹底無視汪政權的存在，新歷史課本製造的印象是中國淪陷區乃是在日本的直接統治之下，直接遭受軍事占領和經濟掠奪。中國的戰時合作記憶被壓制、抹殺。當無人關心所謂「曲線救國」到底是不是賣國求榮的藉口，歷史透過遺忘完成了終極的懲罰。

相形之下，臺灣歷史課本對汪精衛的描述則經過了三個發展階段。直到一九七〇年代，汪精衛的形象主要是蔣介石的對手，譬如國立編譯館根據民國五十七年教育部公布的《國民中學歷史暫行課程標準》編輯的《歷史》第三冊對寧漢分立的敘述是：「蔣總司令克復南京，即實行清除『共黨』。汪兆銘等卻與『共黨』合作，劫持國民政府一部分人員於武漢，與建都南京的國民政府形成對立。」[23]這段歷史敘事同樣似是而非，以創造南京的正統正當性。相比之下，此階段的課本倒不一定提到汪精衛的與日合作。但一九八三到二〇〇〇年初的課本裡，對「寧漢分立」的敘述趨於中立，譬如依據民國七十四年教育部標準修訂的國民中學《歷史》第三冊寫道：「北伐期間，國民政府由廣州遷至武漢，卻為共黨分子把持。蔣中正先生等為了護黨救國，於十六年四月清除黨內的中共分子，是為『清黨』；並成立國民政府於南京，與武漢形成對峙，史稱

16 丁曉先，《本國近代史課本》（下冊），頁五〇。
17 李志毓的《驚弦》雖然在涉及汪精衛與中共關係時頗為謹慎，也明確指出了這一點，見頁一〇七。
18 李隆庚主編，《中國歷史第四冊初中二年級》，頁四七。
19 王宏志、李隆庚主編，八年級《中國歷史》第三冊，頁一六五。
20 王宏志主編，八年級《歷史》上冊，頁五二。
21 齊世榮主編，《中國歷史》八年級上冊，頁七三。
22 王宏志、李隆庚主編，八年級《中國歷史》第四冊，頁六四－六五。
23 國立編譯館主編，《國民中學歷史》第三冊（一九七〇），頁七二。

『寧漢分裂』。」[24]這種敘事雖然依然以蔣介石為正統，但寧漢先後關係得以釐定，汪精衛也不再是「劫持」國民政府的罪魁禍首。汪精衛在這一時期課本裡的主要罪行是抗戰期間「受日人誘惑」、成立傀儡政權。[25]顯然，在民主化進程中的臺灣，蔣汪的宿怨已經不再具有重大意義。民國九十四（二〇〇五）年《普通高級中學必修科目「歷史」課程暫行綱要》頒布之後，歷史課本不再統一編訂，多家出版社獲得更多詮釋歷史的自由。譬如二〇〇七年版的三民《歷史》第一次提到汪精衛獲得推選為廣州國民政府第一任主席，一九二七年國民黨分裂的肇端者是蔣介石，而「支持繼續與蘇聯、中共合作的國民黨左派人士以汪精衛為核心，宣稱留在武漢的才是正統的國民政府」。[26]近年來的歷史課本則進一步挑戰傳統的正朔觀念。譬如南一書局民國一〇二年的《歷史》課本對汪精衛與日合作的敘述是：「日本評估中日戰事一時之間恐難以結束，決定在中國占領區扶植親日政權，以華制華。一九三八年（民國二十七年）十二月，對於抗戰向來持悲觀態度的國民黨副總裁汪兆銘自重慶出走，倡議和平運動，並於一九四〇年（民國二十九年）在南京成立親日政府，造成抗戰重大危機。不過，汪的舉動被大多數國人視為賣國行為，未獲任何軍政首長起而響應。」[27]對汪精衛出走的動機、其政府的性質，新教材都採用了描述而非判斷的寫法，這是相當客觀的。如果說民主化之前的臺灣和大陸歷史課本雖然在孰「正」孰「偽」問題上判斷迥異，但在秉承正朔史觀上則如出一轍的話，那麼今天的兩岸課本在面對汪精衛問題的時候，正如其他很多歷史問題一樣，也在漸行漸遠。課本是創造公共記憶的最有力的工具之一。今天，對絕大多數大陸學生而言，汪精衛只是歷史晦暗邊緣「我黨」曾經的敵人之一，而臺灣的教育者則已經寬恕了他與蔣介石的角力，視其與日本的合作為一種出於絕望的戰時同盟。

肖像的語言是強有力的。一張照片能夠鼓勵讀者對某人產生直覺的印象，從而形成自己的判斷。民主化之後、尤其是近年來，臺灣課本一般都會有一幅汪精衛的肖像，而大陸歷史課本則延續對他的「像禁」。戴杰銘提出，歷屆中國政府都「尋求模糊、排斥或抹殺」日占時期的視覺文化，從而造成一種「強制的隱形」（enforced invisibility）。[28]至於汪精衛的情況就更為特殊：他的俊雅外型是「房間裡的大象」，有目共睹，卻一談便俗；這也讓譴責變得更加複雜。在今天視覺主導審美的時代，大陸的百度百科甚至有「民國四大美男」的詞條，雖然有三種不同說法，但汪精衛總是名列其中。大陸近年來盛行的以民國歷史為背景的影視作品裡，汪精衛鮮有露面機會，大約這也是原因之一吧。只有三部電影作品闖入了「懲罰性遺忘」的禁區。

第一部、也是唯一一部汪精衛以主要人物亮相的作品是應旗導演的《刺殺汪精衛》（一九八

24　國立編譯館主編，《國民中學歷史》第三冊（一九九二），頁六四。
25　例見：金世民編，（普通高級中學）《歷史》，冊一，頁一八一－一八二。
26　金仕起等主編，（普通高級中學）《歷史》，冊二，頁一八一、一八二。
27　林能士主編，（普通高級中學）《歷史》，冊二，頁三九。
28　Taylor, Jeremy, *Iconographies of Occupation*, 13.

八）。這部電影的明線是一九三五年的孫鳳鳴刺殺案。但它對愛國者形象的刻畫其實是頗為蒼白的，而對汪精衛形象和心理的豐富塑造似乎表明後者才是它關注的重心。飾演汪精衛的孫彥軍，以表演的微妙性出名。電影以孫鳳鳴（巫剛飾）試圖在車站刺殺汪精衛、結果誤殺他人開場。畫面隨即切換到一面巨型石碑，上掛黑白橫幅「淞滬抗日陣亡將士哀悼大會」，四條輓聯飄動，花圈環繞如山。近乎黑白的畫面正中間是一個身著白西裝沉思中的男人，背影肅穆而孤獨。隨即蔡廷鍇求見，鏡頭特寫中，那人緩緩轉身，展現一個神色凝重哀傷、步入中年的美男子，白西裝、白襯衣、黑領帶。面對蔡廷鍇對簽訂《淞滬協定》的質疑，汪精衛不做回答，只告訴蔡廷鍇，蔣介石（孫飛虎飾）命令十九路軍赴福建「剿匪」。這幕戲暗示愛國者們如孫鳳鳴的憤怒其實是錯置了的，因為綏靖政策真正的主導者是蔣、而非汪。汪精衛出場的下一幕戲是中央政治委員會會議室裡，面對國民黨元老們的指責，汪精衛用一場激昂的演說要求絕不能「繼續以高調徒增那些無知之徒的虛驕之氣」。電影也透過汪精衛和陳璧君的對話描述了中國外交的孤立，借陳公博之口說出：「汪先生，言戰誰都樂意聽，言和，它和賣國僅一軫之隔，國民不會理解你的苦心！只會罵你！甚至要殺你！」在暗殺前的一場關鍵戲裡，汪精衛憤然陳述說：「中國如要復興抵禦日本，起碼要三十年。我沒有其他報國之道，只求日本沒有滅亡中國之心，就盡力謀求日中和平，使國家能多保存一分元氣，以作將來復興之計。為此，我汪精衛做出任何犧牲，也是甘心的。」陳公博隨即表示了自己願意隨汪精衛「跳水」的意願，並且用悲憫的口氣說道：「這兩天我在翻歷史，終於承認，秦檜也是個好人啊。國家到了危亡關頭，總要有個講和的犧牲者。我想，秦檜當日，何嘗不想自己暫時犧牲，受人唾罵，以待南宋設法中興。唉，秦檜是犧牲了，只是他無補於南宋之亡啊。」但電影似乎也暗示汪精衛慷慨陳詞的表象下，對屈從蔣介石也不無怨恨。這一場景因此具有了奇妙的雙重含義：汪精衛是真誠的還是偽善的？秦檜是否真的「是個好人」？如果觀眾為汪精衛的慷慨激昂、悲天憫人所打動，那麼愛國暗殺團的行動就成了真正的悲劇。孫彥軍的表演頗為精妙地傳遞了這種模稜。華語區觀眾當然不會不知道，他日後最為出名的角色是一九九四年央視版連續劇《三國演義》裡的劉備。兩個角色的共同點是，他們的道德形象都如此完美，以致令人懷疑是否只是副面具。

這部電影的創作者顯然傾注了大量精力，對汪精衛的生平和私人生活做了相當深入的研究。譬如他的著裝（長衫或西裝）、陳璧君對他的稱呼（四哥）和汪家的飲食（法國菜和紅酒）等等細節都是準確的。暗殺的場面也忠實還原了。但是整部電影的大前提卻是錯誤的：孫鳳鳴暗殺的對象一開始根本不是汪精衛，而是蔣介石（見第二章）。這個「錯誤」顯然是創作者有意為之，用於展現他們心目中另一重的歷史真實，也是創作者們真正的興趣所在：汪精衛是如何成為「國人皆曰可殺」的「賣國賊」的。但這個故事也恰是電影創作者們所不能講述的，因此也未必為多數觀眾所意會。重重敘事上的意識形態枷鎖注定了電影未能成為傑作。它塑造的愛國者形象是蒼白刻板的，刺殺的主線累贅拖沓。當它在一九八八年發行的時候，既沒有成為眾矢之的、也沒有獲得票房成功。但在網路時代，它獲得了第二次有限成功的生命：二〇二一年四月為止，此片在 1905 電影網上已經播放了三十一萬次，[29] 豆瓣上獲得了七・〇的評分。各中文網站上對此電影的評價都集中在汪精衛、尤其是他與日合作的原因上：顯然，他才是電影唯一的看點。

這部電影的弱點雖然明顯，但它能夠在一九八八年製作發行這一點本身就體現那個年代中國大陸相對的藝術自由。汪精衛再度出現在中國銀幕上要等到二十餘年後了。紀念辛亥革命一百週年的獻禮片《辛亥革命》（二〇一一）裡，汪精衛出場是在第五十分鐘左右，北京出獄後，袁世凱邀請他商談。汪精衛露面的第一形象是身著西裝的翩翩美少年。他的飾演者是余少群，電影《梅蘭芳》（二〇〇八）的主角扮演者。余氏略帶女性化的典雅雍容，因此為汪精衛的形象添加了一層詮釋。雖然他和袁世凱的對話明面上都是革命，但他對袁世凱、段祺瑞的奉承都沒有表現出大義凜然的鄙夷或清醒，而是表情中性、不置可否，因此為觀眾留下了豐富的闡釋空間。電影裡汪氏出場極少，但結尾處用兩個場面強調了汪精衛的貪生懦弱和天真糊塗：孫中山和同志吃飯時，忽然窗外射來子彈，躲避之中，鏡頭唯一給出的桌子底下驚慌失措面孔特寫恰是汪精衛的；幾分鐘後，汪精衛質疑孫中山是否應當就任大總統職位，甚至懷疑孫氏貪權，被黃興指名呵斥。余少群對汪精衛形象的詮釋顯然得到了官方認可。二〇一七年的另一部主旋律電影《建軍大業》裡，他再次詮釋了中年汪精衛的角色，從在武漢的表面親共轉向清共，此時顯然政治上世故圓滑了許多。兩部電影裡，「汪精衛」都戲分不多，扮演史詩敘事中無關痛癢的邊緣角色。他似乎有點天真、輕信、多餘，但還說不上惡毒或危險。《建軍大業》裡，他也是唯一引經據典的角色，還展現了一手好書法。鏡頭總是不經意間滑過他秀美光潤的面龐，引領觀眾的視線流連他的眼角唇梢。

還沒有一部電影表現了汪精衛生命的最後階段。所有三部電影裡，汪精衛的扮演者都是透過正面角色為觀眾所喜愛的演員。這是否是因為任何在外型上能說服觀眾「這就是汪精衛」的演員，都很難符合影視劇中反面角色的典型？影視作品對汪精衛的演繹無法繞開他俊美的外型，而這總不免讓觀眾對角色心生同情，這從幾部作品的豆瓣評論中也可見一斑。儘管近年來有若干大陸電影都以日據時期上海的諜戰為背景，其中汪政權的特務機關也有大量戲分，但汪精衛不曾出現在任何一部影片中。

一部值得玩味的電影是李安導演的《色．戒》（二〇〇七），根據張愛玲的同名短篇改編。電影壓抑的蒼涼時代氣氛裡，充滿陰謀、欲望、情色和死亡陰影的暗流湧動。電影主題是年輕的大學生王佳芝（湯唯飾）化名「麥太太」引誘汪政權的特工頭目「易先生」（梁朝偉飾），最終被易默成親自命令處決的故事。善於表達細膩情感的香港演員梁朝偉扮演一位外表低調、安靜、危險的間諜，他的忠誠也同樣不可捉摸。有一幕在日本居酒屋的戲裡，他終於向王佳芝吐露

29 作者二〇二三年九月二十八日注：這個網站目前似乎無法正常訪問。

心聲：「鬼子殺人如麻，其實心裡比誰都怕」，「就快到底了，跟著粉墨登場的一幫人，還在荒腔走板地唱戲。……我帶你到這裡來，比你懂得怎麼做娼妓。」王佳芝隨即為他唱了一曲〈天涯歌女〉，唱到其中「家山啊北望，淚啊淚沾襟」時，易默成眼中含淚。在這一短暫的瞬間，兩人似乎都忘了自己在逢場作戲，而產生了亡國身世的共情。電影結束前的畫面，易太太（陳沖飾）來叫他吃飯時，推開寢室的門，發現他獨自坐在黑暗中，床單上還印著王佳芝身體留下的皺褶。門縫灑落的一束光線照出他眼中隱隱的淚光，他輕聲告訴妻子，「麥太太」已經回香港了。這一瞬間，他下令處決王佳芝的冷酷無情頓時獲得了一層心裡的深度，而梁朝偉特有的憂鬱氣質也賦予這個角色救贖的力量。汪精衛從來沒有在電影中現身，但是易先生辦公室的牆上有一幀他的照片。但易默成的憂鬱也不免讓觀眾想起汪精衛，其眼神和詩歌風格都以憂鬱悲愴聞名。他們行為的心理深度因此成為他們的藝術救贖——至少在觀眾的眼裡，因為他們的判斷首先服從藝術的法則。

《色・戒》對家國宏大話語的消解，在華語世界中激起不少爭議。除了大膽的情色戲分以外，這也是中國電影中汪政權第一次透過「易先生」這位豐富的藝術形象登場，而沒有被削減為刻板的漫畫。儘管易先生以他的殘忍詭譎服務於日本侵略者，但居酒屋的一場戲表明他內心深處的痛楚。觀眾若無對歷史背景充分的了解，可能也會對電影裡汪政府的視覺象徵感到迷惑：易先生辦公室裡，牆上正中掛的是孫中山肖像，兩邊是中華民國國旗和國民黨黨旗。這可能是對觀眾最直接的提醒，即汪政府至少在名義上是完全民族主義的。電影的發行讓中文網路上掀起重新發掘汪政府歷史的熱潮。

儘管電影也獲得許多國際獎項，但其中最具有反諷性的一個細節很可能逃脫了西方觀眾的眼睛：王佳芝參與的愛國學生話劇團決定改組成暗殺團、回大陸刺殺幾個叛徒之前，鄺裕民（王力宏飾）慷慨激昂地賦詩言志：「引刀成一快、不負少年頭！」這幫年輕人似乎沒有一個意識到此詩作者恰是汪精衛，他們要暗殺的頭號漢奸。我相信李安導演安排這個細節是富於深意的：今天公眾眼裡的愛國英雄，很可能明天就會成為他們唾罵的叛徒。這個場景也揭示了他們愛國主義衝動的天真：很快他們就將淪為權謀的棋子，為一場波詭雲譎的遊戲付出生命的代價。但他們對此詩作者的毫無知覺也說明，一首詩歌也許能獲得獨立的生命，成為漂浮的記憶碎片。

碎片

二〇一九年三月二十八日，中文社群媒體上響起不敬的嗤笑。那天早上九點二十七分，「中國陸軍」官方微博（同時發表在微信平臺）發布了一篇題為〈這些歷史，我們從未忘記！〉的文章，報導駐寧（南京）陸軍某防化旅百餘名官兵赴雨花臺烈士陵園緬懷先烈。文中引用了兩首絕句：

慷慨歌燕市，從容作楚囚。
引刀成一快，不負少年頭。

留得心魂在，殘軀付劫灰。
青磷光不滅，夜夜照燕台。

詩句後是一句口號：「緬懷先烈，為了明天更好的前行！！！」（原文三個驚歎號）[30]

讀者迅速指出，這兩首詩的作者是汪精衛（見第一章）。他們質疑引用漢奸的詩來緬懷先烈是否大不敬。中國陸軍迅速在所有平臺上刪除了這篇報導，隨即致歉，歸咎於外部投稿和編輯人員「文化素養不夠」，並表示「『中國陸軍』媒體平臺始終秉持傳播黨的聲音，積累新時代強軍正能量，時刻保持頭腦清醒、立場堅定。對於各種錯誤政治觀點，堅決抵制。漢奸走狗、民族敗類，將永遠釘在歷史恥辱柱上」。可惜為時已晚，從《環球時報》到騰訊網、乃至《聯合早報》和新唐人電視臺等海內外立場各異的各大中文網路媒體都迅速報導了此事件，讀者也紛紛以自己的方式做出回應。以騰訊網報導為例，一天之內就匯集了六百四十九條讀者評論，有讀者認為「不必太自責，儘管詩是汪逆所作，可作此詩時他還不是漢奸，還是個愛國憤青」；也有人認為漢奸就是漢奸，在這個肅穆的場合被陸軍官方引用很不合適；也有人提出「詩歸詩、人歸人」，不可一概而論；更有人認為汪精衛後來只是「因為思想不同，對形勢的判斷失誤，才有了所謂曲線救國的叛變行為」。[31]海外的媒體報導及其回應就更加詭譎了。譬如法輪功背景的新唐人電臺就藉機指責抗戰期間「中共勾結日軍」，[32]試圖讓文化羞恥政治化。

如果《色．戒》的觀眾不免疑心讓愛國青年背誦漢奸詩句是否有違電影現實主義法則，那麼這場鬧劇證明生活常常模仿藝術。〈被逮口占〉在汪精衛生前身後獲得了極大的知名度和流行度，以致它們似乎具有了自己獨立的文學生命。余英時便回憶道，自己是在抗戰期間鄉下讀到這幾首詩的，為其慷慨激昂所深深打動，卻並不知道作者已經是當今的頭號漢奸。[33]一九四二年出生的作家章詒和回憶道：「讀小學的時候，就知道中國有個大漢奸，叫汪精衛。中日戰爭期間，全國人民都在共產黨的領導下抗戰，唯獨他投靠日本，出賣國家。蔣介石也是假抗戰，真反共。

30 見《環球時報》報導，〈中國陸軍致歉〉（二〇一九年三月二十九日）。今天環球官方網站上的報導已經刪除，但是新浪新聞轉發的稿件依然可以打開，網頁連結：https://news.sina.cn/gn/2019-03-29/detail-ihsxncvh6697863.d.html（二〇二三年十一月八日最後登入）。

31 見騰訊網報導：〈在新聞推送中引用汪精衛的詩引發質疑，中國陸軍致歉〉（二〇一九年三月二十九日）。該網頁今天已經無法打開。本文引用據我在二〇一九年十一月十一日的存檔。

32 〈陸軍官微引用漢奸詩句〉，New Tang Dynasty Television（二〇一九年三月九日），網頁連結：https://www.ntdtv.com/gb/2019/03/29/a102544044.html（二〇二三年十一月八日最後登入）。

33 余英時，《雙照樓詩詞藁》序，頁七。

那時的教科書都是這樣寫的，也是這樣宣傳的。回到家中講給父親聽，他哈哈大笑，說：『課本上寫錯了，老師也講錯了，實際情況不是這樣的。』」章伯鈞告訴她領導抗戰的是蔣介石，而汪精衛的生平和人品都遠不像教科書所述。作為證明，他拿出了一本香港刊印的《雙照樓詩詞藁》。幼年的章詒和也深為汪詩詞所傳達的情性所感動，因此回憶文章用「銜石成痴絕，滄波萬里愁」為題，認為銜石填海恰是汪精衛保全淪陷區人民和土地之理想的體現。[34]諸如此類的種種軼事，表明汪精衛詩歌人格在他生前身後都不斷書寫著他的政治形象。

一首好詩足以令詩人不朽。儘管作為詩人的汪精衛並不僅有此四首絕句，作為歷史人物的汪精衛更不能為它們所定義，但它們毋庸置疑具有強大的興發感動力量，而且琅琅成誦，這使它們成為中文語言文化表達的一部分，獲得微型經典的非正式地位，在各種脈絡裡都為讀者本能地從記憶中喚醒，激勵他們在困頓中前行。這一現象並不意味著「作者已死」，即作者身分與作品的接受方式完全脫離關係。相反，即便當它們作為文字碎片在記憶海洋裡漂泊，不再依託於作者的名字、身分或其他著作而獲得意義時，它們都始終指向那個缺席作者的幽靈的方向。審查官們因此無意中完成了汪精衛的遺願：透過強制性地忘卻有血有肉、有複雜主體性和欲望的作者，他們把詩歌真正變成了他的身後身。這些詩歌因此不斷從歷史的墳墓中召喚汪精衛的名字。

我自己大概是少年時代讀到這四首絕句的。多年來，我一直以為它們是中學語文課本的內容，直到我的研究證明自己記憶的錯誤。儘管這樣革命熱情昂揚的詩歌是大陸課本的天然候選者，但它們作者的身分讓這種可能性成為不可能。但少年的我肯定是在哪裡讀到、並立刻牢牢記住了這四首詩的，讓它們成為我經驗這個世界的不可或缺的一種文字媒介，而無知或無視它們作者的歷史評價。從中國陸軍在社群媒體上鬧的笑話來看，它們也深刻封存在無數中國人的集體記憶裡，包括那篇報導不幸的撰稿者，以及用紛紜的意見抵抗刻板官方記憶的讀者們。

和解

記憶是形塑身分的核心管道，對個人、對集體而言都是如此。如里克爾指出的，記憶的內容（what）同時反過來決定了回憶的主體（who），因為兩者是密不可分的：「回憶起某件事情也同時意味著回憶起自我」，從而讓這個過去的自我重新成為現在自我的一部分。[35]我們是自身回憶的總和。因此不可避免、也富於人性的是，歷史的勝利者總是試圖創造一種讓歷史的結果合理、正當化的記憶。簡言之，記憶是「勝利者」與生俱來的特權。

但里克爾論述的關鍵是，這並不意味記憶不承擔「正義」的義務。我們必須首先記住，正義

34 章詒和，〈銜石成痴絕，滄波萬里愁〉。
35 Ricoeur, *Memory, History, Forgetting*, 3.

「歸根結柢是面對他人的」。一位「義人」是公正對待他人者。記憶的義務因此「是透過記憶公正對待自我以外的他者的義務」。其次，我們都受惠於「在我們之前逝去的人，因為他們部分形塑了我們」。「受惠」（debt）的觀念與「遺產」（heritage）密不可分，也並不僅限於負罪或負疚感（guilt）。就連勝利者也受惠於失敗者，因為沒有人失敗就沒有人勝利。記憶的義務因此要求保存「對這些他者負有責任的感情」。最後，「那些我們有所虧欠的他者中，最高的道德義務是面對犧牲品（victim）的」。但可惜，我們如今的記憶文化傾向於把自己打扮成犧牲品，因為這一地位經常與道德的純潔（甚至豁免權）聯繫在一起。但這裡所說的犧牲品是「其他的犧牲品，也就是我們自身以外的犧牲品」。[36]中華人民共和國政府當然有權利為「紅色烈士」們樹碑立傳，後者的英勇和獻身也值得歷史銘記。但紀念他們不意味著遺忘其他。如果歷史的勝利者想要成為道德的勝利者的話，那麼他們必須更好地——如果可能的話，誠實地——紀念在他們勝利的車輪前倒下的敵人們。

畢竟，組成戰後中華民族的並不只有勝利的「無產階級戰士」，而是也有民族主義者、與日合作者、與敵共存者，更遑論一九四九年以後一波波政治運動中不斷倒下的形形色色的「階級敵人」或「當權派」。每個家庭都有自己私密的記憶，與建制化的敘事相左。即便最近三任中國國家領導人也是如此：江澤民曾經在一九四三至一九四五年期間就讀於（「偽」）南京中央大學，一個後來必須從他的官方履歷中抹掉的汙點。[37]胡錦濤的父親是富商，在文革中飽受迫害，一九七八年含冤棄世。習近平的父親雖貴為開國元勳之一，但也在一九六三年被打為「反黨集團」首腦，而習近平本人也一度被關押審查，並被下放到陝北農村接受再教育。這些「第一家庭」反映出中國社會無數家庭的複雜歷史。中國革命「從勝利走向勝利」的光榮敘事強行建構了一種集體的歷史，但卻脫離了這個所謂集體裡每位個體的生活體驗。今天的中國早已實現、甚至超過了民國時人的「富強」夢想，在經濟、政治和軍事上都已經成為世界的一流強國，被尊敬也被恐懼。歷史的「失敗者」們、包括汪精衛，真若地下有知，也許會為他們的奮鬥沒有白費而感到欣慰吧。但中國並非是位風度翩翩的勝利者。「記憶正義」（just memory）的概念在當下中國是缺席的。

中國大陸延續至今的記憶審查制度使得對汪精衛的徹底、公正的研究無法展開，這讓他的詩歌成為「招魂之場」（haunted space），其中召喚而來的作者並非本人的真實面目，而是作為承擔了中國民族創傷記憶的幽靈。葉嘉瑩先生本人也許就是一例。如她在二〇〇七年的系列講座[38]

---

36 Ricoeur, *Memory, History, Forgetting*, 89.

37 戰後江氏轉學至上海交通大學並獲得學位。他的案例詳見：Henshaw, "Serving the Occupation State," 203-234。但根據韓曉明的研究，所謂江澤民生父與日本合作的民間謠言並無可靠證據。關於日占時期的南京中央大學教育並非親日教育的回憶，見：楊鵬，《見證一生》。

38 葉嘉瑩，〈汪精衛《雙照樓詩詞藁》讀後〉，以下所引回憶主要根據上篇頁一四、頁一七－一九，並根據網絡流傳的汪夢川整理〈汪精衛詩詞中的「精衛情結」〉講稿補充，見：https://zhuanlan.zhihu.com/p/490245084（二〇二三年十一月八日最後登入）。

中提到的，當一九三七年北平陷落後，她在中國航空公司工作的父親拋妻棄雛隨著國民政府節節撤往後方，八年不通音訊。今天看來，北平的不抵抗挽救了這座古都免於毀滅，而且讓不少百姓、甚至可能包括她自己倖免於難。當汪政權在南京成立時，她全家圍在收音機旁，聽汪精衛講演，長輩們感歎說，如果完全在日本控制之下，就沒有人替自己的國家人民講幾句話，所以現在有一個人過去，總算是個代表中國的人，可以緩和一下局勢。作為汪政府的親歷者，葉氏引其他見證者的證言，說明汪政府大大減輕了日本直接統治的殘酷性。葉氏還記得，戰後她正在北京的中學教書，曾帶著學生在馬路上歡迎戰後凱旋歸來的國府。但是回歸的國府對前淪陷區人民的政策卻令人失望：他們似乎被視為戰敗者的一部分，時刻被懷疑「偽化」、「奴化」。戰時的淪陷區教育被宣稱為「奴化教育」，學位被作廢，所有所謂「偽學生」必須接受再教育。[39]儘管淪陷區的經濟狀況比後方為優，但中儲券對法幣的兌換率被設置為二〇〇：一，這一懲罰性的匯率讓數千百萬人喪失了生計，導致經濟崩潰。[40]相形之下，國民政府對日本的政策卻是寬大的，甚至沒有索要賠償，這讓前淪陷區百姓更加深懷不滿。據葉嘉瑩回憶，「接收」被譏為「劫收」，報紙甚至滿懷譏諷地說「人心思漢」——「漢」此處代指的不是故國，而是所謂「漢奸」們。淪陷區民眾被國府拋棄、被日本占領的多年苦難都被抹殺，不免倍感祖國的敵意。葉氏承認自己是本來不大關心政治的人，在兩岸三地都一樣講演教學。但是二〇〇七年的夏季，她偶然在英屬哥倫比亞大學（UBC）圖書館裡讀到汪精衛的詩詞稿，深為作者才情和文字的情意所感動，因此開始關注其生平。她盛讚汪精衛的詩詞具有「興發感動」的生命，這也是中國古典詩詞最優秀的特質。她相信，汪精衛與日本合作是為「烈士情結」所驅使，因而不惜犧牲自身聲名性命，以救淪陷區人民於水火。在我看來，葉氏透過閱讀、評論汪精衛詩詞，為自己的淪陷區回憶找到了表述的聲音。在霸權性的、建制化的「統一戰線」敘述壓制下，她經歷的這些恐懼、哀痛和憤怒都被迫失語。透過重新發掘汪精衛的「烈士情結」，她終於為自己在亂世生存的創傷記憶找到了脈絡和語言。

只有當所有傷口都結痂、創傷得到療治、經過一系列漫長而困難的記憶試驗之後，與過去的和解才有可能。這種和解不是為了逝者，而是為了生者：關於我們是誰，作為民族與個人，這體現為我們如何對待過去。假裝過去從來不曾傷痕累累、惟有光榮，這不僅不義、也是不智的，因為謊言不會長久、更不會永遠勝利。

當然，哪怕在比今天的中華人民共和國更加開放的社會裡，與傷痛記憶的和解從來不是容易之事，而是注定爭議不絕。二〇一八年十一月七日，第一次世界大戰的百年紀念日（十一月十一

39 關於奴化教育（slave education），見：曹必宏、夏軍、沈嵐，《日本侵華教育全史》；張玉成，《汪偽時期日偽奴化教育研究》；Lee, "Education in Wartime Beijing, 1937-1945"; Henshaw, "Serving the Occupation State," 214-262。

40 Xia, *Down with Traitors*, 94.

日）之前，法國總統馬克宏（Emmanuel Macron）的一篇講演掀起輿論風波，因為他在其中稱讚貝當元帥是一位「偉大的戰士」，在一九一六年帶領法國軍隊取得凡爾登（Verdun）大捷，儘管他也在「第二次世界大戰之中做出了致命的選擇」。法國最大的猶太組織「猶太人代表理事會」（C.R.I.F.）立刻發表了一篇聲明，譴責馬克宏是非不分，因為貝當的「致命選擇」包括批准了七萬六千法國猶太人被送往納粹集中營。[41]的確，對貝當的正面記憶常常被右翼政治組織利用，以掩蓋自己的真實政治意圖。但一九九三年的一次民意調查的確發現，五八%的法國人相信貝當在二戰中的行為多少是為局勢所迫。[42]但對這個問題最公平的一句話，還是出自里克爾的學生馬克宏總統之口，他在這次紀念演講中說：「我什麼都不寬恕，但我們的歷史也不容刪削。」[43]

不刪削歷史不代表「記憶一切」。如胡梭（Henry Rousso）在他的名著《維琪癥候群》（*Le Syndrome de Vichy*, 1987）中指出的，法國人對二戰經驗的回憶經歷了三個階段。第一個階段是「無處安放的哀悼」。解放的片刻狂歡之後，整個民族就陷入了困惑。誰是真正的英雄？哪些死者可以允許哀悼？畢竟，如果只有「自由法國」的流亡鬥士是英雄的話，那麼是否幾乎所有法國人都要承擔罪責？第二個階段是「發明的榮耀」。一九五〇年代初期，圍繞戴高樂主義的「統一抵抗」神話，使得法國民族獲得了統一。維琪政府被視為邊緣化的一小撮叛徒（而非正當的法國政府），其記憶受到壓制。一九七〇年代開始的第三個階段可以稱為「破碎的鏡子」。父輩的罪行被曝露，人們近乎執著地開始發掘被埋葬的過去，再也無法對他們參與犯下的殘酷罪行視而不見。[44]「癥候群」是某種病理學隱喻。如胡梭和科農（Éric Conan）提出的，對「記憶的義務」的過度執迷事實上導致了人們無視「遺忘的權利」，他們拒絕承認，「除了道德因素以外，遺忘也是任何記憶建構所必需的有機部分」。[45]

並非所有的過去都可以或應該被拯救。絕大多數的人與事都會被遺忘，若非如此，活著的人將不堪記憶的重負。記憶（保存歷史真相）和遺忘（給現在和未來留下空間）的義務共存於一種辯證的關係之中。如德國學者溫里希（Harold Weinrich）指出的，古希臘文的「真理」是 **aletheia**。*A-* 是表示否定的前綴，修飾此詞的詞素 *-leth-*，意味著被掩藏的、被隱蔽的、潛在的（latent）。因此真理在字面上也意味著重新揭示、昭顯、實相化。但 *-leth-* 這個詞素也見諸 **Lethe**，這是希臘神話裡的冥界之河，即忘川，遺忘之河。因此 **aletheia** 一詞也暗示著「真理」與「非－遺忘」的內在關係。[46]但用尼采的話來說，人類的裸眼是不能過度曝露於日神阿波羅式

41 "Macron Praises World War I General Who Later Collaborated with Nazis," *New York Times*, Nov. 7, 2018.

42 Gordon, *War Tourism*, 179-212.

43 "Macron Praises World War I General Who Later Collaborated with Nazis."

44 Rousso, *The Vichy Syndrome*。亦見：Conan and Rousso, *Vichy*, 5-11。

45 Conan and Rousso, *Vichy*, 4.

46 Weinrich, *Lethe*, 15.

真理的光明之中的。遺忘因此獲得了酒神狄奧尼索斯的解放力量。在冥河 Lethe 的柔軟水波中，「現實記憶的堅硬稜角被慢慢溶化、消解」；飲下忘川之水的死者將被從之前的存在中解放，從而獲得新的身體和生命。[47]遺忘因此具有治癒哀傷和痛苦的力量。在這一意義上，對歷史絕對真相痛苦（而且也許是徒勞）的探求應當與「幸福的遺忘」達成平衡。

因此在本書漫長的旅程抵達終點之際，我所希望的不外乎一種更加幸福（或曰更少悲情）、更加坦蕩的記憶，在記憶的正義、歷史真相和有益的遺忘之間獲得微妙的平衡。它不刪削任何歷史，但也不積極回憶一切事實。它是一種自信的記憶，有寬恕並且（正義地）遺忘的能力。如里克爾在他生平最後一部巨著結尾提出的：設若沒有對記憶的嚴格審視，理智實用的政治是否可能？「如果歷史不再被禁錮於永恆的讎恨與健忘的記憶之間的僵局，亦即復讎終止的一刻，政治的散文才能真正開始。社會不能一直生自己的氣。因此，只有詩歌能夠保存非遺忘的力量，後者被艾斯奇勒斯（Aeschylus）所謂『無休止的權力欲』（*Eumenides*, v. 976）這種苦痛所隱蔽。」[48]里克爾用「詩歌」一詞借指所有創造性的、充滿愛與希望之物。如哲學學者沃爾（John Wall）提出的，作為他的「意志詩學」（poetics of the will）的一部分，里克爾認為道德生活的基礎在於人類在墮落的世界裡創造意義的不可言喻的能力。[49]透過寬恕達成的遺忘與懲罰性失憶具有根本不同：前者富於愛與希望，代表著生生不息的創造性詩歌力量。

透過此書的發表，我也希望與現代中國史書寫中封印的死魂靈展開真正的對話。在某種意義上，本書回應了汪精衛希望僅僅透過自己的詩詞被後世記憶的遺願——它既部分實現、也部分拒絕了這一願望。詩歌的確以密碼的方式保存了記憶，不論這些記憶是多麼精心構造、眾聲喧嘩、支離破碎。用鄂蘭的話來說，詩歌的「材料是語言」，是最人性、也最不世俗的藝術。它是人類的造物中最為持久的；回憶（remembrance）的女神 *Mnēmosynē* 是希臘神話中所有繆斯之母，它在此處被直接轉化為記憶（memory），而「詩人完成這種轉化的手段是節奏，藉此，一首詩僅憑自己的力量便牢牢成為回想（recollection）的一部分。恰是其與生者回想的親密性，允許一首詩在印刷或手寫的頁面之外，保留不可磨滅的生命力」。詩歌之易於記憶的特質，決定了它的經久生命力，「亦即它永久留存在人類回想中的機會」。[50]詩歌與記憶的親密關係也同樣見諸中文的「詩」字。按照《說文解字．言部》，「詩，志也」。注引《毛詩》序曰：「詩者、志之所之也。在心為志，發言為詩。」也就是說，詩是心之志向。但「志」字據注也是「古文識。識，記也」。心之所志訴諸言詞，無異在生命的時空之流中立下標竿，在草莽中寫下微可辨認的暗識，期待著未來不斷回召的記憶。詩歌本質上與記憶相聯。我們也許能這樣說：「詩」意味著有利於

47 Weinrich, *Lethe*, 18.
48 Ricoeur, *Memory, History, Forgetting*, 501.
49 Wall, "The Creative Imperative," 48.
50 Arendt, *The Human Condition*, 169-170.

導向記憶的言語。這對古典詩詞尤其成立，其節奏、韻律、平仄、對偶、意象、用典等等修辭技巧都是有利於記憶的手段。詩歌具有著反抗建制化的遺忘與失語的力量。如果讀者真正傾聽一首詩，他們會聽到創造的眾聲喧嘩、也會聽到深刻的無言緘默。如果他們真正凝視一首詩，他們會看到一片隱蔽的國土，它如過去的黑暗籠罩下的一座迷宮花園，密布意義不斷匯聚、分叉的小徑。閱讀詩歌的行為，因此成為重新記憶、重新想像、重新塑造人類過往的心靈實踐。

參考書目

（以作者姓氏原文及作品發音為序）

Adorno, Theodor W. *History and Freedom: Lectures 1964-1965*. Edited by Rolf Tiedemann. Translated by Rodney Livingstone. Cambridge: Polity, 2008.

Adorno, Theodor W. *Kulturkritik und Gesellschaft I, Gesammelte Schriften*. Vol. 1. 10 vols. Frankfurt a. M.: Suhrkamp Verlag, 2003.

Adorno, Theodor W. *Negative Dialectics*. Translated by E. B. Ashton. London: Routledge, 1973.

Amaury, Francine. *Histoire du plus grand quotidien de la IIIe République. Le Petit Parisien (1876-1944)*. 2 vols. Paris: Presses universitaires de France, 1972.

Anderson, Benedict. *Imagined Communities: Reflections on the Origin and Spread of Nationalism*. New York: Verso, 1983.

Arendt, Hannah. *Eichmann in Jerusalem: A Report on the Banality of Evil*. New York: Penguin, 2006.

Arendt, Hannah. *Men in Dark Times*. San Diego CA: Harcourt, Brace & Company, 1995.

Arendt, Hannah. *The Human Condition*. 2nd ed. Chicago: University of Chicago Press, 1998.

Arendt, Hannah. *The Origins of Totalitarianism*. New York: Penguin, 2017.

Assmann, Aleida. *Erinnerungsräume: Formen und Wandel des kulturellen Gedächtnisses*. München: C.H. Beck Verlag, 1999.

Assmann, Aleida. *Introduction to Cultural Studies: Topics, Concepts, Issues*. Berlin: Erich Schmidt, 2012.

Assmann, Jan. *Cultural Memory and Early Civilization: Writing, Remembrance, and Political Imagination*. Cambridge: Cambridge University Press, 2011.

白居易，《白居易集》，北京：中華書局，一九七九。

Bailey, Paul. "The Chinese Work-Study Movement in France," *The China Quarterly* no. 115 (1988): 441-461.

Barrett, David, and Larry N. Shyu, eds. *Chinese Collaboration with Japan, 1932-1945*. Stanford CA: Stanford University Press, 2001.

Barth, Rolf F., and Jie Chen. "What Did Sun Yat-Sen Really Die of?: A Re-Assessment of His Illness and the Cause of His Death." *Chinese Journal of Cancer* 35, no. 1 (2016): 81.

Barthes, Roland. "The Death of the Author." In *Image, Music, Text*, translated by Stephen Heath, 142-148. London: Fontana Press, 1987.

Baskett, Michael. *The Attractive Empire: Transnational Film Culture in Imperial Japan*. Honolulu: University of

Hawaii Press, 2008.

Bix, Herbert P. *Hirohito and the Making of Modern Japan*. New York: Harper Perennial, 2016.

Bjorklund, David. *False-Memory Creation in Children and Adults: Theory, Research, and Implications*. Hoboken: Taylor & Francis, 2000.

防衛研修所戦史室，《支那事変陸軍作戦》（三冊），東京：朝雲新聞社，一九七五。

Boorman, Howard. "Wang Ching-Wei: A Political Profile." In *Revolutionary Leaders of Modern China*, edited by Chün-tu Hsüeh, 295-319. New York: Oxford University Press, 1971.

Boyle, John Hunter. *China and Japan at War 1937-1945: The Politics of Collaboration*. Stanford CA: Stanford University Press, 1972.

Brook, Timothy. *Collaboration: Japanese Agents and Local Elites in Wartime China*. Cambridge MA: Harvard University Press, 2005.

Brook, Timothy. "Collaborationist Nationalism in Occupied Wartime China." In *Nation Work: Asian Elites and National Identities*, edited by Timothy Brook and Andre Schmid, 159-190. Ann Arbor: University of Michigan Press, 2000.

Brook, Timothy, ed. *Documents on the Rape of Nanking*. Ann Arbor: University of Michigan Press, 1999.

Brook, Timothy. "Hesitating before the Judgment of History." *The Journal of Asian Studies* 71, no. 1 (2012): 103-114.

Bunker, Gerald E. *The Peace Conspiracy: Wang Ching-Wei and the China War, 1937-1941*. Cambridge MA: Harvard University Press, 1972.

蔡德金，《汪精衛評傳》，成都：四川人民出版社，一九八七。

蔡德金、王升，《汪精衛生平記事》，北京：中國文史出版社，一九九三。

蔡登山，《人往風微：趙叔雍回憶錄》，臺北：獨立出版社，二〇一六。

蔡元培，《蔡元培全集》（十六冊），杭州：浙江教育出版社，一九九七。

曹必宏、夏軍、沈嵐，《日本侵華教育全史》（四冊），北京：人民教育出版社，二〇〇五。

漕農，〈民族魂：荊軻〉，載：《國訊》，一九三五年第八十五期，頁四六二。

Celan, Paul. "Edgar Jené and the Dream about the Dream." In *Collected Prose*, translated by Rosmarie Waldrop, 3-10. Manchester: Carcanet Press, 1986.

陳煒舜，《古典詩的現代面孔》，臺北：新文豐出版公司，二〇二一。

Chang, Iris. *The Rape of Nanking: The Forgotten Holocaust of World War II*. New York: Basic Books, 1997.

陳布雷，《陳布雷回憶錄》，臺北：傳記文學出版社，一九八一。

陳昌祖 [Chan Cheong-Choo]. *Memoirs of a Citizen of Early XX Century China*. Self-published, 1967, 1978.

陳大為，《汪精衛大傳》，北京：華文出版社，二〇一〇。

陳公博，〈八年來的回憶〉，載：《審訊汪偽漢奸筆錄》，南京市檔案館編，冊一，頁二一－三八，南京：鳳凰出版社，二〇〇四。

陳公博，《陳公博詩集》，陳幹編，香港：自主發行，二〇一三。
陳公博，《苦笑錄》，北京：東方出版社，二〇〇四。
陳恭澍，《河內汪案始末》，《英雄無名》第二冊，臺北：傳記文學出版社，一九八三。
陳恭澍，《抗戰後期反間活動》，《英雄無名》第四冊，臺北：傳記文學出版社，一九八六。
Chen, Jian-Yue. "American Studies of Wang Jingwei: Defining Nationalism." *World History Review* 2, no. 1 (2004): 2-34.
陳進金，〈另一個中央：一九三〇年的擴大會議〉，載：《近代史研究》，二〇〇一年第二期，頁一〇一－一二九。
陳炯明，《陳炯明集》，段雲章、倪俊明編，廣州：中山大學出版社，一九九八。
Chen Jue. "Making China's Greatest Poet: The Construction of Du Fu in the Poetic Culture of the Song Dynasty (960-1279)." PhD dissertation, Princeton University, 2016.
陳克文，《陳克文日記》（二冊），臺北：中央研究院，二〇一二。
陳平原，〈現代中國的演說及演說學〉，載：《中國文化》，二〇二〇年第五十二期，頁一－一八。
陳與義，《陳與義集》，北京：中華書局，一九八二。
Chiu, Lawrence M. W. "The 'South China Daily News' and Wang Jingwei's Peace Movement, 1939-41." *Journal of the Royal Asiatic Society Hong Kong Branch* 50 (2010): 343-370.
邱怡瑄，《史識與詩心：近現代戰爭視域下的「詩史」傳統》，臺北：新文豐出版公司，二〇二二。

Chou, Eva Shan. *Reconsidering Tu Fu: Literary Greatness and Cultural Context*. Cambridge MA: Cambridge University Press, 1995.

褚民誼 [Tsu Zong-Yung, Min-Yee]. "Le rythme vaginal chez la lapine et ses relations avec le cycle oestrien de l'ovaire." PhD Dissertation, University of Strasbourg, 1924.

Coble, Parks M. *Chinese Capitalists in Japan's New Order: The Occupied Lower Yangzi, 1937-1945*. Berkeley: University of California Press, 2003.

Conan, Éric, and Henry Rousso. *Vichy: An Ever-Present Past*. Hanover NH: University Press of New England, 1998.

Culler, Jonathan D. *Theory of the Lyric*. Cambridge MA: Harvard University Press, 2015.

De Florian, Jean-Pierre Claris. *Fables de Florian*. Paris: Delarue, 1855.

Denton, Kirk. "Visual Memory and the Construction of a Revolutionary Past: Paintings from the Museum of the Chinese Revolution." *Modern Chinese Literature and Culture* 12, no. 2 (2000): 203-235.

丁鴻勛，〈重義任俠的典型人物——荊軻〉，載：《俠魂》，一九三六年第三卷第三期，頁一五七－一六〇。

丁曉先，《本國近代史課本》（七年級），北京：人民教育出版社，一九五一。

Dirlik, Arif. *Anarchism in the Chinese Revolution*. Berkeley: University of California Press, 1991.

Dirlik, Arif. "Mass Movements and the Left Kuomintang." *Modern China* 1, no. 1 (1975): 46-74.

杜甫，《杜詩詳注》，仇兆鰲注（五冊），北京：中華書局，一九七九。

段智峰，〈蔣汪合作研究（1931-1938）〉，浙江大學博士論文，二〇一二。

Duara, Prasenjit. *Sovereignty and Authenticity: Manchukuo and the East Asian Modern*. Lanham MD: Rowman & Littlefield Publishers, 2003.

Eastman, Lloyd E. *Seeds of Destruction: Nationalist China in War and Revolution, 1937-1949*. Stanford CA: Stanford University Press, 1984.

Edgerton-Tarpley, Kathryn. "From 'Nourish the People' to 'Sacrifice for the Nation': Changing Responses to Disaster in Late Imperial and Modern China." *The Journal of Asian Studies* 73, no. 2 (2014): 447-469.

Elman, Benjamin A. *Civil Examinations and Meritocracy in Late Imperial China*. Cambridge MA: Harvard University Press, 2013.

Erll, Astrid. *Memory in Culture*. Translated by Sara B. Young. Basingstoke: Palgrave Macmillan, 2011.

Erll, Astrid, and Ansgar Nünning, eds. *Cultural Memory Studies: An International and Interdisciplinary Handbook*. Berlin: De Gruyter, 2008.

Esherick, Joseph W. "How the Qing Became China." In *Empire to Nation: Historical Perspectives on the Making of the Modern World*, edited by Joseph W. Esherick, Hasan Kayalı, and Eric Van Young, 229-259. Lanham MD: Rowman & Littlefield, 2006.

Esherick, Joseph W. *Reform and Revolution in China: The 1911 Revolution in Hunan and Hubei*. Berkeley:

University of California Press, 1976.

Eykholt, Mark. "Aggression, Victimization, and Chinese Historiography of the Nanjing Massacre." In *The Nanjing Massacre in History and Historiography*, edited by Joshua A. Fogel, 11-59. Berkeley: University of California Press, 2000.

房玄齡等，《晉書》，北京：中華書局，一九七四。

馮自由，《中華民國開國前革命史》（二冊），上海：上海書店，一九二八。

Fogel, Joshua A., ed. *The Nanjing Massacre in History and Historiography*. Berkeley: University of California Press, 2000.

Ford, Franklin L. *Political Murder: From Tyrannicide to Terrorism*. Cambridge MA: Harvard University Press, 1985.

Frader, Laura Levine. *Peasants and Protest: Agricultural Workers, Politics, and Unions in the Aude, 1850-1914*. Berkeley: University of California Press, 1991.

Fu, Poshek. *Passivity, Resistance, and Collaboration: Intellectual Choices in Occupied Shanghai, 1937-1945*. Stanford CA: Stanford University Press, 1993.

Fuller, Michael. *Drifting among Rivers and Lakes: Southern Song Dynasty Poetry and the Problem of Literary History*. Cambridge MA: Harvard University Asia Center, 2013.

Fussell, Paul. *The Great War and Modern Memory*. Oxford: Oxford University Press, 1975.

Fussell, Paul. *Wartime: Understanding and Behavior in the Second World War*. Oxford: Oxford University Press, 1989.

高旭，《高旭集》，郭長海、金菊貞編，北京：社會科學文獻出版社，二〇〇三。

高宗武，〈深入虎穴：高宗武回憶錄〉，陶恒生譯，連載於：《傳記文學》，二〇〇六年第四卷第八十九期至二〇〇七年第六卷第九十期。

Gordon, Bertram M. *War Tourism: Second World War France from Defeat and Occupation to the Creation of Heritage*. Ithaca NY: Cornell University Press, 2018.

Gradner, Graham. "Unreliable Memories and Other Contingencies: Problems with Biographical Knowledge." *Qualitative Research* 1, no. 2 (2001): 185-204.

顧維鈞，《顧維鈞回憶錄》，中國社會科學院譯，北京：中華書局，一九八五。

顧毓琇，〈荊軻〉，載：《大江季刊》，一九二五年第一卷第一期，頁一〇一－一二三。

顧毓琇，《荊軻》，重慶：商務印書館，一九四〇；上海：商務印書館，一九四六。

顧毓琇、梁實秋、應尚能，《荊軻插曲》，重慶：詠葵樂譜刊印社，一九四〇。

華法教育協會（ＳＥＦＣ）編，《旅歐教育運動》，圖爾（Tours）：旅歐雜誌社，一九一六。

Gunn, Edward M. *Unwelcome Muse: Chinese Literature in Shanghai and Peking, 1937-1945*. New York: Columbia University Press, 1980.

國立編譯館編，《國民中學·歷史》，臺北：國立編譯館，一九八七。

國民政府（RNG）宣傳部編，《和平反共建國文獻》，南京：中央書報發行所，一九四二。

郭廷以，《中華民國史事日誌》（四冊），臺北：中央研究院，一九七九。

Habermas, Jürgen. "Wahrheitstheorien." In *Wirklichkeit und Reflexion*, edited by Helmut Fahrenbach, 211-265. Pfullingen: Neske, 1973.

Halbwachs, Maurice. *On Collective Memory*. Translated by Lewis A. Coser. Chicago: The University of Chicago Press, 1992.

Hamburger, Käte. *The Logic of Literature*. Translated by Marilynn J. Rose. Bloomington: Indiana University Press, 1973.

Harmsen, Peter. *Shanghai 1937: Stalingrad on the Yangtze*. Havertown PA: Casemate, 2013.

Haupt, Heinz-Gerhard. *Den Staat herausfordern: Attentate in Europa im späten 19. Jahrhundert*. Frankfurt a. M.: Campus Verlag, 2019.

何重嘉編，《汪精衛與現代中國》（六冊），臺北：時報文化，二〇一九。

何孟恆〔Ho Manghang，何文傑〕，《何孟恆雲煙散憶》，《汪精衛與現代中國》第六冊，臺北：時報文化，二〇一九。

何孟恆，《汪精衛生平與理念》，《汪精衛與現代中國》第一冊，臺北：時報文化，二〇一九。

何蜀，〈文藝作品中與歷史上的中美合作所〉，載：《書屋》，二〇〇二年第七期，頁七二－七六。

Heller, Kevin Jon. *The Nuremberg Military Tribunals and the Origins of International Criminal Law*. Oxford:

Oxford University Press, 2011.

Henriot, Christian, and Wen-Hsin Yeh, eds. *In the Shadow of the Rising Sun: Shanghai under Japanese Occupation*. Cambridge: Cambridge University Press, 2004.

Henshaw, Jonathan. "Serving the Occupation State: Chinese Elites, Collaboration and the Problem of History in Post-War China." PhD Dissertation, University of British Columbia, 2019.

Henshaw, Jonathan, Craig A. Smith, and Norman Smith, eds. *Translating the Occupation: The Japanese Invasion of China,1931-45*. Vancouver: UBC Press, 2021.

Hoffman, Rachel G. "The Age of Assassination: Monarch and Nation in Nineteenth-Century Europe." In *Rewriting German History*, edited by Jan Rüger and Nikolaus Wachsmann, 121-141. London: Palgrave MacMillan, 2015.

法政大学大学史資料委員会編，《法政大学史資料集》，冊一一速成科特集，東京：法政大学出版社，一九八八。

洪亮吉，《春秋左傳詁》，北京：中華書局，一九八七。

許育銘，《汪兆銘與國民政府》，臺北：三民書局，一九九九。

胡鄂公，《辛亥革命北方實錄》，上海：中華書局，一九四八。

胡漢民，《不匱室詩鈔》，臺北：文海出版社，一九八一。

胡漢民，《胡漢民先生文集》（四冊），臺北：國民黨黨史委員會，一九七八。

胡漢民，《胡漢民自述》，北京：人民出版社，二〇一四。

胡適，《白話文學史》，上海：上海古籍出版社，一九九九。

胡適，《胡適日記全編》（八冊），曹伯言編，合肥：安徽教育出版社，二〇〇一。

胡適，〈文學改良芻議〉，載：《新青年》，一九一七年第一期。

黃波，《真實與幻影：近世文人縱橫談》，臺北：秀威資訊，二〇〇八。

黃克武，《近代中國的思潮與人物》，北京：九州出版社，二〇一三。

黃克武，《顧孟餘的清高：中國近代史的另一種可能》，香港：香港中文大學出版社，二〇二〇。

黃美真、張雲編，《汪精衛國民政府成立》，上海：上海人民出版社，一九八四。

黃岳年，《風雅舊曾諳：黃岳年隨筆》，臺北：秀威資訊，二〇一一。

Huang, Nicole. *Women, War, Domesticity: Shanghai Literature and Popular Culture of the 1940s*. Leiden: Brill, 2005.

黃濤，〈原殺：清末革命派暗殺研究〉，華東師範大學碩士論文，二〇一三。

黃宗羲，《黃宗羲全集》（十二冊），杭州：浙江古籍出版社，一九八五。

黃遵憲，《人境廬詩草箋注》，錢仲聯編，上海：上海古籍出版社，一九八一。

Hung, Chang-Tai. "Revolutionary History in Stone: The Making of a Chinese National Monument." *The China Quarterly* 166 (2001): 457-473.

Hung, Chang-Tai. "The Cult of the Red Martyr: Politics of Commemoration in China." *Journal of Contemporary*

History 43 (2008): 270-304.

Hung, Chang-Tai. “The Red Line: Creating a Museum of the Chinese Revolution.” *The China Quarterly* 184 (2005): 914-933.

Hwang, Dongyoun. “Wang Jingwei, the Nanjing Government, and the Problem of Collaboration.” PhD Dissertation, Duke University, 1999.

Hwang, Yen Ching. *Overseas Chinese and the 1911 Revolution*. Kuala Lumpur: Oxford University Press, 1976.

今井武夫，《支那事変の回想》，東京：みすず書房，一九六四。

犬養健，《揚子江は今も流れている》，東京：中央公論社，一九八四。

井東憲，《汪兆銘を語る》，東京：東亜振興会，一九三九。

Jansen, Marius B. *The Making of Modern Japan*. Cambridge MA: Belknap Press, 2000.

蔣廷黻，《蔣廷黻回憶錄》，謝鍾璉譯，北京：東方出版社，二〇一一。

江邊、漸醒，〈《汪精衛日記》露面記及真偽辨〉，載：《上海文化年鑑》，一九八八年第一期，頁一七六－一七七。

金煥然，〈汪精衛之死〉，載：《春秋》，一九六八年第一卷第八期，頁四－六。

金世民編，《普通高級中學：歷史》，臺北：三民書局，二〇〇七。

經盛鴻，《南京淪陷八年史》，北京：社會科學文獻出版社，二〇〇五。

敬文東，《事情總會起變化：以中國共產黨黨史小說《紅岩》為中心》，臺北：秀威資訊，二〇〇九。

Judt, Tony. *Postwar: A History of Europe since 1945*. London: Penguin, 2005.

影佐禎昭，〈曾走路我記〉（一九四三），載：《人間影佐禎昭》，松本重治編，東京：自主發行，一九八〇。

亀田壽夫，《「汪兆銘政権」の検証：その背後の思想哲学》，東京：山椒出版社，二〇一五。

上坂冬子，《我は苦難の道を行く：汪兆銘の真実》（二冊），東京：文春文庫，一九九九。

Kaplan, Alice. *The Collaborator: The Trial and Execution of Robert Brasillach.* Chicago: University of Chicago Press, 2000.

Kearney, Richard. "Narrating Pain: The Power of Catharsis." *Paragraph*, Trauma, Therapy and Representation, 30, no. 1 (2007): 51-66.

Kern, Martin. "The Odes in Excavated Manuscripts." In *Text and Ritual in Early China*, edited by Martin Kern, 149-193. Seattle: University of Washington Press, 2005.

木山英雄，《北京苦住庵記：日中戦争時代の周作人》，東京：筑摩書房，一九七八。

國民黨黨史委員會編，《傀儡組織》，臺北：國民黨黨史委員會，一九八一。

高嘉謙，〈赤道上的風土：論新馬華人的粵謳與竹枝詞〉，載：《華語語系與南洋書寫》，張曉威、張錦忠編，頁一－一八，臺北：漢學研究中心，二〇一八。

高嘉謙，〈風雅‧詩教‧政治抒情：論汪政權、龍榆生與《同聲月刊》〉，載：《中山人文學報》，二〇一五年第三十八期，頁六一－八八。

小林英夫，《日中戦争と汪兆銘》，東京：吉川弘文館，二〇〇三。

Kowallis, Jon Eugene von. *The Lyrical Lu Xun: A Study of His Classical-Style Verse*. Honolulu: University of Hawaii Press, 1996.

Kowallis, Jon Eugene von. *The Subtle Revolution: Poets of the "Old Schools" during Late Qing and Early Republican China*. Berkeley: University of California Press, 2006.

Krebs, Edward S. *Shifu: Soul of Chinese Anarchism*. London: Rowman & Littlefield, 1998.

Kristeva, Julia. *Powers of Horror: An Essay on Abjection*. Translated by Leon S. Roudiez. New York: Columbia University Press, 1982.

Laqueur, Walter. *A History of Terrorism*. New Brunswick NJ: Transaction Publishers, 2001.

Lary, Diana. "Drowned Earth: The Strategic Breaching of the Yellow River Dyke, 1938." *War in History* 8, no. 2 (2001): 191-207.

Lary, Diana. "The Tomb of the King of Nanyue--The Contemporary Agenda of History: Scholarship and Identity." *Modern China* 22, no. 1 (1996): 3-27.

Lee, Sophia. "Education in Wartime 北京: 1937-1945." PhD Dissertation, University of Michigan, 1996.

Legge, James. *The Chinese Classics*. London: Trübner & Co., 1865.

Levenson, Joseph R. *Liang Ch'i-Ch'ao and the Mind of Modern China*. Cambridge MA: Harvard University Press, 1959.

李白，《李太白全集》，北京：中華書局，一九七七。
李恭忠，《中山陵：一個現代政治符號的誕生》，北京：社會科學文獻出版社，二〇〇九。
李零，〈為什麼說曹劌和曹沫是同一人〉，載：《讀書》，二〇〇四年第九期：頁一二九－一三四。
李隆庚編，《中國歷史》（八年級），北京：人民教育出版社，一九八二。
李志毓，《驚弦：汪精衛的政治生涯》，香港：牛津大學出版社，二〇一四。
梁淳白，〈陳璧君在人世間最後的兩晝夜〉，載：《傳記文學》，一九八九年第六卷第五十五期，頁六二－六四。
林家有，《朱執信》，北京：團結出版社，二〇一一。
林闊，《汪精衛全傳》，北京：中國文史出版社，二〇〇一。
林能士編，《普通高級中學：歷史》，臺南：南一書局，二〇一三。
Lindley, Augustus Frederick. *Ti Ping Tien Kwoh: or the History of the Ti-ping Revolution* (1866), released by Project Gutenberg on May 19, 2012 (EBook #39735).
劉煥峰、張波、劉鳳穩，〈辛亥革命時期的汪精衛和袁世凱的關係〉，載：《張家口師專學報》，二〇〇三年第四卷第十九期，頁四〇－四五。
Liu Jie. "Wang Jingwei and the 'Nanjing Nationalist Government.'" Translated by Konrad Lawson. In *Toward a History beyond Borders*, edited by Daqing Yang, 205-239. Cambridge MA: Harvard University Asia Center, 2012.

劉威志，〈梁汪和平運動下的賦詩言志〉，國立清華大學博士論文，二〇一七。

劉熙明，《偽軍：強權競逐下的卒子（1937-1949）》，臺北：稻鄉出版社，二〇〇二。

劉曉寧，《林森傳》，北京：中國文史出版社，二〇〇二。

劉義慶，《世說新語校箋》，徐震堮校箋（二冊），北京：中華書局，一九八四。

劉禹錫，《劉禹錫集》（二冊），北京：中華書局，一九九〇。

柳宗元，《柳宗元集》（四冊），北京：中華書局，一九七九。

Lloyd, Christopher. *Collaboration and Resistance in Occupied France*. London: Palgrave MacMillan, 2003.

羅久蓉，〈抗戰勝利後中共懲審漢奸初探〉，載：《中央研究院近代史研究所集刊》，一九九四年第二十三期，頁二六九－二九一。

羅久蓉，〈中日戰爭時期蔣汪雙簧論述〉，載：《新史學》，二〇〇四年第三卷第十五期，頁一四七－二〇二。

龍榆生，《龍榆生詞學論文集》，上海：上海古籍出版社，一九九七。

龍榆生，《忍寒詩詞歌詞集》，上海：上海古籍出版社，二〇一七。

逯欽立編，《先秦魏晉南北朝詩》，北京：中華書局，一九八三。

陸游，《劍南詩稿校注》，錢仲聯校注（八冊），上海：上海古籍出版社，一九八五。

陸游，《老學庵筆記》，北京：中華書局，一九七九。

陸游，《南唐書》，四庫全書版。

羅皓星，〈一九〇〇年代中國的政治暗殺及其社會效應〉，載：《政大史粹》，二〇一五年第二十八期，頁一五三－一九九。

羅君強，〈對汪偽的回憶〉，載：《我所知道的汪偽政權》，頁一－一〇二。北京：中國文史出版社，二〇一七。

毛澤東，《毛澤東選集》（第一冊），北京：人民出版社，一九五一。

Marquiset, Jean. *Les Allemands à Laon: 2 Septembre 1914-13 Octobre 1918*. Paris: Bloud & Gay, 1919.

Martin, Brian G. "Collaboration within Collaboration: Zhou Fohai's Relations with the Chongqing Government, 1942-1945." *Twentieth-Century China* 34, no. 3 (2009): 55-88.

Martin, Brian G. "The Dilemmas of a Civilian Politician in Time of War: Zhou Fohai and the First Stage of the Sino-Japanese War, July-December 1937." *Twentieth-Century China* 39, no. 2 (2014): 144-165.

益井康一，《漢奸裁判史：1946-1948》，東京：みすず書房，一九七七。

松本重治，《上海時代：ジャーナリストの回想》（三冊），東京：中央公論社，一九七四。

Metzger, Thomas A. "Confucian Thought and the Modern Chinese Quest for Moral Autonomy." 載：《中研院人文及社會科學集刊》，一九八八年第一卷第一期，頁：二九七－三五八。

Mitter, Rana. *Forgotten Ally: China's World War II, 1937-1945*. Boston MA: Houghton Mifflin Harcourt, 2013.

Moss, Leonard. "The Unrecognized Influence of Hegel's Theory of Tragedy." *The Journal of Aesthetics and Art Criticism* 28, no. 1 (1969): 91-97.

Musgrove, Charles D. "Building a Dream: Constructing a National Capital in Nanjing, 1927-1937." In *Remaking the Chinese City: Modernity and National Identity, 1900-1950,* edited by Joseph W. Esherick, 139-57. Honolulu: University of Hawaii Press, 2000.

Musgrove, Charles D. "Cheering the Traitors: The Post-War Trial of Chen Bijun, April 1946." *Twentieth-Century China* 30, no. 2 (2005): 3-27.

南京市檔案館編，《審訊汪偽漢奸筆錄》（二冊），南京：鳳凰出版社，二〇〇四。

Nguyen, Viet Thanh. *Nothing Ever Dies: Vietnam and the Memory of War*. Cambridge MA: Harvard University Press, 2016.

Nora, Pierre. "General Introduction: Between Memory and History." In *Realms of Memory: Rethinking the French Past*, edited by Pierre Nora and Lawrence D. Kritzman, vol. 1 of 3 vols.: 1-20. New York: Columbia University Press, 1996.

Oka, Yoshitake. *Konoe Fumimaro: A Political Biography*. Translated by Shumpei Okamoto and Patricia Murray. Lanham MD: Madison Books, 1992.

太田元次，〈醫生的回憶〉，載：《汪季新先生行實錄全編》，朱之珩編，頁六三二－六三四，香港：槐風書社，二〇一七。

Owen, Stephen. "Place: Meditation on the Past at Chin-Ling." *Harvard Journal of Asiatic Studies* 50, no. 2 (1990): 417-57.

潘益民、潘蕤，《陳方恪年譜》，南昌：江西人民出版社，二〇〇七。

彭定求編，《全唐詩》，北京：中華書局，一九九九。

Piccigallo, Philip R. *The Japanese on Trial: Allied War Crimes Operations in the East, 1945-1951*. Austin: University of Texas Press, 1979.

Plant, Bob. "On Testimony, Sincerity and Truth." *Paragraph* 30, no.1 (2007): 30-50.

齊世榮編，《中國歷史》（八年級），北京：人民教育出版社，二〇一七。

錢仲聯，《當代學者自選文庫．錢仲聯卷》，合肥：安徽教育出版社，一九九九。

錢仲聯，《夢苕庵詩詞》，北京：北京圖書館出版社，二〇〇四。

錢鍾書，《槐聚詩存》，北京：三聯出版社，二〇〇一。

任援道，《青萍詞注析》，臺北：上鎰數位，二〇一三。

任援道〔任友安〕，《鷓鴣憶舊詞》，香港：天文臺報社，一九九〇。

Ricoeur, Paul. *Memory, History, Forgetting*. Translated by Kathleen Blamey and David Pellauer. Chicago: University of Chicago Press, 2004.

Ricoeur, Paul. *The Symbolism of Evil*. Translated by Emerson Buchanan. Boston MA: Beacon Press, 1969.

Rings, Werner. *Life with the Enemy: Collaboration and Resistance in Hitler's Europe, 1939-1945*. Translated by J. Maxwell Brownjohn. London: Weidenfeld and Nicolson, 1979.

Rousso, Henry. *The Vichy Syndrome: History and Memory in France since 1944*. Translated by Arthur

Goldhammer. Cambridge MA: Harvard University Press, 1991.
阮元編，《十三經注疏》（五冊），北京：中華書局，一九八〇。
Rudowski, Victor Anthony. "Action as the Essence of Poetry: A Revaluation of Lessing's Argument." *PMLA* 82, no. 5 (1967): 333-341.
Saaler, Sven, and Christopher W. A. Szpilman, eds. *Pan-Asianism: A Documentary History*. Lanham MD: Rowman & Littlefield, 2011.
Saich, Tony. *The Origins of the First United Front in China: The Role of Sneevliet (Alias Maring)*. Leiden: Brill, 1991.
里見常次郎，《陽明與禪》，汪精衛譯，南京：中日文化協會出版組，一九四二。
Schmidt, Jerry. *The Poet Zheng Zhen (1806-1864) and the Rise of Chinese Modernity*. Leiden: Brill, 2013.
Schmidt, Jerry. *Within the Human Realm: The Poetry of Huang Zunxian (1848-1905)*. Cambridge: Cambridge University Press, 1994.
Schwartz, Benjamin. *In Search of Wealth and Power: Yen Fu and the West*. New York: Harper and Row, 1964.
関智英，《対日協力者の政治構想：日中戦争とその前後》，名古屋：名古屋大學出版社，二〇一九。
Serfass, David. "Democracy through Collaboration? Constitutional Mirage and Party Hegemony in the Wang Jingwei Regime (1939-1942)," unpublished paper.
Serfass, David. "Le gouvernement collaborateur de Wang Jingwei: Aspects de l'État d'occupation durant la guerre

sino-japonaise, 1940-1945." PhD Dissertation, École des Hautes Études en Sciences Sociales, 2017.

尚小明，《宋案重審》，北京：社會科學文獻出版社，二〇一八。

柴田哲雄，《協力・抵抗・沉默：汪精衛南京政府のイデオロギーに対する比較史的アプローチ》，東京：成文堂，二〇〇九。

司馬光，《資治通鑑》，北京：中華書局，一九五九。

司馬遷，《史記》，北京：中華書局，一九五九。

Smith, Norman. *Resisting Manchukuo: Chinese Women Writers and the Japanese Occupation*. Vancouver: University of British Columbia Press, 2007.

Snow, Edgar. *Red Star Over China*. New York: Grove Press, 1961.

So, Wai-Chor. *The Kuomintang Left in the National Revolution, 1924-1931*. Hong Kong: Oxford University Press, 1991.

Sontag, Susan. "Fascinating Fascism." *The New York Review of Books*, February 6, 1975.

蘇軾，《蘇軾詩集》，北京：中華書局，一九八二。

Suleiman, Susan Rubin. *Crises of Memory and the Second World War*. Cambridge MA: Harvard University Press, 2006.

Suleski, Ronald. "Northeast China under Japanese Control: The Role of the Manchurian Youth Corps, 1934-1945." *Modern China* 7, no. 3 (1981): 351-377.

孫希旦，《禮記集解》，北京：中華書局，一九八九。

Svarverud, Rune. "The Usefulness of Uselessness." In *Studies in Chinese Language and Culture*, edited by Christoph Anderl and Halvor Eifring, 159-168. Oslo: Hermes Academic Publishing, 2006.

陶恆生，《高陶事件始末》，武漢：湖北人民出版社，二〇〇三。

陶潛，《陶淵明集》，逯欽立編，北京：中華書局，一九七九。

陶希聖，《潮流與點滴：陶希聖回憶錄》，北京：中國大百科全書出版社，二〇一六。

Taylor, Jay. *The Generalissimo: Chiang Kai-Shek and the Struggle for Modern China*. Cambridge MA: Harvard University Press, 2009.

Taylor, Jeremy. "From Traitor to Martyr: Drawing Lessons from the Death and Burial of Wang Jingwei, 1944." *Journal of Chinese History* 3, no. 1 (2019): 137-158.

Taylor, Jeremy. *Iconographies of Occupation: Visual Cultures in Wang Jingwei's China, 1939-1945*. Honolulu: University of Hawaii Press, 2021.

Taylor, Jeremy. "Republican Personality Cult in Wartime China: Contradistinction and Collaboration." *Comparative Studies in Society and History* 50, no. 3 (2015): 665-693.

Toland, John. *The Rising Sun: The Decline and Fall of the Japanese Empire, 1936-1945*. New York: Random House, 1970.

Townsend, James. "Chinese Nationalism." In *Chinese Nationalism*, edited by Jonathan Unger, 1-30. Armonk NY:

M. E. Sharpe, 1996.

Treat, John Whittier. "Arendt in Asia: Responsibility and Judgment in Nanjing and Hiroshima," *Harvard Journal of Asiatic Studies* 77, no.2 (2017): 407-435.

土屋光芳，《汪精衛と民主化の企て》，東京：人間の科学新社，二〇〇〇。

脫脫，《宋史》，北京：中華書局，一九七七。

Van der Kolk, Bessel A. *The Body Keeps the Score: Brain, Mind, and Body in the Healing of Trauma*. New York: Penguin, 2015.

Varner, Eric R. *Mutilation and Transformation: Damnatio Memoriae and Roman Imperial Portraiture*. Leiden: Brill, 2004.

Wakeman, Frederic E. *Spymaster: Dai Li and the Chinese Secret Service*. Berkeley: University of California Press, 2003.

Wakeman, Frederic E. *The Shanghai Badlands: Wartime Terrorism and Urban Crime, 1937-1941*. Cambridge: Cambridge University Press, 2002.

Wall, John. "The Creative Imperative: Religious Ethics and the Formation of Life in Common." *The Journal of Religious Ethics* 33, no. 1 (2005): 45-64.

王斌，〈日本帝國主義的傀儡汪精衛、溥儀會見記〉，載：《偽皇宮陳列館文集》，一九九〇年第七期，頁一五。

王德威，〈現代中國文論芻議：以「詩」「興」「詩史」為題〉，周思譯，載：《中國文化研究所學報》，二〇一七年第六十五期，頁二八五－三〇九。
王汎森，《中國近代思想與學術的譜系》，上海：三聯書店，二〇一八。
汪精衛，〈巴黎和會與中日問題〉，（上），載：《建設》，一九二〇年第一卷第六期，頁一〇五九－一〇七二；（下），載：《建設》，一九二〇年第二卷第一期，頁八七－一一六。
汪精衛編，《巴黎和議後之世界與中國》，上海：華強印書局，一九二〇。
汪精衛 [Wong Ching-Wai]. *China and the Nations*. Translated by I-Sen Teng and John Nind Smith. London: Martin Hopkinson, 1927.
汪精衛 [Wang Ching-Wei]. *China's Problems and Their Solution*. Translated by Tang Liangli 湯良禮 [T'ang Leang-Li]. Shanghai: China United Press, 1934.
汪精衛，〈浩歌堂詩鈔敘〉，載：陳去病，《陳去病全集》，頁一－二，張夷編，上海：上海古籍出版社，二〇〇九。
汪精衛，〈舉一個例〉，載：《南華日報》，一九三九年四月一日。
汪精衛，〈述思〉，載：《中央公論》，一九四一年第七卷第五十六期，頁二〇八－二一一。
汪精衛，〈論約法〉，載：《大公報》（天津），一九三〇年四月十七日。
汪精衛，〈民權主義前途之展望〉，載：《憲政月刊》，一九四〇年第一卷第一期，頁一二－一四。
汪精衛，〈民族主義與大亞洲主義〉，載：《憲政月刊》，一九四〇年第三卷第一期，頁三－五。

汪精衛，〈南社叢選序〉，載：《南社叢選》，胡樸安編，頁一－二。北京：解放軍文藝出版社，二〇〇〇。

汪精衛，《南社詩話》，載：《南社詩話兩種》，楊玉峰編，北京：人民文學出版社，一九九七。

汪精衛 [Wang Ching-Wei]. *Poems of Wang Ching-Wei*. Translated by Xu Siyuan 許思園 [Seyuan Shu]. London: George Allen and Unwin, 1938.

汪精衛，〈全面戰爭〉，載：《大公報》（香港），一九三八年十一月二十三日。

汪精衛，〈人類之共存〉，載：《建設》，一九二〇年第六卷第一期，頁一〇七四－一〇八九。

汪精衛，《雙照樓詩詞藁》，曾仲鳴編，自主發行，一九三〇。

汪精衛，《雙照樓詩詞藁》，黑根祥作編，北京：朝日新聞社，一九四一。

汪精衛，《雙照樓詩詞藁》，林柏生編，上海：中華日報社，一九四一。

汪精衛，《雙照樓詩詞藁》，陳群編，上海：澤存書庫，一九四二。

汪精衛，《雙照樓詩詞藁》，汪主席遺訓委員會編，南京：自主發行，一九四五。

汪精衛，〈雙照樓遺札（未完）〉，載：《同聲》，一九四五年第三卷第四期，頁四三－四六。

汪精衛，〈述思〉，齊東埜譯，載：《譯叢》，一九四一年第六卷第一期，頁二四－二五。

汪精衛，〈述思〉，正禾譯，載：《政治月刊》，一九四一年第二卷第二期，頁一八七。

汪精衛 [Wang Ching-Wei]. *The Chinese National Revolution: Essays and Documents*. Translated by Tang Liangli [T'ang Leang-Li]. Peiping: China United Press, 1931.

汪精衛 [Wang Ching-Wei]. *The Peace Movement in China*. China Institute of International Affairs, 1939.
汪精衛，《汪精衛集》，上海：光明書局，一九二九。
汪精衛，《汪精衛南社詩話》，《汪精衛與現代中國》第四冊，臺北：時報文化，二〇一九。
汪精衛，《汪精衛全集》，褚民誼編，上海：三民公司，一九二九。
汪精衛，〈汪精衛日記（1940）〉，載：《檔案與雜誌》，一九八八年第一期，頁一－二五。
汪精衛，《汪精衛詩詞新編》，《汪精衛與現代中國》第三冊，臺北：時報文化，二〇一九。
汪精衛，《汪精衛先生尺牘》，昆明：正學社，一九一二。
汪精衛，《汪精衛先生抗戰言論集》，漢口：獨立出版社，一九三八。
汪精衛，《汪精衛先生演講集》，上海：愛知社，一九二六。
汪精衛，《汪精衛先生最近言論集》，香港：南華日報社，一九三一。
汪精衛，《汪精衛先生最近演說》，圖爾（Tours）：中華印字局（Imprimerie chinoise），一九一九。
汪精衛，《汪精衛先生最近演說集》，香港：南華日報社，一九二八。
汪精衛，《汪精衛先生最近之言論》，上海：中華日報社，一九三七。
汪精衛，《汪精衛演講錄》，上海：中國印書館，一九二七。
汪精衛，《汪精衛政治論述》，《汪精衛與現代中國》第二冊，臺北：時報文化，二〇一九。
汪精衛，《汪精衛最近倒蔣言論集》，出版資訊不詳。
汪精衛，《汪主席和平建國言論集》，上海：中華日報社，一九三九。

汪精衛，《汪主席和平建國言論集續集》，南京：中央書報發行所，一九四二。
汪精衛，〈汪主席講民主政治〉，載：《大公報》（天津），一九三七年一月二十四日。
汪精衛，〈為什麼誤解焦土抗戰〉，載：《政治旬刊》，一九三八年第六十七期，頁一－二。
汪精衛，〈犧牲的代價〉，載：《政論》（漢口），一九三八年第一卷第三十期，頁一－二。
汪精衛，〈犧牲之意義〉，載：《旅歐雜誌》，一九一六年第一期。
汪精衛，〈以黨馭軍論〉，載：《大公報》（天津），一九三〇年四月八日。
汪精衛等，〈約法草案〉，載：《大公報》（天津），一九三〇年十一月一日。
汪精衛，〈怎樣以黨治軍〉，載：《大公報》（天津），一九三〇年五月二十八日。
汪精衛，〈正月的回憶〉，載：《蘇鐸》，一九四一年第三卷第一期，頁三九－四〇。
汪精衛，〈知與行〉，載：《大公報》（天津），一九三〇年四月十八日。
汪精衛，〈自述〉，載：《東方雜誌》，一九三四年第一卷第三十一期，頁一－三。
汪精衛，《最近新編汪精衛演說集》，上海：中國印書館，一九二六。
汪精衛、蕭天任，《邱樊倡和集》，石印本，一九一一。
王柯，《民族主義與近代中日關係》，香港：香港中文大學出版社，二〇一五。
王奇生，〈中華革命黨時期黨人歧見與孫中山黨國方略的轉折〉，載：《澳門理工學報》，二〇一七年第四期，頁五－二四。
王維，《王維集校注》，陳鐵民編，北京：中華書局，一九九七。

王先謙，《後漢書集解》，北京：中華書局，一九八四。

王先謙，《荀子集解》，北京：中華書局，一九八八。

王曉華，《漢奸大審判》，南京：南京出版社，二〇〇五。

王曉華、陳寧駿，《汪偽國民政府舊址史話》，南京：南京出版社，二〇〇九。

王陽明，《王陽明全集》（二冊），上海：上海古籍出版社，一九九二。

汪兆鏞，〈山陰汪氏譜〉，載：《汪兆鏞文集》，頁一二九－二一五。廣州：廣州人民出版社，二〇一五。

王宏志編，《歷史》（八年級），北京：人民教育出版社，二〇〇六。

王宏志、李隆庚編，《中國歷史》（八年級），第二版，北京：人民教育出版社，一九九四。

王宏志、李隆庚編，《中國歷史》（八年級），第二版，北京：人民教育出版社，一九九五。

Ward, Jared. "Zhou Fohai: Nationalism of Collaboration." *Quarterly Journal of Chinese Studies* 2, no. 3 (2012): 35-47.

Weinrich, Harold. *Lethe: Kunst und Kritik des Vergessens*. Munich: C. H. Beck, 2005.

聞少華，《汪精衛傳》，北京：團結出版社，二〇〇七。

White, Hayden. *Topics of Discourse: Essays in Cultural Criticism*. Baltimore MD: Johns Hopkins University Press, 1978.

Wilson, Sandra, R. B. Cribb, Beatrice Trefalt, and Dean Aszkielowicz. *Japanese War Criminals: The Politics of*

Justice After the Second World War. New York: Columbia University Press, 2017.

汪榮祖，〈良友漸隨千劫盡〉，載：《歷史》，二〇〇〇年第三十四期，頁三四－三八。

Wood, Frances, and Christopher Arnander. *Betrayed Ally: China in the Great War*. Barnsley, South Yorkshire: Pen & Sword Military, 2016.

吳海發，《二十世紀中國詩詞史稿》，北京：中國文史出版社，二〇〇四。

Wu, Hung. "Tiananmen Square: A Political History of Monuments." *Representations*, no. 35 (1991): 84-117.

Wu, Shengqing. *Modern Archaics: Continuity and Innovation in the Chinese Lyric Tradition, 1900-1937*. Cambridge MA: Harvard University Asia Center, 2013.

吳稚暉〔吳敬恒〕，《對汪精衛〈舉一個例〉的進一解》，桂林：展望書店，一九三九。

吳稚暉，《吳稚暉學術論著》，梁冰弦編，上海：合作出版社，一九二七。

夏斯雲，〈辛亥革命時期革命黨人擁袁反清策略新論〉，載：《上海師範大學學報》（哲學社會科學版），二〇〇八年第五卷第三十七期，頁一一二－一一五。

Xia, Yun. *Down with Traitors: Justice and Nationalism in Wartime China*. Seattle: University of Washington Press, 2017.

Xia, Yun. "'Traitors to the Chinese Race (*Hanjian*)': Political and Cultural Campaigns against Collaborators during the Sino-Japanese War of 1937-1945." PhD Dissertation, University of Oregon, 2010.

鮮于浩，《留法勤工儉學運動史》，北京：人民出版社，二〇一六。

蕭李居，〈國民政府對德日防共協定的因應〉，載：《國史館館刊》，二〇一八年第五十八期，頁六九—一一四。

蕭統編，《昭明文選》，上海：上海古籍出版社，一九八六。

謝任，〈淪陷之都：日偽在南京的政治與象徵〉，南京大學碩士論文，二〇一八。

辛棄疾，《稼軒詞編年箋注》，鄧廣銘編，上海：上海古籍出版社，一九九三。

Xu, Guoqi. *Strangers on the Western Front: Chinese Workers in the Great War*. Cambridge MA: Harvard University Press, 2011.

山中峯太郎，《新中国の大指導者：汪精衛》，東京：潮文閣，一九四二。

閻廣芬，《經商與辦學：近代商人教育活動研究》，石家莊：河北教育出版社，二〇〇一。

嚴泉，《民國初年的國會政治》，北京：新星出版社，二〇一四。

楊伯峻，《列子集釋》，北京：中華書局，一九七九。

Yang, Haosheng. *A Modernity Set to a Pre-Modern Tune: Classical-Style Poetry of Modern Chinese Writers*. Leiden: Brill, 2016.

Yang, Haosheng. "Songs Transcending Boundaries: 'Li Xianglan,' Popular Music, and Colonial Modernity in Japanese-Occupied China," Paper presented on workshop "Cultural and Intellectual Histories of Japanese-Occupied China." Asia House, London. September 16, 2019.

楊奎松，〈孫中山出讓滿蒙權益問題的再探討：評李吉奎，《孫中山與日本》；俞辛淳，《孫中山與日本關係研究》〉，載：《近代史研究所集刊》，第四十期（二〇〇三），頁二四九－二六二。

楊鵬，《見證一生》，臺北：華岩出版社，二〇一八。

楊天石，《找尋真實的蔣介石》（三冊），香港：三聯書店，二〇〇八。

揚雄，《法言義疏》，汪榮寶編，北京：中華書局，一九八七。

揚雄（傳），《蜀王本紀》，臺北：藝文印書館，一九六八。

Yang, Zhiyi. "A Humanist in Wartime France: Wang Jingwei during the First World War." *Poetica*, no. 49 (2017/18): 163-192.

Yang, Zhiyi. "An Alternative Lyric Modernity? Modern Classicism and Zhou Zuoren's Wartime Doggerels," *Journal of the American Oriental Society* 142, no. 2 (2022): 335-352.

楊治宜，〈淪陷的日常：作為閾限文本的《苦茶庵打油詩》〉，載：《中國現代文學》，二〇二〇年第三十八期，頁九三－一一八。

Yang, Zhiyi. "Nationalism, Human-Co-Existentialism, Pan-Asianism: on Wang Jingwei's Intellectual Transformation," *Discourses of Weakness in Modern China: Historical Diagnoses of the 'Sick Man of East Asia*, edited by Iwo Amelung. 489-518. Frankfurt: Campus, 2020.

Yang, Zhiyi. "Return to an Inner Utopia: Su Shi's Transformation of Tao Qian in His Exile Poetry." *T'oung-Pao* 99 (2013): 329-378.

楊治宜，〈「雙照樓中夜讀書」：汪兆銘晚年的詠月詩〉，載：《民國文學與文化研究集刊》，二〇二〇年第八期，頁一三九－一五四。

Yang, Zhiyi. "Thatched Cottage in a Fallen City: The Poetics and Sociology of Survival under the Occupation," *European Journal of East Asian Studies* 19, no. 2 (2020): 209-236.

Yang, Zhiyi. "The Road to Lyric Martyrdom: Reading the Poetry of Wang Zhaoming (1883-1944)." *Chinese Literature: Essay, Articles, Reviews* 37 (2015): 135-164.

葉嘉瑩，〈汪精衛《雙照樓詩詞藁》讀後〉，（上），載：《傳記文學》，二〇一八年第六七五期，頁一二一－一二三；（下），載：《傳記文學》，二〇一八年第六七六期，頁三一－三九。

尹奇岭，《民國南京舊體詩人雅集與結社研究》，北京：中國社會科學出版社，二〇一一。

Yick, Joseph K. S. "'Self-Serving Collaboration': The Political Legacy of 'Madame Wang' in Guangdong Province, 1940-1945." *American Journal of Chinese Studies* 21, no. 2 (2014): 217-234.

Yoshida, Takashi. *The Making of the "Rape of Nanking": History and Memory in Japan, China, and the United States*. New York: Oxford University Press, 2006.

尤侗，《艮齋雜說續說》，北京：中華書局，一九九二。

Young, Ernest P. "Yuan Shih-K'ai's Rise to the Presidency." In *China in Revolution: The First Phase 1900-1913*, edited by Mary Clabaugh Wright, 419-442. Taipei: Rainbow Bridge Book, 1968.

元好問，《遺山樂府編年小箋》，吳庠編，香港：中華書局，一九八一。

袁珂，《山海經校注》，上海：上海古籍出版社，一九八五。

袁枚，《小倉山房詩文集》，上海：上海古籍出版社，一九八八。

袁行霈，《陶淵明集箋注》，北京：中華書局，二〇〇三。

袁行霈，《陶淵明研究》，北京：北京大學出版社，一九九七。

袁一丹，〈北平淪陷時期讀書人的倫理境遇與修辭策略〉，北京大學博士論文，二〇一三。

袁一丹，《此時懷抱向誰開》，上海：上海文藝出版社，二〇二〇。

Zanasi, Margherita. "Globalizing Hanjian: The Suzhou Trials and the Post-World War II Discourse on Collaboration." *The American Historical Review* 113, no. 3 (2008): 731-751.

Zanasi, Margherita. *Saving the Nation: Economic Modernity in Republican China*. Chicago: University of Chicago Press, 2006.

Zarrow, Peter. *Anarchism and Chinese Political Culture*. New York: Columbia University Press, 1990.

Zarrow, Peter. *China in War and Revolution, 1895-1949*. London: Routledge, 2005.

曾鞏，《曾鞏集》，北京：中華書局，一九九八。

曾昭岷編，《全唐五代詞》，北京：中華書局，一九九九。

曾仲魯，〈紛亂家國事〉，載：《三聯生活周刊》二〇一七年十月二十三日數位版。

曾仲鳴 [Tsen Tsonming]. *Essai historique sur la poésie chinoise*. Lyon: Édition Jean Deprelle, 1922.

章炳麟〔章太炎〕，《章太炎全集》（十七冊），上海：上海人民出版社，一九八五。

章炳麟〔章太炎〕，《章太炎政論集》，北京：中華書局，一九七七。

張國燾，《我的回憶》（三冊），北京：東方出版社，一九八〇。
張海明，〈司馬遷作「易水歌」獻疑〉，載：《文藝研究》，二〇一三年第四期，頁四三—五二。
張灝，《幽暗意識與民主傳統》，北京：新星出版社，二〇一〇。
張暉，《龍榆生先生年譜》，上海：學林出版社，二〇〇一。
張暉編，《忍寒廬學記：龍榆生的生平與學術》，北京：三聯書店，二〇一四。
張暉，《無聲無光集》，杭州：浙江大學出版社，二〇一三。
張江裁〔張次溪〕，《汪精衛先生行實錄》，北京：拜袁堂，一九四三。
章詒和，〈銜石成痴絕，滄波萬里愁〉，載：《四手聯彈》，頁二一四—二二八，香港：牛津大學出版社，二〇一〇。
張玉成，《汪偽時期日偽奴化教育研究》，濟南：山東人民出版社，二〇〇七。
張之洞，《張之洞全集》，石家莊：河北人民出版社，一九九八。
趙曄，《吳越春秋》，四庫全書薈要版。
趙烈文，《趙烈文日記》，長沙：岳麓書院，二〇一三。
趙尊嶽，《趙尊嶽集》，南京：鳳凰出版社，二〇一六。
趙尊嶽，《珍重閣詞集》，趙文漪整理出版，溫哥華：東藝印務公司，一九八一。
鄭師渠編，《歷史》（七年級），北京：北京師範大學出版社，二〇〇五。
中國第二歷史檔案館，《汪偽中央政治委員會暨最高國防會議會議錄》，桂林：廣西師範大學出版社，二〇〇二。
中國國家圖書館善本部編，《趙鳳昌藏札》，北京：國家圖書館出版社，二〇〇九。
周邦彥，《清真集校注》，北京：中華書局，二〇〇二。
周佛海，《三民主義的基本問題》，上海：新生命書局，一九二九。
周鏡泉，〈南京遊記：梅花山上的新店〉，載：《旅行天地》，一九四九年第二卷第一期，頁四八。
朱熹，《朱子全書》（二十七冊），朱傑人編，上海：上海古籍出版社，二〇〇二。
諸祖耿，《戰國策集注匯考》，南京：鳳凰出版社，二〇〇三。
總理陵園管理委員會編，《總理陵園管理委員會報告》，南京：南京出版社，二〇〇八。

歷史大講堂

汪精衛與中國的黑暗時代：詩歌．歷史．記憶

2024年7月初版 定價：新臺幣560元

著　　者	楊　治　宜
叢書主編	王　盈　婷
特約編輯	李　尚　遠
內文排版	張　靜　怡
封面設計	張　　　巖

出版者	聯經出版事業股份有限公司
地址	新北市汐止區大同路一段369號1樓
叢書主編電話	(02)86925588轉5316
台北聯經書房	台北市新生南路三段94號
電話	(02)23620308
郵政劃撥帳戶第0100559-3號	
郵撥電話	(02)23620308
印刷者	文聯彩色製版印刷有限公司
總經銷	聯合發行股份有限公司
發行所	新北市新店區寶橋路235巷6弄6號2樓
電話	(02)29178022

副總編輯	陳　逸　華
總編輯	涂　豐　恩
總經理	陳　芝　宇
社　　長	羅　國　俊
發行人	林　載　爵

行政院新聞局出版事業登記證局版臺業字第0130號

本書如有缺頁，破損，倒裝請寄回台北聯經書房更換。 ISBN 978-957-08-7400-6 (平裝)
聯經網址：www.linkingbooks.com.tw
電子信箱：linking@udngroup.com

國家圖書館出版品預行編目資料

汪精衛與中國的黑暗時代：詩歌・歷史・記憶/楊治宜著．
初版．新北市．聯經．2024年7月．536面．14.8×21公分（歷史大講堂）
ISBN 978-957-08-7400-6（平裝）

1.CST：汪精衛 2.CST：傳記

782.885 113007477